普通高等教育"十一五"国家级规划教材

高等学校电子商务专业系列教材

U0733135

# E-lectronic Commerce Law

# 电子商务法教程

## （第四版）

主　编　杨立钒

副主编　杨坚争　方有明

中国教育出版传媒集团

高等教育出版社·北京

内容简介

　　本书是普通高等教育"十一五"国家级规划教材。本书在第三版的基础上，根据电子商务法律理论与实践的最新发展做了较大幅度的修订。本书从电子商务运作流程入手，对主要环节的法律问题进行了分析；从电子商务和法律两个角度，对电子商务法律问题进行了深入探讨。全书共12章，分为三个部分：基础理论、流程规制、相关法律问题。在基础理论部分，对电子商务法基础、电子商务网络运营规范、电子商务参与者及其规制进行了研究；在流程规制部分，主要探讨了电子签名与认证服务、电子合同、电子支付和电子商务产品交付的法律规范问题；在相关法律问题部分，对跨境电子商务、特殊形态电子商务、网上商业数据保护、电子商务知识产权保护、电子商务消费者权益保护等问题进行了讨论。全书体系完整、资料丰富，较好地诠释了电子商务各个方面的法律问题。

　　本书适合于法学、电子商务、国际贸易、工商管理、信息技术等专业本科生、研究生使用，也可供从事实务或研究工作的人员阅读参考。

**图书在版编目（ＣＩＰ）数据**

　　电子商务法教程／杨立钒主编；杨坚争，方有明副主编. --4 版. --北京：高等教育出版社，2023.11
　　ISBN 978-7-04-059722-6

　　Ⅰ. ①电… Ⅱ. ①杨… ②杨… ③方… Ⅲ. ①电子商务-法规-中国-高等学校-教材　Ⅳ. ①D922.294

　　中国国家版本馆 CIP 数据核字（2023）第 008683 号

Dianzi Shangwufa Jiaocheng

| | | | | | | | |
|---|---|---|---|---|---|---|---|
| 策划编辑 | 曾飞华 | 责任编辑 | 曾飞华 | 封面设计 | 李小璐 | 版式设计 | 王艳红 |
| 责任绘图 | 杨伟露 | 责任校对 | 刘娟娟 | 责任印制 | 赵　振 | | |

| | | | |
|---|---|---|---|
| 出版发行 | 高等教育出版社 | 网　　址 | http://www.hep.edu.cn |
| 社　　址 | 北京市西城区德外大街 4 号 | | http://www.hep.com.cn |
| 邮政编码 | 100120 | 网上订购 | http://www.hepmall.com.cn |
| 印　　刷 | 河北鹏盛贤印刷有限公司 | | http://www.hepmall.com |
| 开　　本 | 787mm×1092mm　1/16 | | http://www.hepmall.cn |
| 印　　张 | 22.25 | 版　　次 | 2001 年 12 月第 1 版 |
| 字　　数 | 550 千字 | | 2023 年 11 月第 4 版 |
| 购书热线 | 010-58581118 | 印　　次 | 2023 年 11 月第 1 次印刷 |
| 咨询电话 | 400-810-0598 | 定　　价 | 55.00 元 |

本书如有缺页、倒页、脱页等质量问题，请到所购图书销售部门联系调换
版权所有　侵权必究
物 料 号　59722-00

# 第四版前言

本书第三版于2016年出版，距今已有六年多的时间。六年来，电子商务的发展环境发生了巨大变化。

（1）《中华人民共和国电子商务法》《中华人民共和国数据安全法》《中华人民共和国网络安全法》《中华人民共和国个人信息保护法》等多部涉及电子商务的法律的发布与实施，为电子商务的健康发展提供了可靠的法律保障。

（2）《联合国国际贸易法委员会关于网上争议解决的技术指引》《联合国国际贸易法委员会电子可转让记录示范法》为跨境电子商务的推广提供了强有力的国际法支持。

（3）十三届全国人大四次会议通过的《中华人民共和国国民经济和社会发展第十四个五年规划和2035年远景目标纲要》指出，"加强重点领域、新兴领域、涉外领域立法，立改废释纂并举"。中共中央2020年12月印发的《法治社会建设实施纲要（2020—2025年）》强调："要依法治理网络空间，推动社会治理从现实社会向网络空间覆盖，建立健全网络综合治理体系，加强依法管网、依法办网、依法上网，全面推进网络空间法治化，营造清朗的网络空间。"

（4）2022年10月16日，习近平总书记在中国共产党第二十次全国代表大会报告中再次强调："加强重点领域、新兴领域、涉外领域立法，统筹推进国内法治和涉外法治，以良法促进发展、保障善治。推进科学立法、民主立法、依法立法、统筹立改废释纂，增强立法系统性、整体性、协同性、时效性。完善和加强备案审查制度。"①

上述重要决定和论述为本书的修订指明了方向。

电子商务是最重要的网络经济活动。完善电子商务法律制度，规范电子商务经营者行为，维护电子商务消费者的正当权益，才能保证我国电子商务的健康发展，推动数字产业化，推进产业数字化转型。为此，根据发展环境的变化修订《电子商务法教程》已实属必要。

创新是引领发展的第一动力，也是本书的生命力所在。在本次修订过程中，作者始终坚持理论创新和实践创新，主要做了以下三方面的工作。

（1）反映新的理论和方法。在修订过程中，本书尽可能地将国内外电子商务立法和执法的最新发展和研究成果吸收到本书中，并结合自身的研究形成新的理论和操作方法，如世界市场二元化理论、流程分析立法方法，以拓展学生的视野和对新事物的关注度。

（2）解决科研成果与教学脱节的问题。本书作者在承担《联合国国际贸易法委员会关于网上争议解决的技术指引》文件起草，《中华人民共和国电子商务法》立法研究和起草，国家自然科学和社会科学基金、中央部委和地方电子商务项目研究的同时，注意将研究成果用教学语言

---

① 习近平. 高举中国特色社会主义伟大旗帜 为全面建设社会主义现代化国家而团结奋斗——在中国共产党第二十次全国代表大会上的报告. 北京：人民出版社，2022：41.

引入本书，将新的思想和方法通过本书从研究圈子走进学生视野，形成独具特色的科研教学型教材。

（3）将思政教育有机融入电商教学。思政教育与专业课的结合是教学中的一个难题，本书对此进行了探索，如对世界市场发展的认识、对新生事物发展前途光明和道路曲折的认识，基于辩证唯物主义和矛盾论的立法方法，处理消费者争议抓主要矛盾的思路等。

本次修订的修改幅度超过60%，主要在以下几个方面做了大的改动。

（1）在第一章第三节中增加了"（四）流程分析立法方法的原理与方法"，全面介绍了怎样通过对立法对象的流程分析，归纳立法对象的基本流程，科学划分立法对象运行的主要阶段，利用系统分析方法提炼需要法律规制的关键环节和主要矛盾，进而形成立法整体框架和相关法律条文的立法方法，引导学生运用辩证唯物主义的思想方法和矛盾论的分析方法正确处理电子商务的立法问题。

（2）在第一章中增加了第四节"电子商务法律纠纷解决的技术新手段"，详细介绍了智慧司法的主体规划、主要应用新技术和主要应用形式，引导学生密切跟踪新技术革命的大趋势，在司法活动中主动采用最先进的信息技术和应用模式。

（3）在第三章中增加了第四节"电子商务服务提供者的法律规范"，介绍了电子商务支撑服务提供者和衍生服务提供者的行为规范。

（4）在第六章中，改写原有的第五节"电子货币的法律规范"为"数字货币的法律规范"，结合数字货币的应用实践，重点介绍了我国央行数字货币的设计思路和比特币的监管。

（5）第八章第三节中增加了"跨境电子商务海关监管制度"，重点介绍了跨境电商进口和出口的监管方式。

（6）鉴于移动电子商务已经与各类电子商务模式相融合，其特殊性已不再凸显，故删除原第九章"移动电子商务法律规范"，其中部分有关内容分散到其他章节。

（7）在第九章中增加了两节内容："网络直播营销的法律规制""微商的法律规制"，删除了第三版中国家已经禁止的P2P网贷和《电子商务法》不再涵盖的网上证券交易，以及划归文化和旅游部管理的网络游戏。

（8）将电子商务知识产权保护单独列为第十一章，重点讨论了商标权和网络著作权的保护。

（9）第十二章增加了第三节"电子商务消费者权益保护的国际经验借鉴"，介绍了联合国、经合组织、欧盟、RCEP的做法。

本次修订的分工如下：杨立钒：第一章、第二章、第六章、第八章、第九章、第十一章、第十二章；方有明：第三章、第四章、第五章；杨坚争：第七章、第十章。

全书由杨立钒负责统稿。

国家社科基金重大项目(13&ZD178)、国家自然科学基金项目(70973079)、上海市教育委员会重点学科建设项目(S30504)、上海市教育委员会教改项目"电子商务创新创业管理"、上海市高校外国留学生英语授课示范性课程(1027-301-12)、中国法学会项目"联合国《网上争议解决的技术指引》实施细则研究"、华东政法大学重大教改项目"基于云计算的智慧司法虚拟仿真实验平台"、华东政法大学思政领航项目、香港杏范教育基金会对本书给予了资助；研究生刘俊华、南龙江和孙东参与了校对和配套教学资料的撰写制作工作。此外，本书的修订过程中，参阅了大量国内外资料；高等教育出版社曾飞华编辑提供了多方面的指导和帮助。在此，谨向资料的提供者、本书的资助者和合作者表示真诚的感谢，并希望广大读者对本次再版提出宝贵意见。

杨立钒

2022 年 12 月

E-mail：cnyanglf@ 163. com

# 第三版前言(摘要)

电子商务作为我国战略性新兴产业的重要组成部分,已经成为"新常态"下中国经济发展的新引擎和"互联网+"时代大众创业的新平台。电子商务在培育新的经济增长点,保持经济高速增长,促进大众创业、万众创新等方面正在发挥着越来越重要的作用。

电子商务在发展过程中,出现了大量亟待解决的法律矛盾和问题,立法需求已迫在眉睫。2013 年 12 月,根据十二届全国人大常委会立法规划的要求,全国人大财经委召开电子商务法起草组成立暨第一次全体会议,正式启动电子商务法立法工作。从 2013 年到 2015 年,笔者全程参与了全国人大财经委的立法活动:2013—2014 年,围绕电子商务监管体制、市场准入及退出制度、消费者权益保护问题等 14 个立法课题进行了广泛深入的调查研究;2014 年参与电子商务法立法大纲的研讨;2015 年,参与起草电子商务法草案。

电子商务法立法指导思想可概括为 12 个字:促进发展,规范秩序,维护权益。促进发展始终是立法的第一出发点。电子商务立法无论是对某种行为的鼓励或对某些做法的限制,都要能够促进电子商务健康、可持续发展。规范秩序是电子商务法作用发挥的切入点。电子商务法需要从法律上明确电子商务参与者的权利、责任和义务,明确"游戏规则",营造一个可预见的电子商务交易秩序环境。维护权益是电子商务法的重要功能。维护网络消费者权益应当被放在更加突出的位置,但同时也要依法保护电子商务经营者的合法权益,促使市场更趋成熟。

电子商务立法需要遵循五个原则。一是促进发展,消除障碍,特别是消除法律障碍,比如电子合同、电子票据现在还没有法律地位;二是政府干预最小化,让市场在资源配置中起决定性作用;三是技术中立,鼓励创新;四是维护交易安全;五是政府监管、行业自律、市场自治、消费者监督四维共同治理。

在全国人大电子商务立法的指导思想和基本原则的基础上,笔者开始了《电子商务法教程》(第二版)的修订工作。第三版在保持原书基本结构的基础上,对全书的结构做了较大调整。第一,在讨论电子合同和电子支付法律问题的基础上,增加了"电子商务产品交付的法律规范"一章,使电子商务三大关键环节(合同、支付与交付)趋于完整。第二,针对电子商务的新领域,增加了"跨境电子商务法律规范"和"移动电子商务法律规范"两章。第三,针对电子商务实际运作情况,调整原有章节。鉴于篇幅的限制,本书第三版对于部分近年来较少关注的领域不再进行深入的讨论。

杨坚争

2016 年 2 月 26 日

E-mail: cnyangjz@163.com

# 第二版前言(摘要)

根据联合国贸易和发展会议《2006 年信息经济报告》,2000 年到 2005 年间,全球因特网保持了较快的发展速度,已经成为经济全球化中一种重要的手段和工具。电子商务作为知识经济的标志性内容和迅速成长的朝阳产业,对于一个国家产业结构的调整、刺激经济需求、创造新的就业机会都产生了巨大的影响。

在我国,电子商务逐步渗透到经济和社会的各个层面,国民经济重点行业和骨干企业电子商务应用不断深化,网络化生产经营与消费方式逐渐形成。2005 年,我国企业网上采购商品和服务总额达到 16 889 亿元,占采购总额的比重约 8.5%,企业网上销售商品和服务总额为 9 095 亿元,占主营业务收入的比重近 2%。在一些地区,电子商务已经在地区经济中占有较大比例。例如上海市,2006 年完成电子商务交易额 2 087.4 亿元,同比增长 28.5%,占全市商品销售总额的比重达 12.3%。

在互联网技术广泛应用的今天,每个国家都面临着在国际市场竞争中求得自身生存与发展的挑战。当前,电子商务仍处于发展初期,技术不断更新,应用模式尚待成熟。抓住这一有利时机,全力推进电子商务的法律法规建设,对于我国实现电子商务技术和应用上的跨越,在国际竞争中占据有利地位,是一项带有战略性和全局性的重大课题。

正是在这样一个大环境下,笔者开始了《电子商务法教程(第二版)》的撰写工作。这本书的第一版是在 2001 年撰写的。当时,电子商务正处在一个急速膨胀的起步时期,电子商务法的研究引起了学术界广泛的注意。但真正的电子商务的立法实践在我国尚没有开始,有关的研究主要是对国外电子商务立法研究的介绍。时隔 6 年后的今天,我国的电子商务立法工作已经进入到一个鼎盛时期。2004 年 8 月,我国颁布了电子商务领域的第一个法律:《中华人民共和国电子签名法》;2005 年 1 月,国务院办公厅发布了《关于加快电子商务发展的若干建议》;之后,各省市、各部委也相继颁布了相关的地方法规或规范意见。这些法律法规或规范意见对于推动电子商务在我国的广泛应用发挥了很好的作用,也为进一步深入研究电子商务法提供了大量的新素材。

6 年来,笔者多方面参与了国家、省部委有关法律法规的研究和制定工作。从 2002 年的《上海市数字认证管理办法》,2004 年的《中华人民共和国电子签名法》,到 2007 年的《商务部关于网上交易的指导意见(暂行)》,大量的立法实践使笔者对电子商务的本质和规律有了更深入的认识,从而促使笔者开始了第二版的撰写工作。

杨坚争

2007 年 8 月 20 日

E-mail:cnyangjz@163.com

# 第一版前言（摘要）

电子商务是指利用现代信息技术和计算机网络所进行的各类商务活动。作为一种商务活动，电子商务仍处于传统的法律框架之下。但是，互联网技术和手段的使用使得传统的商务活动发生了极大的变化，也使得传统法律的某些规则难以直接适用或变得无意义，同时又有一些新的问题产生，需要新的法律来加以解决。这类调整电子商务的法律规范就构成了电子商务法，对之加以研究的学科即构成电子商务法学。

自1996年《联合国贸易法委员会电子商业示范法》颁布之后，电子商务立法和法学的研究就成为全世界的一个热点。虽然在一些发达国家，如美国，有关研究可以说已经初具规模并形成体系，但直到今天，对于哪些属于电子商务法范畴，哪些可以成为电子商务法学的研究对象，还没有形成一致的认识。1995年，我国开始了电子商务的探索和实践，在以后的几年中，电子商务以超常速度发展，尽管发展中存在许多问题，但它毕竟代表了未来经济发展的方向和模式。经济发展的需要也带来了电子商务法研究的兴起。许多刊物上开始刊登涉及电子商务法的文章，也开始有相关的著作出版。这些成果标志着我国法学界开始涉足电子商务法这一新领域。不过，目前国内大部分文章和著作对于电子商务法的研究仍处于移植、介绍阶段，还没能形成完整的体系和基本共识。

在这种情况下，我们接受了高等教育出版社的委托，开始了这本电子商务法教材的撰写工作，这无疑是一种大胆的尝试。作为教材，我们需要对电子商务法的体系和框架作出独立的思考，形成符合电子商务法学科要求的内在逻辑体系。为此我们将电子商务法分为三大部分：一是基础理论，二是核心内容，三是相关法律问题。按照这样的思路，本书共安排了十一章，其中第一至第三章属于电子商务法的基础理论部分，主要介绍学科基础知识、电子商务基础建设和网络交易基本法律问题；第四至第七章构成电子商务法的核心部分，包括签名认证、电子合同、电子支付、特殊形态的电子商务法律调整；第八至第十一章为电子商务法的相关法律问题研究，包括不正当竞争、消费者权益保护、电子商务税收、电子商务法律救济。我们认为，三部分内容既相互联系，又具有相对的独立性，较好地涵盖了电子商务法律问题的各个方面，形成了电子商务法的完整体系。

本书适合于电子商务、法学、贸易、管理、信息技术等专业本科、研究生使用，也可供从事实务或研究工作的人员阅读参考。

编　者
2001年5月

# 目　录

# 第一章 电子商务法基础

电子商务是计算机网络技术发展到大规模应用阶段而产生的一种新型商务形态。由于运行环境和商务模式的改变，传统的法律体系难以适应电子商务的发展，需要新的法律法规规范电子商务的运行，新兴的部门法学——电子商务法由此产生。本章首先介绍电子商务的内涵与范围，然后阐述电子商务法的基本概念，最后介绍国内外电子商务立法现状及我国电子商务立法的基本问题。

## 第一节　电子商务概述

### 一、什么是电子商务

20世纪90年代以来，计算机网络技术得到飞速发展，不仅实现了网络全球化，而且实现了其应用范围从传统文字处理和信息传递领域向商业领域的根本性转变，开辟出区别于传统商务不同的商务模式——电子商务（Electronic Commerce）。

#### （一）电子商务的定义

1. 联合国国际贸易法委员会（UNCITRAL）的表述

为了适应使用计算机技术或其他现代技术进行交易的当事方之间通信手段发生的重大变化，1996年12月16日，联合国大会通过了《联合国国际贸易法委员会电子商业示范法及其颁布指南》（简称《电子商业示范法》）[①]。但《电子商业示范法》并未给出明确的"电子商业"[②]的定义，只是强调这种电子商业交易手段的特殊性，即在商业交易中使用了数据电文作为交易信

---

[①]　United Nations. UNCITRAL Model Law on Electronic Commerce with Guide to Enactment 1996 [EB/OL] (1996−12−16) [2021−01−02]. 联合国贸法会网站.

[②]　《电子商业示范法》官方中文文本使用了"电子商业"，而不是"电子商务"，实际上这里只是一个习惯译法问题。在中文中，商业一词传统上仅指贸易活动，但是，商业也可以泛指以货币为媒介进行交换并实现商品流通的任何经济活动。而商务一般指一切与买卖商品服务相关的商业事务。从这个意义上说，商业可以等同于"商务"。因此作者认为，这两个词基本上表达一个意思，即从事商品交易并获得赢利的经济活动。所以电子商务、电子商业是可以通用的。《电子商业示范法》发布时电子商业的叫法比较流行，故该文件的中文版翻译为《电子商业示范法》。为了避免混淆，本书对于联合国的这个文件仍称为《电子商业示范法》。

息的载体。

《电子商业示范法》对"电子商业"中的"商业"一词的广义解释是:"使其包括不论是契约型或非契约型的一切商务性质的关系所引起的种种事项。商务性质的关系包括但不限于下列交易:供应或交换货物或服务的任何贸易交易;分销协议;商务代表或代理;客账代理;租赁;工厂建造;咨询;工程设计;许可贸易;投资;融资;银行业务;保险;开发协议或特许;合营或其他形式的工业或商务合作;空中、海上、铁路或公路的客、货运输。"

《电子商业示范法》第2条对数据电文作了明确的定义:"'数据电文'系指经由电子手段、光学手段或类似手段生成、储存或传递的信息,这些手段包括但不限于电子数据交换(Electronic Data Interchange,EDI)、电子邮件、电报、电传或传真。"

联合国国际贸易法委员会认为,在"电子商业"的标题下,可能广泛涉及数据电文在贸易方面的各种用途。"电子商业"概念所包括的通信手段有以下各种以使用电子技术为基础的传递方式:以电子数据交换进行的通信,狭义界定为电子计算机之间以标准格式进行的数据传递;利用公开标准或专有标准进行的电文传递;通过电子手段例如通过互联网络进行的自由格式的文本的传递。[1]

2. OECD 对于电子商务概念的理解

经济合作与发展组织(OECD)认为:"电子商务一般是指与商业活动有关的各种形式的交易,包括组织和个人的交易,这些交易是基于数字化数据的处理与传输,包括文字、声音和视觉图像。"[2] 其研究报告《电子商务的定义与统计》[3]则将电子商务定义进一步划分为广义定义和狭义定义,见表1-1。

**表1-1　OECD 对电子商务的定义和理解指南**[4]

| 电子商务交易 | OECD 定义 | 定义理解指南<br>(2001 年 4 月 WPIIS[5] 建议) |
| --- | --- | --- |
| 广义定义 | 电子商务是通过以计算机为中介的网络所进行的买卖商品或服务的交易。这种交易可以是在企业、家庭、个人、政府或其他公共或私人组织之间进行的。商品或服务需要通过网络下订单,而支付和商品或服务的最终配送可以在网上也可以在网下进行 | 包括:运用任何在线程序,通过自动交易系统,如互联网系统、电子数据交换(EDI)、可视图文终端或互动电话系统,接受订单或在线下订单 |

---

① 这是极具远见性的表述。进入 21 世纪,移动通信技术超常发展,在商务活动中开辟了移动电子商务新形式,从而大大拓展了电子商务的应用领域。

② Organization for Economic Cooperation and Development(OECD). Measuring Electronic Commerce [EB/OL] (1998-11-03) [2021-06-02]. OECD 网站.

③ OECD. Defining and Measuring E-Commerce:A Status Report. DSTI/ICCP/IIS(99)4/FINAL, 1999-10-08.

④ 这一表格来自 2001 年 WPIIS 会议的总结记录,也包括有关讨论的记录[OECD 内部工作会议文件 DSTI/ICCP/IIS (2001)M]。

⑤ WPIIS 全称:Working Party on Indicators for Information Society.

| 电子商务交易 | OECD 定义 | 定义理解指南<br>(2001 年 4 月 WPIIS 建议) |
| --- | --- | --- |
| 狭义定义 | 电子商务是通过互联网所进行的买卖商品或服务的交易。这种交易可以是在企业、家庭、个人、政府或其他公共或私人组织之间进行的。商品或服务需要通过互联网下订单，而支付和商品或服务的最终配送可以在网上也可以在网下进行 | 包括：运用任何互联网，通过自动交易系统，如网页、外联网，以及运行在互联网上的系统，如运行在互联网上的电子数据交换(EDI)、可视图文终端，接受订单或在线下订单。也可以利用能够使电子商务系统运转的其他网络，而不考虑该网络是如何接入的(如通过移动网络或电视网络)。<br>排除：通过电话、传真或传统的电子邮件接受订单或下订单 |

联合国贸易和发展会议制定的《电子商务和数字经济统计编制手册》(UNCTAD, 2021a)在经合组织定义的基础上进行了拓展，为在实践中实施该定义的国家提供指导：考虑到各国技术发展水平的不同，参与统计的国家(在衡量信息通信技术促进发展方面)建议只收集通过互联网收到的或下的订单数据，包括通过电子邮件收到的或下达的订单(后者被排除在经合组织的定义之外)。[①]

3.《电子商务发展"十一五"规划》对电子商务的定义

2007 年 6 月，我国《电子商务发展"十一五"规划》首次提出，电子商务是网络化的新型经济活动。相对于前述定义，这一定义有利于整个社会对电子商务的发展给予高度重视，其核心思想是在国民经济各领域和社会生活各层面，全方位推进不同模式、不同层次的电子商务应用。这一认识在《中华人民共和国国民经济和社会发展第十四个五年规划和 2035 年远景目标纲要》中得到进一步具体化，在强调商贸流通领域电子商务应用的同时，要求在居家生活、旅游休闲、交通出行、大数据服务、教育、医疗、养老、抚幼、就业、文体、助残等领域发展电子商务和数字化经济，推动数字化服务普惠应用。

4.《中华人民共和国电子商务法》对电子商务的定义

《中华人民共和国电子商务法》(以下简称《电子商务法》)规定："本法所称电子商务，是指通过互联网等信息网络销售商品或者提供服务的经营活动。法律、行政法规对销售商品或者提供服务有规定的，适用其规定。金融类产品和服务，利用信息网络提供新闻信息、音视频节目、出版以及文化产品等内容方面的服务，不适用本法。"

这一定义明确了电子商务是利用信息网络销售商品或者提供服务的经营活动，这是电子商务最核心的内容。但是，为了法律规制的操作性要求，定义将金融类产品和服务、信息内容服务等排除在外。所以，这一定义属于狭义定义的范畴。

国家《"十四五"电子商务发展规划》进一步强调了电子商务的作用："电子商务是通过互联网等信息网络销售商品或者提供服务的经营活动，是数字经济和实体经济的重要组成部分，是催生数字产业化、拉动产业数字化、推进治理数字化的重要引擎，是提升人民生活品质的重要方式，是推动国民经济和社会发展的重要力量。"

---

① UNCTAD. Measuring the value of e-commerce[EB/OL].(2022-10-09)[2019-08-20]. 联合国贸法会网站.

5. 本书对电子商务的定义

综合各方面的不同看法，笔者认为，虽然电子商务所涵盖的内容非常复杂，但仍然需要有一个比较简明的概念以利于电子商务的规制。笔者对电子商务的概念作如下表述：

电子商务系指交易当事人或参与人利用现代信息技术和计算机网络（主要是互联网）所进行的各类商业活动，包括货物贸易、服务贸易和知识产权贸易。

笔者认为，对电子商务定义的理解，应当从"现代信息技术"和"商务"两个方面考虑。一方面，"电子商务"概念所包括的"现代信息技术"涵盖了各种使用电子技术为基础的通信方式；另一方面，对"商务"一词应作广义解释，使其包括不论是契约型还是非契约型的一切商务性质的关系所引起的种种事项。如果将"现代信息技术"看作为一个子集，"商务"看作为另一子集，电子商务所覆盖的范围应当是这两个子集所形成的交集，即"电子商务"标题之下可能广泛涉及的互联网、内部网和电子数据交换在贸易和服务领域的各种用途，见图1-1。

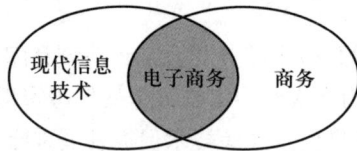

图 1-1 电子商务是"现代信息技术"和"商务"两个子集的交集

从广义角度讲，电子商务系指交易当事人或参与人利用以现代信息技术为基础的互联网络所进行的各类商业活动，包括货物贸易、服务贸易和知识产权贸易。

从狭义角度讲，电子商务是指交易当事人（企业、政府或个人等）通过以互联网为主的计算机网络所实施的各种交易活动。这里的"交易活动"一般包括电子商务合同签署、款项支付和商品（实物产品和信息产品）送达三个主要阶段。在三个阶段中的任何一个或几个阶段使用以计算机终端为媒介的互联网络（主要是互联网）都可以被视为开展了电子商务活动，见图1-2。

图 1-2 电子商务交易的三个阶段

电子商务的狭义定义不仅将电子商务纳入了商务活动的三个主要阶段，使电子商务成为一种可测的交易活动，使之具有了经济学和统计学的意义，而且使电子商务的立法活动有了明确的切入点，使之具有了法学意义。通过对不同阶段电子商务活动的规范，可以形成电子商务立法的完整体系。本书的写作思路也是根据电子商务交易的三个阶段构思的。

## （二）电子商务的特点

1. 电子商务借助于现代信息技术构造了虚拟的商业环境

小知识：
虚拟市场形成的必然性分析

电子商务采用先进的网络通信技术，主要是利用互联网技术作为交易媒介，完成了各类商业活动所需要的意思的传递、合同的达成、钱款的支付以及除实体商品外的部分数字商品的交付。因此，经济学界认为电子商务构成了一个异于现实社会的互联网商业环境，也可称之为虚拟市场。理论上已经证明，虚拟市场是存在的，它提供了一种不同于现实实体市场的网络市场。这里的虚拟市场不是一

种虚无缥缈的市场，它仍然是一种真实的存在，只是交易的空间由物理空间转换到网络空间了。[①]

**2. 电子商务能够跨越时间和空间的局限性，真正实现贸易的全球化**

从空间概念上看，电子商务所构成的新的空间范围以前是不存在的，这个依靠互联网所形成的空间范围与实体空间范围不同，它没有地域界限，在这个空间范围活动的主体主要是通过互联网相互联系。从时间概念上看，电子商务没有时间上的间断，在线商店是每天 24 小时开业的。虚拟市场上的这种新的竞争形式正在波及人们非常熟悉的实体市场，这个现实是任何人都不可忽视的。

**3. 电子商务实现了信息化和无纸化交易**

在电子商务的交易中，传统记载交易者意思和交易内容的纸张被电子信息这一新的介质所替代。这些电子信息可以借助于相应的计算机软硬件工具和网络环境方便地读取。当然，必要时，这些电子信息也可以转化为书面的文件。

**4. 电子商务是低成本和高效率的**

在以网络为基础的社会中，产品、供求、订约等各类信息在弹指之间便可传递到世界各地。这不仅使产品行销更加方便，也使商家与商家、商家与消费者之间的沟通和达成交易变得更为迅捷和有效。在跨境电子商务（简称跨境电商）交易中，无纸化通关和通关便利化措施，大大节约了通关的时间和成本，提高了通关效率，促进了贸易便利化。

## 二、电子商务的范围

### （一）实物产品与信息产品

计算机信息技术的应用，使现代商品交易中的产品或服务分化为两大类：实物产品和信息产品。

实物产品是指提供给市场的、能够满足消费者或用户某一需求或欲望的任何有形物品和服务。实物产品一般包括核心产品和形式产品。核心产品是指向顾客提供的产品的基本效用或利益；形式产品是指核心产品借以实现的形式或目标市场对某一需求的特定满足形式，包括品质、式样、特征、商标及包装。

信息产品是利用信息技术和数字处理技术而生成的能够满足消费者或用户某种需求的无形物品。这类产品信息量大，传输快捷，容易保存，便于复制，主要分布在信息交互、娱乐等领域。在信息技术的影响下，电子邮件、网络软件、网络游戏、电子支付、网络服务等一大批信息产品或在线服务得以开发和实现，使得产品的形式发生了巨大变化。

与此相类似，服务产品也分化为实物服务和信息服务。

### （二）虚拟市场的概念

商品交易市场中产品的分化，使商品交易市场演变为两个截然不同的分市场：实体市场和

---

① 杨坚争. 世界市场的二元化与我国跨境电子商务发展策略研究［M］. 上海：立信会计出版社，2016.

虚拟市场①。虚拟市场是一种完全不同于实体市场的市场形式。与实体市场相互形成对应，在虚拟市场中也有独立的主体、客体和交易模式。

传统市场是在实体世界中形成的。传统市场的概念不能完全适应互联网世界，需要通过"要素等同法"的分析给出虚拟市场的概念。

"要素等同法"是借鉴联合国国际贸易法委员会（简称联合国贸法会）提出的"功能等同法"的概念提出的。所谓"功能等同法"是通过分析传统事物的功能及其相互关系，提出新事物对应功能的一种方法。"要素等同法"是通过对传统事物的解剖，发现传统事物的构成要素，并考察各个要素之间的相互关系，以此对照新事物，提出用等同的要素和相互关系描述的概念。例如，运用要素等同法，我们可以发现，传统商务活动中的合同包括三个要素和一个必要条件。三个要素是：合同内容、载体和签名；一个必要条件是：三个要素必须形成不可分割的一个整体。也就是说，单有合同内容，单有载体（纸张、绸缎等），单有签名都不能构成法律意义上的合同。只有当合同写在纸面上，并且盖章或签名②，合同才有法律效力。

小知识：
功能等同法

分析传统市场，可以发现，传统市场是由主体、客体、交易场所、交易规则构成的：

（1）主体：包括个人、企业、中介商和其他组织。

（2）客体：满足交换主体需要的各类商品和服务，以及充当商品替代物的货币。

（3）交易场所：买卖双方交易时所占据的空间。

（4）交易规则：买者和卖者在交易过程中必须遵守的条件。

在虚拟市场中，构成市场的基本要素没有改变，但交易条件却发生了很大的变化。

（1）主体：虚拟市场的主体是网民，网民仍然是由个人、企业、中介商和其他组织所组成，但中介商以交易平台的角色出现。

（2）客体：虚拟市场的客体是实体产品（服务）和信息产品（服务），充当商品替代物的货币以电子货币的形式出现。

（3）交易场所：虚拟市场中的交易场所是在计算机网络上所形成的网络空间。这个空间有着自己特殊的属性，包括虚拟性、开放性、互动性等。研究虚拟空间需要采取新的方法和手段。

（4）交易规则：由于交易客体和交易场所的变化，虚拟市场上的交易规则也发生了很大的变化。交易双方除了遵守传统的交易规则外，还需要遵守利用网络环境进行商品交易的特殊规定。

图1-3反映了虚拟市场的构成要素。

根据上述分析，我们可以给出虚拟市场的定义：虚拟市场是交易主体进行各类商品（或服务）交易所依赖的现代信息技术构成的网络空间。

---

① 这里讨论的虚拟市场是指依托互联网空间形成的市场，而不是指由传统金融产品及其衍生品形成的市场。虚拟市场的交易场所和交易手段都发生了根本性变化。唯物辩证法认为，一切事物、现象和过程都可分为两个互相对立和互相统一的部分。就整个物质世界的发展过程来讲，一分为二是普遍的，但不能作机械的理解，应该看到事物可分性的内容、形式是多种多样的。正确地认识和把握一分为二，就既要看到矛盾双方的对立和排斥，也要看到双方的联系和统一，以及在一定条件下的相互转化。

② 多于一页的合同还需要盖骑缝章。

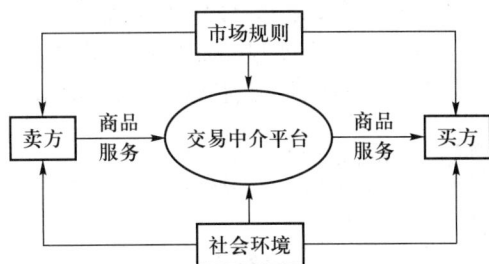

图 1-3 虚拟市场的构成要素

### (三) 虚拟市场与实体市场的区别

虚拟市场是一个网络空间,支撑这一网络空间的是现代信息技术。在这样一个虚拟市场中,空间和时间都是不受任何限制的。这是虚拟市场与传统市场的最大区别。

任何一种实体市场都有具体形态,在时间和空间上都是有限的。互联网的出现,打破了时间和空间的限制,使得虚拟市场成为若干实体市场汇集的中心,也为未来市场的拓展开辟了新的发展方向。

小知识:空间和时间的无限性

由于消费者需求的不断变化和技术的不断创新,世界市场在两个方面发生了重大改变:

(1) 当收入水平提高到一定程度时(例如当基本生活必需品的支出在总支出里的比重下降到20%以下时),消费者便开始追求消费的个性。这使得消费方式从大众化的简单划一的"标准化消费"转向旨在让人性获得全面发展的"一对一服务"基础上的"个性化消费"。而这一点,通过虚拟市场的运作,才更有可能真正实现。例如,一个用户对现有商店里销售的冰箱颜色都不满意,提出需要粉红色冰箱的需求。在实体市场中,这种需求是无法满足的,因为企业不可能为一个用户生产这种颜色的冰箱。而通过虚拟市场上的商业网站,则有可能将不同地区的个性化需求在短时间内汇总,形成批量生产的可能。

(2) 当物质资本积累到一定程度的时候(例如当工资支出在生产总成本里的比重上升到70%以上时),劳动的基本性质从初级的、以体力劳动为主的支出转变为高级的、以脑力劳动为主的人力资本支出。[①] 不仅如此,脑力劳动支出的方式也发生了根本性的变化——从简单地支配材料与手的操作技能转变为支配不同类型的操作性知识以及把经验等隐性知识转化为日常性创新的能力。而且,在脑力支出的这一新方式中,创新能力正随着虚拟市场的发展而成为脑力支出的主要方式。也就是说,虚拟市场将要求每个交易参与者都转化成为电子商务的应用者和创新者,因为传统交易所追求的交易效率只能通过虚拟市场的运作最大限度地实现。

实体市场与虚拟市场并不是截然分开的,两者有着密切的联系。根据产品、过程和参与者的虚拟化程度,可以设计一个三维坐标,如图1-4所示。在图1-4中,产品为纵坐标,过程为横坐标,参与者为水平坐标,箭头的指向表示虚拟程度的高低,即离原点越远,虚拟化程度越高。据此,我们可以将坐标图显示的空间划为8个部分。左下方带有阴影的方格表示的商务形式为传统商务,此种形式的商务的3种要素都是物质形态的;而右上方阴影表示的方格则代表纯粹的电

---

① 宋承先,吴焦苏. 人力资本价值论[J]. 经济发展研究,1995(2):3-6.

子商务,其中包括的三个要素都是数字化的。所有其他方格所包含的 3 个要素则兼有实体性和虚拟性,即它们所包含的要素中至少有一个变量是非数字形式的。这些方格表示不完全的电子商务。从左下方到右上方,数字化程度逐渐加强,传统商务逐步向纯粹的电子商务过渡。

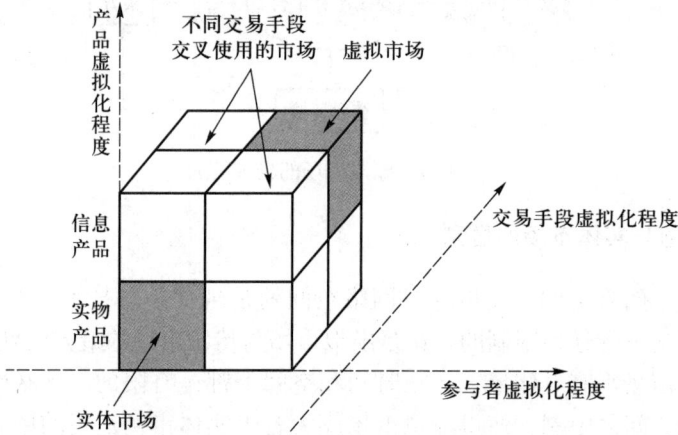

图 1-4 实体市场与虚拟市场示意图

### (四) 电子商务的市场范围

随着电子商务手段的出现,实体产品和信息产品中都有一部分产品开始使用电子商务手段进行交易。当我们排除了使用传统手段交易的实体产品和信息产品后,就可以清晰地分辨出在使用电子商务手段交易的实物产品和信息产品,包括国内市场和国际市场。这就是电子商务市场的两个主要部分,如图 1-5 所示。

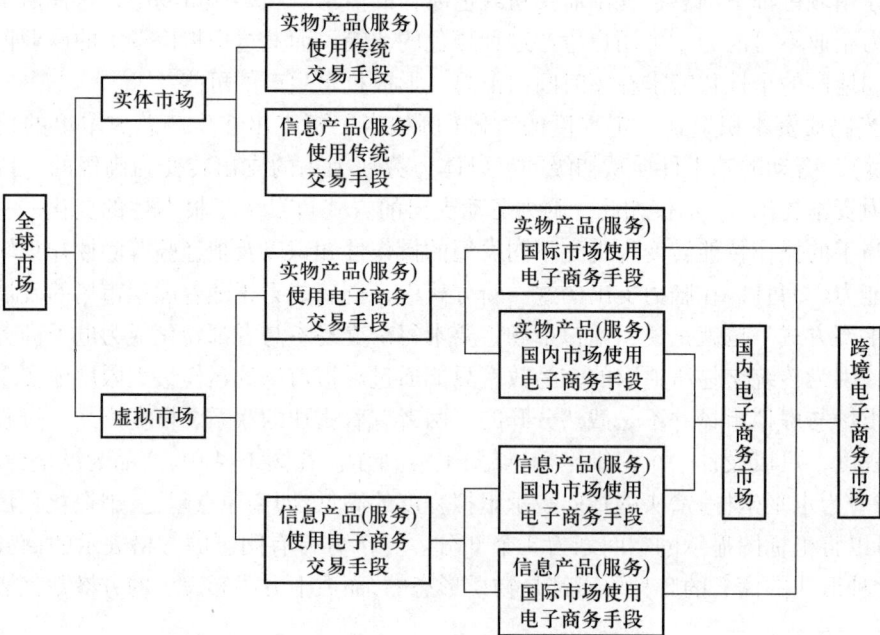

图 1-5 电子商务的市场分布

## 三、电子商务的基本分类

电子商务主要包括 B2C、B2B、C2C 和 G2B 四种类型。

（1）B2C（Business to Consumer）指企业与消费者之间的电子商务。它是利用互联网直接沟通企业与消费者的交易活动。例如华为商城（www. vmall. com）、格力董明珠店（mall. gree. com）等都是这种形式。

（2）B2B（Business to Business）指企业与企业之间的电子商务。它又可以分两种，一种是非特定企业间的电子商务。它是在开放的网络中为每笔交易寻找最佳伙伴，与伙伴进行从订购到结算的全部交易行为。欧冶云商（www. ouyeel. com）、中国石化网上营业厅（www. sinopecsales. com）都是大型的 B2B 网站。另一种是特定企业间的电子商务。它是过去一直有交易关系或者今后一定要继续进行交易的企业间，为了相同的经济利益，共同进行设计、开发或全面进行市场及库存管理而利用的信息网络。其优点是交易伙伴固定、交易关系持续、安全性较强。中国电子口岸（www. chinaport. gov. cn）就属于此类。实际上，两种模式的主要差异在于所使用的网络不同：前者使用互联网，而后者使用专用网络或增值网络上运行的电子数据交换（EDI）。

（3）C2C（Consumer to Consumer）是指个人与个人之间的电子商务。在国家倡导"大众创业、万众创新"的大环境下，C2C 电子商务成为众多创业者高度关注的领域。例如，微商就是借助于社交软件（如微信）为工具、以人为中心、社交为纽带的新型 C2C 商业活动。

（4）G2B（Government to Business）即政府与企业方面的电子商务。这种商务活动覆盖政府与企业组织间的各项事务。最典型的是政府的网上采购活动，如中国政府采购网（www. ccgp. gov. cn）。同样，在企业税的征收上，政府也可以通过网络来完成征税工作。

## 四、电子商务的最新发展

1. 全球网络使用人数和网站数量持续增长

根据国际电信联盟的统计[①]，截至 2021 年年底，世界互联网用户总人数达到 49.01 亿，占世界总人口的 63%。欧洲是世界互联网连接率最高的地区，互联网普及率达 87%，远远超过亚太（61%）和非洲（33%）地区。使用互联网的男性有 30.38 亿人，占所有男性的 62%；女性有 27.93 亿人，占所有女性的 57%。如此庞大的网民人数，为电子商务的发展奠定了雄厚的交易基础。

根据 Netcraft 的调查，2022 年 11 月，Netcraft 共收到 11.35 亿个网站的回复，这些网站来自 2.73 亿个独立域名。[②]

2. 全球电子商务零售额规模接近 5 万亿美元

2021 年全球电子商务零售额规模达到 49 380 亿美元，已接近 5 万亿美元，虽然新冠疫情

---

① ITU. Measuring digital development：Facts and figures 2021［EB/OL］（2016-06-17）［2017-01-20］. 国际电信联盟网站.

② Netcraft. November 2022 Web Server Survey［EB/OL］（2022-11-10）［2022-11-23］. Netcraft 网站.

为全球经济带来不确定性，但电商零售市场却依然保持了快速的增长。图 1-6 是 eMarketer 对 2022—2025 年世界零售电商交易额发展情况的预测。

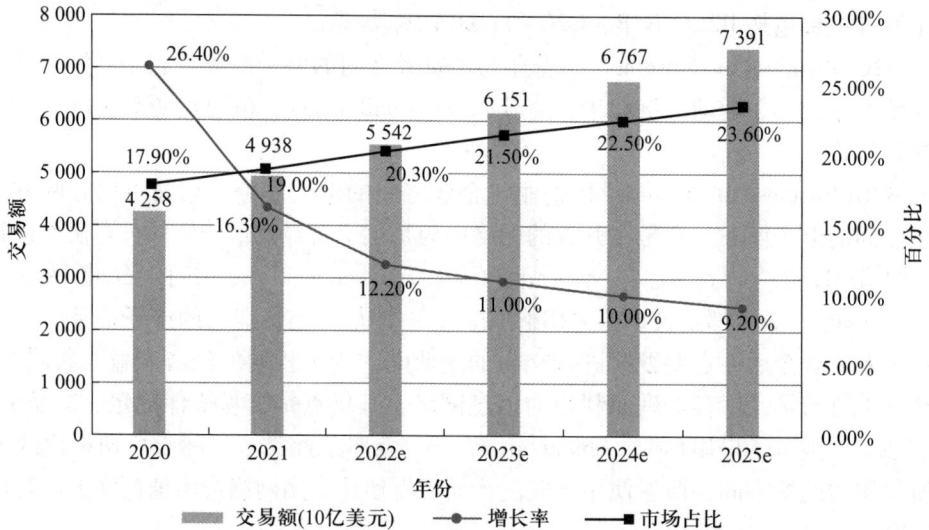

图 1-6　2022—2025 年世界零售电商交易额的发展趋势图

资料来源：eMarketer，2022 年 1 月。

注：全球零售电商交易额指的是经由互联网或者其他设备、渠道因购买服务或者产品产生的销售额，而旅游购票、活动订票、线上消费产生的手续费、税费等没有被计算在内。

3. 我国电子商务持续稳定增长

商务部《中国电子商务报告（2021）》的数据显示，2021 年全国电子商务交易额达到 42.3 万亿元，同比增长 13.7%（见图 1-7），其中商品类交易额为 31.3 万亿元，服务类交易达到 11 万亿元；电子商务服务业营收规模达到了 6.4 万亿元，同比增长 17.4%；电子商务从业人数达到了 6 727.8 万，同比增长 11.8%。[①]

2021 年，我国网上零售额达到 130 884 亿元，同比增长 14.1%。其中，实物商品网上零售额为 108 042 亿元，吃类、穿类和用类商品分别增长 17.8%、8.3% 和 12.5%。[②]图 1-8 反映了我国 2008 年到 2021 年全国网上零售额增长情况。

跨境电商进出口总额达到 1.92 万亿元，同比增长 18.6%，占进出口总额 4.9%，其中出口 1.39 万亿元，进口 0.53 万亿元。[③]图 1-9 反映了 2019—2021 年中国跨境电商进出口增长情况。

---

① 红星新闻. 中国电子商务报告（2021）发布：2021 年全国电子商务交易额达到 42.3 万亿元［EB/OL］（2022-09-01）［2022-11-23］. 搜狐网.
② 国家统计局. 2021 年国民经济和社会发展统计公报［EB/OL］［2022-02-28］［2022-08-27］. 国家统计局网站.
③ 红星新闻. 中国电子商务报告（2021）发布：2021 年全国电子商务交易额达到 42.3 万亿元［EB/OL］（2022-09-01）［2022-11-23］. 搜狐网.

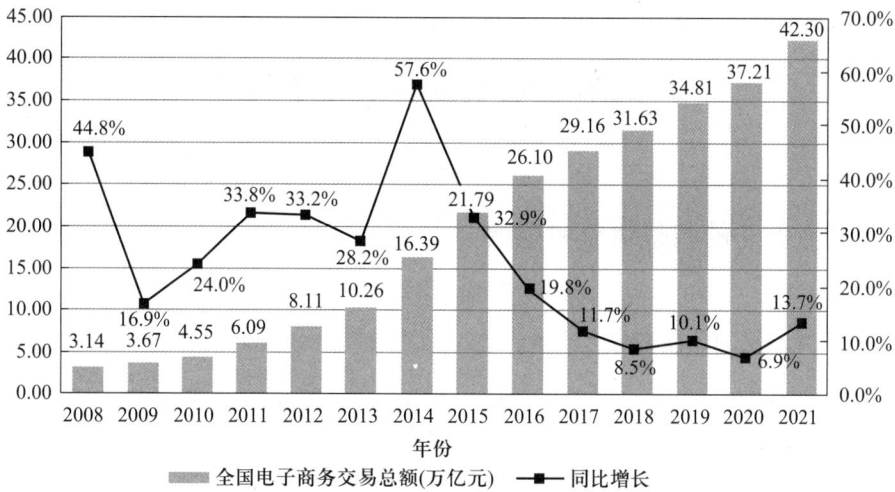

图 1-7　2008—2021 年中国电子商务交易额增长情况

资料来源：国家统计局，《中国电子商务报告》。

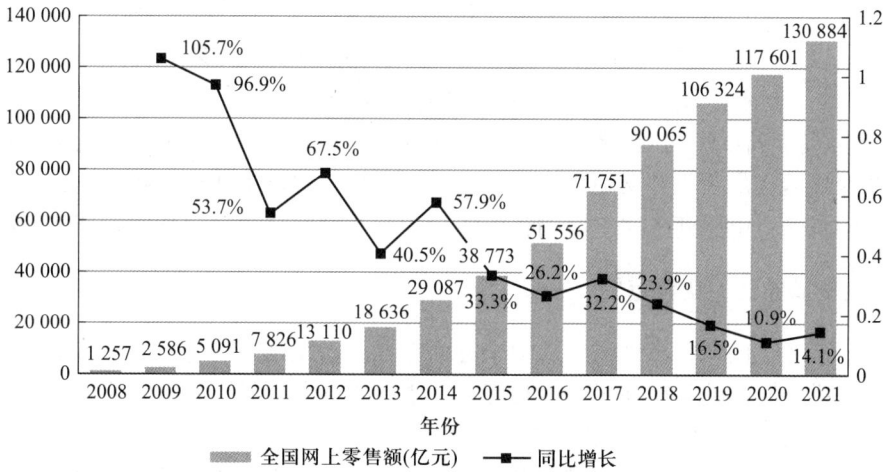

图 1-8　2008—2021 年中国网络零售市场交易额增长情况

资料来源：国家统计局，《中国电子商务报告》。

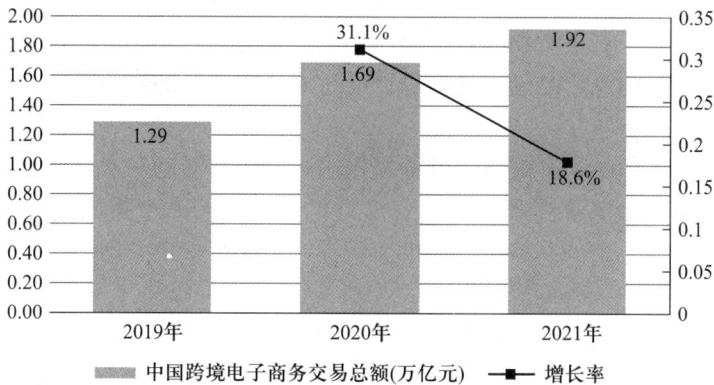

图 1-9　2019—2021 年中国跨境电商交易额增长情况

## 第二节 电子商务法基本问题

### 一、电子商务法的调整对象和范围

#### （一）电子商务法的调整对象

电子商务的发展和自身的规范要求导致电子商务法的产生。电子商务法是调整电子商务交易及其引发的相关问题的法律规范总和。电子商务交易及其形成的商事法律关系成为电子商务法调整的对象。

电子商务首先是一种商事行为，应当遵循传统商法的一般规则。电子商务是在网上进行的各种商业行为，即在线商业行为，因商业手段、交易方式、传导介质的改变，导致传统的商法难以解决因采用电子商务方式而引起的相关问题。也正是因为这一点，国内有学者认为，电子商务法是调整以数据电讯（Data Message）为交易手段而形成的以交易形式为内容的商事关系的规范体系。[①] 这一表述更为强调电子商务行为手段的重要性。

所以，电子商务法不是试图涉及所有的商业领域并重新建立一套新的商业运作规则，而是将重点放在探讨因交易手段和交易方式的改变而产生的特殊商事法律问题。这也就界定了电子商务法的调整范围：电子商务法主要调整商业行为在互联网环境下出现的特殊法律问题。

#### （二）电子商务法的调整范围

了解电子商务法的调整范围需要从两个方面考虑：一是从市场的角度，考虑电子商务所涉及的商务活动类型；二是从交易过程的角度，考虑电子商务交易涉及的主要环节。

1. 电子商务法规范的活动类型

按照虚拟市场商务活动的类型进行规范，电子商务法主要涵盖两类商业活动：一类是贸易型电子商务，另一类是服务型电子商务。

贸易型电子商务是转移财产权利的电子商务，包括有形货物的贸易和无形信息产品的贸易。二者的区别主要在于有形货物的电子交易仍然需要利用传统物流配送渠道如邮政、快递和物流配送系统；而无形信息产品的交易则可以通过网络实现标的物的交付，如软件、影视产品等的交付。

服务型的电子商务包括为开展电子商务提供服务的经营活动和通过网络开展各项有偿服务活动的经营活动。服务型电子商务区别于贸易型电子商务的一个重要特点是它不转移任何财产，而只提供特定的服务，如网络服务提供商所提供的网络接入、即时通信、平台交易、医疗咨询等服务。

另外，随着信息技术的不断发展和用户需求的不断增长，近年来出现了一些在实体市场和

---

[①] 张楚. 电子商务法初论[M]. 北京：中国政法大学出版社，2000.

虚拟市场都采用的新技术(如移动商务、网络直播带货技术等)和一些新型电子商务类型(如Online to Offline,O2O 模式)。所以，电子商务法也需要考虑实体市场与虚拟市场融合出现的新问题。

2. 电子商务法规范的交易环节

电子商务法对于交易流程的规范，主要集中在如图 1-10 所示的三个环节上。

(1) 合同签署阶段。这一阶段包括买卖双方在合同签署过程中所做的各项工作。买卖双方在市场准备和商品展示的基础上，就购买事宜进行沟通，并就所有交易细节进行谈判，将双方磋商的结果以电子合同形式确定下来。

(2) 款项支付阶段。买卖双方在签订电子合同后开始履行合同。买方要按照合同的要求，筹集款项并进行支付。比较常见的是电子支付。

(3) 商品送达阶段。商品送达是传统商品交易的最后一个阶段，传统送货与电子送货交替出现。卖方收到买方的货款后，备货、包装后发货。卖方需要跟踪发出的货物，并提供售后的服务。

从电子商务条件下的交易流程可以看出，在电子商务市场上，实体产品与虚拟产品、传统合同与电子合同、传统送货与电子送货交错出现。所以，在电子商务条件下，传统商品交易的三个阶段都出现了两种不同的表现形式(见图 1-10)。例如，音乐作品可以以实体形式存在，也可以以数字形式存在；其付款方式可以是现金，也可以是电子支付；而送达形式可以是实体光盘的配送，也可以通过网络直接传输。

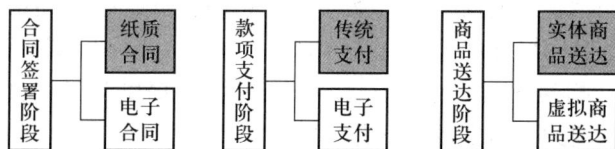

图 1-10　商品交易三个阶段在电子商务条件下的不同表现形式

所以，按照商品交易的不同阶段和不同表现形式，电子商务交易模式可以分为八种类型，见表 1-2。而这些模式，除第八种外，都是电子商务法需要考虑的。

表 1-2　电子商务交易中的不同交易模式

| 交易模式 | 合同阶段 | 支付阶段 | 商品送达阶段 | 备注 |
|---|---|---|---|---|
| 模式 Ⅰ | 电子合同 | 电子支付 | 电子送达 | 虚拟产品(服务) |
| 模式 Ⅱ | 电子合同 | 传统支付 | 传统送达 | 实体产品(服务) |
| 模式 Ⅲ | 传统合同 | 电子支付 | 传统送达 | 实体产品(服务) |
| 模式 Ⅳ | 传统合同 | 传统支付 | 电子送达 | 虚拟产品(服务) |
| 模式 Ⅴ | 电子合同 | 电子支付 | 传统送达 | 实体产品(服务) |
| 模式 Ⅵ | 电子合同 | 传统支付 | 电子送达 | 虚拟产品(服务) |
| 模式 Ⅶ | 传统合同 | 电子支付 | 电子送达 | 虚拟产品(服务) |
| 模式 Ⅷ | 传统合同 | 传统支付 | 传统送达 | 实体产品(服务) |

在上述商品交易的八种不同模式中，有两种是比较特殊的：

（1）三个阶段都通过电子方式进行，即模式Ⅰ，也就是完全电子商务，这种模式是电子交易的高级形式。

（2）三个阶段都不通过电子方式进行，即模式Ⅷ。在这种模式中，产品虚拟化程度、交易手段和参与者虚拟化程度都等于零。这种模式在电子商务的统计中进行归零处理。传统商品交易就属于这种模式，它不在电子商务的统计范畴之内。

对于大部分商品交易来说，是介于模式Ⅰ与模式Ⅷ之间的模式，这些模式是"不完全"的电子商务模式。但这些模式在商品交易的三个阶段都不同程度地与电子商务发生联系。所以，电子商务法也需要考虑这些交易模式，或者说，需要结合使用电子商务法和现行商法对这些交易进行调整。

### （三）电子商务的主要法律问题

电子商务的突出特征是利用互联网构成的虚拟市场完成各种商务活动，这个虚拟市场构成了一个区别于传统商务环境的新环境。厂商和消费者的交易行为在这个新环境里也发生了极大的变化，由此产生了大量传统商事法律难以调整的法律新问题。这些新问题大致可以归纳为下述7种。

#### 1. 电子商务经营者管理

我国《电子商务法》第九条规定，电子商务经营者是指通过互联网等信息网络从事销售商品或者提供服务的经营活动的自然人、法人和非法人组织，包括电子商务平台经营者、平台内经营者以及通过自建网站、其他网络服务销售商品或者提供服务的电子商务经营者。电子商务经营者作为利用现代信息网络开展各类交易活动的主体，主要分为以下5类：

（1）平台经营者，指建立电子商务平台，为交易各方提供交易机会、撮合交易或者其他信息服务的第三方电子商务交易平台经营者。

（2）平台内经营者，指在第三方交易平台内设立网店，从事交易或服务活动的经营者。

（3）自建网站经营者，指自己建立网站或者设置独立的交易系统，并以此作为虚拟的交易场所，直接从事销售商品和提供经营性服务的经营者。

（4）利用其他网络服务的经营者。此类经营者主要是指通过微信等社交平台、网络直播平台、App小程序等销售商品和提供服务的经营者。

（5）其他服务提供者，指提供支付、配送、认证、通关等电子商务相关服务的经营者。

电子商务法需要明确电子商务经营者的基本义务和责任。特别是对于涉及平台经营者的制度建设，平台经营者对站内经营者的身份及商品查验，平台经营者自营业务与他营业务的区分等问题，需要做出专门的规定。

#### 2. 电子商务交易流程规范

对电子商务交易的流程分析可以看出，电子商务同样要经历电子合同签署、电子支付、产品（服务）送达3个阶段。对3个阶段制定出规范运作的条款，可以将电子商务的运作纳入法制的轨道。

（1）电子合同。电子合同是电子商务交易的第一个重要环节，它是指平等民事主体之间以数据电文方式所形成的设立、变更、终止民事权利义务关系的协议。在电子商务交易中，当事人可应用电子签名等电子核证技术签署合同，以增强电子合同的证据效力。我国《电子签名法》已经确立了电子签名的法律效力，《电子商务法》进一步确立了电子合同的法律效力，规范了电子合同的订立、查询、保密与安全。同时,《电子商务法》也对格式电子合同、电子错误等电子商务交易中的特殊问题加以规范。

(2) 电子支付。电子支付是电子商务交易中的第二个重要环节,它是指付款人通过电子设备授权银行或者支付机构,将其支付账户的资金划拨给收款人,以履行价款交付义务的行为。电子商务法首先应当考虑对电子支付服务提供人的基本要求;同时,要对电子商务的主要环节——电子支付流程(包括支付账户开设、支付指令的执行、支付完成状态)做出规范。电子商务法还应对非授权交易、防范金融犯罪等危害电子支付安全的行为加以规制。

(3) 物流与交付。物流与交付是电子商务交易中第三个重要环节。电子商务交易的标的物分为两种,一种是有形货物,另一种是无形产品(包括信息产品和服务产品)。有形货物的交付仍然可以沿用传统物流的基本规范,为 B2B、B2C 和 C2C 提供实体物流服务的所有企业都需要按照有关法律法规的要求操作。信息产品是电子商务交易中的一种特殊商品,电子商务法需要明确经营者履行交付义务的条件和用户收到信息产品的条件。电子商务网站也提供了诸如旅游、餐饮、租车等服务信息产品,而这些产品的最终交付是旅游、餐饮、租车等实体企业。电子商务法应当规范这一类服务产品从提供到实现的全过程。

3. 跨境电子商务

跨境电子商务是电子商务中一类特殊问题,它是指分属不同关境交易主体进行的或交易标的跨越关境的电子商务活动。与一般电子商务的交易模式不同,跨境电子商务增加了通关的环节。特别是分属不同关境的交易主体通过电子商务平台达成交易,进行支付结算,并通过跨境物流送达商品,完成商品交易、服务交易及相关服务,环节多且复杂,不仅涉及交易各方,也涉及政府相关部门,需要特别加以关注。

由于跨境电子商务大多通过第三方交易平台开展交易,所以,需要规范跨境电子商务第三方交易平台的服务。为了提高通关效率,也需要规范电子报关参与部门的行为。通过电子商务法对相关部门设定法律义务,转变现有监管方式是发展跨境贸易的一项非常重要的任务。

4. 电子商务交易信息管理

电子商务是依赖电子信息开展的一种交易活动。这里的电子交易信息是指在电子交易活动中收集、生成、整理、流转、存储的数字化信息。

为了保证电子商务交易安全,必须保护电子交易信息。电子商务法需要从国家立法层面考虑现行的计算机信息系统安全等级保护,赋予其较高的法律效力,以正确处理信息保护与使用的关系,也为大数据的应用留下空间。

电子商务法对电子交易信息的采集与生成、信息查询与处理、信息认证、信息使用、信息流转、信息存储与备份等方面做出规定,并提出部分禁止性规定,以打击严重危害网络交易安全的行为。

5. 电子商务交易纠纷解决

电子商务以其便利性和价廉物美吸引了大量消费者,但也带来了网络购物的投诉数量大幅增加。根据中国消费者协会受理投诉情况统计,2020 年,中国消费者协会受理远程购物投诉33 597 件,其中网络购物、直播带货问题较多。[①]

---

① 中国消费者协会.2020 年全国消协组织受理投诉情况分析[EB/OL](2021-02-03)[2021-09-24].中国消费者协会网站.

目前，国内解决网络购物争议主要采取三种方式。一是电子商务网站自己对买卖双方进行调解，这是绝大部分争议的解决办法；二是通过消费者权益保护协会或其他调解组织来解决；三是通过仲裁和诉讼最终解决。

电子商务法要求建立公平有效的投诉处理机制，提供在线投诉解决服务；要求建设相关法律，使得在线解决争议机构的调解和处理符合我国现行的调解和仲裁的法律规定。

6. 电子商务交易环境建设

电子商务的飞速发展，迫切需要形成一个规范的、可以预期的法律环境。营造一个良好的交易环境，是电子商务法的一个重要任务。这里需要解决电子商务法与现有法律法规的协调问题。

与传统交易类似，电子商务交易中也存在消费者权益保护、知识产权保护、反不正当竞争、行业技术标准协同、信用体系建设等问题。这些问题的解决，一方面需要依靠现有的法律法规，因为现有法律在这些方面都有详细的规定；另一方面，则需要补充部分相应的规定，以弥补现有法律法规对虚拟市场行为规范的不足。

7. 政府服务与监管

电子商务法需要考虑政府监管的问题。对国家有关政府部门职责的规定，应根据国务院关于简政放权的改革精神，强调对行政审批的限制；对地方政府职责的规定，应针对当前许多地方出台的参差不齐的法规政策作出限制。

为适应电子商务的发展，政府部门应当转变行政管理和服务方式，建立协同治理新模式。同时，需要对电子政府促进电子商务发展的规定具体化，应用先进的、便利的监管方法管理电子商务交易。同时，应加强行业协会的服务与监督，加强行业自律，并从行业层面积极推动电子商务的健康发展。

## 二、电子商务法的地位、性质与特征

### （一）电子商务法的独立地位

依据法学的基本理论，法的地位是指一部法律在整个法律体系中有没有自己独立存在的位置，有没有自己独立存在的理由和必要性。能够在法律体系中形成独立存在的位置，才可能有单独立法的必要性。法律关系是法律规范调整一定社会关系的结果，法律关系的建立必须适应一定的社会关系的性质，反映一定的社会关系的要求，符合一定社会关系的发展规律。只有现行法律难以调整现行社会关系或社会发展要求突破现行法律框架时，才有独立部门法的出现。

就电子商务而言，电子商务交易中发生的各种社会关系是在广泛采用现代信息技术或网络技术并将这些应用于商业领域后才形成的特殊的社会关系（因在线商业行为而发生的关系），这些社会关系交叉存在于虚拟社会和实体社会之间，而传统法律调整的对象都是存在于实体社会。因此，商业行为在互联网环境下形成的独立的调整对象孕育了新的部门法——电子商务法。

传统民法及民事程序法很难直接适用于虚拟交易活动，突出表现在合同效力的确定、诉讼管辖、证据认定等保障实体法实施的理论和方法不能支持现有法律处理电子商务案件，管理传统媒体(如报纸、电视)的法律也难以完全适用于以网络为载体的全新的信息交流方式。

传统商法以现实中的商业主体和商业行为为调整对象。面对互联网环境下的商业行为，建立完善的规范体系以确保这种特殊环境和手段下的商务运行安全有序，成为一个崭新的研究领域。因此，建立在线商事主体资格登记和管理制度，建立身份认证和其他安全保障制度，完善电子合同和电子支付的运作程序，成为电子商务法的核心内容。

电子商务的开放性、系统性、集成性等特点使现行分割的行业管理和调控难以适应电子商务的发展。典型的网络交易从网上选购商品或订购到支付和货物交付是一个完整的系统工程，具有系统性和集成性的特点，而它所涉及的管理部门，包括工商、税务、海关、卫生、质量监督等都是分立的。正确调整各部门之间的关系，协调各部门的职能，明确各自的法律职责，及时、公平、有效地解决网络交易问题，都需要有新的法律法规发挥作用。

面对传统法律难以解决的大量新问题，有必要制定应付新问题的法律，而这些分门别类的法律综合起来即形成一门新法学——电子商务法。电子商务法也就是网络环境下的法律规范。随着计算机网络和通信技术的飞速发展和广泛应用，电子商务将成为未来商业活动的主宰形式，而电子商务法也将在商事法领域里发挥越来越重要的作用。

### (二) 电子商务法的性质与特征

电子商务法是一个非常庞杂的法律体系，涉及许多领域，既包括合同法、对外贸易法、消费者权益保护法等，又有新领域的电子签名法、电子支付规范等，这些法律规范从总体上属于商法范畴。

电子商务法是商法的组成部分，按组织法与行为法划分，电子商务法在性质上应属于行为法或者是交易行为法的范畴，它同原有的商事法律相配合，以调整具体的电子商务法律关系。

传统商法的主要特点是习惯性和无国界性。商法一开始只是商人在商业交往中自然形成的行业惯例，并随商业的扩展而传播各地。现代大陆法国家的商法均走向制定法或成文法，而且表现出强烈的强制色彩。制定法使现代商法呈现出一定地域色彩，但在商事行为法或交易法领域亦呈现世界性趋同趋势。国际贸易的发展，使得商事法具有了较高程度的超地域性，而这种全球化特征在电子商务法中表现得更为突出。这是因为网络没有中心，也没有国界，在网络环境中的商务活动也不受国界的限制。这种状况决定了电子商务许多领域的问题只有国际社会采取一致规则才能解决，也只有进行广泛的国际合作才能有成效。因此，在电子商务立法过程中，国际社会特别是联合国起到非常重要的作用。它较早地制定了供各国参照模仿及补充适用的示范法，起到了统一观念和原则的作用，为世界电子商务立法的协调一致奠定了基础。因此，电子商务法首要特征是全球性。

互联网络是现代信息技术的代表，以网络为手段的商务活动规则也必然带有一定的技术特征。这种特征主要表现在四个方面：

(1) 程式性。电子商务法一般不直接涉及交易的具体内容，即当事人享有的权利和义务，而主要调整当事人之间因不同交易手段的使用而引起的权利义务关系，即有关数据电文是否有效，是否归属于某人，电子签名是否有效，是否与交易的性质相适用，认证机构的资格如何，它在证书颁发与管理中应承担何种责任等问题。

（2）技术性。电子商务法中，许多法律规范都是直接或间接地由技术规范演变而成的，特别是在电子签名和数字认证中使用的密钥技术、公钥技术、数字证书等均是一定技术规则的应用。实际上，网络本身的运作也需要一定的技术标准，当事人若不遵守，就不可能在网络环境下进行电子商务交易。

（3）开放性。电子商务法所调整的电子交易是以数据电文进行意思表示的，而数据电文的表现形式是多样化的，并且还在不断发展之中。因此，必须以开放的态度对待任何技术手段与媒介，设立开放型的规范，让各种有利于电子商务发展的设想和技术都能发挥作用。

（4）复合性。电子商务交易关系的复合性源于其技术手段上的复杂性和依赖性，它通常表现为当事人必须在第三方的协助下完成交易活动。比如在合同订立中，需要有网络服务商提供接入服务，需要有认证机构提供数字证书；电子支付中需要有第三方支付机构提供网络化服务。

## 三、电子商务法的作用

### （一）为电子商务的健康、快速发展创造一个良好的法律环境

随着互联网技术的迅速普及，即时通信、电子邮件等现代化通信手段在商务交易中的使用正在急剧增加。然而，以非书面电文形式来传递具有法律意义的信息可能会因使用这种电文遇到法律障碍，也可能使这种电文的法律效力或有效性受到影响。制定电子商务法的目的，是要向电子商务的各类参与者提供一套虚拟环境下进行交易的规则，说明怎样去消除此类法律障碍，如何为电子商务创造一种比较可靠的法律环境。

### （二）保障网络交易安全的重要手段

一谈到交易安全，人们首先想到的是技术保障措施。但仅从技术角度讲，安全保障就存在许多问题。虽然计算机专家从各个角度开发了许多电子商务交易安全的技术保障措施，但仍难以完全保障电子商务的交易安全，众多商家和消费者仍然对网络上大量进行商业活动心存疑虑。合同的执行、赔偿、个人隐私、资金安全、知识产权保护、税收以及其他可能出现的问题使得商家和消费者裹足不前。在这种情况下，相应的法律保障措施必不可少。

由于犯罪分子的攻击手段在不断发展，而安全技术与管理又总是落后于攻击手段的发展，因此网络交易系统存在一定的安全隐患是不可避免的。对已经发生的违法行为，只能依靠法律进行惩处，这是保护网络交易安全的最终手段。

电子商务的法律保障涉及两个基本方面：第一，电子商务首先是一种商品交易，通过交易规则的创新与应用来保障交易安全；第二，电子商务交易是通过计算机及其网络实现的，其安全与否依赖于计算机及其网络自身的安全程度。面对电子商务这种与网络技术密切结合的新的交易方式，需要较为完善的、涵盖交易和信息技术的电子商务法律来保障。

### （三）弥补现有法律的缺陷和不足

之所以提及电子商务单独立法，是因为原有的有关传递和存储信息的法律法规不能完全适

用,对现代通信手段的使用施加了某些限制或包含有限制的含义。这种情况可能使人们无法准确地把握并非以传统的书面文件形式提供的信息的法律性质和有效性,也无法完全相信电子支付的安全性。此外,在日益广泛地使用电子邮件和即时通信的同时,也有必要对新型通信技术制定相应的法律和规范。

电子商务法还有助于补救现有法律的缺陷。特别是在国际贸易中,相当大的一部分是与使用现代信息技术有关的。如果我国对使用现代信息技术的法规与国际规范有较大差异和不明确性,将会限制我国企业进入国际市场。

### （四）鼓励利用现代信息技术开展交易活动

电子商务法的目标包括促进电子商务的使用成为可能或为此创造方便条件,平等对待基于书面文件的用户和基于数据电文的用户,充分发挥高科技手段在商务活动中的作用。这些目标都是促进经济增长和提高国际、国内贸易效率的关键所在。从这一点讲,电子商务立法的目的不是要从技术角度来处理电子商务关系,而是创立尽可能安全的法律环境,以便有助于交易各方之间高效率地使用电子商务。

# 第三节　电子商务立法

## 一、国际电子商务立法

### （一）联合国电子商务立法进程

1. 酝酿起步阶段

20 世纪 70 年代,电子数据交换(EDI)技术的开发引起许多国家的注意。到 20 世纪 80 年代,美国、英国和西欧一些发达国家逐步开始采用 EDI 进行贸易,形成涌动全球的"无纸贸易"热潮。联合国先后制定了《联合国行政、商业和运输业电子数据交换规则》《电子数据交换处理统一规则》等文件,形成了国际 EDI 立法基础,从而拉开了电子商务国际立法的序幕。

20 世纪 90 年代以来,随着互联网在全球爆炸性地普及,一种基于互联网、以交易双方为主体、以银行电子支付和结算为手段、以客户数据为依托的全新商务模式——电子商务出现并发展起来。1996 年 12 月,联合国第 51 届大会正式通过了《联合国国际贸易法委员会电子商业示范法及其颁布指南》[①](简称《电子商业示范法》),这是世界电子商务立法中具有里程碑意义的文件,它不仅为逐步解决电子商务的法律问题奠定了基础,而且为各国制定本国电子商务法规提供了框架和示范文本。截至 2022 年 10 月底,已有 83 个国家共在 164 个法域通过了以《电子商业示范法》为基础或在其影响下形成的立法。

---

① 联合国贸法会. 贸易法委员会电子商业示范法及其颁布指南(1996 年)[EB/OL](1996-12-16)[2022-11-20]. 联合国贸法会网站.

2. 对抗危机阶段

21 世纪初，互联网经济遭到第一次沉重的打击。美国纳斯达克指数暴跌，网络股的价值严重缩水。尤其是作为电子商务典范的美国亚马逊公司经营状况的恶化，我国 8848 等电子商务公司的倒闭，更加大了人们对电子商务的恐惧心理，似乎电子商务已经走到崩溃的边缘。

面对电子商务发展的严峻形势，联合国有关组织加大了电子商务发展工作的力度。2001 年 11 月，联合国贸易和发展会议发表了由联合国秘书长安南亲自作序的《2001 年电子商务和发展报告》。① 该报告深刻分析了电子商务发展中出现的问题，提出了应对策略和举措。

2001 年 12 月，联合国第 56 届大会通过了《联合国国际贸易法委员会电子签字示范法》②（简称《电子签字示范法》），这是联合国继《电子商业示范法》后通过的又一部涉及电子商务的重要法律。该法试图通过规范电子商务活动中的签字行为，建立一种电子商务交易的安全机制。截至 2022 年 10 月底，已有 38 个国家在 39 个法域通过了以《电子签字示范法》为基础或在其影响下形成的立法。2009 年，联合国贸法会又发布了解释性法规《增进对电子商务的信心：国际使用电子认证和签名方法的法律问题》。

2005 年 12 月，联合国第 60 届大会通过了《联合国国际合同使用电子通信公约》③（简称《电子通信公约》）。这个公约旨在消除国际合同使用电子通信的障碍，消除现有国际贸易法律文件在执行中可能产生的障碍，促进国际贸易的稳定发展。这个公约提出了在国际合同中使用电子通信的基本要求，对营业地位处于不同国家的当事人之间订立或履行合同使用电子通信做出了具体规定。截至 2022 年 10 月底，全世界共有 16 个国家批准了这个公约。

与此同时，各国政府也相继推出各种鼓励政策，继续支持电子商务的发展。电子商务逐渐摆脱了世界经济萎缩和 IT 行业泡沫破灭的影响，步入复苏回暖阶段。

3. 复苏回暖阶段

进入 21 世纪第二个 10 年，伴随着互联网 4G、5G 的普及，大数据、云计算、智能物流等先进信息技术广泛应用，世界电子商务进入爆发式发展阶段。B2C 电子商务的覆盖面进一步拓展；"双十一""网购星期一"等大促引发购物狂潮，网络零售成为电子商务发展的热点。2015 年世界网络零售交易额达 1.67 万亿美元，增长 25.1%，占零售总额的比例提升到 7.4%。移动电子商务继续高歌猛进，其中，餐饮外卖、网络约车、在线旅游等细分行业移动端占比远高于其他行业。数字内容、互联网医疗、互联网教育等服务类电子商务成为创业创新的热土。

在电子商务快速发展过程中，联合国认识到需要有对于此种交易所产生争议的解决机制，又认识到其中一种机制是网上争议解决。因此，2010 年 6 月，联合国国际贸易法委员会第 43 届会议商定设立第三工作组（网上争议）进行有关网上争议解决领域中的工作并着手拟定《跨境电子交易网上争议解决：程序规则》。之后，联合国也注意到《电子商业示范法》

---

① United Nations. E-commerce and Development Report 2001[R/OL](2001-11-30)[2022-11-20]. 联合国网站.

② United Nations. UNCITRAL Model Law on Electronic Signatures with Guide to Enactment 2001[EB/OL](2001-07-05)[2022-11-20]. 联合国贸法会网站.

③ United Nations. United Nations Convention on the Use of Electronic Communications in International Contracts[EB/OL](2005-11-23)[2022-11-20]. 联合国贸法会网站.

《电子签名示范法》和《电子通信公约》并未充分解决国际贸易中使用电子可转让记录而产生的问题。2011 年联合国贸法会第 44 届会议上授权第四工作组(电子商务)启动了电子可转让记录领域的工作。

4. 规范发展阶段

针对电子商务爆发式发展带来了一系列商务和社会的新问题,2016 年 12 月 13 日,联合国第 71 届大会通过了《贸易法委员会关于网上争议解决的技术指引》①(简称《技术指引》)。《技术指引》提出:"随着网上跨境交易迅猛增加,需要建立针对此类交易所产生的争议的解决机制",并形成了系统的网上争议解决方法——Online Dispute Resolution(ODR)。《技术指引》希望协助各国特别是发展中国家和经济转型国家发展和使用网上争议解决系统。中国代表团全程参加了整个文件的起草工作,提出了整个流程规范的设计思路,在整体框架和案文起草中发挥了重要作用。

2017 年 7 月 13 日,联合国第 72 届大会又通过了《贸易法委员会电子可转让记录示范法》②(简称《电子可转让记录示范法》),旨在从法律上支持电子可转让记录的国内使用和跨境使用,替代传统的基于纸张的可转让单证或票据。③

2019 年,联合国贸法会核准出版了《关于云计算合同所涉主要问题的说明》,同时继续开展工作,旨在制定一项关于使用和跨国界承认的利用云计算提供电子身份管理服务(身份管理服务)和认证服务(信托服务)的新文书。

**(二)其他国际组织的电子商务立法**

1998 年 10 月,经济合作与发展组织(OECD)公布了 3 个重要文件作为 OECD 发展电子商务的指导性文件:《OECD 电子商务行动计划》《有关国际组织和地区性组织的报告:电子商务的活动和计划》《工商界全球电子商务行动计划》。1999 年,OECD 制定了《电子商务环境下的消费者保护准则》,呼吁从事电子商务的企业:公平地进行贸易、广告和市场营销等商业活动;向消费者提供关于企业、产品或服务、交易条款和条件的准确无误的信息;交易的确认过程应做到透明化;要建立安全的支付机制;及时地、公正地、力所能及地解决纠纷和给予赔偿;保护消费者的个人隐私;向消费者和其他企业进行电子商务宣传。2021 年 7 月,OECD 发布《应对数字经济化带来的税务挑战的两个支柱解决方案的声明》(BEPS 2.0)④,倡议对现行国际税收体制进行两方面的重大修订:一是对跨国企业全球剩余利润在各税收管辖区之间重新划分征税权(支柱一);二是设定一个全球最低税标准,对达不到最低税标准的跨国企业采取相应措施(支柱二)。截至 2021 年 7 月 9 日,已有 132 个成员辖区同意 BEPS 2.0 倡议。

---

① 联合国贸法会. 联合国国际贸易法委员会关于网上争议解决的技术指引[EB/OL](2016-12-13)[2022-10-20],联合国贸法会网站.

② 联合国贸法会. 联合国国际贸易法委员会电子可转让记录示范法[EB/OL](2017-07-13)[2022-10-20],联合国贸法会网站.

③ 传统的可转让单证或票据是基于纸张的单证或票据,使持有人有权要求履行其中指明的义务并允许以转让单证或票据占有的方式转让这种要求履行义务的权利。可转让单证或票据一般包括提单、汇票、本票和仓单。

④ OECD. Statement on a Two-Pillar Solution to Address the Tax Challenges Arising from the Digitalisation of the Economy[EB/OL](2021-07-01)[2022-11-30]. OECD 网站.

欧盟于1998年发布了《欧盟电子签字法律框架指南》和《欧盟关于处理个人数据及其自由流动中保护个人的指令》(或称《欧盟隐私保护指令》)。2000年，欧盟发布《欧盟电子商务指令》。该指令协调和统一了成员国有关信息社会服务的国内法规，包括内部市场、服务提供者的创建、商业通讯、电子合同、中间服务提供者的责任、行为准则、庭外纠纷解决机制、法院诉讼以及成员国间的合作方面的相关规定。2014年7月，欧盟通过了第910/2014号条例，涉及内部市场电子交易的电子身份识别与信赖服务，进一步规定电子身份识别必须互认。2016年欧盟在全欧盟境内施行《消费者网上争议解决条例》(简称欧盟《ODR条例》)，专门针对欧盟范围内经营者与消费者之间因在线商品销售合同和服务合同交易所导致的争议解决做出了规范。2021年7月1日开始，欧盟实施了新的电子商务增值税规则：一是取消对盟外公司在欧盟进口价值低于22欧元商品时的增值税豁免待遇；二是欧盟电商增值税起征点统一为1万欧元，超出该起征点，商家必须在货物交付地所在国缴纳增值税；三是简化注册和缴税流程，商家在所在国完成注册后，可通过一站式服务平台，每季度申报和缴纳其在欧盟全境销售所产生的增值税。

世界贸易组织(WTO)于1997年达成三个协议，为电子商务和信息技术的稳步有序发展奠定了基础。这三个协议是：《全球基础电信协议》《信息技术协议》《开放全球金融服务市场协议》。另外，WTO对于贸易领域的电子商务提出了需要立法规范的11个要点：① 跨境交易的税收和关税；② 电子支付；③ 网上交易规范；④ 知识产权保护；⑤ 个人隐私；⑥ 安全保密；⑦ 电信基础设施；⑧ 技术标准；⑨ 普遍服务；⑩ 劳动力；⑪政府引导作用。

### （三）部分国家和地区的电子商务立法

美国是电子商务的主导国家。1997年7月，美国总统颁布了《全球电子商务框架》[①]，正式形成美国政府系统化电子商务发展政策和立法规划。

1999年7月，美国全国统一州法委员会(National Conference of Commissioners of Uniform State Law，NCCUSL)通过了《统一电子交易法》；2000年9月，发布了《统一计算机信息交易法》。对于《统一电子交易法》与《统一计算机信息交易法》中的大部分规定，美国《统一商法典》(UCC)买卖篇在2003年5月修正时加以纳入。[②]

紧随美国的步伐，新加坡、澳大利亚、韩国、哥伦比亚、爱尔兰等都是较早开始制定电子商务法的国家和地区。

2016年6月，日本经济产业省发布《电子商务和信息产权有关法律解释性指南》[③]，并于2022年4月1日进行了修订。其中，第四部分专门涉及有关电子商务交易中消费者之间的审判管辖业务实体和适用法律。

---

① William J. Clinton, Albert Gore, Jr.. A Framework For Global Electronic Commerce [EB/OL] (1997-07-01) [2021-11-20]. www.w3.org网站.

② 高富平. 电子合同与电子签名法研究报告[M]. 北京：北京大学出版社，2005：4，56.

③ Ministry of Economy, Trade and Industry, Japan. Interpretative Guidelines on Electronic Commerce and Information Property Trading Revised[EB/OL] (2022-04-18) [2022-11-20]. 日本经济产业省网站.

## 二、我国电子商务立法

我国政府高度重视电子商务的立法工作。1998 年 11 月 18 日，时任国家主席江泽民在吉隆坡举行的亚太经合组织领导人非正式会议上指出，电子商务代表着未来贸易方式的发展方向，其应用推广将给各成员带来更多的贸易机会。在发展电子商务方面，我们不仅要重视私营、工商部门的推动作用，同时也应加强政府部门对发展电子商务的宏观规划和指导，并为电子商务的发展提供良好的法律法规环境。[①] 但是，由于在电子商务立法条件和立法形式上存在分歧，2004 年以前国家和地方立法规主要集中在计算机和网络管制方面，几乎没有涉及电子商务规制的内容。2004 年以后，我国开始了实质意义上的电子商务立法，并由此进入一个崭新的立法阶段。

### （一）国家层面的电子商务立法工作

（1）2004 年 8 月，全国人大常委会通过了《中华人民共和国电子签名法》（简称《电子签名法》），并于 2005 年 4 月 1 日开始实施，2019 年 4 月 23 日第二次修正。该法首次赋予可靠电子签名与手写签名或盖章具有同等的法律效力，解决了电子记录的证据规则问题，并明确了电子认证服务的市场准入制度。

（2）2012 年 12 月，全国人大常委会通过了《全国人民代表大会常务委员会关于加强网络信息保护的决定》，奠定了国家对公民隐私及个人电子信息的基本保护原则。

（3）2013 年 10 月，新修订的《中华人民共和国消费者权益保护法》（简称《消费者权益保护法》）在第二十五条中增加了在网络购物中"消费者有权自收到商品之日起七日内退货，且无需说明理由"的表述。

（4）2015 年 4 月，新修订的《中华人民共和国广告法》（简称《广告法》）颁布，规定不得发布不利于未成年人身心健康的网络游戏广告；利用互联网发布、发送广告，不得影响用户正常使用网络；在互联网页面以弹出等形式发布的广告，应当显著标明关闭标志，确保一键关闭。

（5）2015 年 8 月全国人大常委会通过的《中华人民共和国刑法修正案（九）》（简称《刑法》）在第二百八十六条后增加了"不履行法律、行政法规规定的信息网络安全管理义务"犯罪，在第二百八十七条后增加了第二百八十七条之一"非法利用信息网络"犯罪和第二百八十七条之二"帮助他人利用信息网络实施犯罪"。

（6）2017 年 6 月，《中华人民共和国网络安全法》（简称《网络安全法》）正式施行。该法共 7 章 79 条，明确了网络空间主权的原则；明确了网络产品、服务提供者和网络运营者的安全义务；进一步完善了个人信息保护规则；建立了关键信息基础设施安全保护制度；确立了关键信息基础设施重要数据跨境传输的规则。

（7）2018 年 8 月，全国人大常委会通过了《中华人民共和国电子商务法》（简称《电子商务法》），于 2019 年 1 月 1 日正式实施。《电子商务法》的实施，对于保障电子商务各方主体的合法权益，规范电子商务行为，维护市场秩序，促进电子商务持续健康发展发挥了重要作用。

---

① 江主席在亚佩克会议就电子商务问题发言. 人民日报, 1998-11-19(6).

（8）2020年5月，全国人大常委会通过了《中华人民共和国民法典》（简称《民法典》），自2021年1月1日起施行。《民法典》不仅对于电子合同的特殊规则进行了规定，而且将电子商务法没有涵盖的新闻信息、音视频节目、出版以及文化产品等内容方面的服务也纳入规范。此外，《民法典》还对数字产品的知识产权保护、个人信息保护等方面的内容做了规范。

（9）2021年9月，《中华人民共和国数据安全法》（简称《数据安全法》）正式实施。该法按照总体国家安全观的要求，对数据安全与发展、数据安全制度、数据安全保护义务、政务数据安全与开放等作出了明确的规定，为数字化经济的安全健康发展提供了有力支撑。

（10）2021年8月，全国人大常委会通过了《中华人民共和国个人信息保护法》（简称《个人信息保护法》）。该法的出台为个人信息权益保护、信息处理者的义务以及主管机关的职权范围提供了全面的、体系化的法律依据，构建起个人信息安全的防护网。

**（二）国务院各部委的电子商务法规建设工作**

1. 为电子商务法进一步实施的配套规定

（1）2009年2月，工业和信息化部颁布《电子认证服务管理办法》（2015年4月修订）。该办法是《电子签名法》配套的部门规章，主要包括电子认证服务许可证的发放和管理、行为规范、暂停或终止的处置、安全保障措施等内容。

（2）2009年10月，国家密码管理局发布新修订的《电子认证服务密码管理办法》，明确了电子认证服务提供者申请"国家密码管理机构同意使用密码的证明文件"的条件和程序，同时也对电子认证服务系统的运行和技术改造等做出了相应规定。

（3）2011年4月，商务部发布《第三方电子商务交易平台服务规范》，从平台设立、基本行为规范、平台经营者对站内经营者的管理与引导、平台经营者对消费者的保护等5个方面对第三方平台经营与管理做出规范。其中，设置"冷静期"、平台异地备份、平台先行赔付等制度引起社会广泛关注。

（4）2021年3月，国家市场监管总局出台《网络交易监督管理办法》。该办法在《电子商务法》的基本框架下，明确了网络交易监管鼓励创新、包容审慎、严守底线、线上线下一体化监管的原则，提出推动多元参与、有效协同、规范有序的网络交易市场治理体系建设，对网络经营主体登记、新业态监管、平台经营者主体责任、消费者权益保护、个人信息保护等重点问题作出详细规定。

2. 对电子商务产业配套服务的规定

（1）2010年6月，中国人民银行发布《非金融机构支付服务管理办法》，规定：从事支付业务的非金融机构支付必须取得由央行颁发的《支付业务许可证》。

（2）2021年1月，中国人民银行发布《非银行支付机构客户备付金存管办法》，规范非银行支付机构的客户备付金的存放、归集、使用、划转等存管活动。

（3）2011年1月，国家外汇管理局发布《电子银行个人结售汇业务管理暂行办法》，对银行电子银行系统为个人办理电子银行结售汇业务做出了详细规定，鼓励境内外个人可以通过网上银行、自助终端、电话银行、手机银行等多种电子银行渠道办理购汇和结汇业务。

（4）2009年6月，原文化部和商务部联合印发《关于加强网络游戏虚拟货币管理工作的通知》。该通知首次明确网络游戏虚拟货币的定义，强调严格市场准入，加强主体管理，明确企业责任，严厉打击利用虚拟货币从事赌博等违法犯罪行为。

（5）2013 年 7 月，工业和信息化部公布《电信和互联网用户个人信息保护规定》，进一步明确电信业务经营者、互联网信息服务提供者收集、使用用户个人信息的规则和信息安全保障措施等。

（6）2021 年 11 月，国家互联网信息办公室、国家发展改革委、工业和信息化部等 13 个部门发布《网络安全审查办法》，重点审查关键信息基础设施运营者采购网络产品和服务可能带来的国家安全风险。

3. 针对特定产品的电子商务交易规定

（1）2004 年 7 月，原国家食品药品监督管理总局发布《互联网药品信息服务管理办法》，实施互联网药品信息服务资格证书制度，要求企业不得擅自超范围提供面向个人消费者的药品交易服务，零售单体药店不得开展网上售药业务。

（2）2010 年 12 月，原新闻出版总署发布《关于促进出版物网络发行健康发展的通知》，对从事出版物网络发行规定了准入标准。未办理出版物经营许可证而仍通过网络发行出版物的，新闻出版行政部门将依法取缔，并提交电信主管部门关闭违法网站。

（3）2010 年 9 月，财政部发布《互联网销售彩票管理暂行办法》，规定网络售彩合作单位、互联网代销者注册资本不低于 5 000 万元人民币，且需要经过财政部批准。

（4）2011 年 2 月，原文化部颁布《互联网文化管理暂行规定》，该规定提出了设立互联网文化单位的基本要求，开始实行《网络文化经营许可证》和年检制度，制定了进口互联网文化产品的条件，要求加强对互联网文化产品的内容监管。

（5）2015 年 4 月，国家版权局发布《关于规范网络转载版权秩序的通知》，明确了著作权法律法规中涉及网络版权转载中的重要问题，引导报刊单位和其他传统媒体进一步改进内部版权管理工作，鼓励报刊单位和互联网媒体积极开展版权合作，营造健康有序的网络转载环境，要求各级版权行政管理部门加大版权监管力度，规范网络转载版权秩序。

（6）2020 年 8 月，文化和旅游部发布《在线旅游经营服务管理暂行规定》。该规定主要规范中华人民共和国境内通过互联网等信息网络为旅游者提供包价旅游服务及交通、住宿、餐饮、游览、娱乐等单项旅游服务的经营活动。

**（三）地方政府的立法实践**

（1）2002 年，广东省出台了《广东省电子交易条例》，这是我国第一部电子交易的地方性法规。该条例对电子签名与电子记录、电子合同、电子交易服务提供商等问题做出了明确的规定。

（2）2007 年 9 月，北京市人大常委会发布《北京市信息化促进条例》，鼓励电子商务服务提供商的发展，并规范了电子商务服务提供商的行为。

（3）上海市人大常委会 2008 年 11 月通过《上海市促进电子商务发展规定》，提出以促进发展为主线，以规范经营为补充作为立法的总体定位，着力在营造环境、推广应用、保护消费者权益等方面做出规定；2020 年 4 月发布《上海市优化营商环境条例》，强调推广应用电子证照和电子印章；要求通过国际贸易单一窗口，为申报人提供进出口全流程电子化服务。

（4）浙江省人大常委会 2020 年 12 月发布《浙江省数字经济促进条例》，从数字产业化、产业数字化等方面提出促进意见，要求引导和支持电子商务发展，促进跨境电商综合试验区建设，提升跨境电商普及应用水平，推广新零售，发展电子商务新业态新模式，推进数字生活新服务；2021年7月发布《浙江省乡村振兴促进条例》，支持乡村电子商务平台建设，培育和壮大乡村电子商务市场，发展线上线下融合的现代乡村商品流通和服务网络。

### 三、电子商务立法的基本问题

#### （一）电子商务立法的重要性

（1）电子商务的迅速发展催生电子商务立法。2021年，我国电子商务交易额达到42.3万亿元，同比增长13.7%，"十三五"期间，我国电子商务年均增长速度超过30%。电子商务在市场保供、促进消费、稳定就业等方面作出了突出贡献，为经济增长注入了强劲动力。鼓励、支持、促进、规范电子商务的发展和创新，要求电子商务立法紧紧跟上行业的发展。

（2）电子商务的突出矛盾和问题要求尽快健全电子商务立法。电子商务作为一个新兴产业，在发展过程中，一些矛盾和问题已经凸显。2020年以来，随着国家对电子商务行业的整顿，阿里巴巴实施"二选一"垄断行为[1]、滴滴出行App严重违法违规收集使用个人信息问题[2]、腾讯收购中国音乐集团违法实施经营者集中问题[3]先后曝光，这种状况迫切要求通过电子商务立法规范电子商务市场秩序，完善电子商务交易环境，强化电子商务交易安全保障。

（3）保障电子商务各方主体权益迫切需要立法。电子商务领域消费者权益保护问题十分突出，社会各界反映较为集中。加强对电子商务消费者的保护力度，需要通过立法明确电子商务经营者特别是第三方平台的责任义务，明确消费者享有的个人信息等基本权利，鼓励和规范信用评价体系建设，形成符合电子商务发展特点的规范约束机制和争议解决机制。同时，也要通过立法来保障电子商务经营者的权益，按照政府最小干预原则，推动实现政府监管、行业自律、社会共治的有机结合，为电子商务的良性发展、互动创新奠定制度基础。

#### （二）电子商务立法途径的选择

从立法学的角度看，电子商务的立法可以有两条途径：

第一，先分别立法，即首先解决电子商务发展过程中遇到的现实问题，制定单行法规，如电子合同规则、电子支付规则、电子提单规则、电子商务税收征收办法、网络广告规则等，待时机成熟后，再进行综合立法。这种方法的优点是，能够及时解决电子商务发展过程中的具体

---

① 国家市场监管总局. 市场监管总局依法对阿里巴巴集团控股有限公司在中国境内网络零售平台服务市场实施"二选一"垄断行为做出行政处罚[EB/OL]（2021-04-10）[2021-09-03]. 国家市场监管总局网站.

② 国家互联网信息办公室. 关于下架"滴滴出行"App的通报[EB/OL]（2021-07-04）[2021-09-03]. 国家互联网信息办公室.

③ 国家市场监管总局. 市场监管总局发布腾讯控股有限公司收购中国音乐集团股权违法实施经营者集中案行政处罚决定书[EB/OL]（2021-07-24）[2021-09-03]. 国家市场监管总局.

问题，并能够在实践中不断积累经验，逐步提出比较完善的综合立法的思路。这种方法的缺点是缺乏宏观思考，全局性不足，各单行法规很难实现统一性和一体性。而且，很容易沿袭传统的按行业和部门归属立法的弊端。

第二，先着手综合立法，形成电子商务立法的综合思路，出台电子商务基本法，然后对各个具体问题制定单行规则。对于电子商务这样一个发展十分迅速的新生事物，其立法应当反映现实并服务于现实，这是理所当然的，但立法超前性的指导意义也是非常重要的。"先综合立法后分别立法"的思路有利于从宏观上把握电子商务这一新事物的发展趋势，有利于统一电子商务活动中关键问题的看法。基本法制定出来，指导实践，规范实践，但不要限制实践的发展。如果立法不适应了，还可以修正。而且，由于电子商务所依赖的信息技术发展迅速，所制定的单行法规也需要经常修改和变动。这种修改和变动，如果没有综合的思路和统一的目标，很可能会产生诸多自身的问题和相互矛盾的问题。

联合国采用了第二种立法思路。1996年首先出台了《电子商业示范法》，这是一部电子商务的综合性示范法。之后，2001年通过的《电子签字示范法》是专门解决电子商务的核心问题——电子签名；2005年通过的《联合国国际合同使用电子通信公约》旨在推广电子签名在电子合同中的应用；2016年通过的《网上争议解决的技术指引》引导电子商务参与人发展和使用网上争议解决系统。这种立法思路值得我国借鉴。

### （三）电子商务立法指导思想与原则

电子商务法立法的指导思想可概括为12个字：促进发展、规范秩序、维护权益。

促进发展始终是立法的第一出发点。电子商务立法无论是对某种行为的鼓励还是对某些做法的限制，都要能够促进电子商务健康、可持续发展。

规范秩序是电子商务法发挥作用的切入点。电子商务法属于商法范畴，商法存在的基础和必要性是确保交易安全。电子商务法需要从法律上明确电子商务参与者的权利、责任和义务，形成一套透明的、稳定的、有效的行为规则，使在线经营者有一个稳定和安全的预期，在公平的条件下开展竞争。

维护各方权益是电子商务法的重要功能。维护网络消费者权益应放在突出的位置，但同时也要依法保护电子商务经营者的合法权益。在制定强制性规范的同时，也应当为当事人意思自治留有余地，或者鼓励在电子商务领域行业自治和当事人自治，鼓励商界探索新的规则，使限制性的规定建立在维护交易安全合理的基础上。

电子商务立法需要遵循6个原则：一是处理好促进发展与消除障碍的关系，特别是消除法律障碍；二是实施政府干预最小化，让市场在资源配置中起决定性作用；三是坚持技术中立与鼓励创新并举；四是结合实践需求对交易行为做出有针对性的可操作性规制；五是推动政府监管、行业自律、市场自治、消费者监督四维共同治理；六是妥善解决电子商务法与其他传统法律的衔接与补充问题。

### （四）流程分析立法方法的原理与方法

1. 流程分析立法方法的概念与应用范围

流程分析立法方法是通过对立法对象的流程分析，归纳立法对象的基本流程，科学划分立法对象运行的主要阶段，利用系统分析方法提炼需要法律规制的关键环节和主要矛盾，进而形成立法整体框架和相关法律条文的一种科学的立法方法。

流程分析立法方法主要适用于具有周期性特点的专门问题或专业问题的立法，特别适用于经济领域、环境领域和科技领域的立法问题。在综合性立法中，可以根据规范立法对象的特点，将一个大的系统梳理为若干个小系统进行专门立法。这些立法问题的一个普遍特点是都可以通过流程将整个立法对象区分为若干阶段，并对每个阶段进行分别规制。

党的二十大报告指出："必须坚持系统观念。万事万物是相互联系、相互依存的。只有用普遍联系的、全面系统的、发展变化的观点观察事物，才能把握事物发展规律。"相对于传统的立法方法，流程分析立法方法的特点就是引入管理科学、系统科学、计算机科学的先进处理方法，利用系统分析方法提炼需要法律规制的关键环节和主要矛盾，进而形成科学的立法整体框架和相关法律条文。

2. 流程分析立法方法的基本原理

立法，从法学角度看，是一个法律制定的过程。对于经济立法，恩格斯指出，社会发展需要"把每天重复着的产品生产、分配和交换用一个共同规则约束起来，借以使个人服从生产和交换的共同条件"。① 其中的"约束"活动便是我们所谓的立法，这种立法的主要功能是确认与保障现存的社会关系。

对立法对象的"约束"，传统的法学通常采用调查研究的方法，找出立法对象存在的问题，并应用归纳法抽出关键性问题提出规制的思路。这种做法比较简单、快捷，但对于比较复杂的规制对象，往往容易产生顾此失彼的问题。

流程分析立法方法是从系统科学的理论出发，将立法对象看作一个系统的整体，从系统角度去考察和研究整个事物，通过系统目标分析、系统要素分析、系统环境分析、系统资源分析和系统管理分析，准确地诊断问题，深刻地揭示问题起因，提出有效的解决方案。在立法实践中，综合考虑立法对象各类参与人的地位，通过系统流程将各类参与人联系起来，发现不同的角色的作用及其相互关系，从而形成符合实际情况的立法思路。

法对于经济、环境、技术等领域的许多立法对象来说，都有一个被普遍接受的业务流程。运用管理科学或自然科学方法对这些流程加以描述或优化，对于立法者明确立法的目标，掌握规制的关键环节是非常重要的。

3. 流程分析立法的主要方法

（1）流程建模法。流程分析是工业生产管理中的一种重要分析方法。流程是指一个或一系列连续有规律的行动，这些行动以确定的方式发生或执行，导致特定结果的实现。流程分析是指以整个生产过程为研究对象，研究分析完整的工艺程序，并制定改进方案的一种分析技术。流程分析方法应用在立法活动中，就是要分析立法对象活动的前后次序，构造流程模型，使立法者对立法对象的整体活动有一个科学的清晰认识。图1-11是《中华人民共和国煤炭法》（简称《煤炭法》）起草时所绘制的煤炭生产的流程图。②

---

① 马克思恩格斯文集. 第3卷. 北京：人民出版社，2009：322.
② 杨立钒. 探索科学立法方法 推动电子商务高质量发展[J]. 北京：中国软科学，2018（增刊）：79-86.

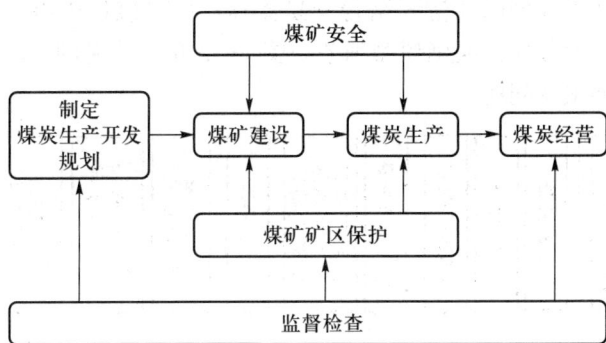

图1-11　《煤炭法》起草时调研形成的煤炭生产经营流程图

（2）因果分析法。因果分析法是利用因果分析图来分析影响系统的因素，并从中找出产生某种结果的主要原因的一种定性分析方法。[1] 因分析所得到的图形形状像鱼骨，所以又叫鱼骨分析法。利用鱼骨图表示原因与结果之间的关系，形象简单，一目了然，能够把人们头脑中所想问题的结果与其产出的原因结构图形化、条理化。在流程分析的基础上，利用鱼骨分析法可以科学划分流程的主要环节，并针对不同环节找到最关键的影响因素。在立法活动中，利用这种方法可以找到控制各个环节和整个流程的关键节点。本书第八章第四节的图8-8就是结合使用流程建模法和因果分析法作出联合国《网上争议解决的技术指引》的设计思路。

（3）提取公因式法。在找到主要环节和关键节点的基础上，比较各个环节和主要节点的异同点，以高度抽象的方式将不同环节中的"公因式"提取出来，在一般规则中加以规范。这一方法在德国民法典的立法过程中已有使用，其立法技术及设计思想可以概括为：以高度抽象的方式将各编的"公因式"提取出来，并确立一般规则，适用于各编，而各编相同的东西不再重复，而是规定例外。[2]

### （五）电子商务法起草的基本思路

#### 1. 流程分析立法方法的应用

电子商务的本质仍然是商务活动。本章第一节的图1-10中，我们已经将电子商务交易活动归纳为三个具有一般性质的主要阶段，即合同签署阶段、款项支付阶段、商品送达阶段。根据流程分析方法，可以绘制出电子商务交易的细分流程图（见图1-12）。

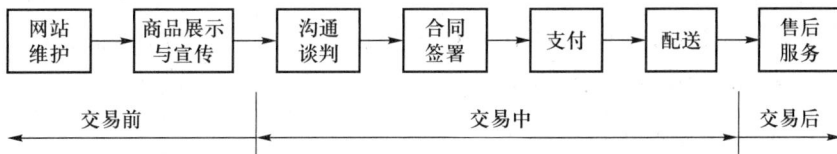

图1-12　电子商务交易流程的细分环节

进一步的工作是找出每个阶段的主要矛盾，结合对电子商务运作环境主要问题的分析，提出电子商务法的基本章节和条标。

---

① 杨家本．系统工程概论［M］．武汉：武汉理工大学出版社，2002．
② 李永军．民法典总则的立法技术及由此决定的内容思考［J］．北京：比较法研究：2005（3）：1-13．

应用因果分析法和提取公因式法，结合交易流程，可以梳理出电子商务运作中存在的 30 余个主要问题，为电子商务立法明确规制细节。图 1-13 鱼骨分析图反映了电子商务在交易前、交易中和交易后存在的主要问题。

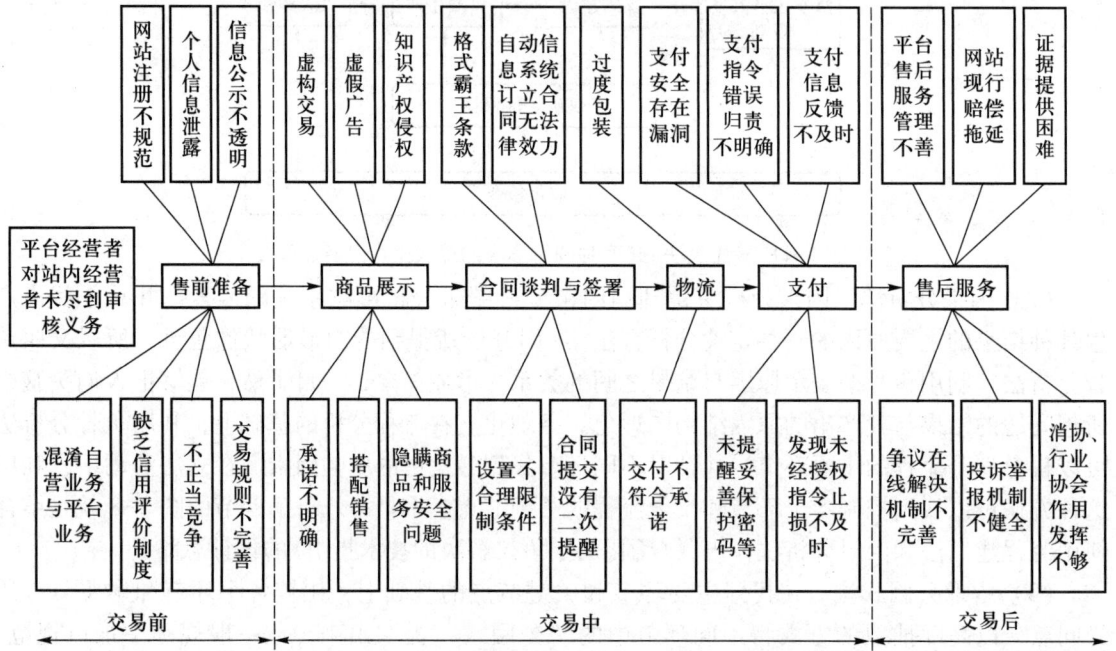

图 1-13　电子商务交易流程中需要解决的问题的鱼骨分析图

### 2. 应用效果

2018 年 8 月 31 日通过的《电子商务法》基本采用了流程分析立法方法的起草思路（见表 1-3）。

表 1-3　《中华人民共和国电子商务法》（2019 年版）的立法框架

| 序号 | 章标题 | 涉及的主要问题 |
| --- | --- | --- |
| 第一章 | 总则（第 1-8 条） | |
| 第二章 | 电子商务经营者（第 9-46 条） | 交易前的 9 个问题 |
| 第三章 | 电子商务合同的订立与履行（第 47-57 条） | 交易中的 17 个问题 |
| 第四章 | 电子商务争议解决（第 58-63 条） | 交易后的 6 个问题 |
| 第五章 | 电子商务促进（第 64-73 条） | |
| 第六章 | 法律责任（第 74-88 条） | |
| 第七章 | 附则（第 89 条） | |

从表 1-3 中可以看出，第二章对交易前提出的主要问题进行了规制；第三章按照合同订立、货物配送和货款支付的层次进行了规制；第四章对售后服务中网上争议解决的关键性问题

进行了规制。这三章构成了电子商务法的主体结构。

应用流程分析立法方法提出的关键性问题，如"自动信息系统订立合同有无法律效力"问题，经过反复讨论，最后在第四十八条中做了明确规定："电子商务当事人使用自动信息系统订立或者履行合同的行为对使用该系统的当事人具有法律效力。"这一规定不仅为电子商务交易中推广"点击合同"的应用铺平了道路，也填补了《中华人民共和国电子签名法》关于这一问题规制的空白。再比如对第三方交易平台运作流程、平台内经营者运作流程和自营平台运作流程的分析，清楚地界定了三种不同交易主体的区别，科学地将电子商务经营者区分为电子商务平台经营者、平台内经营者以及通过自建网站、其他网络服务销售商品或者提供服务的电子商务经营者。这种分类，使得立法者面对电子商务交易多主体和多种交易模式的复杂情况，能够很清晰地捕捉到主要矛盾和主要问题并提出相应的法律条文。

流程分析立法方法也在联合国《网上争议解决的技术指引》中得到成功应用。本书第八章第四节专门就这个问题做了详细介绍。

## 第四节　电子商务法律纠纷解决的技术新手段

### 一、电子商务引发传统司法体系的大变革

随着电子商务的快速发展，出现了大量电子合同、网上消费者权益保护、跨境电子商务等交易纠纷案件和争议，要求现有的司法体系采用最先进的互联网信息技术，提供全方位、快速、高效率的审理模式。

2014 年，浙江省杭州市中级人民法院成立了电子商务诉讼指导中心，探索涉网纠纷中产生的新型法律问题解决途径。在此基础上，2015 年 4 月，浙江省高院又确定了 4 家电子商务网上法庭试点法院。至 2017 年 5 月，网上法庭试点法院已审理案件 2 万余件，做到了网上纠纷网上解决，及时化解了电子商务领域纠纷，维护了互联网营商环境，同时为互联网法院的设立积累了实践经验。

2017 年 6 月，中共中央全面深化改革领导小组审议通过了《关于设立杭州互联网法院的方案》①。2017 年 8 月，杭州互联网法院正式挂牌运行。这是司法主动适应互联网发展大趋势的一项重大制度创新，为维护网络安全、化解涉网纠纷、促进互联网和经济社会深度融合等提供新的强有力的司法保障。

2018 年 9 月，司法部印发《"数字法治 智慧司法"信息化体系建设指导意见》，决定运用云计算、大数据和人工智能等新技术开展"数字法治、智慧司法"信息化体系建设，要求将"数字法治 智慧司法"信息化体系建设作为一项带动司法行政事业发展，提升全面推进依法治国实践能力和水平的战略性任务来完成。

---

① 新华社. 习近平主持召开中央全面深化改革领导小组第三十六次会议 [EB/OL]. (2017-06-26) [2022-11-22]. 新华网.

2020 年新冠疫情暴发以来，智慧司法在抗疫斗争中发挥了巨大作用。人民法院运用远程立案、电子送达、网上审判、网上开庭等及时定分止争，保障了全国法院审判执行工作顺利开展。"智慧审判"建设为法官剥离了大量事务性工作，实现了司法辅助事务集约化、专业化管理，提高了司法效率；同时，大幅度降低司法成本。

互联网和人工智能时代带来的"法治革命"，不仅对传统法治观念和法学方法产生了史无前例的挑战，而且呼唤更新法学新知识，重构法治新理念，转型升级法学新方法，以应对新技术革命的新挑战和发展"法治生产力"的新需求。

## 二、智慧司法的主体规划

根据司法部《"数字法治 智慧司法"信息化体系建设指导意见》提出的建设目标：全国司法着力搭建"一朵云""两平台""三入口"的新一代体系架构，持续建设六大类业务系统，构建三大支撑体系，形成大平台共享、大系统共治、大数据慧治的信息化格局。

（1）"一朵云"。"一朵云"指"司法公有云"，主要完成 5 个方面的工作。一是全面实现部、省、市、县、乡五级网络互联互通；二是为各类业务应用创新提供各类云资源和云服务支撑；三是提供地理信息、实人认证、全文检索、舆情采集、移动终端、智能语音、智能客服、数据可视化分析等一系列开放智能的应用支撑和服务；四是建立数据交换接口，实现业务应用协同与数据资源共享；五是构建整体安全防护体系和运行维护体系，保障系统和数据安全、稳定、可靠运行。

（2）"两平台"。一是司法数据资源平台，通过统一汇聚、融合、加工、分析云上业务应用的数据，形成数据资源平台，构建"大数据中心"；二是司法共享服务平台，打造一个开放的、服务于司法系统的"一站式共享平台"。

（3）"三入口"。一是司法统一地图入口，建设对外服务公众、对内服务办公的中国"法制地图"；二是全国统一公共法律服务入口（含 PC 端和移动端），整合中国法律服务网和各省级法律服务网功能，建立面向公众的统一公共法律服务入口；三是司法统一移动办公入口，广泛引入多种互联网应用，拓展公民触达法律服务的渠道，增强办公的便捷性。

（4）"持续建设六大类业务系统"。包括建设"全面依法治国业务系统""行政立法业务系统""行政执法协调监督业务系统""刑事执行与应急指挥业务系统""公共法律服务业务系统""综合保障与政务管理业务系统"。

（5）"构建三大支撑体系"。包括构建标准规范支撑体系、构建网络安全支撑体系、构建运维服务支撑体系。

## 三、智慧司法应用的主要新技术

### （一）计算机远程网络通信技术

远程通信（Telecommunication）是指在连接的系统间，通过使用模拟或数字信号调制技术进行的数据的电子传输。计算机远程网络通信技术通常由计算机技术以及通信技术两部分组成。

其中，计算机技术又可分为硬件技术和软件技术。计算机硬件技术为计算机超高速运算能力提供了基础，计算机软件技术则实现了数据的存储、修改和展示。而通信技术则主要依赖互联网，使信息以特定的形式从发送端传输到接收端，让多台计算机能在物理位置相距甚远的情况下完成相互之间的通信。

计算机远程网络通信技术的应用贯穿智慧司法的全过程。在网上立案阶段，应用网络服务平台技术，当事人通过法律服务平台填写相关信息，经过身份认证等环节完成案件的立案，实现网上录入、全程留痕；在在线审判阶段，应用网络视频技术，当事人通过计算机或移动设备终端交换流媒体格式的视频文件（包括数据、图像、音频、视频或其他信息）进行即时的可视化信息交流；在电子送达阶段，根据《中华人民共和国民事诉讼法》第八十七条的规定：经受送达人同意，人民法院可以采用传真、电子邮件等能够确认其收悉的方式送达诉讼文书，但判决书、裁定书、调解书除外。

### （二）大数据技术

大数据（Big Data）是一个抽象概念，一般认为是海量数据的集合。大数据突出表现出 5V 特点：Volume（大量）、Velocity（高速）、Variety（多样）、Value（低价值密度）、Veracity（真实性）。司法大数据是在司法活动中产生和形成的海量数据的集合，主要包括司法审判数据、司法管理数据、司法判例数据、案件执行数据等。

司法大数据应用的核心是数据分析。针对不同类型的案件特点，结合司法审判实际，充分挖掘司法大数据的潜力，运用云计算和人工智能等前沿信息技术，开展基于语义的复杂案情分析、案件特征深度学习、基于案件趋势的社会治理预警预测等关键技术研究和攻关，分析并提炼出不同类型案件的审判规律。

2016 年开始重点推广的电子卷宗随案同步生成和深度应用构成了司法大数据的来源，也是网上全流程智能化办案的载体。截至 2020 年年底，全国已有 3 256 家法院建成了电子卷宗随案同步生成系统，占所有法院总数的 93%以上，73%以上的案件随案生成电子卷宗[①]。电子卷宗替代纸质卷宗，开始改变法官的办案习惯，有效提高了办案质效，完善了卷宗数据管理。

同时，司法大数据改进了法院的工作模式，例如，贵州的跨部门大数据办案平台自 2020 年上线以来，经过平台流转的刑事一审公诉案件比例达 93.6%，相比 2019 年平台应用比例提升了 20.4%，业务协同应用情况都有了很大程度的提升。

大数据技术在司法执行过程中也在发挥越来越大的作用。例如，被执行人覃某的银行账户余额只有几十元，名下没车没房，且一直自称无还款能力，广州互联网法院通过"E 链云镜"智能执行分析系统，发现其近一年移动支付总支出近 40 万元。该系统依托云计算、大数据等技术，建立司法协助执行机制，分析被执行人移动支付信息、网络社交轨迹、信用等级评估等动态数据，匹配相应的执行措施。最终，覃某主动履行 17 425 元执行案款。[②] 据统计，该系统上线一年来，分析数据近 5 000 万条，对 5 603 名被执行人精准画像，促使 1 678 名被执行人主动履行义务，执行到位率同比提高 9.8%。

---

① 人民法院报. 大数据精准画像让"老赖"无处遁形[EB/OL]（2021-07-22）[2022-11-26]. 人民法院报官网.
② 李少平. 人民法院互联网司法的建设与发展[EB/OL]（2021-09-16）[2022-11-26]. 中国法院网官网.

### （三）电子数据处理与区块链技术

互联网法院受理的是互联网上发生的电子商务、金融借款、著作权等各类纠纷，这些纠纷涉及的都是各类型的电子数据，当这些电子数据作为电子证据通过互联网法院电子诉讼平台提交到法院时，法院缺少电子数据认可的技术标准和实操手段，导致电子数据采信的难度高、效率低。

随着社会和技术的发展，电子数据已然成为案件中不可或缺的证据种类。《最高人民法院关于适用〈中华人民共和国民事诉讼法〉的解释》第116条对电子数据进行了界定："电子数据是指通过电子邮件、电子数据交换、网上聊天记录、博客、微博客、手机短信、电子签名、域名等形成或者存储在电子介质中的信息。"存储在电子介质中的录音资料和影像资料，适用电子数据的规定。

区块链是一种按照时间顺序将数据区块以顺序相连的方式组合成的一种链式数据结构，并以密码学方式保证的不可篡改和不可伪造的分布式账本。按时间顺序，区块逐个先后生成并连接成链，每一区块记录了创建期间发生的所有交易信息。区块链技术综合应用了密码学、点对点传输（P2P）、分布式网络、共识机制、智能合约等多项技术。

2019年11月24日，杭州互联网法院在首次应用区块链智能合约技术，实现了从生成智能合约、完成实人认证并签约、合同原文及智能合约上传至司法区块链、智能合约自动运行、合约无法执行后转入多元调解流程、纳入信用惩奖联合机制、立案、审判、执行的全流程智能化。

北京互联网法院"天平链"使用的区块链技术主要通过"事前评估""事中上链""事后勘验"发挥效用。首先，针对电子证据、接入系统进行事前评估确保证据有效性及系统安全性。其次，第一时间对系统产生的电子数据的数字摘要值进行上链，天平链对此返回存证编号。再次，当事人在纠纷发生后，上传原始数据、存证编号等文件，将其作为证据资料。最后，法官利用"天平链"对电子数据的真实性进行勘验，作出最终判决。

### （四）人工智能技术

从"工具主义定位"角度观察，人工智能（Artificial Intelligence，AI）是研究如何制造智能机器或者智能系统来模拟人类智能活动的能力。人工智能技术嵌入司法制度和其运行当中，潜移默化地重新塑造着司法的基本形态。

（1）人工智能（AI）正深刻影响着司法审判领域。"人机合作"的审判模式正在成为常态，基于深度学习而实现的"自我决策"可以更大程度地影响法官，突出表现出三个方面的应用价值。一是裁判结果的产生方式实现从人工到智能的转变；二是庭审模式实现从"同空（同一空间）模式"到"异空（不同空间）模式"的变革；三是认知智能通过构建法律知识图谱实现多维多层关系网络，并结合关联算法、知识推理等技术，形成对"人事—地—物—组织—虚拟身份"的关联分析、相似案件推理等研判的模型演进，进而实现案件数字侦查、智能审理、风险防控预警等方面的应用。

（2）智能化处理后的电子数据可以更有效地应用于司法审判。人民法院信息化3.0版以"智能化"为核心，有效利用所留存和正在生成的各类数据，通过智能化的处理，更好地应用于司法审判。而线上诉讼活动又在实时地生成和积累着大量数据，并不断地驱动着相关司法人工智能的应用，如自动审查起诉材料是否齐备完整、依靠语音识别技术自动进行庭审记录、人工智能辅助科学证据可采性审查、裁判文书样式自动生成、类案类判推送、辅助评估保释、预测案件审理结果等。

（3）在线管辖权突破了实体规则的局限性。以电商买卖交易纠纷中的管辖权规则为例，无论依原告就被告的一般地域管辖，抑或依签约地、履行地、被告住所地的特殊地域管辖，都很难从根本上调和交易双方由于所处不同地区、不同法域产生的争议。而人工智能的判决自动生成技术能够根据"在线管辖权"及相应配套制度，在既有的地域管辖规则框架内明确涉互联网合同、侵权等案件的管辖权连结点，从虚拟市场与实体市场的共同点入手，找到纠纷管辖的着力点。

（4）智能审判有助于社会矛盾的源头治理。从系统论看，司法不仅仅是个案的裁判，亦是社会治理体系的重要一环。通过人工智能的技术分析，绝大部分民商事纠纷集中在电子商务领域，与商品质量、网商服务状况等密切相关。据此进一步分析成因，推动政府、法院、消费者协会参与协同治理和源头治理，从根源上减轻法官工作负担，将其从"案海战术"中解放出来，腾出更多更宝贵的司法资源处理其他更为重要的纠纷。

AI应用于司法裁判理论上也存在一定争议。支持派强调AI应用于司法裁判的价值，并试图将价值论应用于司法裁判的全流程。反对派则强调AI用于司法裁判带来的负面影响，较典型的便是机器审判人类的法律危机。

## 四、智慧司法的主要应用形式

### （一）互联网法院

互联网法院是"互联网+法院"或"互联网+审判"的简称。互联网法院有两个基本特点：一是通过网络审理案件；二是审理的案件大多与网络纠纷有关，如电子商务交易纠纷、网络支付纠纷、网络金融借款纠纷、网络著作权纠纷等。我国现有3个互联网法院：杭州互联网法院（2017年成立）、北京互联网法院（2018年成立）、广州互联网法院（2018年成立）。

根据杭州互联网法院的实践，互联网法院应当形成以下模式：

（1）"六平台"：指网上诉讼平台、在线调解平台、电子证据平台、电子送达平台、在线执行平台以及审判大数据平台。上述平台的链接和融合，形成了互联网司法的统一大平台。

（2）"三模式"：指突破时空限制和自然人法官裁判的身份限制，在审理上形成在线审理、异步审理和智能审理三种模式，将线下法庭搬到线上。凡当事人同意在线审理的案件，100%在线开庭审理；身处不同地方的当事人通过在线方式可利用空余时间，不同时、不同地、不同步参与诉讼活动，参加庭审，完成诉讼；互联网法院运用互联网、大数据、人工智能等技术研发智能化审判系统，通过大数据挖掘、知识发现、图谱识别和风控点提取，智能生成包含判决主文的裁判文书，实现特定案件从立案到裁判全程的较高智能化，将法官从繁重的简单重复劳动中解放出来。

（3）"一体系"：指以规范互联网司法程序为目标，充分发挥审判职能，创建全覆盖的网上诉讼规则体系。针对在线诉讼流程的规范性、诉讼主体身份的可查性、当事人在线行为的可控性、电子证据认定的可信性、在线审理模式的高效性等网络化审判中出现的新问题，探索形成涉网案件审判的程序规则和操作指引。

图 1-14 是杭州互联网法院的网络主页。

图 1-14　杭州互联网法院的网络主页

### （二）ODR 平台

网上争议解决（Online Dispute Resolutio, ODR）是为了快速化解电子商务交易纠纷而建立的一种解决机制，是一种通过互联网解决争议的简单、快捷、灵活、安全的方法。ODR 遵循行业标准，联合业界专业人员，为企业及消费者提供包括在线法律咨询、消费投诉、协商和解、调解、仲裁及先行赔付在内的一站式电子商务纠纷处理方法。

当纠纷发生时，ODR 机制可以通过有效和友好的方式，协助当事人沟通，无需实际见面就可以达成解决方案。尤为重要的是，为了在现实环境中得以应用，ODR 简易、快速、有效，不会增加与经济价值不相称的费用、延误和负担。由此，对于大多数小额商务纠纷，ODR 不仅是一个替代性方式，在大多数情况下，它可能是唯一的救济方式，特别是针对那些因跨境小额电子商务引起的纠纷。

ODR 技术已经在全世界应用于多种纠纷的解决，从消费者纠纷到电子商务引起的纠纷，从私人冲突到公民与国家之间的纠纷。但 ODR 并不适合所有类型的纠纷，从表面上看，ODR 尤为适合解决庞大的小额诉讼。与传统意义上的法院相比，在线法院成本更低，更加便捷。

ODR 可以由不同的程序管理者以不同的方式实现，并可能随着时间的推移而发展，但 ODR 的目标仍然是不变的，即提供一种更具效益的替代传统的方法。

ODR 涉及的主体包括 ODR 服务平台、专业技术人员、专业律师、相关行业机构、相关政府监管部门、具有影响力的名人等，从而对促成争议的解决具有强大的组合影响力。

在新兴科技的影响下，ODR 系统的发展侧重于 4 个方面：帮助分析法律问题、辅助协商、辅助裁决、自动裁决。

第二代的 ODR 系统的主要特征是加入了视频技术。在将视频技术完全引入 ODR 后，电子出庭的方式将逐步普及，视频通话将广泛采用。通过视频会议这种方式，在第一个层级（评估）中，使用者将听取律师顾问或公益顾问的意见；在第二个层级（辅助）中，使用者将参加专家调解，听取专家就案情提供的中立意见；在第三层级（裁决）中，使用者直接和法官在一个设计合理的在线环境见面。三个层级都有双向的交流，沟通的广度和深度都大大加强。

图 1-15 是主要采用 ODR 方式的浙江解纷码的网站主页。

图 1-15    浙江解纷码的网站主页

### （三）移动微法院

"移动微法院"是一款可以让公众"打开微信打官司"的小程序。原被告均不用到庭审现场，就可通过移动微法院远程参与庭审。

2020 年全国各家法院均已开通移动微法院并上线运行。中国移动微法院上线运行展现了一站式、便捷化、灵活扩展的移动诉讼服务能力。中国移动微法院小程序与人民法院调解平台、保全平台、委托鉴定平台以及各地法院审判流程、诉费交纳等系统互联互通。以中国移动微法院为载体，当事人可在平台享受立案、查询、交费、调解、庭审、保全、委托鉴定等 29 项在线诉讼服务，诉讼事务可实现"家里办""掌上办""随时办"，每个步骤都有提示、告知、提醒或释明等。此外，移动微法院对部分常见的诉讼文书预置了格式样本，上传相关诉讼材料时，当事人既可以拍照上传，也可以使用内置模板，填空式输入后发送给法官。

为确保诉讼过程安全、真实，移动微法院应用了最新的互联网防伪技术和防失真技术，包括采用标准人脸识别技术、身份证数据全国查询技术、标准签名区块链防伪技术等。

图 1-16 是中国移动微法院——辽宁移动微法院的手机主页。

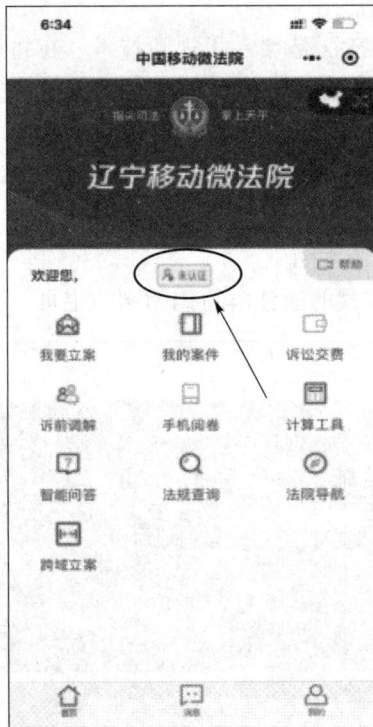

图 1-16　中国移动微法院——辽宁移动微法院的手机主页

## 思 考 题

1. 简述电子商务法的内涵与分类。
2. 简述电子商务法的调整对象与范围。
3. 简述电子商务立法的指导思想与原则。
4. 试论述电子商务法起草的基本思路。
5. 试述流程分析立法方法的原理与方法。
6. 电子商务法主要包括哪些内容?
7. 简述智慧司法应用的主要新技术。

## 参 考 文 献

[1] 杨立钒，杨坚争. 电子商务基础与应用[M].11 版. 西安：西安电子科技大学出版社，2019.
[2] 商务部. 中国电子商务报告(2020)[R/OL](2021-06-18)[2022-09-19]. 商务部网站.
[3] 杨坚争，杨立钒，周涛. 世界市场的二元化与我国跨境电子商务发展策略研究[M]. 上海：

立信会计出版社，2016.

［4］高富平．中国电子商务立法研究［M］．北京：法律出版社，2015.

［5］Efraim Turban，Jon Outland，etc. Electronic Commerce 2018：A Managerial and Social Networks Perspective［M］．West Berlin：Springer Texts in Business and Economics，2017.

［6］郑武平．司法大数据应用研究［D］．长沙：中南民族大学，2018.

［7］石松，邝志强．司法区块链的应用与发展［J］．北京：中国应用法学，2021(3)：35-46.

［8］陈敏光．司法人工智能的理论极限研究［J］．北京：社会科学战线，2020(11)：194-204.

［9］陈甦，田禾．中国法院信息化发展报告 No.5(2021)［M］．北京：社会科学文献出版社，2021.

# 第二章 电子商务网络运营规范

电子商务需要借助于互联网开展交易活动。加强网络治理，规范基础设施建设，加强电子商务标准化工作等都是电子商务发展的基础工作，关系到电子商务的持续和稳定发展。通过本章学习，学生应了解应用网络信息技术开展电子商务活动的基本要求，掌握各种网站设立和运营制度规范，熟悉电子商务的相关标准，了解在互联网开展交易可能遇到的法律问题及其防范。

## 第一节  网站设立的基本问题

在某种意义上，任何一种网站都在从事信息传输等服务，都具有给他人提供服务的功能。正因为如此，国家对于网站的设立或互联网服务设立了统一的规范。凡设立网站，不管其是为自己企业推销产品，还是专门为他人提供交易平台，均受国家有关互联网服务法约束。

### 一、接入互联网

设立网站首先必须接入互联网。我国关于互联网接入的法规主要是国务院制定的《中华人民共和国计算机信息网络国际联网管理暂行规定》（1997 年修订，简称《国际联网管理暂行规定》）和公安部颁布的《计算机信息网络国际联网安全保护管理办法》（2011 年修订，简称《国际联网安全保护管理办法》）。根据这些法规和规章，计算机信息网络直接进行国际联网，必须使用国家公用电信网提供的国际出入口信道，任何单位和个人不得自行建立或者使用其他信道进行国际联网。

截至 2020 年 12 月，中国国际出口带宽为 11 511 397Mbps[①]，面向公众提供计算机国际联网服务的骨干网络有 5 家，见表 2-1。

---

① Mbps 是 million bits per second 的缩写，即 Mbit/s，兆比特每秒。Mbps 用于表示传输速率，指设备的数据交换能力，也叫带宽。

表 2-1　我国骨干网络国际出口带宽数

| 骨干网络 | 国际出口带宽数（Mbps） |
| --- | --- |
| 中国电信　中国联通　中国移动 | 11 243 109 |
| 中国科技网 | 114 688 |
| 中国教育和科研计算机网 | 153 600 |
| 合计 | 11 511 397 |

《国际联网管理暂行规定》第九条规定，从事国际联网经营活动的和从事非经营活动的接入单位都必须具备下列条件：

（1）是依法设立的企业法人或者事业法人；

（2）具有相应的计算机信息网络、装备以及相应的技术人员和管理人员；

（3）具有健全的安全保密管理制度和技术保护措施；

（4）符合法律和国务院规定的其他条件。

接入单位拟从事国际联网经营活动的，应当向有权受理从事国际联网经营活动申请的互联单位主管部门或者主管单位申请领取国际联网经营许可证；未取得国际联网经营许可证的，不得从事国际联网经营业务。

《国际联网安全保护管理办法》第四条规定，任何单位和个人不得利用国际联网危害国家安全、泄露国家秘密，不得侵犯国家的、社会的、集体的利益和公民的合法权益，不得从事违法犯罪活动。第五条又规定，任何单位和个人不得利用国际联网制作、复制、查阅和传播有害信息[①]。

## 二、域名及其注册

### （一）什么是域名

互联网是众多站点互联形成的。这些站点由主机（服务器）等设备构成，其内容表现为该主机提供的信息服务。为了区分每一个站点以及为了使整个站点联为一个整体，每一个网络和每一台主机都被分配了一个地址，这便是互联网协议地址（Internet protocol address），简称 IP 地址。IP 地址包含网络号和主机号两部分，用 32 位二进制数标识。它也可以写成 4 个用小数点分开的十进制数，每个十进制数表示 IP 地址中的 8 个二进制数。[②]

---

① 有害信息包括：（1）煽动抗拒、破坏宪法和法律、行政法规实施的信息；（2）煽动颠覆国家政权，推翻社会主义制度的信息；（3）煽动分裂国家、破坏国家统一的信息；（4）煽动民族仇恨、民族歧视，破坏民族团结的信息；（5）捏造或者歪曲事实，散布谣言，扰乱社会秩序的；（6）宣扬封建迷信、淫秽、色情、赌博、暴力、凶杀、恐怖，教唆犯罪的信息；（7）公然侮辱他人或者捏造事实诽谤他人的；（8）损害国家机关信誉的信息；（9）其他违反宪法和法律、行政法规的信息。

② 例如 IP 地址 1001 1000 0000 0011 0001 0110 0101 0100 可以写成 152.3.22.84。

全球 IPv4[①] 地址数已于 2011 年 2 月分配完毕，我国 IPv4 地址总数变化不大，截至 2022 年 6 月底为 3.92 亿个；而 IPv6[②] 地址数量则逐年增长。截至 2022 年 6 月，我国 IPv6 地址数量为 63 079 块/32，较 2021 年增长 0.04%。[③]

IP 地址是数字型的，使用、记忆都比较困难。于是，人们又发明了另一套字符型的地址，采取英文字母来表示站点地址的办法，这便是域名（Domain Name）。域名有语词意义，易于理解和记忆。

域名有不同层次，通常分为三级，即顶级（一级）域名、二级域名和三级域名。英文顶级域名由美国政府控制的互联网名称与地址分配公司（ICANN）来定义和分配。顶级域名分为通用顶级域名（general top level domain，GTLD，如 com、net、org、edu 和 gov）和国家代码顶级域名（country code top level domain，CCTLD），如中国代码为 cn。二级域名可分为两类：类别域名和区域域名。

为了适应中文的习惯，我国还颁布了互联网中文域名体系。中文域名是含有中文文字的域名，是中国域名体系的重要组成部分。

域名作为一种地址在全世界具有唯一性，其目的在于保障在一台计算机上搜索而不发生重复。这种唯一性实质上使得域名在全世界具有排他效力，只要一个域名被注册就排除了全球范围内有相同域名的可能性。由于域名本身具有"专有"特性，而每一个域名对应于一个网站或公司，这就使得本来只是一种虚拟世界（网络）中的地址的域名具有了识别或标识现实中的企业的功能或作用。因此，在申请域名时，起一个好听、易记、赋有某种含义的域名是非常重要的事情。

### （二）域名注册规则

#### 1. 域名注册服务机构

域名注册服务机构是提供域名注册服务的机构，主要从事".cn"".中国"".公司"".网络"域名的注册服务。工业和信息化部发布的《互联网域名管理办法》第十二条规定，申请设立域名注册服务机构的，应当具备以下条件：

（1）在境内设置域名注册服务系统、注册数据库和相应的域名解析系统；

（2）是依法设立的法人，该法人及其主要出资者、主要经营管理人员具有良好的信用记录；

（3）具有与从事域名注册服务相适应的场地、资金和专业人员以及符合电信管理机构要求的信息管理系统；

---

①　由于 IP 数据报格式中的第一个域（版本域）为 4，因此称之为 IP 第四版或 IPv4（internet protocol version 4）。IPv4 采用 32 位结构，理论上可以提供 1 684 万个网络、42 亿台主机地址，但在实际使用中，必须去除网络地址、广播地址、路由器地址、保留地址和子网的额外占用，最后有效的地址数目比可用的地址总数要少许多。而且，由于美国是互联网技术的诞生地，占有了 IPv4 地址的 70%，这使得其他国家的 IP 地址资源匮乏。

②　考虑到 IP 地址耗尽的问题，1998 年，IETF 制定了下一代互联网地址标准——IPv6（internet protocol version 6）。IPv6 采用 128 位地址长度，地址几乎可以视为无限。IPv6 还考虑了在 IPv4 中解决不好的其他问题，如分级的路由、点到点 IP 连接、服务质量、安全性、移动性等。

③　中国互联网络信息中心.第 50 次中国互联网络发展状况报告［R/OL］（2022-08-31）［2022-10-23］，中国互联网络信息中心官网.

（4）具有进行真实身份信息核验和用户个人信息保护的能力、提供长期服务的能力及健全的服务退出机制；

（5）具有健全的域名注册服务管理制度和对域名注册代理机构的监督机制；

（6）具有健全的网络与信息安全保障措施，包括管理人员、网络与信息安全管理制度、应急处置预案和相关技术、管理措施等；

（7）法律、行政法规规定的其他条件。

域名注册服务机构应当向用户提供安全、方便、稳定的服务：

（1）域名注册服务原则上实行"先申请先注册"；

（2）不得为含有违法内容的域名提供服务[①]；

（3）不得采用欺诈、胁迫等不正当手段要求他人注册域名；

（4）依法存储、保护用户个人信息，未经用户同意不得将用户个人信息提供给他人；

（5）落实网络与信息安全保障措施，配置必要的网络通信应急设备，建立健全网络与信息安全监测技术手段和应急制度。

2. 域名注册的申请与审核

根据中国互联网络信息中心发布的《国家顶级域名注册实施细则》，申请注册域名时，申请者应当以书面或电子形式向域名注册服务机构提交如下信息：

（1）申请注册的域名；

（2）主、辅域名服务器的主机名以及 IP 地址；

（3）申请者为自然人的，应提交姓名、身份证件号码、证件类型、通信地址、联系电话、电子邮箱等；申请者为法人或非法人组织的，应提交其单位名称、组织证件号码、证件类型、通信地址、电子邮箱、电话号码等；

（4）申请者的注册联系人、管理联系人、技术联系人、缴费联系人、承办人的姓名、通信地址、电子邮件、电话号码；

（5）域名注册期限。

3. 域名的变更与注销

域名持有者之外的注册信息发生变更的，域名持有者应当按照申请注册域名时所选择的变更确认方式，在信息变更后的 30 日内向域名注册服务机构办理域名注册信息变更手续。

申请转让域名的，应当向域名注册服务机构办理转让手续。

4. 域名争议解决

根据中国互联网络信息中心发布的《国家顶级域名争议解决办法》，任何人认为他人已注册的域名与其合法权益发生冲突的，均可以向域名争议解决机构提出投诉。

域名争议解决机构受理投诉后，应当按照程序规则的规定组成专家组，并由专家组根据本办法及程序规则，遵循"独立、中立、公正、便捷"的原则，自专家组成立之日起 14 日内对争议做出裁决。

---

① 含有违法内容的域名主要指：反对宪法所确定的基本原则的；危害国家安全，泄露国家秘密，颠覆国家政权，破坏国家统一的；损害国家荣誉和利益的；煽动民族仇恨、民族歧视，破坏民族团结的；破坏国家宗教政策，宣扬邪教和封建迷信的；散布谣言，扰乱社会秩序，破坏社会稳定的；散布淫秽、色情、赌博、暴力、凶杀、恐怖或者教唆犯罪的；侮辱或者诽谤他人，侵害他人合法权益的；含有法律、行政法规禁止的其他内容的域名。

被投诉的域名持有人具有下列情形之一的，其行为构成恶意注册或者使用域名：

（1）注册或受让域名的目的是为了向作为民事权益所有人的投诉人或其竞争对手出售、出租或者以其他方式转让该域名，以获取不正当利益；

（2）将他人享有合法权益的名称或者标志注册为自己的域名，以阻止他人以域名的形式在互联网上使用其享有合法权益的名称或者标志；

（3）注册或者受让域名是为了损害投诉人声誉，破坏投诉人正常的业务活动，或者混淆与投诉人之间的区别，误导公众；

（4）其他恶意的情形。

## 第二节　网站设立及电子商务系统安全运行的法律管制

### 一、网站分类

互联网是设立于不同国家和层次的计算机网络按照 TCP/IP 协议连接而成的，这些计算机网络大部分以网络站点的形式出现，每一个站点都是一个信息库，承担信息储存、处理和传递的工作，通过互联网向上网用户提供某种信息服务。网络交易的所有活动都离不开这些站点所提供的信息服务。

网站可以按照设立人的性质进行分类。政府机构设立的网站是政府网站，企业、金融机构等设立的为商业网站，科研机构设立的为科研网站，教育机构设立的为教育网站，如此等等。但是，这种分类并不完全代表网站信息服务的性质。因为，设立人的性质和种类只说明该网站服务的行业和内容，说明它的主要特色，而并不说明其他问题。

从是否从事经营或营利性活动的角度，网站可以区分为经营性网站和公益性网站。但这样划分常常容易引起误解。由于网站本身的开放性，可以认为所有的网站都具有公益性。因为任何一个人都可以利用任何一个网站上的公共信息。所以，就网站而言，似乎都很难绝对地划分为经营性网站和公益性网站。

基于这种认识，2011 年修订的国务院《互联网信息服务管理办法》[①]没有采用"公益性"的概念，而是采用了"经营性"和"非经营性"的概念，试图从行为管制的角度对网站进行分类。该办法第三条规定，经营性互联网信息服务是指通过互联网向上网用户有偿提供信息或者网页制作等服务活动，非经营性互联网信息服务是指通过互联网向上网用户无偿提供具有公开性、共享性信息的服务活动。一般来讲，从事 B2C 或 B2B 等网络交易或提供网络交易平台服务的网站属于经营性信息服务网站，从事广告服务、有偿信息服务和其他有偿服务的也属于经营性信息服务网站；而除此之外的均属于非经营性信息服务网站。

---

① 《互联网信息服务管理办法》中的互联网信息服务是指通过互联网向上网用户提供信息服务。上网用户包括个人、企业、社会组织等；信息服务包括应用户请求的信息服务，也包括主动提供的信息服务；包括一般信息服务，也包括提供交易平台、进行网上交易等电子商务服务。

## 二、网站管制

我国对提供互联网信息服务实行管制制度，按信息服务种类和性质采取不同的管制。这些管制实际上构成了网站设立的条件，因为如果网站要从事某种服务就必须办理某种手续或取得许可。我国对网络信息服务行为的管制大致分为四种情形：经营性行为许可制度、非经营性行为备案制度、特殊行业信息服务审批制度、特殊信息服务专项备案制度。

### （一）经营性信息服务网站设立的主要条件和程序

经营性互联网信息服务在《中华人民共和国电信条例》（简称《电信条例》）中归属于增值电信业务，主要指利用公共网络基础设施提供的电信与信息服务的业务，如电子邮件、电子数据交换、在线数据处理与交易处理等。《互联网信息服务管理办法》第四条规定，国家对经营性互联网信息服务实行许可制度，未取得许可的，不得从事互联网信息服务。

根据《电信条例》第十三条和《互联网信息服务管理办法》第六条，设立经营性网站应当具备以下条件：

（1）经营者为依法设立的公司；

（2）有与开展经营活动相适应的资金和专业人员；

（3）有为用户提供长期服务的信誉或者能力；

（4）有业务发展计划及相关技术方案；

（5）有健全的网络与信息安全保障措施，包括网站安全保障措施、信息安全保密管理制度、用户信息安全管理制度；

（6）服务项目属于《互联网信息服务管理办法》第五条规定范围的，已取得有关主管部门同意的文件；

（7）法律法规规定的其他条件。

根据《互联网信息服务管理办法》第七条的规定，包含经营性信息服务内容的网站必须办理两项手续，一是获得增值电信业务经营许可证，二是在市场监管部门办理登记手续。

（1）办理经营许可证。从事经营性互联网信息服务，应当向省、自治区、直辖市电信管理机构或者国务院信息产业主管部门办理互联网信息服务增值电信业务经营许可证。省、自治区、直辖市电信管理机构或者国务院信息产业主管部门应当自收到申请之日起 60 日内审查完毕，作出批准或者不予批准的决定。予以批准的，颁发经营许可证；不予批准的，应当书面通知申请人并说明理由。

（2）办理企业登记手续。经营性网站是作为企业或公司来进行登记的。因此，取得经营许可证后，还应当持经营许可证向企业登记机关即市场监管机关办理登记手续。需要注意的是：这里在登记注册机关办理的登记手续不是企业设立时的登记手续，而是企业已经设立后拟提供经营性互联网信息服务的登记手续。所以，增值电信业务经营许可是设立网站企业的前置条件。

## （二）非经营性网络信息服务备案制度

《互联网信息服务管理办法》第四条规定，国家对非经营性互联网信息服务实行备案制度，未履行备案手续的，不得从事互联网信息服务。这就是说，从事非经营性网络服务的网站只需要到主管部门进行备案，即可以开站运营。根据该办法第八条的规定，从事非经营性互联网信息服务办理备案时，应当提交的材料主要包括：

（1）主办单位和网站负责人的基本情况；

（2）网站网址和服务项目；

（3）服务项目属于该办法第五条规定范围的，已取得有关主管部门的同意文件。

## （三）特殊行业信息服务审批制度

《互联网信息服务管理办法》第五条规定：从事新闻、出版、医疗保健、药品和医疗器械等互联网信息服务，依照法律、行政法规以及国家有关规定须经有关主管部门审核同意的，在申请经营许可或者履行备案手续前，应当依法经有关主管部门审核同意。

在这里，审批是一种前置程序。无论是经营性信息服务，还是公益性或非经营性信息服务，如果涉及这些行业，都必须办理审批手续。

特殊行业信息服务的审批与整个国民经济发展需求密切相关。2021年，为强化学校教育主阵地作用，构建教育良好生态，中共中央办公厅和国务院办公厅提出坚持从严审批培训机构：现有学科类培训机构统一登记为非营利性机构，对原备案的线上学科类培训机构改为审批制，并按标准重新办理审批手续；未通过审批的，取消原有备案登记和互联网信息服务业务经营许可证。[①]

## （四）特殊信息服务专项备案制度

《互联网信息服务管理办法》第九条规定，从事互联网信息服务，拟开办电子公告服务的，应当在申请经营性互联网信息服务许可或者办理非经营性互联网信息服务备案时，按照国家有关规定提出专项申请或者专项备案。

电子公告服务即BBS（Bulletin Board Service）是指在互联网上以电子公告牌、电子论坛、网络聊天室、网络会议等交互形式为上网用户提供信息发布条件的服务。所有网站如开辟这类服务的话，要到有关部门办理专项申请或备案。

# 三、电子商务系统安全的主要问题

## （一）物理安全问题

物理安全主要包括环境安全（如防盗）和设备安全（如防火）。

---

① 中共中央办公厅 国务院办公厅.印发《关于进一步减轻义务教育阶段学生作业负担和校外培训负担的意见》[EB/OL]（2021-07-25）[2021-08-24]中国政府网.

（1）处理交易信息的系统中心机房应采用有效的安全防范措施，并配备有完善的应急措施。在计算机灾难事件，即紧急事件或安全事故发生时，利用应急计划辅助软件和应急设施，排除灾难和故障，保障计算机信息系统继续运行或紧急恢复。重要的系统还应配备警卫人员进行区域保护。

（2）对于可管设备，应及时安装网管软件。这些软件可以做到对网络拓扑结构的自动识别、显示和管理。系统硬件故障的诊断、显示及通告，网络流量与状态的监控、统计和分析，还可以进行网络性能调优、负载平衡等。对于不可管设备，应通过手工操作来检查状态，做到定期检查与随机抽查相结合，及时准确地掌握网络的运行状况，一旦有故障发生能够及时报告或处理。

（3）对于内部线路，应尽可能采用结构化布线，降低网络故障率。

（4）对于租用电信部门的通信线路，网络管理员应对连通情况做好记录，当有故障发生时，应及时与电信部门联系，以便迅速恢复通信。

### （二）黑客攻击问题

#### 1. 口令攻击

口令攻击是网上攻击最常用的方法。黑客首先进入系统的常用服务，或对网络通信进行监视，使用扫描工具获取目标主机的有用信息，包括操作系统的类型和版本、主机域名、开放的端口、启动的保护手段等。然后，应用试错法获取进入系统的口令，以求侵入系统。

在网络交易中，出现了一些新的口令攻击方法：

（1）撞库：黑客通过收集互联网已泄露的用户注册名和密码信息，生成对应的字典表，利用用户相同的注册习惯（相同的注册名和密码），尝试登录其他的网站后进行攻击或盗窃。电子商务网站（京东商城）、电子支付网站（支付宝）都曾发生过撞库事件。

（2）拖库：指黑客入侵有价值的网络站点，把注册用户的资料数据库全部盗走的行为。

（3）洗库：在取得大量的用户数据之后，黑客会通过一系列的技术手段和黑色产业链将有价值的用户数据变现，这通常也被称作"洗库"。

#### 2. 拒绝服务攻击

拒绝服务攻击（Denial of Service,DoS）是一种经常使用的使服务器或网络瘫痪的消耗性攻击手段。这种攻击通过大量合法或伪造的请求占用网络以及服务器资源，迫使服务器的缓冲区满负荷负载，不接收新的请求；或者使用 IP 欺骗，影响合法用户的连接。

黑客所采用的服务攻击手段主要有 3 种。

（1）和目标主机建立大量的连接。因为目标主机要为每次网络连接提供网络资源，所以当连接速率足够高、连接数量足够多时就会使目标主机的网络资源耗尽，从而导致主机瘫痪、重新启动、死机或黑（蓝）屏。

（2）向远程主机发送大量的数据包。因为目标主机要为每次到来的数据分配缓冲区，所以当数据量足够大时会使目标主机的网络资源耗尽，导致主机死机或黑（蓝）屏。

（3）利用即时消息功能，以极快的速度用无数的消息"轰炸"某个特定用户，使目标主机缓冲区溢出，黑客伺机提升权限，获取信息或执行任意程序。

3. 网站攻击

网站攻击,特别是对于电子商务网站的攻击是最近几年出现的新情况。针对网站的攻击手段主要有 4 种。

(1) DDoS 攻击。DDoS 攻击是指利用分布式的客户端,向服务提供者发送大量看似合法的请求,消耗或占用大量资源,从而使服务器无法处理合法的请求。

(2) 后门攻击。后门攻击是指黑客在网站的特定目录中上传远程控制页面,网站服务器被黑客通过该页面秘密远程控制。

(3) 网页篡改或仿冒。网页篡改指恶意破坏或更改网页内容,使网站无法正常工作或出现黑客插入的非正常网页内容。网页仿冒指通过构造与某一目标网站高度相似的页面(俗称钓鱼网站),并通常以垃圾邮件、即时聊天、手机短信或网页虚假广告等方式发送声称来自被仿冒机构的欺骗性消息,诱骗用户访问钓鱼网站,以获取用户个人秘密信息(如银行账号和账户密码)。

(4) 恶意程序传播。恶意程序是指在未经授权的情况下,在信息系统中安装、执行以达到不正当目的的程序。恶意程序包括特洛伊木马、僵尸网络、蠕虫、病毒等。木马是指由攻击者安装在受害者计算机上秘密运行并用于窃取信息及远程控制的程序;僵尸网络是指由攻击者通过控制服务器而控制的受害计算机群;蠕虫是指能自我复制和广泛传播,以占用系统和网络资源为主要目的的恶意代码。

## 四、涉及电子商务系统安全的法律法规

### (一) 我国涉及计算机系统刑事犯罪的法律法规

1997 年 10 月 1 日我国实行的新刑法第一次增加了计算机犯罪的罪名。2020 年 12 月全国人大常委会通过的《中华人民共和国刑法修正案》(《刑法修正案(十一)》),将计算机犯罪划分为以下类型:

(1) 非法侵入计算机信息系统犯罪(第二百八十五条),包括:违反国家规定,侵入国家事务、国防建设、尖端科学技术领域的计算机信息系统;侵入其他计算机信息系统或者采用其他技术手段,获取该计算机信息系统中存储、处理或者传输的数据,或者对该计算机信息系统实施非法控制;提供专门用于侵入、非法控制计算机信息系统的程序、工具,或者明知他人实施侵入、非法控制计算机信息系统的违法犯罪行为而为其提供程序、工具。

(2) 破坏计算机信息系统犯罪(第二百八十六条)[①],包括:违反国家规定,对计算机信息系统功能进行删除、修改、增加、干扰,造成计算机信息系统不能正常运行;对计算机信息系统中存储、处理或者传输的数据和应用程序进行删除、修改、增加的操作;故意制作、传播计

---

① 关于"网络服务渎职罪",《最高人民法院 最高人民检察院关于办理非法利用信息网络、帮助信息网络犯罪活动等刑事案件适用法律若干问题的解释》(简称《解释》) 给出了详细解释。

算机病毒等破坏性程序，影响计算机系统正常运行；网络服务提供者[1]不履行法律、行政法规规定的信息网络安全管理义务，经监管部门责令采取改正措施而不改正，致使违法信息大量传播[2]，或致使用户信息泄露，造成严重后果，或致使刑事案件证据灭失，或有其他严重情节。

（3）利用计算机和信息网络实施犯罪（第二百八十七条），包括：利用计算机实施金融诈骗、盗窃、贪污、挪用公款、窃取国家秘密或者其他犯罪；利用信息网络设立用于实施诈骗、传授犯罪方法、制作或者销售违禁物品、管制物品等违法犯罪活动的网站、通讯群组；发布有关制作或者销售毒品、枪支、淫秽物品等违禁物品、管制物品或者其他违法犯罪信息；为实施诈骗等违法犯罪活动发布信息[3]；明知他人利用信息网络实施犯罪，为其犯罪提供互联网接入、服务器托管、网络存储、通讯传输等技术支持，或者提供广告推广、支付结算等帮助。

从目前的情况看，利用网络贩毒犯罪问题非常突出。随着互联网、物流寄递等新业态迅猛发展，不法分子越来越多地应用现代技术手段，有组织的全方位利用陆、海、空、邮渠道走私贩运毒品。不法分子通过互联网发布、订购、销售毒品和制毒物品，网上物色运毒"马仔"，收寄不用真名，联络使用暗语，采用在线支付方式。一些不法分子甚至通过登录"暗网"[4] 进行贩毒，发现和打击难度很大。因此，加强刑法有关利用计算机犯罪的执行力度非常重要。

### （二）我国涉及网络系统安全的法律法规

2017 年 6 月 1 日，我国《网络安全法》正式施行。这是我国网络安全领域的第一部综合性基础法律，旨在保障网络安全，维护网络空间主权和国家安全、社会公共利益，保护公民、法人和其他组织的合法权益，促进经济社会信息化健康发展。

《网络安全法》第一次提出了维护网络空间主权的基本原则。网络空间主权是一个国家主权在网络空间中的自然延伸和表现，各国自主选择网络发展道路、网络管理模式、互联网公共政策和平等参与国际网络空间治理的权利应当得到尊重。《网络安全法》适用于我国境内网络以及网络安全的监督管理。这是我国网络空间主权对内最高管辖权的具体体现。

《网络安全法》第二十五条规定：网络运营者应当制定网络安全事件应急预案，及时处置系统漏洞、计算机病毒、网络攻击、网络侵入等安全风险；在发生危害网络安全的事件时，立

---

[1] 《解释》第一条规定，刑法第二百八十六条之一第一款规定，提供下列服务的单位和个人，应当认定为"网络服务提供者"：（一）网络接入、域名注册解析等信息网络接入、计算、存储、传输服务；（二）信息发布、搜索引擎、即时通信、网络支付、网络预约、网络购物、网络游戏、网络直播、网站建设、安全防护、广告推广、应用商店等信息网络应用服务；（三）利用信息网络提供的电子政务、通信、能源、交通、水利、金融、教育、医疗等公共服务。

[2] 《解释》第三条规定，具有下列情形之一的，应当认定为刑法第二百八十六条之一第一款第一项规定的"致使违法信息大量传播"：（一）致使传播违法视频文件二百个以上的；（二）致使传播违法视频文件以外的其他违法信息二千个以上的；（三）致使传播违法信息，数量虽未达到第一项、第二项规定标准，但是按相应比例折算合计达到有关数量标准的；（四）致使向二千个以上用户账号传播违法信息的；（五）致使利用群组成员账号数累计三千个以上的通讯群组或者关注人员账号数累计三万以上的社交网络传播违法信息的；（六）致使违法信息实际被点击数达到五万以上的；（七）其他致使违法信息大量传播的情形。

[3] 《解释》第九条规定，利用信息网络提供信息的链接、截屏、二维码、访问账号密码及其他指引访问服务的，应当认定为刑法第二百八十七条之一第一款第二项、第三项规定的"发布信息"。

[4] "暗网"是指隐藏的网络，普通网民无法通过常规手段探索访问，需要使用一些特定的软件、配置或者授权才能登录。

即启动应急预案，采取相应的补救措施，并按照规定向有关主管部门报告。第二十六条进一步规定：开展网络安全认证、检测、风险评估等活动，向社会发布系统漏洞、计算机病毒、网络攻击、网络侵入等网络安全信息，应当遵守国家有关规定。第三十四条还要求：对重要系统和数据库进行容灾备份。

《网络安全法》第三章用了近三分之一的篇幅规范网络运行安全，特别强调要保障关键信息基础设施的运行安全。这里的"关键信息基础设施"是指那些一旦遭到破坏、丧失功能或者数据泄露，可能严重危害国家安全、国计民生、公共利益的系统和设施。网络运行安全是网络安全的重心，关键信息基础设施安全则是重中之重，与国家安全和社会公共利益息息相关。

## 五、网络交易系统安全保障制度

网络交易系统安全保障制度是用法律文件形式对各项安全要求所做的规定，它是保证电子商务网站正常运营的重要基础。根据我国《网络安全法》和相关法律，网络交易系统安全保障制度主要涉及以下 7 种制度。

（1）网络安全等级保护制度。《网络安全法》第二十一条规定，国家实行网络安全等级保护制度。根据公安部等四部委颁布的《信息安全等级保护管理办法》（2007 年），信息系统受到破坏后按照受损程度的不同分为五级，一级最轻，会对公民、法人和其他组织的合法权益造成损害；五级最重，会对国家安全造成特别严重损害。网络运营者应当按照网络安全等级保护制度的要求，制定内部安全管理制度和操作规程，确定网络安全负责人，落实网络安全保护责任；采取防范计算机病毒和网络攻击、网络侵入等危害网络安全行为的技术措施；并按照规定留存相关的网络日志不少于六个月。

（2）网络产品、服务应当符合相关国家标准的强制性要求。《网络安全法》第二十二条规定，网络产品、服务的提供者不得设置恶意程序；具有收集用户信息功能的，应当遵守有关法律关于个人信息保护的规定。

（3）网络安全风险评估制度。《网络安全法》第三十八条规定，关键信息基础设施的运营者应当自行或者委托网络安全服务机构对其网络的安全性和可能存在的风险每年至少进行一次检测评估，并将检测评估情况和改进措施报送相关负责关键信息基础设施安全保护工作的部门。

（4）用户实名制管理制度。用户管理是网络安全中一个非常重要的问题。《网络安全法》确立了网络实名制在我国的实施。该法第二十四条规定，网络运营者为用户办理网络接入、域名注册服务，办理固定电话、移动电话等入网手续，或者为用户提供信息发布、即时通信等服务，在与用户签订协议或者确认提供服务时，应当要求用户提供真实身份信息。用户不提供真实身份信息的，网络运营者不得为其提供相关服务。

（5）用户信息保护制度。《网络安全法》第四十条规定，网络运营者应当对其收集的用户信息严格保密，并建立健全用户信息保护制度。网络运营者不得泄露、篡改、毁损其收集的个人信息，任何个人和组织不得窃取或者以其他非法方式获取个人信息，不得非法出售或者非法向他人提供个人信息。

（6）保密制度。按照《中华人民共和国保守国家秘密法》（简称《保密法》）第十条的规定，国家秘密的密级分为绝密、机密、秘密三级。存储、处理国家秘密的计算机信息系统(简称涉密信息系统)按照涉密程度实行分级保护。互联网及其他公共信息网络运营商、服务商应当配合有关部门对泄密案件进行调查,发现涉及泄露国家秘密的,应当立即停止传输,保存有关记录,并向公安机关、国家安全机关或者保密行政管理部门报告。

(7) 应急预案制度。应急预案是指在计算机灾难事件,即紧急事件或安全事故发生时,利用预先制定的应急计划辅助软件和应急设施,排除灾难和故障,保障计算机信息系统继续运行或紧急恢复。如前所述,《网络安全法》第25条、第34条等,对应急预案、容灾备份等做出了规定。

## 第三节　网络服务提供商的义务和责任

### 一、网络服务提供商的基本概念

#### (一) 网络服务提供商

从广义上讲,任何一个网站的设立者和经营者都是网络服务提供者,因为他们从事共同的服务——信息传输、存储、处理等服务。但是,习惯上仅把专门为他人设立经营网站或为其他网络通信提供服务的网络服务提供者称为网络服务提供商(internet service provider, ISP)。在有些情形下,网络管制是针对所有网站经营者的,而在有些情形下,法律有必要专门对网络服务提供商的义务和责任作出界定。

网络服务提供商的分类比较复杂,在网络接入、平台建设、设备维护、应用服务等信息服务的不同环节都有相应的提供商。

从网站经营者在信息传输中的作用或者网站经营者对信息内容的控制角度看,网络服务提供商大致可以分为两类:一类是网络内容服务提供商(Internet Content Provider, ICP);一类是网络中介服务提供商(Internet mediation service provider)。在前一种角色下,网络服务器的经营者直接向消费者(接受者)发布信息,充当主动传输内容的角色;在后一种角色下,是经营者以外的人通过某个服务器发布信息,网络服务经营者充当被动传输信息的角色。

#### (二) 网络内容服务提供商

案例:
ISP和ICP在侵权行为中的责任比较

在一定意义上,任何人都能成为网络内容提供者,不论是普通个人或企业用户,设立并经营网站的个人、企业,只要提供信息向网络发布就属于网络内容提供者。但是,通常所称的网络内容服务商专指提供内容服务的网络服务公司。大多数网络服务公司既提供内容服务,也提供中介服务。直接发布某种信息的网站经营者,在信息传播中充当了发布者(publisher)角色。无论是根据合同,还是经营的需要,如果网络经营者自己发布(上传)了某种信息,那么,它就成为信息的发布者。

### （三）网络中介服务提供商

网络中介服务提供商是指为网络提供信息传输中介服务的主体，它可以分为接入服务提供商和主机服务提供商。

1. 接入服务提供商

接入服务提供商是指为信息传播提供光缆、路由器、交换机等基础设施，或为上网提供接入服务，或为用户提供电子邮件服务的主体。接入服务提供商对网上信息所起的作用仅仅相当于一个邮递员。无论是信息提供者发送信息，还是信息获取者访问信息，均可以通过接入服务提供商提供的设施或计算机系统，经过自动的技术处理过程实现信息内容原封未动的传递。在技术上，接入服务提供商无法编辑信息，也不能对特定信息进行控制。

2. 主机服务提供商

主机服务提供商是指为用户提供服务器空间，供用户阅读他人上传的信息或自己发送信息，甚至进行实时信息交流的主体；或使用超文本链接等方式的搜索引擎，为用户提供在网络上搜索信息的主体。虽然主机服务提供商一般是按照用户的选择传输或接收信息，本身并不组织所传播的信息，但在技术上，主机服务提供商可以对信息进行编辑、删除和控制。

## 二、网站经营者作为公共信息服务提供者的义务和责任

网站具有传播信息的功能，因此被誉为"第四媒体"，任何人借助计算机登录某一个网站就可以浏览和阅读网上公开信息。消费者或公众借助于网站的信息处理和传输功能，可以实现信息交流，这种交流可以是一对一的，也可以是群体对群体的，如微信群。网站为人们在虚拟环境下的信息发表、传递和交流提供了手段或空间。因此，在网站与社会中不特定的公众之间存在着一种"服务关系"。但这里不需要当事人任何意思表示或合意，而是被直接推定或默示其存在这样的服务关系。而且，网络服务提供者与公众之间的权利和义务直接由法律规定，法律直接规定网站在向公众提供信息服务过程中应当履行哪些义务，以确保网络信息发布和传输能够按照合法、有效的方式运营。

《互联网信息服务管理办法》规定了网站的基本义务。这些义务大致可分为两个方面：一是服务行为合法义务，二是保证信息内容合法义务。实际上，这两项义务是基于网站作为一种新型媒体对社会公众应当承担的义务。

### （一）服务行为合法义务

网络信息服务提供者（即网站），首先应当按照经营许可范围提供服务。《互联网信息服务管理办法》第十一条规定：互联网信息服务提供者应当按照经许可或者备案的项目提供服务，不得超出经许可或者备案的项目提供服务。这意味着网站服务内容必须依照许可上列明的服务事项开展活动。特别需要注意的是，非经营性互联网信息服务提供者不得从事有偿服务。

《互联网信息服务管理办法》第十二条规定，互联网信息服务提供者应当在其网站主页的显著位置标明其经营许可证编号或者备案编号。这一规定实际上要求网站公示其服务身份的合法。如果没有这样的公示，那么其身份就不合法，消费者不宜接受这些网站的服务，否则法律

不予以保护。

另外,《互联网信息服务管理办法》第十四条规定了网站在从事特殊服务项目中要求登记备案的义务。根据该条规定,从事新闻、出版以及电子公告等服务项目的互联网信息服务提供者,应当记录提供的信息内容及其发布的时间、互联网地址或者域名;互联网接入服务提供者应当记录上网用户的上网时间、用户账号、互联网地址或域名、主叫电话号码等信息。这些记录备份应当保存60日,并在国家有关机关依法查询时,予以提供。

### (二)保证信息内容合法义务

《互联网信息服务管理办法》第十三条规定,互联网信息服务提供者应当向上网用户提供良好的服务,并保证所提供的信息内容合法。这一条有两个含义,一是提出了信息服务提供者应当履行的一般性义务,即提供良好的服务,至于什么是良好的服务,需要根据具体情况分析,至少要达到在现有技术范围内一般网站所能做到的水平。二是网站应保证提供的信息内容的合法性。

《互联网信息服务管理办法》第十五条规定,互联网信息服务提供者不得制作、复制、发布、传播含有下列内容的信息:

(1)反对宪法所确定的基本原则的;

(2)危害国家安全,泄露国家秘密,颠覆国家政权,破坏国家统一的;

(3)损害国家荣誉和利益的;

(4)煽动民族仇恨、民族歧视,破坏民族团结的;

(5)破坏国家宗教政策,宣扬邪教和封建迷信的;

(6)散布谣言,扰乱社会秩序,破坏社会稳定的;

(7)散布淫秽、色情、赌博、暴力、凶杀、恐怖或者教唆犯罪的;

(8)侮辱或者诽谤他人,侵害他人合法权益的;

(9)含有法律、行政法规禁止的其他内容的。

《网络安全法》第四十七条规定,网络运营者[①]应当加强对其用户发布的信息的管理,发现法律、行政法规禁止发布或者传输的信息的,应当立即停止传输该信息,采取消除等处置措施,防止信息扩散,保存有关记录,并向有关主管部门报告。《网络安全法》第六十八条规定,网络运营者违反第四十七条规定,对法律、行政法规禁止发布或者传输的信息未停止传输、采取消除等处置措施、保存有关记录的,可给予警告、没收违法所得、罚款、暂停相关业务、停业整顿、关闭网站、吊销相关业务许可证或者吊销营业执照等处分。

《网络安全法》第四十九条要求,网络运营者应当建立网络信息安全投诉、举报制度,公布投诉、举报方式等信息,及时受理并处理有关网络信息安全的投诉和举报。由中国青年报社社会调查中心主持的"全国人大数据安全万人调查"显示,54.1%的受访者认为许多网络运营单位投诉制度缺位或不健全。[②] 这种情况说明,形成网络信息安全投诉、举报制度还需要做大量的工作。

---

① 网络运营者是指网络的所有者、管理者和网络服务提供者。

② 中国青年报社社会调查中心.全国人大数据安全万人调查[EB/OL](2017-12-26)[2021-08-24].新浪新闻.

### 三、网站经营者与特定用户之间的网络信息服务合同义务

#### （一）网络信息服务合同概述

几乎任何一个网站经营者均可以为网络用户实现网上信息展示、传输、储存、交流等提供基础性服务。提供服务的一方和接受服务的一方在法律上必然存在着合同关系。我们可以暂且称这类合同为网上信息服务合同。

从信息服务的内容讲，网络服务者提供的服务大致可以分为三种：第一种是信息发布，即接受他人委托在网站上发布针对不特定受众的某种信息（可能是商业性的信息，也可能是非商业性的信息）。第二种是信息传输，即将某甲的信息传递给某乙。与信息发布不同，信息传输的受众是特定的，如发送电子邮件、发送订购单或确认函等即属于传输服务。第三种是提供信息服务，即向特定的消费者提供其索取的信息，如学术文献、产品信息等有偿查询服务即属于向特定用户提供信息服务。在所有这些信息服务过程中，还存在一个共性的网上信息服务，即信息储存服务。

所有这些信息服务既可能是通过明示的合同建立起来的，也可能是通过用户（消费者）的注册登记而建立的。一般而言，如果用户请求网站提供某种信息或者提供某种信息传输服务，需要进行登记或注册，将个人信息登记于网站的信息库中，这种注册或登记意味着消费者和网站之间达成一种信息服务合同。这种信息服务可能是有偿的，也可能是无偿的，但不管是有偿还是无偿，在网络服务提供者和用户之间都构成一种信息服务关系。

作为一种合同关系，网络服务提供者和用户之间的权利和义务应当遵循《民法典》（合同编）的有关规定。而且，对于特定的服务，当事人还可以通过合同加以约定。例如，作为信息传输服务提供者，网络服务提供者负有不迟延地将信息传递给相对人和不删节、遗漏、篡改信息的义务。作为一般规则，信息服务中网络公司的义务和责任应当按照服务合同确定，在没有明确规定时应当按照行业惯例和法律规定加以确定。

#### （二）网络信息服务合同中的几个法律问题

在法律没有明文规定的情形下，网络服务提供者在向特定用户提供信息服务过程中的基本权利、义务和责任的分配和界定，是一个值得探讨的问题。

1. 对信息内容的一般义务和责任

在向特定用户提供信息服务过程中，网络服务提供者对于信息内容承担的义务要超出作为公共信息服务者的义务，除了保证信息的合法外，还应当保证信息真实、有效。所谓合法，即提供的信息不为法律所禁止，也就是不得含有前文所述的为法律所禁止传播的内容。所谓真实，即所提供的信息符合事实或不虚假；所谓有效，即保证所传递的信息在有效期限内，而不是失效的信息。

2. 有偿合同和无偿合同责任的区别

根据注册用户是否向网络服务者支付对价，可以将网络服务者与用户间的合同分为有偿合同和无偿合同。而在现实中，大多数网络用户与服务提供商之间的服务合同是无偿的。例如，

电子邮件服务大多数是无偿的，有偿邮箱服务只是作为一种可选服务。作为一般原则，合同不因无偿而免责，向用户提供免费信息服务的网络服务商同样要承担基本合同义务和责任。但是，根据权利义务对等原则，在因服务瑕疵而给用户造成损失时，可以考虑只要求服务商承担较轻的赔偿责任。也就是说，只有在网络服务商对其服务有故意或重大过失的情况下，才承担赔偿责任，而在一般过失或疏忽情形下，不承担责任或只承担实际损失的责任。

3. 应请求的中止行为

应请求的中止行为分为两种情况。

（1）网络服务提供者履行对网络内容的监控义务，按照"表面合理标准"[1]审查而出于善意主动删除某些信息，或接到权利人发出通知而采取删除某些信息的措施，但后来被权威机构认定这种删除是不成立的。比如权利人指控上传信息者侵害其版权，在裁决之前被权利人通知暂停传播，但后来被裁决不构成版权侵权（可能属于合理使用或其他原因）。此时服务商要不要承担违反合同的责任呢？对此问题，美国《跨世纪数字版权法》确立的规则可以借鉴。该法规定，如果网络服务者出于善意而采取删除等措施，则不需承担法律责任。

（2）如果网络用户利用网络服务实施侵权行为的，权利人有权通知网络服务提供者采取删除、屏蔽、断开链接等必要措施。《民法典》第一千一百九十五条规定，网络服务提供者接到通知后，应当及时将该通知转送相关网络用户，并根据构成侵权的初步证据和服务类型采取必要措施；未及时采取必要措施的，对损害的扩大部分与该网络用户承担连带责任；权利人因错误通知造成网络用户或者网络服务提供者损害的，应当承担侵权责任。

## 四、网络侵权行为及其归责原则

网络服务提供商虽然是在虚拟世界中提供有关服务，但其行为也应遵守真实世界里的法律规定，并对侵权行为承担相应的法律责任。《民法典》第一千一百九十四条明确规定，网络用户、网络服务提供者利用网络侵害他人民事权益的，应当承担侵权责任。

利用互联网侵犯他人权利的行为主体包括网站经营者和非经营者两种，明确网站经营者利用自己的网站侵犯他人权利时应承担什么责任，以及在他人利用网站实施侵权时网站经营者承担什么责任是非常重要的。

网络作为一种新型的信息传播媒体，在其上可能发生多种侵权或违法行为，包括侵犯他人的著作权（如未经著作权人许可将其作品上传到网络），发布虚假广告导致侵权或法律责任，侵犯隐私权（如将他人的个人资料上传到网络供人利用），侵犯名誉权（在网络上散布不实信息侮辱、诽谤他人），侵犯消费者权益（如发布不实商品信息，导致消费者损失），侵犯商业秘密（如擅自在网上披露他人的商业秘密），传播非法或有害信息（如色情信息或图片），等等。

就网上公开的信息所产生的侵权责任问题，存在一个处理的基本原则，即谁发布，谁承担

---

[1] 表面合理标准是指主机服务提供者只负有对信息表面依据常理进行审查的义务。它包含两层含义：首先是应当删除明显违法、含有侮辱或诽谤等给社会或他人造成不良后果的字句、段落，即审查的主要对象是用语而非内容本身；其次，判断标准是一般公众识别能力，而非专业编辑或专家鉴别能力。

责任。也就是说，如果是张三在网上发布的侵犯他人隐私或著作权的信息，那么由张三承担由此引起的侵权责任。对于网络上的侵权行为而言，每一行为均具有直接实施侵权行为的网络内容提供者，同时还牵涉到为侵权信息的传播提供媒介服务的网络中介服务提供商。在有些情形下，权利人难以找到网络内容的提供者，有时即使找到了，又可能在别的国家，本国法院又难以行使管辖权，因此，网络中介服务提供者最易成为侵权诉讼的被告。这就使得网络中介服务提供商面临很大的风险。

除此之外，网络侵权责任归责还应遵守以下原则。

（1）过错归责原则：适用于网络服务提供商在客观上已参与网络，对每一次受侵权行为都有客观上的参与，具备了追究其责任的客观要件，所缺的只是主观要件，即适用过错原则来追究其侵权责任。网络服务提供商的合法权益受到不法侵害，未受到合法保护，仍应考察其主观意识状态，适用过错归责原则。

（2）无过错责任原则：适用于网络著作权提供方参与网络著作发表，但这是一种无形资产，只有在等到侵权行为发生后，以被动的方式加以保护。

（3）过错推定原则：适用于对被告人和著作权人采用平等原则，使被告人有辩解的机会，著作权人有较好的举证责任。

## 五、国外关于网络侵权行为的立法经验

### （一）欧盟

欧盟非常注重依法规范电子商务，欧盟议会通过的《欧盟电子商务指令》（简称《指令》）第二章第四部分(中间服务提供商的责任)规定了服务提供者在履行传输服务、存储服务、主机服务中的免责条件。

《指令》第12条规定，从事信息传输服务或接入服务，免责的条件是:[①]

（1）服务提供者没有主动传输信息；

（2）服务提供者没有挑选传输信息的接受者；

（3）没有删选或修改传输信息。

根据《指令》第13条，如果服务提供者在其他服务接受者的要求下自动地、中间性地、短暂地储存传输信息的唯一目的是使信息传输更有效，则服务提供者对这样的信息储存不负责任：

（1）提供者没有修改信息；

（2）提供者遵守了信息准入的条件；

（3）提供者遵守了业内普遍认可的信息更新规则；

（4）提供者没有干涉合法利用业内普遍认可和采用的技术获取信息使用的数据；

（5）提供者一旦确切获知处于原始传输来源的信息已经从网上删除或已经禁止获取或法

---

① 指令规定：只要自动地、中间性地、短暂地储存传输信息的唯一目的是实现信息在通信网络上的传输并且储存的时间没有超过传输所需要的时间，那么这样的储存就属于第1款中规定的信息传输和提供接入服务行为。

庭或行政机关已经下令删除或禁止获取，就迅速有效地删除了其储存的信息或使之禁止获取。

《指令》第14条规定了主机服务(提供储存服务接受者提供的信息的服务)，提供者对下列情况下储存的信息不负责任：

(1) 提供者确实不知为非法的活动或信息，并且在涉及损害赔偿时也不知道非法活动或信息产生的事实背景；

(2) 提供者一旦确切获知或意识到为非法活动或信息，就迅速有效地删除了该信息或使之禁止获取。

但是，《指令》规定服务提供者在所有情形下均应当承担停止侵害责任，或者说指令只免除赔偿责任，而不免除停止侵权或防止侵权行为发生的责任。免责条款不妨碍法庭或行政机关根据成员国法制有可能要求服务提供者停止或防止侵权行为的发生，也不妨碍成员国有可能制定调整信息删除或禁止获取的程序的规则。

《指令》第15条特别规定信息服务者无一般性监督义务：即当服务提供者提供第12、13、14条规定的服务时，成员国不应对其施加监督其传输或储存的信息的一般性义务，也不应对其施加积极查找表明为非法活动的事实或背景的一般性义务。但是，成员国可以为信息服务提供者设定向有权公共机构报告服务接受者有违法嫌疑的活动或信息的义务，或在有权机构的要求下提供服务接受者身份信息的义务。

### (二) 美国

欧盟的《指令》对ISP在提供信息服务过程中发生的侵权责任和违法责任做出了规定。而美国只对ISP的版权侵权责任做出了系统、详细的规定，对ISP的其他侵权责任，适用通信法的相关规定。

1998年美国通过的《跨世纪数字化版权法》(DMCA，又称《数字千年版权法》)发布。该法在第二章第512条分别对ISP承担传输通道、系统缓存、根据用户的要求在其系统或网络中存储信息及提供信息搜索工具四种功能时的版权责任作出了限制。

对履行传输通道功能的ISP符合下列条件的，则对他人利用其系统或网络实施的侵权行为，不承担赔偿损失责任，只承担停止侵权的责任：

(1) 信息的传输是由他人发动的；

(2) 传输、路由、连接、复制必须是通过自动化的技术过程实现的，且信息没有经过ISP的选择；

(3) ISP不能决定信息的接收者；

(4) ISP系统或网络中任何中间或暂时存储所形成的复制件，除能被预定的接收者获得外，通常不能被其他任何人获得，而且这些复制件保存的时间不能超过合理的所需时间；

(5) 信息在传输过程中不能有任何内容上的改变。

对履行系统缓存功能的ISP侵权责任豁免待遇必须符合下列条件：

(1) 这种存储必须是中介和暂时性地通过自动化的技术过程实现的，其目的在于为后续访问者提供方便；

(2) ISP不得改变缓存信息的内容；

(3) ISP必须遵守业界普通确立的信息"刷新"规则；

（4）ISP 不得干预将用户点的信息反馈给信息提供者的技术手段；

（5）ISP 必须根据信息提供者附加的访问条件（即密码保护）限制不符合条件的用户访问；

（6）一旦被告知其缓存的信息已在源址被删除或阻挡，ISP 必须立即删除或阻止访问缓存在其系统中的信息。

对履行存储功能的 ISP 的侵权责任享受责任限制待遇的条件是：

（1）ISP 实际不知道或没有意识到侵权行为的发生。

（2）ISP 没有直接从侵权行为中获得经济利益。

（3）在收到侵权告知后，ISP 必须立即撤下该侵权信息或阻挡对该信息的访问；一旦 ISP 在收到侵权告知后立即撤下侵权信息或阻挡对该信息的访问后，即可被免除经济赔偿责任；ISP 对任何因其在上述情况下撤下信息的投诉不负任何责任。

ISP 在通过提供诸如超级链接、网上索引、搜索引擎等信息搜索工具，将用户引向或链接到载有侵权信息的网址的行为时，享受责任限制待遇的条件是：

（1）ISP 实际不知道或没有意识到侵权行为的发生。

（2）ISP 没有直接从侵权行为中获得经济利益。

（3）在收到侵权告知后，ISP 必须立即清除该信息或阻止对该信息的访问。一旦 ISP 在收到侵权告知后清除或阻止对侵权信息的访问后，便不因此承担任何责任。

上述免责条款又称为"避风港"制度，是指在发生著作权侵权案件时，当网络服务提供者只提供空间服务，并不制作网页内容，如果网络服务提供者被告知侵权，则有删除的义务，否则就被视为侵权；如果侵权内容既不在网络服务提供者的服务器上存储，又没有被告知哪些内容应该删除，则网络服务提供者不承担侵权责任。

对于 ISP 注意义务方面，《跨世纪数字化版权法》又规定了"红旗标准"。"红旗标准"是对"避风港"制度的限制，"红旗标准"要求如果侵权事实像红旗一样引人注目时，尽管 ISP 没有收到著作权人的通知，也应当主动及时采取措施，如果对侵权事实视而不见，则应当承担侵权责任。

### （三）其他国家

德国于 1997 年 6 月通过了世界上第一部规范计算机网络服务和使用的法律：《信息和通讯服务规范法》（又称《多媒体法》）。其第一节第 5 条规定，对于网络上的信息内容，根据不同情况，电信服务的供应商承担不同的责任：对自己提供的信息内容，应依法承担全部责任；而中介服务提供者被区分为两类，一类是提供接入服务者，一类是主机服务者。

2007 年德国的《电信媒体法》（TMG）在立法上将 ISP 划分为信息提供者、主机存放服务提供者、网络联机服务提供者三种。其中，信息提供者就是通常而言的"网络内容服务提供商"。《电信媒体法》规定，信息提供者在其提供的内容构成侵权时，其侵权责任类型与直接侵权无异，因此适用一般侵权责任。另外，《电信媒体法》规定主机存放服务提供者仅只在特定的情况下才承担过错责任，即知道网络用户的侵权事实，在能够制止侵权行为的情况下没有制止才承担侵权责任。此外，主机存放服务提供者可以通过援引"技术中立原则"主张免责。网络联机服务提供者主要负责信息传输服务，该类型的 ISP 的主观过错要件只有故意不包括过失，即只有在明知侵权事实存在的情况下才承担间接侵权责任。

　　瑞典于 1998 年 5 月颁布施行的一部法律作出了规定，BBS 经营者负有在合理的限度内监督其所传输的内容的义务，必须从其系统中除掉含有侵权、色情、宣扬暴力等非法内容的信息。法国的两起判例认为，接入服务提供者在技术上无法实施监控，主机服务提供者应当负有监控租用其服务器空间的内容提供者的材料内容合法性的义务。[①]

## 六、网络中介服务商的侵权责任

　　为促进网络事业的健康发展，我国立法也应当对 ISP 是否承担信息审核监督义务及其由此引发的 ISP 责任及其归责原则作出规定。

　　民事责任是以民事义务为前提的，因此要确定网络中介服务者的民事责任，必须先明确网络中介服务者负有哪些民事义务。从上述对国外主要国家和国际组织的立法介绍来看，网络中介服务者的义务主要有两个，监控义务和协助调查义务。其中，协助调查是辅助性的，而监控义务是主要义务。中介服务商是否承担责任主要看它是否履行了这些应尽的义务。

### （一）中介服务商的监控义务

　　网络服务商的监控义务应当包括两个方面：其一，事先审查义务，即在被明确告知侵权信息存在之前，主动对其系统或网络中信息的合法性进行审查；其二，事后控制义务，即在知道侵权信息的存在后及时采取删节、移除等措施阻止侵权信息继续传播。网络中介服务者知道侵权一般有三种情况：一是经事先审查或其他方式得知；二是接到权利人确有证据的通知；三是权利人向法院起诉。在为网络中介服务者设定监控义务时，首先不能脱离其实际监控能力，包括技术可行性、法律判断力和经济承受能力等，同时还应当作出有利于平衡社会公共利益的考虑。正如前文指出的，接入服务提供者与主机服务提供者对网络信息的编辑能力和对特定信息的控制能力有很大不同，因此，其监控义务也有很大区别。

　　1. 接入服务提供者的监控义务

　　接入服务提供者的地位类似于电信服务商，只是为信息在网络上传播提供"传输管道"，不能对信息进行编辑，因此要求接入服务提供者履行事先审查义务在技术上是不可能的，故法律不应向其施加事先审查义务。同时，由于接入服务提供者对网络信息传播的控制能力也是有限的，一般只能采取封锁网络上某个特定站点或特定用户，甚至关闭整个系统的方法来达到停止侵权信息传播的目的，不能就某一特定信息采取控制措施。因此，接入服务提供者事后监控能力也有限，即使要求其承担事后监控义务，也只是负有在技术可能、经济许可的范围内采取阻止违法、侵权信息继续传播的义务。

　　2. 主机服务提供者的监控义务

　　主机服务提供者的法律地位介于发布者和传播者之间，故不能简单地适用发布者或传播者的责任标准，对于其监控义务的设定主要看其什么时段对传输信息具有监控能力。

　　在用户信息发布(上传)之前，主机服务者在技术上无法获悉该信息的内容，无法行使编辑控制权，主机服务不负有任何事先监控的义务。

---

　　① 薛虹. 网络时代的知识产权法[M]. 北京：法律出版社，2000：221-223.

在用户信息发布(上传)之后,主机服务提供者在技术上具备了编辑控制能力,因此,主机服务负有两项监控义务:一项是主动审查义务,另一项是应请求中止传播义务。

(1)主动审查义务。由于网络信息数量巨大以及主机服务提供者法律判断能力有限,主机服务的主动审查义务只能限定在合理限度之内。所谓合理限度,指"合理时间内"和"表面合理标准"。合理时间是指用户信息发布后至信息依据表面合理标准被删节或删除之间的时段。它既不能规定太长,因为时间太长信息已被广泛阅读或转载,再删除也不能有效地保护权利人的合法权益;但也不能太短,因为时间太短会迫使主机服务提供者运用过多的人力物力进行审查工作,增加经营成本。

(2)应请求中止传播义务。在接到权利人确有证据的通知时,主机服务者负有立即中止违法或侵权信息传播的义务。我们称之为应请求中止传播义务。当有人提供充分的证据表明主机服务器上传播的某信息违法或侵权时,应当视主机服务提供者知道其侵权或违法,因此,负有中止继续传播的义务。但是,对于权利人通知的程序、条件和效力同样也应当加以合理的界定,否则就会使网络服务商陷入两难境地:一方面,如果网络中介服务商得到了权利人关于侵权信息存在的通知,而不立即采取措施控制该信息在其系统或网络中继续传播,就会面临着承担侵权责任的风险;另一方面,如果网络中介服务商收到通知后并不对通知的侵权指控做法律上的分析判断即采取控制措施或披露被控侵权人的情况,则一旦侵权指控不能成立,擅自清除用户上载的信息或披露用户资料,也会承担合同责任甚至侵权责任的风险。

为解决这一问题,美国《跨世纪数字化版权法》对权利人的通知要件、通知的程序、用户的针对指控的反通知及其各自在各种情形下的责任作出了详尽的规范。比如通知必须具备的三类文件:一是身份证明,即权利人的身份证、法人执照、营业执照等有效身份证件及住址、电话等联系方式;二是权利证明,即权利人享有其所主张的权利的证明;三是侵权情况证明,即在网络中介服务者所运营的系统或网络上确实发生了侵权事件的证明,包括被控侵权信息的内容、所在位置等。

### (二)中介服务商的协助调查义务

网络中介服务商的协助调查义务是指网络中介服务者负有协助权利人或有关机关收集侵权行为证据的义务。直接实施侵权行为的人基本上都是网络中介服务者的注册用户,在一般情形下,用户信息及其一定时段的读写记录等会储存于中介服务商的服务器中。一旦发生侵权行为,网络服务商大都掌握有关侵权行为的直接证据。因此,要求网络中介服务商履行协助调查义务是合理的,也是可行的。

网络中介服务商协助提供的证据一般应当包括:被控侵权人身份情况的证明材料以及上传、下载情况记录等有关侵权行为的证明材料。网络中介服务商的协助调查义务具体表现为:在用户信息发表后的任何时间,服务商明知某信息为侵权信息或经权利人发出了确有证据的通知后,或者经法院等权威机构发出调查令,服务商在技术可能、经济许可的范围内负有向权利人或有关机关提供上述证据的义务。

在协助义务方面,美国《跨世纪数字版权法》也对网络中介服务商协助调查义务作出了规定,设计了一套在网络中介服务商协助下收集侵权行为证据的程序。例如,该法授予版权人请求美国联邦地区法院向网络中介服务商发出"证人传票"的权利，令网络中介服务商提供被指控为在其系统或网络中直接实施侵权行为的人的证明材料，不管中介服务商是否已按照版权人发出的通知采取措施，都应当立即按照"证人传票"的要求行事。这种申请法院调查令以弥补权利人通知力度不足的做法，对于证据收集是非常重要的。

### （三）中介服务提供商违反义务的责任

由于中介服务提供商并非属于传统法意义上的信息发布者角色，因此，在其所经营的服务器上传到网络中的信息被认定为违法或侵权时，服务商并非当然地承担责任，即承担出版者的严格责任，而只有违背其应当承担的义务时，也就是存在过错时才应当承担相应的责任。

1. 直接侵权责任

（1）接入服务提供者负有在技术可能、经济许可的范围内阻止侵权信息继续传播的义务。如果接入服务提供商明知某信息为侵权信息或接到权利人发出确有证据的通知后，在技术可能、经济许可的范围内不采取必要措施阻止该信息继续传播的，则主观上具有过错，客观上实施了不作为的侵权行为。所以，《民法典》第一千一百九十七条规定："网络服务提供者知道或者应当知道网络用户利用其网络服务侵害他人民事权益，未采取必要措施的，与该网络用户承担连带责任。"

（2）主机服务提供商负有在用户信息发布之后的合理时间内依据表面合理标准审查信息合法性的义务。如果服务商怠于履行主动审查义务或根据表面合理标准应该发现并删除侵权信息却因忽略没有发现并删除，则主观上具有过失，客观上也实施了不作为的侵权行为。

（3）网络中介服务商在接到权利人发出确有证据的通知以及提供有关侵权证据的要求后，不履行上述义务，致使权利人无法向直接实施侵权行为的网络内容提供者寻求救济的，根据《民法典》第一千一百九十五条的规定，"对损害的扩大部分与该网络用户承担连带责任。"

2. 共同侵权责任

在以下情形下，网络中介服务商与网络内容提供者承担共同侵权的连带责任：

（1）如果中介服务商通过网络参与实施侵权行为，或通过网络教唆、帮助他人实施侵权行为，应当与直接实施侵权行为的网络内容提供者一起承担共同侵权的连带责任。

案例：
网络服务提供者已尽合理注意义务的不应承担侵权责任

（2）主机服务提供商在明知某信息为侵权信息或接到权利人发出确有证据的通知后，在技术可能、经济许可的范围内不采取必要措施阻止该信息继续传播的，则主观上具有侵权故意，客观上实施了不作为的侵权行为，因此构成共同侵权，应当承担连带责任。见前述《民法典》第一千一百九十七条规定。

网络中介服务商的责任确定关系到社会公共利益和整个网络通信的发展，立法既不能对其课以超过其实际能力的义务，以免妨碍网络服务业的发展，进而损害用户的利益，又不能让其在侵权、违法行为面前、袖手旁观、听之任之，以免损害权利主体的合法权益，从而危及公共秩序与公共安全。

## 第四节　加强网络治理，打造电子商务良好的运营环境

### 一、加强网络治理的重要意义

当今时代，互联网的发展已经遍及世界各个国家，人们的工作、学习、娱乐等都已深深嵌入互联网的轨道。

2021年，世界互联网用户总人数达到49.01亿，电子商务零售额规模达到49 380亿美元；我国网民规模突破10亿，电子商务交易额达到42.3万亿元。互联网技术已经成为国家创新驱动发展的先导力量，"互联网+"已经成为全社会的热词。

然而，伴随着互联网应用的深入，网络安全问题出现的频率也越来越高。

（1）个人信息泄露事件多次发生。2005年6月17日，美国曝出有史以来规模最大的信用卡个人数据外泄事件。美国处理卡片交易资料的外包厂商 Card Systems Solutions 公司资料库遭到入侵，包括万事达、VISA 等在内高达4 000多万张信用卡用户的银行资料面临泄密风险。[①] 2018年8月，华住集团的用户信息以8比特币的价格在网上售卖，总量约5亿条，涉及华住旗下酒店1.03亿会员。[②] 2020年，江苏公安机关破获了一起特大"暗网"[③]侵犯公民个人信息案，查获被售卖的公民个人信息数据5 000多万条。[④] 2021年，福建谢某诱骗某电商平台店铺客服点击木马链接，窃取200余家店铺的买家个人信息1 000余万条，层层贩卖，最终流向电信网络诈骗团伙。[⑤]

（2）网站、网页被篡改事件频繁出现。2020年，以"ETC 在线认证"为标题的仿冒页面数量呈井喷式增长，并在2020年8月达到峰值5.6万余个，占针对我国境内网站仿冒页面总量的91%。此类仿冒页面诱骗用户提交姓名、银行账号、身份证号、手机号、密码等个人隐私信息，致使大量用户遭受经济损失。[⑥] 2021年上半年，针对我国境内网站仿冒页面约1.3万余个，特别是针对地方农信社的仿冒页面呈爆发趋势。[⑦] 2022年7月，境内被篡改网站数量3 713个，其中被篡改政府网站数量为22个；境内被植入后门的网站数量为1 960个，其中政府网站有

---

① 万事达卡国际组织. 万事达卡国际组织关于黑客入侵信用卡资料的声明[EB/OL]. (2005-06-20)[2021-08-20]. 新浪财经.

② 中国青年报. 5年内最严重的个人信息泄露事件发生 华住集团用户隐私信息疑遭售卖[EB/OL](2018-08-30)[2019-07-20]. 中青在线.

③ "暗网"是指利用加密传输、P2P 对等网络等，为用户提供匿名互联网信息访问的一类技术。"暗网"的最大特点是经过加密处理，普通浏览器和搜索引擎无法进入，且使用比特币作为交易货币，很难追查到使用者的真实身份和所处位置。

④ 信息安全与通信保密杂志社. 盘点2020上半年全球重大数据泄露事件[EB/OL](2020-06-18)[2021-08-20]. 中国网络安全审查技术与认证中心网站.

⑤ 公安部. 打击侵犯公民个人信息犯罪这一年：公安部公布十大典型案例[EB/OL]（2022-01-08）[2022-09-20]，公安部网站.

⑥ 国家互联网应急中心. 2020年中国互联网网络安全报告[EB/OL]（2021-07-21）[2022-03-20]. 国家互联网应急中心网站.

⑦ 国家互联网应急中心. 2021年上半年我国互联网网络安全监测数据分析报告[EB/OL]（2021-07-31）[2022-09-20]. 国家互联网应急中心网站.

17个；针对境内网站的仿冒页面数量为7 740个。[①]

（3）黑客入侵网站事件时有发生。2016年10月21日，美国域名服务商Dyn遭到恶意软件Mirai大规模攻击，导致包括GitHub，Twitter，Spotify和Netflix在内的大量知名网站无法访问。2022年6月22号，西北工业大学发布声明称：该校网站遭受境外网络攻击。经调查，此次网络攻击源头系美国国家安全局（NSA）下属的特定入侵行动办公室。该办公室此次攻击活动中使用了4类网络攻击武器，包括：漏洞攻击突破类武器、持久化控制类武器、嗅探窃密类武器、隐蔽消痕类武器；网络攻击行动中先后使用了54台跳板机[②]和代理服务器，主要分布在日本、韩国、乌克兰、波兰等17个国家，其中70%位于中国周边国家。[③]

（4）恶意程序呈屡高发状态。2021年上半年，国家互联网应急中心捕获恶意程序样本数量约2 307万个，日均传播次数达582万余次，涉及恶意程序家族约20.8万个。其中，发现新增移动互联网恶意程序86.6万余个，流氓行为类、资费消耗类和信息窃取类移动恶意程序占比分别为47.9%、20.0%和19.2%，国内204家提供移动应用程序下载服务的平台清除25 054个移动互联网恶意程序。[④]

大量的事实说明，网络已经深刻地融入了经济社会生活的各个方面，网络安全威胁也随之向经济社会的各个层面渗透。要保证电子商务的正常运作，必须高度重视网络安全问题。网络安全已经成为关系国家安全和国家发展、关系广大人民群众切身利益的重大问题，必须从国际、国内大势出发，总体布局，统筹各方，综合治理，使我国的网络更加安全、更加开放、更加便利。

党的十八大以来，以习近平同志为核心的党中央从总体国家安全观出发，对加强国家网络安全工作作出了重要的部署。中国是网络大国，也是面临网络安全威胁最严重的国家之一，迫切需要建立和完善网络安全的法律制度，提高全社会的网络安全意识和网络安全保障水平。制定网络安全法就是适应我们国家网络安全工作新形势、新任务，落实中央决策部署，保障网络安全和发展利益的重大举措。推进网络空间法治化，将网络空间的各类行为都纳入法律的轨道，是网络治理的根本之道，特别是对于电子商务活动，更需要强调自由与秩序的有机统一，打造良好的运营环境。

## 二、加强网络治理的基本原则

（1）网络空间主权原则。《网络安全法》第一条明确规定要维护我国网络空间主权。网络空间主权是一国国家主权在网络空间中的自然延伸和表现。《联合国宪章》确立的主权平等原则是当代国际关系的基本准则，覆盖国与国交往的各个领域，其原则和精神也应该适用于网络

---

①　国家互联网应急中心. CNCERT互联网安全威胁报告（2022年7月总第139期）[EB/OL]（2022-08-19）[2022-11-20]. 国家互联网应急中心网站.

②　跳板机（Jump Server），也称堡垒机，是一类可作为跳板批量操作远程设备的网络设备，是系统管理员或运维人员常用的操作平台之一。

③　大众网. 触目惊心！西北工业大学遭美国NSA网络攻击事件细节披露[EB/OL]（2022-09-05）[2022-11-20]. 大众网.

④　国家互联网应急中心. 2021年上半年我国互联网网络安全监测数据分析报告[EB/OL]（2021-07-31）[2022-11-20]. 国家互联网应急中心网站.

空间。各国自主选择网络发展道路、网络管理模式、互联网公共政策和平等参与国际网络空间治理的权利应当得到尊重。

（2）网络安全与信息化发展并重原则。《网络安全法》第三条规定，国家坚持网络安全与信息化并重，遵循积极利用、科学发展、依法管理、确保安全的方针；既要推进网络基础设施建设，鼓励网络技术创新和应用，又要建立健全网络安全保障体系，提高网络安全保护能力。这里强调，安全是发展的前提，发展是安全的保障，安全和发展要同步推进，必须统一谋划、统一部署、统一推进、统一实施。

（3）共同治理原则。网络空间安全仅仅依靠政府是无法实现的，需要政府、企业、社会组织、技术社群和公民等网络利益相关者的共同参与。《网络安全法》第六条要求形成全社会共同参与促进网络安全的良好环境。政府部门、网络建设者、网络运营者、网络服务提供者、网络行业相关组织、高等院校、社会公众等都应根据各自的角色参与网络安全治理工作。

## 三、我国网络治理的法律法规

### （一）网络安全的国家战略

2016年7月，我国发布《国家信息化发展战略纲要》，提出"以网络空间法治化为重点，发挥立法的引领和推动作用"，"以网络立法为重点，加快建立以促进信息化发展和强化网络安全管理为目标，涵盖网络基础设施、网络服务提供者、网络用户、网络信息等对象的法律、行政法规框架"。

2018年3月，为适应互联网、大数据、人工智能等现代信息技术的新突破，推动全球互联网治理体系向着更加公正合理的方向迈进，中央网络安全和信息化领导小组改组为中央网络安全和信息化委员会。

2015年7月全国人大修订的《中华人民共和国国家安全法》第二十五条规定：国家建设网络与信息安全保障体系，提升网络与信息安全保护能力，加强网络和信息技术的创新研究和开发应用，实现网络和信息核心技术、关键基础设施和重要领域信息系统及数据的安全可控；加强网络管理，防范、制止和依法惩治网络攻击、网络入侵、网络窃密、散布违法有害信息等网络违法犯罪行为，维护国家网络空间主权、安全和发展利益。

《中华人民共和国国民经济和社会发展第十四个五年规划和2035年远景目标纲要》第五十二章明确，坚定维护国家政权安全、制度安全、意识形态安全，全面加强网络安全保障体系和能力建设。中共中央2020年12月印发的《法治社会建设实施纲要（2020—2025年）》第二十二条进一步提出，完善网络法律制度；通过立改废释并举等方式，推动现有法律法规延伸适用到网络空间；研究制定互联网信息服务严重失信主体信用信息管理办法，完善网络安全法配套规定和标准体系，建立健全关键信息基础设施安全保护、数据安全管理和网络安全审查等网络安全管理制度，制定完善对网络直播、自媒体、知识社区问答等新媒体业态和算法推荐、深度伪造等新技术应用的规范管理办法，加强对大数据、云计算和人工智能等技术研发应用的规范引导。健全互联网技术、商业模式、大数据等创新成果的知识产权保护方面的法律法规；完善跨境电商制度，规范跨境电子商务经营者行为；积极参与数字经济、电子商务、信息技术、网络安全等领域国际规则和标准制定。

### （二）网络安全的专门性法律

从 20 世纪 90 年代开始，我国在网络信息安全方面陆续制定了《计算机信息系统安全保护条例》《计算机信息网络国际联网管理暂行规定》《计算机软件保护条例》《计算机病毒防治管理办法》《全国人民代表大会常务委员会关于维护互联网安全的决定》《全国人大常委会关于加强网络信息保护的决定》等法规规章。从行政法规层面定义了互联单位、接入单位等组织应建立的基本安全制度。同时，我国制定了《信息安全等级保护管理办法》《信息系统安全等级保护定级指南》等配套技术标准，组成信息安全等级保护系列规范，根据信息系统遭受破坏后所造成的影响划分安全保护等级，根据相应等级实施信息安全保护的制度。

为了保障网络安全，维护网络空间主权和国家安全、社会公共利益，保护公民、法人和其他组织的合法权益，促进经济社会信息化健康发展，2016 年 11 月全国人大颁布了《中华人民共和国网络安全法》。《网络安全法》是网络安全领域的基本大法，全文共七章七十九条，包括：总则、网络安全支持与促进、网络运行安全、网络信息安全、监测预警与应急处置、法律责任以及附则。从主体对象角度，可将各条款分为 8 大类[①]。

（1）国家角度。《网络安全法》系统阐述了网络安全法的原则、方针、实现路径和顶层设计问题；提出了构建网络安全的良好环境、加强网络空间治理的国际合作、落实国家相关部门网络安全的监督职责等要求；列举了国家在网络安全方面的具体措施，包括国家保护公民、法人和其他组织依法使用网络的权利，加强未成年人保护、保护举报人的合法权益、强化标准体系建设、解决投入不足问题、建设网络安全社会化服务体系、鼓励和支持创新、加强网络安全宣传教育、促进网络安全人才培养等。

（2）网络用户角度。《网络安全法》明确了国家保护公民、法人和其他组织依法使用网络的权利和义务，鼓励对网络安全违法行为进行举报，严厉打击严禁网络犯罪。

（3）网络运营者角度。《网络安全法》要求网络运营者遵纪守法、履行义务、接受监督、承担责任；实行网络安全等级保护制度，实名制要求、网络身份认证；妥善处置网络安全事件；建立用户信息保护制度和投诉举报制度，强化个人信息保护责任，阻断违法信息的传播。

（4）关键信息基础设施的运营者角度。《网络安全法》将国家主权范围内的关键信息基础设施列为国家重要基础性战略资源，要求关键信息基础设施的运营者落实国家等级保护制度，

---

① 《网络安全法》中涉及的有关名词定义如下：

（1）网络，是指由计算机或者其他信息终端及相关设备组成的按照一定的规则和程序对信息进行收集、存储、传输、交换、处理的系统。

（2）网络安全，是指通过采取必要措施，防范对网络的攻击、侵入、干扰、破坏和非法使用以及意外事故，使网络处于稳定可靠运行的状态，以及保障网络数据的完整性、保密性、可用性的能力。

（3）网络运营者，是指网络的所有者、管理者和网络服务提供者。

（4）网络数据，是指通过网络收集、存储、传输、处理和产生的各种电子数据。

（5）个人信息，是指以电子或者其他方式记录的能够单独或者与其他信息结合识别自然人个人身份的各种信息，包括但不限于自然人的姓名、出生日期、身份证件号码、个人生物识别信息、住址、电话号码等。

设置专门管理机构和管理负责人，定期对从业人员进行网络安全教育、技术培训和技能考核；突出保护重点，配合国家安全审查，对重要系统和数据库进行容灾备份，每年至少一次风险评估。为了确保关键信息基础设施供应链安全，国家互联网信息办公室、国家发展和改革委员会等12部门配套制定了《网络安全审查办法》。

（5）网络产品和服务提供者角度。《网络安全法》要求网络产品和服务提供者履行产品服务的强制性准入要求和义务，履行产品和服务的保密协议，对境外数据传输需进行安全评估；采取技术措施和其他必要措施，保障网络安全、稳定运行，有效应对网络安全事件，防范网络违法犯罪活动，维护网络数据的完整性、保密性和可用性。

（6）国家网信部门角度。《网络安全法》提出，国家网信部门应统筹协调网络安全工作和相关监督管理工作。有效处置危害网络安全行为的举报；统筹协调关键信息基础设施的安全风险检测、安全应急演练、网络安全信息共享；组织、指导、督促网络安全宣传教育。

（7）公安部门角度。《网络安全法》赋予公安部门网络安全保护和监督管理权利，举报处置权利，网络犯罪的处罚权利，境外违法的制裁权利。

（8）个人信息角度。《网络安全法》进一步完善了个人信息保护规则，要求个人信息的使用和收集必须合法、正当、必要；不得泄露、篡改、毁损其收集的个人信息；严禁个人信息的非法获取、非法出售和提供。

## 思 考 题

1. 简述申请域名的注意事项。
2. 试述经营性信息服务网站设立的主要条件和程序。
3. 试述网络交易系统安全保障制度。
4. 试述网站经营者作为公共信息服务提供者的义务和责任。
5. 试述网络侵权行为及其归责原则。
6. 试述网络中介服务商的侵权责任。
7. 试述《网络安全法》对8类主体对象的规制。

## 参 考 文 献

[1] 杨立钒，万以娴. 电子商务法与案例分析(微课版)[M]. 北京：人民邮电出版社，2020.
[2] 商务部. 中国电子商务报告(2020)[R/OL](2021-06-18)[2022-09-19]，商务部网站.
[3] 国家计算机网络应急技术处理协调中心. 2020年中国互联网网络安全报告[EB/OL](2021-07-21)[2021-12-24]，国家计算机网络应急中心网站.
[4] 计算机与网络安全. 深入解读《中华人民共和国网络安全法》[EB/OL](2019-09-05)[2021-09-20]，搜狐网.
[5] 王琳元. 网络服务提供者著作权间接侵权责任认定研究[D]. 辽宁师范大学，2021.

# 第三章 电子商务参与者及其规制

电子商务交易不同于实体交易，这不仅表现在运行的环境和使用的手段不同，而且表现在网上交易主体也具有虚拟性。但是，法律上是不承认虚拟主体的，电子商务法的重要任务就是要确保网上交易主体的真实存在，并具备从事相应网上交易的资质。本章在介绍电子商务构成要素的基础上，重点讨论网上交易主体、电子商务服务业参与人员的法律规则。

## 第一节 电子商务市场的交易主体与客体

### 一、电子商务交易主体与客体的含义

在第一章第一节中，我们已经对虚拟市场的概念进行了讨论。电子商务市场就是利用互联网技术所构造的实现商品（或服务）交易的虚拟场所。

电子商务在虚拟市场上开展交易活动的主体与客体与实体市场没有大的差别。电子商务交易主体包括卖方、交易服务者和买受人，卖方、交易服务者统称为电子商务经营者。电子商务交易客体是指电子商务市场中被交易的对象，包括商品和服务。

电子商务经营者是利用现代信息网络开展各类交易活动的自然人、法人和其他组织。从主体性质上可分为企业经营者和非企业经营者。企业经营者包括企业法人、合伙组织，非企业经营者包括自然人，如个体工商户和其他组织。从法律关系上可分为电子商务交易主体、电子商务交易平台服务提供者，以及电子商务支撑服务提供者和衍生服务提供者。电子商务交易主体，如提供商品销售的自营交易网站、站内经营者和作为商品买受人的消费者；电子商务交易平台服务提供者，如第三方电子商务交易平台；电子商务支撑服务提供者和衍生服务提供者，如电子合同服务提供商、物流服务提供商、代运营服务商等。

由于分类角度的差异，电子商务交易主体和电子商务交易平台服务提供者在本节中讨论，电子商务支撑服务提供者和衍生服务提供者将放在本章第四节中讨论。

### 二、电子商务交易客体

电子商务交易客体主要分两类：实物商品（服务）和信息产品（服务）。

### （一）实物商品（服务）

从理论上说，现实中所有的货物都可以通过网络进行交易，几乎不存在任何障碍。例如，20 年前我们仅仅实现了网上书店卖书和网上商店日用消费品的陈列，而现在，汽车、大型家具等都实现了网上交易，服务商品，如网上旅游预定、网上教育等更是广泛。即使是不动产（如房屋），也实现了网上合同的缔结和网下必要手续的履行。互联网信息技术的发展，已经解决了身份认证、资金信息反馈、货物收讫验证等难点问题，使电子商务交易畅通无阻。可以说，凡是可以转让或交易的商品（服务），均可以通过电子商务市场进行交易。不过，实物产品（服务）的贸易，还需要依赖实体手段完成配送。

### （二）信息产品（服务）

信息产品是以 0 或 1 构成的以二进制数字形式存在的无形商品。其网上交易是以许可（License）方式进行的，在法律性质上为著作权、专利、商标等权利的许可使用或其他无形财产及权益的交易。消费者在经许可后，可通过网络直接下载或以流媒体的方式获得这类产品或信息，如数据库内容、软件、电子书刊、影音资料、游戏等，不再需要邮寄或专人配送。

从狭义上讲，信息产品是经过具有一定科学知识和工作经验的信息人员对科技成果或知识进行劳动加工而成的劳动产品。从广义上讲，信息产品是由信息技术产业的信息产品和信息服务业提供的劳务组成的。从本质上说，任何可以被数字化的事物都是信息产品。

在网络环境下，信息产品常常通过服务的形式表现出来。例如，通过网络向消费者提供某种信息（房屋租赁信息、财经信息、交通信息）、文献资料查询、法律咨询、健康咨询等。

## 三、电子商务经营者

### （一）电子商务经营者的分类

根据我国《电子商务法》，电子商务经营者是指通过互联网等信息网络从事销售商品或者提供服务的经营活动的自然人、法人和非法人组织，包括电子商务平台经营者、平台内经营者以及通过自建网站、其他网络服务销售商品或者提供服务的电子商务经营者。

电子商务平台经营者是指在电子商务中为交易双方或者多方提供网络经营场所、交易撮合、信息发布等服务，供交易双方或者多方独立开展交易活动的法人或者非法人组织。

平台内经营者，是指通过电子商务平台销售商品或者提供服务的电子商务经营者。

根据国家市场监督管理总局颁布的《网络交易监督管理办法》，网络社交、网络直播等网络服务提供者为经营者提供网络经营场所、商品浏览、订单生成、在线支付等网络交易平台服务的，应当依法履行网络交易平台经营者的义务。通过上述网络交易平台服务开展网络交易活动的经营者，应当依法履行平台内经营者的义务。

### （二）电子商务的平台经营模式

电子商务平台是电子商务主要的交易场所，其经营模式主要包括第三方电子商务交易平台

（简称第三方交易平台）、自营电子商务交易平台(简称自营交易平台)、跨境类电子商务交易平台(简称跨境电商交易平台)。

1. 第三方电子商务交易平台

第三方交易平台提供网络商品的中介交易。在这种交易过程中，电子商务交易平台构建了一个网上交易场所，利用先进的通信技术和计算机软件技术，为商户（平台内经营者）和买方（消费者、企业、各类单位）提供市场信息、商品交易、仓储配送、货款结算等全方位的服务。其交易过程如图 3-1 所示。

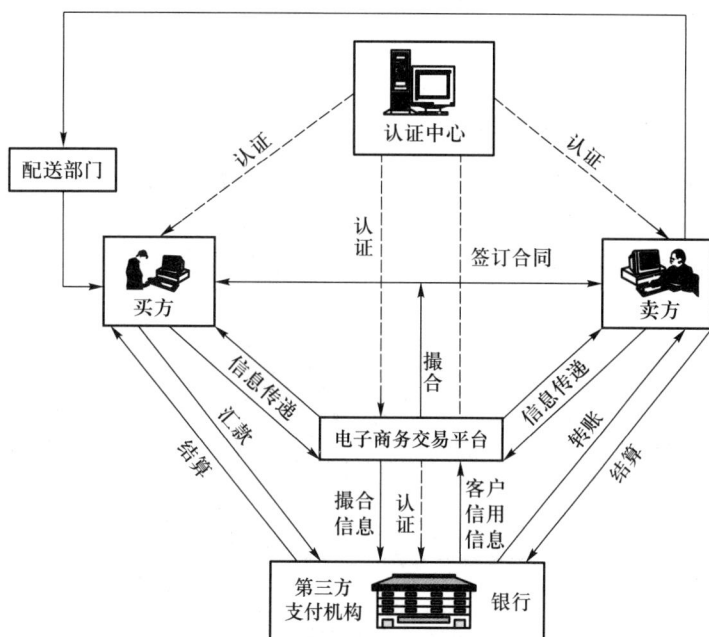

图 3-1 电子商务平台经营模式

由图 3-1 可以看出，在电子商务平台经营模式中，电子商务平台经营者、平台内经营者和买方是交易活动的主体。在没有认证中心参与的情况下，电子商务平台的交易可以分为以下几个步骤：

（1）买卖双方将各自的供应和需求信息通过网络告诉电子商务交易平台，电子商务交易平台通过信息发布服务向参与者提供大量的、详细准确的交易数据和市场信息。

（2）买卖双方根据电子商务交易平台提供的信息，选择自己的贸易伙伴。

（3）电子商务交易平台从中撮合，促使买卖双方签订合同。

（4）买方在电子商务交易平台的第三方支付机构或指定的银行办理转账付款手续。

（5）卖方从电子商务交易平台获知买方货款已到账第三方支付机构。

（6）卖方将货物配送给买方。

（7）买方验证货物后确认物品送达，物流公司通知电子商务交易平台货物收到。

（8）电子商务交易平台通知第三方支付机构付款给卖方。

（9）第三方支付机构和付款银行按约定进行资金结算。

在整个电子商务平台交易模式中，电子商务交易平台始终处于核心地位，因此，电子商务平台必须妥善处理好与平台内经营者、买方、第三方支付机构、银行、物流企业的关系。

**2. 自营电子商务交易平台**

通过自建网站、其他网络服务销售商品或者提供服务的电子商务经营者构建了电子商务的自营模式，见图 3-2。

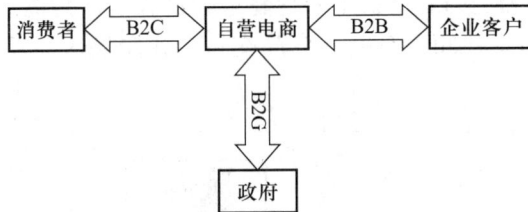

图 3-2　电子商务自营模式

自建网站的自营电商(电子商务经营者)可以直接面对消费者，也可以面对企业和政府开展交易。自建网站最大的优势是网站的自主性强，可以面向客户直接开展有针对性的营销活动。其缺点是网站建设的花费比较高。中国宝武钢铁集团的欧冶云商就是自营电商模式的典型代表，见图 3-3。

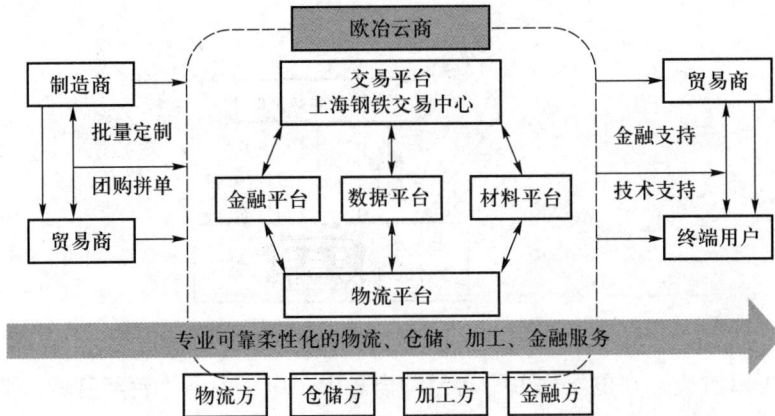

图 3-3　中国宝武钢铁集团自建的电子商务交易系统

**3. 跨境类电子商务交易平台**

跨境类电子商务交易平台是一类特殊的交易平台。这些平台的交易流程与平台类电子商务流程类似，主要的区别在于在整个交易流程中增加了一个通关环节，因此交易过程较长，程序比较复杂。跨境电商交易平台主要可以分为跨境大宗商品交易平台、跨境门户类小额批发零售平台、跨境垂直类小额批发零售平台和跨境第三方服务平台。

敦煌网是专门从事跨境电商服务的交易平台。图 3-4 显示了敦煌网网上出口交易的流程。在交易过程中，敦煌网在卖家报价的基础上，自动加入一定比例的佣金，以最终价的形式呈现给买家。加佣金后的报价，由买家支付，与卖家无关。尽管佣金模式在某种程度上增加了买家的负担，但消除了高额入网年费的障碍，降低了中小买家的交易门槛。同时，与通过经销商渠道进货相比，在线外贸提供了更多的产品选择，报价也更为低廉。

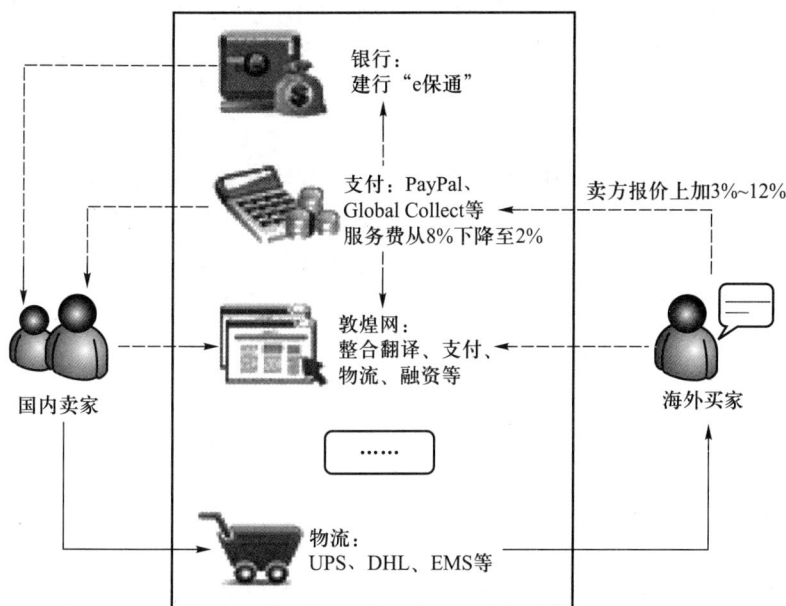

图 3-4  敦煌网跨境出口电子商务流程

## （三）电子商务经营者的基本责任与义务

### 1. 依法办理市场主体登记

我国《民法典》第七十八条规定，依法设立的营利法人[①]，由登记机关发给营利法人营业执照。《电子商务法》第十条规定，电子商务经营者应当依法办理市场主体登记。但是，个人销售自产农副产品、家庭手工业产品，个人利用自己的技能从事依法无须取得许可的便民劳务活动和零星小额交易活动，以及依照法律、行政法规不需要进行登记的除外。

《网络交易监督管理办法》对这一规定进行了细化。其第八条规定，个人通过网络从事保洁、洗涤、缝纫、理发、搬家、配制钥匙、管道疏通、家电家具修理修配等依法无须取得许可的便民劳务活动，不需要进行登记。个人从事网络交易活动，年交易额累计不超过 10 万元的，不需要进行登记。同一经营者在同一平台或者不同平台开设多家网店的，各网店交易额合并计算。个人从事的零星小额交易须依法取得行政许可的，应当依法办理市场主体登记。第九条同时规定，仅通过网络开展经营活动的平台内经营者申请登记为个体工商户的，可以将网络经营场所登记为经营场所，将经常居住地登记为住所，其住所所在地的县、自治县、不设区的市、市辖区市场监督管理部门为其登记机关。同一经营者有两个以上网络经营场所的，应当一并登记。

《中华人民共和国市场主体登记管理条例》第十一条规定，市场主体只能登记一个住所或者主要经营场所。电子商务平台内的自然人经营者可以根据国家有关规定，将电子商务平台提供的网络经营场所作为经营场所。第二十二条规定，电子营业执照与纸质营业执照具有同等法律效力。

---

① 以取得利润并分配给股东等出资人为目的成立的法人，为营利法人。

《电子商务法》第十二条规定，电子商务经营者从事经营活动，依法需要取得相关行政许可的，应当依法取得行政许可。这里的行政许可主要针对药品、危险品、易制毒化学品、种子等商品的销售。

2. 信息公开

传统市场有民事主体公示原则，网络市场是一个新兴市场，根据功能等同原则，同样也需要遵守这一原则。电子商务经营者应当全面、真实、准确、及时地披露商品或者服务信息，保障消费者的知情权和选择权。对此，《电子商务法》多条作了规定。

第十五条：电子商务经营者应当在其首页显著位置，持续公示营业执照信息、与其经营业务有关的行政许可信息、属于依照本法第十条规定的不需要办理市场主体登记情形等信息，或者上述信息的链接标识。前款规定的信息发生变更的，电子商务经营者应当及时更新公示信息。

第十六条：电子商务经营者自行终止从事电子商务的，应当提前三十日在首页显著位置持续公示有关信息。

第三十三条：电子商务平台经营者应当在其首页显著位置持续公示平台服务协议和交易规则信息或者上述信息的链接标识，并保证经营者和消费者能够便利、完整地阅览和下载。

3. 销售的商品或者提供的服务应当符合法律规定

《电子商务法》第十三条规定，电子商务经营者销售的商品或者提供的服务应当符合保障人身、财产安全的要求和环境保护要求，不得销售或者提供法律、行政法规禁止交易的商品或者服务。

4. 依法纳税

案例：电子商务活动中的非法经营犯罪

《电子商务法》第十一条规定，电子商务经营者应当依法履行纳税义务，并依法享受税收优惠。依照前条（第十条）规定不需要办理市场主体登记的电子商务经营者在首次纳税义务发生后，应当依照税收征收管理法律、行政法规的规定申请办理税务登记，并如实申报纳税。

根据本条的规定，所有电子商务经营者包括不需要办理市场主体登记的微商、自然人等都属于纳税范畴。其方法是在首次纳税后办理税务登记。怎样确定"首次"是本条的关键。

根据 2018 年 8 月全国人大常委会颁布的《关于修改〈中华人民共和国个人所得税法〉的决定》第六条，经营所得以每一纳税年度的收入总额减除成本、费用以及损失后的余额为应纳税所得额。

以淘宝网为例，自然人在平台上开设网店是不收取年费的。但需要缴纳开店保证金费用（1 000元到 5 万元不等）、店铺运营费用（开店前期每个月的运营费用为 3 000~5 000 元）、软件工具费用（如生意参谋、店铺折扣信息设置软件等，1 万元左右）。一个纳税年度的收入额减除上述费用、成本以及损失后的余额，即为应纳税所得额。在这些网店首次纳税义务发生后，应当依照税收征收管理法律、行政法规的规定申请办理税务登记，并如实申报纳税。

在跨境电子商务交易中，应特别注意国际税收政策的调整和变化。例如，经济合作组织（OECD）2020 年提出的数字经济"双支柱"解决方案。支柱一根本性地改变了利润分配及联结度（Nexus）规则，并扩大用户/市场所在国的征税权；支柱二在反避税方面形成了对支柱一的补充，提出所得纳入规则、转换规则、征税不足支付规则和应予征税规则，确保对跨国企业集团按照商定的最低税率水平征税。

### 5. 使用电子发票

《电子商务法》第十四条规定，电子商务经营者销售商品或者提供服务应当依法出具纸质发票或者电子发票等购货凭证或者服务单据。电子发票与纸质发票具有同等法律效力。这一条明确了电子发票的法律效力。也就是说，电子发票也成为报销的凭证，从而为电子发票的大规模推广铺平了道路。

### 6. 不得滥用市场支配地位

《电子商务法》第二十二条规定，电子商务经营者因其技术优势、用户数量、对相关行业的控制能力以及其他经营者对该电子商务经营者在交易上的依赖程度等因素而具有市场支配地位的，不得滥用市场支配地位，排除、限制竞争。同时，《电子商务法》第三十五条规定，电子商务平台经营者不得利用服务协议、交易规则以及技术等手段，对平台内经营者在平台内的交易、交易价格以及与其他经营者的交易等进行不合理限制或者附加不合理条件，或者向平台内经营者收取不合理费用。第四十六条又规定，电子商务平台经营者为经营者之间的电子商务提供服务，应当遵守法律、行政法规和国家有关规定，不得采取集中竞价①、做市商②等集中交易方式进行交易，不得进行标准化合约③交易。

2021 年 4 月 10 日，国家市场监管总局宣布，认定阿里巴巴在中国境内网络零售平台服务市场具有支配地位，且自 2015 年以来滥用该市场支配地位推行"二选一"。根据反垄断法，决定对阿里巴巴处以 182.28 亿元人民币罚款。这一罚款打破了中国反垄断罚款的记录。这一处罚也是反垄断法在互联网平台企业上的一次最强执法。

案例:
国家市场监管总局对阿里巴巴公司的行政处罚决定书

正是因为维护了市场公平竞争的良好态势，我国电子商务市场新生力量才不断涌现。网上零售巨头阿里巴巴在国内市场的电子商务销售额占比从 2015 年的 78% 降至 2019 年的 56%；拼多多作为市场新进入者，在 3 年内吸引了超过 4 亿用户，销售额增长超过 100 倍。曾经是国内最典型的大数据企业百度，长期占据中国搜索引擎市场主导地位，而新的进入者抖音的母公司字节跳动只用了 7 年时间就超越百度成为互联网广告收入领头羊。

### 7. 保护消费者权益

《电子商务法》涉及消费者权益保护的条款也较多。如电子商务经营者根据消费者的兴趣爱好、消费习惯等特征向其提供商品或者服务的搜索结果的，应当同时向该消费者提供不针对其个人特征的选项，尊重和平等保护消费者合法权益(第十八条)。电子商务经营者不得将搭

---

　　①　集中竞价(Auction Mode)是指市场上多个交易主体之间同时通过某一交易系统或平台，按一定的竞价规则进行交易的方式。例如目前我国银行间外汇市场现行的交易方式，即是按时间优先、价格优先的竞价规则进行交易的。

　　②　做市商(Dealership Mode)是指在证券市场上，由具备一定实力和信誉的独立证券经营法人作为特许交易商，不断向公众投资者报出某些特定证券的买卖价格(即双向报价)，并在该价位上接受公众投资者的买卖要求，以其自有资金和证券与投资者进行证券交易。买卖双方不需等待交易对手出现，只要有做市商出面承担交易对手方即可达成交易。

　　③　标准化合约(Standardized Contract)是指其标的的资产(基础资产)的交易价格、交易时间、资产特征、交易方式等都是事先标准化的，因此此类合约大多在交易所上市交易，如期货。

售商品或者服务作为默认同意的选项(第十九条)。电子商务经营者应当按照承诺或者与消费者约定的方式、时限向消费者交付商品或者服务,并承担商品运输中的风险和责任(第二十条)。

同时,电子商务经营者也应遵守《消费者权益保护法》对消费者权益保护作出特别规定,这方面的内容本书第十二章作了详细阐述。

8. 保护知识产权义务

从第四十一到第四十五条,《电子商务法》创设了全新的电子商务知识产权保护制度,对我国现有知识产权法律及国际电子商务法律有极大的创新,对电子商务行业的影响巨大。

《电子商务法》要求电子商务平台经营者建立知识产权保护规则。这类规则应当包含平台内经营者知识产权保护义务、知识产权人发出通知的内容与程序、平台经营者实施措施的内容与程序、平台内经营者提交声明的内容与程序、各方法律责任与相关争议解决机制等内容。

为真正落实保护知识产权的责任,《电子商务法》要求电子商务平台经营者与知识产权人加强合作,包括平台之外的知识产权人。电子商务平台经营者应当依法给予平台内外的知识产权人同等的待遇,不应歧视平台外的知识产权人或者为其权利保护设置障碍,对侵害知识产权的行为均应及时采取措施,不得偏私。同时,电子商务平台经营者还要与相关执法机构加强合作,积极配合有关的执法活动。

《电子商务法》第四十二条至第四十四条规定了电子商务平台经营者保护知识产权的必要措施,有关内容将在本书第十一章中详细讨论。

**(四) 第三方电子商务交易平台经营者的法律规范**

第三方电子商务交易平台是指在电子商务活动中为交易双方或多方提供交易撮合及相关服务的信息网络系统总和。电子商务交易主体既可以自己设立网站直接与他人交易,也可以通过他人设立的电商平台与他人交易。在后一种情形下,平台提供者为交易者提供了场所和信息等方面的服务,成为电子商务交易不可或缺的组成部分。

第三方交易平台民事责任来源主要有三部分。一是外部法律关系,主要包括电商平台与注册用户及平台内经营者之间所分别建立网络服务合同关系,也包括电商平台负有的保障交易安全、网络安全、交易资料保存、个人信息保护等方面的法定义务。二是内部法律关系,包括平台与为辅助平台经营提供身份认证、网络营销、网上支付、交易保险以及物流配送等服务主体之间所建立的法律关系。三是利益相关方的隐性法律关系,包括非基于平台自身意愿建立且通常难以预见其具体发生过程的法律关系,如知识产权权利人因平台发布信息或相应行为导致其权益受损,从而与平台形成侵权法律关系。

平台经营者的规制是《电子商务法》中非常重要的内容。《电子商务法》共有 13 条直接涉及电子商务平台经营者。《网络交易监督管理办法》和其他相关法规也对平台经营者作了多项补充规定。

1. 电子商务平台交易管理制度建设

交易规则是电子商务交易平台运行的基本规定。平台经营者应当建立交易规则、明确与平台内经营者共同遵循的守则,并建立交易安全保障、消费者权益保护、知识产权保护、不良信息处理、纠纷解决等管理制度。

根据商务部《第三方电子商务交易平台服务规范》第 5.6 条的规定，平台经营者应提供规范化的网上交易服务，建立和完善各项规章制度，包括但不限于下列制度：

（1）用户注册制度；

（2）平台交易规则；

（3）信息披露与审核制度；

（4）隐私权与商业秘密保护制度；

（5）消费者权益保护制度；

（6）广告发布审核制度；

（7）交易安全保障与数据备份制度；

（8）争议解决机制；

（9）不良信息及垃圾邮件举报处理机制；

（10）法律、法规规定的其他制度。

《网络交易监督管理办法》第二十九条规定，网络交易平台经营者应当对平台内经营者及其发布的商品或者服务信息建立检查监控制度。

2. 平台经营者对平台内经营者身份的查验

实名登记是针对第三方交易平台内经营者存在身份不真实或非实名的情况，不利于保护消费者权益，且相关行政监管部门难以监管而提出的。《电子商务法》第二十七条规定，电子商务平台经营者应当要求申请进入平台销售商品或者提供服务的经营者提交其身份、地址、联系方式、行政许可等真实信息，进行核验、登记，建立登记档案，并定期核验更新。电子商务平台经营者为进入平台销售商品或者提供服务的非经营用户提供服务，应当遵守有关规定。①

平台经营者应当监督平台内经营者合法经营，对于违反法律、行政法规的经营行为，平台经营者有权要求商户改正或依法采取必要的处置措施，并向有关主管部门报告。管理部门发现平台内经营者有违反法律、法规行为，依法要求平台经营者采取措施制止的，平台经营者应当予以配合。

《网络交易监督管理办法》第二十四条和第二十五条进一步要求，网络交易平台经营者应当对未办理市场主体登记的平台内经营者进行动态监测，应当分别于每年 1 月和 7 月向住所地省级市场监督管理部门报送平台内经营者的下列身份信息：

（1）已办理市场主体登记的平台内经营者的名称（姓名）、统一社会信用代码、实际经营地址、联系方式、网店名称以及网址链接等信息；

（2）未办理市场主体登记的平台内经营者的姓名、身份证件号码、实际经营地址、联系方式、网店名称以及网址链接、属于依法不需要办理市场主体登记的具体情形的自我声明等信息。

3. 平台经营者对平台内经营者商品或服务的查验

《电子商务法》第三十八条规定，电子商务平台经营者知道或者应当知道平台内经营者销售的商品或者提供的服务不符合保障人身、财产安全的要求，或者有其他侵害消费者合法权益行为，未采取必要措施的，依法与该平台内经营者承担连带责任。

---

① 这里的"非经营用户"是一个模糊的概念，可能是指第十条的"不需要进行登记的""除外"的几类人。

对关系消费者生命健康的商品或者服务，电子商务平台经营者对平台内经营者的资质资格未尽到审核义务，或者对消费者未尽到安全保障义务，造成消费者损害的，依法承担相应的责任。

《电子商务法》第八十三条规定，电子商务平台经营者违反该法第三十八条规定，对平台内经营者侵害消费者合法权益行为未采取必要措施，或者对平台内经营者未尽到资质资格审核义务，或者对消费者未尽到安全保障义务的，由市场监督管理部门责令限期改正，可以处五万元以上五十万元以下的罚款；情节严重的，责令停业整顿，并处五十万元以上二百万元以下的罚款。

4. 平台经营规则修改与平台内经营者退出

《电子商务法》第三十四条规定，电子商务平台经营者修改平台服务协议和交易规则，应当在其首页显著位置公开征求意见，采取合理措施确保有关各方能够及时充分表达意见。修改内容应当至少在实施前七日予以公示。

平台内经营者不接受修改内容，要求退出平台的，电子商务平台经营者不得阻止，并按照修改前的服务协议和交易规则承担相关责任。

5. 平台经营者对平台内经营者不合理限制的约束

《电子商务法》第三十五条规定，电子商务平台经营者不得利用服务协议、交易规则以及技术等手段，对平台内经营者在平台内的交易、交易价格以及与其他经营者的交易等进行不合理限制或者附加不合理条件，或者向平台内经营者收取不合理费用。

《网络交易监督管理办法》第三十二条对相关问题进一步细化：网络交易平台经营者不得违反《中华人民共和国电子商务法》第三十五条的规定，对平台内经营者在平台内的交易、交易价格以及与其他经营者的交易等进行不合理限制或者附加不合理条件，干涉平台内经营者的自主经营。具体包括：

（1）通过搜索降权①、下架商品、限制经营、屏蔽店铺、提高服务收费等方式，禁止或者限制平台内经营者自主选择在多个平台开展经营活动，或者利用不正当手段限制其仅在特定平台开展经营活动；

（2）禁止或者限制平台内经营者自主选择快递物流等交易辅助服务提供者；

（3）其他干涉平台内经营者自主经营的行为。

6. 平台经营者自营业务与他营业务的区分

《电子商务法》第三十七条规定，电子商务平台经营者在其平台上开展自营业务的，应当以显著方式区分标记自营业务和平台内经营者开展的业务，不得误导消费者。

电子商务平台经营者对其标记为自营的业务依法承担商品销售者或者服务提供者的民事责任。

在电子商务纠纷调解中，投诉案例来自自营平台中非自营业务所占比重较高，许多消费者常常混淆平台经营者自己销售的商品和平台内经营者销售的商品。因此，有必要明确，平台经

---

① 搜索降权是对平台内经营者搜索违规行为的一种惩罚。以淘宝平台为例，降权前，淘宝网可能给某平台内经营者免费搜索浏览量是 100，如果违反平台交易规则(如展示假冒伪劣商品)，给予降权处分，降权后可能就是只有 50 次免费搜索浏览。或者说，平时顾客搜索某平台内经营者展销的产品时，该经营者产品免费展示量是 100 次，降权后，产品免费展示量就减低到 50 次了。第三方交易平台利用这样的手段，约束平台内经营者的展示行为。

营者在自有平台上开展商品或服务自营业务的，应当以显著方式对自营部分和平台内其他经营者经营部分进行区分和标识，避免购买者或用户产生误解。

7. 平台经营者的服务终止

不同于传统商业机构的影响仅仅在一个城市或一个地区，受电子商务交易平台波及的人数和社会面要大得多。因此，电子商务交易平台服务的终止也必须有较高的要求。

《电子商务法》第十六条规定，电子商务经营者自行终止从事电子商务的，应当提前三十日在首页显著位置持续公示有关信息。

平台经营者擅自关闭平台服务，造成用户权益受到侵害的，应当承担相应的民事赔偿责任。

## 第二节　在线企业和交易主体认定

电子商务经营者虽然都是现实社会中的法律主体，但在网络中可能是虚拟化的。为了保证电子商务交易的真实和特定，电子商务交易的参与主体也必须是真实存在的。因此，电子商务法的首要任务便是确立电子商务交易主体真实存在的判定规则，保证交易主体的真实性。

### 一、在线企业

在线企业可以是现实企业在网上的延伸，这类在线企业并不能完全独立于现实中的企业，它仅仅是现实企业经营手段的一种扩展，是现实企业在网上宣传和销售产品的窗口。对于制造商或生产商而言，它可以直接撇开营销的中间商，直接在网上建立自己的销售网络；对于批发和零售商而言，它可以开设电子商务交易市场或在线超市，销售其经销的产品；对于从事管理咨询、法律、中介等服务的企业而言，既可以在网上招揽生意，也可以通过互联网提供有偿或无偿服务。因此，互联网为所有的企业开辟了另外一个空间，现实中从事经营活动的企业需要在这里寻找一席之地，在这个虚拟市场中开展竞争。

在线企业也可以是一个在物理世界中只有虚拟主机或服务器的企业。这类在线企业是通过网站或移动终端 App 等上的页面展现自己的形象的。它没有物理形态的生产和经营设施，只有图片、文字和大量的企业产品和服务信息。不能认为这类企业是撇开现实而在网上单纯存在的虚拟企业。它们也需要在市场监管部门登记，需要根据电信主管部门的要求通过备案手续公布自己主体信息及虚拟主机或服务器的位置。所以，并不是所有出现网络图文的网站都可以成为在线企业，也不是所有从事电子商务交易的当事人都是在线企业。

从技术角度看，在线企业表现为两种形式：一种为具有独立站点的在线企业，另一种为具有独立主页面的在线企业。

#### （一）具有独立站点的在线企业

具有独立站点的在线企业是拥有自己的域名和服务器（包括虚拟主机），在市场监管或其他部门登记设立网站的企业。大部分经营性网站都是这类在线企业。这类在线企业也有两种不同的情况，一种是现实中已经存在的生产或零售企业，为开辟新的营销领域在互联网上独立设立网站或其他交易界面，建立在线销售渠道和网上交易系统，并在网站主页面或其他交易界面上清楚地表明网站的性质和归属；另一种是专门从事网络技术或信息服务的公司，通过设立网站提供交易平台、在线超市，开展网络信息服务，网站的经营活动即是这类公司经营的全部内容。一般说来，只有依法办理过市场主体登记的经营主体才可以开设在线商店，从事网上销售业务，而提供交易平台（电子商务交易中心）等其他业务则属于有偿信息服务的范畴。

这两种在线企业有一个共同特点，即网站本身便构成在线企业，网上站点与现实中企业存在直接对应关系，网上站点成为这些企业另外的"经营场所"甚至是唯一的"经营场所"。值得特别指出的是，网站本身并不是法律上的主体，也不具备民事主体资格。具备主体资格的是经营这些网站的企业或个人。

尽管有时候我们称某某网站承担责任或与某某网站签订合同，但是，实际上这里所指的网站是设立和经营该网站（提供网络服务）的企业或个人。

### （二）具有独立主页面的在线企业

并不是所有的企业都能够或者需要设立独立的网站，对于大多数中小企业来说，从事网上交易最便捷的方式便是在某个网站的交易平台上设立自己的主页面。在主页面上清楚地标明现实企业名称、营业执照号码、地址和联系方式、经营范围、资信情况等。一般来讲，这些主页面是挂在某一个行业的专业网络交易平台上或挂在同一种性质网络交易平台上的，由这些主页所载的内容构成一个电子商务交易市场，在网站经营者管理和协助下对外从事电子商务交易。

主页形态的在线企业有时亦称为网店或在线商店，它们是现实企业在网上设立的销售窗口，这个窗口代表了现实中的企业，是现实企业在网上的虚拟。

当然，设立在线企业或在线商店并不是通过网络销售产品的必要条件，企业可以采取类似于代销或寄售的方式销售其产品，即将自己的产品放入其他人开设的在线商店中，由设立该商店的企业（可能是网站本身，也可能是其他人设立的专业商店）对外销售。

## 二、电子商务交易主体认定的基本原则

电子商务交易是一种非面对面的交易，即使有了在线企业备案制度，电子商务交易主体的判断也是比较困难的。在经营性网站提供电子商务交易平台的情况下，电子商务交易主体的认定更有一定的难度。交易平台类似一个交易中心，里面聚集了许多商家，这些商家共同构成一个市场，而且这个市场与网站存在着密切的利害关系。在这种情形下，认定交易主体，明确在线企业和网站在这里承担的责任是非常重要的。判断电子商务交易的合同主体须遵循三个基本原则：民事主体真实原则、民事主体资格法定原则、主体公示原则。

### （一）民事主体真实原则

民事主体真实原则，即是说民事法律关系的主体必须是真实存在的，而不应当是"虚拟"的或不存在的。对于法律而言，不存在虚拟主体，所以网上在线企业（主体）必须真实存在。

而真实存在可以有两种存在形式，一种是现实中存在对应的企业主体，即在现实中具备住所或办公场所、注册资本、组织机构等要素经登记而成为合法营业主体；网上主体仅仅是现实企业"搬到网上"。网上销售模式基本上属于这种情况。在中介模式下，也有这样的可能。比如某百货店或连锁店可以在某网站的交易平台上寻找一家网络交易市场，开设自己的主页面或网店。另一种是现实中原本不存在对应的企业，只是为设立在线企业而成立新企业，纯粹从事网上交易。这种情况在 B2C 交易中比较多。一般来讲，除生产信息产品的企业外，纯粹从事网上交易的企业只能是商业企业。这类企业具有普通企业资格，它开设有账户、有经营人员、有配货中心等，只是它没有商品展示的柜台，只有在线商铺。

很明显，在线企业只是相对于传统企业而言的，网上主体在现实社会中也可以找到真实对应主体的依据。但是，并不是所有网上虚拟主体都是民事主体，这涉及第二个原则，民事主体资格法定原则。

### （二）民事主体资格法定原则

民事主体资格法定原则是民法的一个基本原则，即哪些主体可以参加民事法律关系、享有民事权利、承担民事义务完全由法律规定。民事主体资格法定突出地表现在商事主体法定上。在我国，凡以商事主体身份从事交易或其他营业，必须获得企业登记；不具有法人资格的合伙组织或其他营业主体(如分支机构)，只要取得营业执照或进行营业登记，也可以具有从事商事交易的主体资格。从民法的角度看，只要获得营业执照，即可认定为具有参与民事法律关系的主体资格(即权利能力)。

需要讨论的问题是，企业是否可以在网上设立与企业名称或商号不一致的在线商店或窗口。比如，现实中的企业称为"家乐福"，其在网上是否可以设立"乐家福"网店？依本书的观点，在网络环境中不可能完全禁止人们设立异于其现实企业商号的企业，硬性规定禁止是不现实的或不可行的，但法律必须要求在线商店标明其设立人或现实中真实的对应主体，并按照规定将现实企业的营业登记证号或电子营业执照号码标识于网店网页上。上述情况的存在，给在线企业主体的判断增加了一些难度。为此，我们提出认定电子商务交易主体的第三个原则：主体公示原则。

在国际上，网上交易主体会因不同国家对商事主体的法律规制不一样而存在差别。某些国家对在线企业的设立采取自由原则，允许任何人或企业在网上设立企业或从事交易活动，而忽略现实中存在真实企业的可能性。但在我国，普遍认为应结合身份认证制度逐步对网上交易主体进行登记，发放电子营业执照，以确保网上交易主体的真实性和合法性。

### （三）主体公示原则

商事主体的名称或商号最主要的功能是区别交易主体，不同的名称即视为不同的主体，以谁的名义缔结合同，谁即是合同的当事人。这是民商法上自主行为、自我负责原则推出的一个基本原理。但是，在中介模式中，许多企业集中在一个市场，在网站交易平台的统一管理和经营下，以谁的名义进行交易就显得非常重要。在这一点上，中介模式下的交易可以适用代理法上的显名规则，即在交易过程中应当向交易相对人显示网店的设立人或真实的交易主体，所显示的是谁，谁即成为交易的主体。如果中介网站不能向客户提供真实的现实存在的交易主体的姓名或名称，那么即可推定该网站为合同的主体。所以，主体公示原则要求在线企业必须在网上显示其真实主体，这一点特别适用于在第三方交易平台上开设虚拟网店的情形。

在线企业或商店在现实中至少存在两种做法，一种是直接以原有企业名称（以营业执照上名称为准）设立网上销售窗口；另一种是以新名称设立销售窗口或网店。直接以现实企业名义设立的在线商店，网上显示的名称与现实企业一致，符合显名原则，判断当事人是谁不成问题。而在网店名称与现实企业名称不一致的情况下，消费者无法从网店名称本身判断它是哪个企业设立的，因而无从判断交易主体是谁，谁将最终对所销售的产品负责。除非网店依法进行登记，取得电子营业执照（在实行此种制度时），否则网店不具备商事主体资格。因此，在交易相对人访问该网店并寻求订约时，了解在跟谁缔结合同就显得特别重要。

所以，网店主页上应当有专门的链接页面显示其设立人（站内经营者）或现实中符合法定条件的民事主体名称。

中介平台有责任让交易相对人（消费者）知道他在与谁订立合同，谁将承担履行合同的责任。如果一个网店未将自己的真实姓名告诉交易相对人，中介平台也未能提醒消费者，那么中介平台可以被认为是合同的当事人或卖方，至少中介平台应承担合同履行的保证责任。因此，中介平台负有向当事人披露真实交易主体存在或名称的义务，不尽这一义务，即可推定中介平台为当事人，或承担连带责任。

一般地讲，凡在线企业或商店没有普通营业执照（包括法人营业执照和非法人的营业执照）者，均可视为设立人的分支机构或在线企业，尽管可以以网店名义从事网上交易（在法律尚未作出必须实行强制登记规定的前提下），但其不能独立承担民事责任。如果网店没有显示真实姓名，第三方交易平台应承担责任。这主要是从保护交易安全的角度设计出的一种规则。因为正是第三方交易平台为这些企业提供了"虚拟市场"。所以，在网店不具备独立民事主体资格或不能独立承担民事责任时，应当由提供"交易场所和手段"的第三方交易平台承担。

### 三、网店设立中的法律问题

在本节开始，我们将在线企业分为两种形式，一种是通过设立独立的网站设立，另一种是在他人的网络交易平台设立窗口或网店。前一种在线企业必须按照经营性网站的要求设立，在此不再论述。而对于后一种在线企业的设立，设立人一般需要与第三方交易平台签订相关协议。作为为社会提供交易场所的第三方交易平台，其生存需要吸引商家到该平台设立网店；而对需要开辟电子商务交易窗口的商家而言，也只有在这样一些具有一定规模的专业平台上设立店铺，才能进入虚拟市场从事交易。第三方交易平台与设立网店的设立人之间存在着相互依存的关系。第三方交易平台既要为商家提供服务，也要管理整个虚拟市场，创立市场的品牌和形象。因此，在现实生活中，商家与第三方交易平台之间设立网店的协议大多称为合作协议。这种协议具有什么性质，应当适用什么法律，则是需要我们搞清楚的。

关于第三方交易平台与网店设立人之间的关系有四种说法：合伙关系说、租赁关系说、中介关系说、技术服务关系说。

有人认为，第三方交易平台与网店设立人之间是合伙关系。这种看法似乎不能成立。第一，虽然第三方交易平台提供的虚拟市场是由进入市场的所有企业设立的网店构成，而且第三方交易平台要与所有这些设立人签订合作协议，但是在这些企业之间并不存在共同设立交易市场的共同的意思表示。第二，除非网店标明是第三方交易平台与设立企业合资举办的，否则，标明是商家专卖且标明设立人的网店应当被认为是设立人独立设立的。一般来讲，第三方交易平台与站内经营者合伙设立网店的可能性很小，因此，多数情况下，第三方交易平台与网店设立人之间不是合伙关系。

有一种观点认为，网店与第三方交易平台之间的关系有点类似于租赁关系。现实生活中的大多数批发市场、交易中心甚至专业性商厦都是将场地租赁给众多的商家。各个商家独立对外交易，共同构成市场。同时，交易市场也有机构统一管理和对外宣传，形成了既分散独立，又有一定程度统一的市场。在第三方交易平台建设过程中，也要吸引众多商家"入住"，第三方交易平台为商家提供一定的虚拟空间以制作网店的页面，并提供其他配套服务等，因此可称之为网络空间的租赁。甚至有学者将网店比喻为交易市场或商厦的租赁摊位或专柜。在某种意义上，这种观点具有一定的道理。因为，虚拟市场的交易模式也无非是现实生活模式的"镜像"。但是，虚拟世界有其特殊性，很难完全套用现实世界中的某一种法律关系构筑这种新环境下的"合作关系"。而且这种合作关系中有许多内容远不是租赁合同所能涵盖的，特别是它包含中介关系和技术服务等方面内容。

在以下两个方面，第三方交易平台与网店设立企业之间的关系类似于中介关系。第一，网店的商品信息、要约或要约邀请、确认（合同成立等）信息是由交易平台传递给客户的，客户的订购、支付等信息也是经交易平台传递给网店的。第二，第三方交易平台一般要按照网店营业额收取交易"佣金"，这种佣金类似于中介人的佣金。但是，第三方交易平台提供的信息传递工作，有三点不同于中介人的作用。首先，第三方交易平台仅仅提供传输手段或通道，主要是单纯的传递作用（最多相当于传达），而没有选择、改变等功能；更为准确地说，第三方交易平台只是给交易双方提供了渠道，而不是信息本身，通过第三方交易平台这一特殊"舞台"使交易双方建立起直接的联系。其次，第三方交易平台传递的信息要远远超出中介，在合同标的为电子产品时，通过网络交易平台即可以完成寻购、下订单、确认订单、交付（下载文件）、支付价款等全部过程；在标的物为货物时，除交付（物流）不能通过第三方交易平台实现外，其余也都可以通过网络交易平台实现。最后，按照营业额收取一定比例的佣金的法律关系并不一定都是中介。因此，第三方交易平台与网店设立企业之间的关系很难说是我国《民法典》规定的中介，也无法完全适用《民法典》关于中介合同的规定。

就技术服务合同而言，网上开店合同也有其特殊性。纯粹的技术服务合同是指当事人以技术知识为另一方解决特定技术问题，一般是委托人提供工作条件，受托人只提供智力劳动或技能的传授。而在网上开店合同中，受托的网站不仅仅是提供网页制作和维护等技术服务，还要全面提供设备、程序、硬盘空间等，而且这种服务的提供具有长期性，只要网店营运，这种服务就得继续。这些特征使得这种技术服务合同具有了合作性因素。实际上，缺少合作或在某些方面的相互配合，网店和第三方交易平台都很难生存下去。双方既有共同商誉和利益，也有各自商誉和利益。这种相互依存、共同发展的合作关系，使第三方交易平台的服务区别于独立主体之间完全基于技术服务合同所提供的服务。

因此，第三方交易平台与站内经营者之间既不是合伙，也不是租赁、中介或技术服务等所能单独反映的某一种特殊法律关系。它的特殊性就在于它反映了企业为从事电子商务交易而在他人的交易平台上设立在线企业的一种复杂行为。这种行为具有合作因素，但又不以成立共同主体为目的。在这里，第三方交易平台通过技术服务为设立人从事电子商务交易提供手段和条件，而这种技术服务不仅是提供设备，帮助设立人制作主页，同时，也为设立人整合信息，促成设立人开展交易活动。所以，我们不能以现实法律关系的框架和思维模式界定这种新型的合作关系。有鉴于此，本书更倾向于将他们之间的法律关系定位在新型服务合同法律关系。服务提供方是网站，接受方是设立人或企业，服务的客体是服务行为。之所以说它是"新型"，是因为它是在网络环境下为他人提供的在网上交易的全套服务，不仅包含有关的技术服务，而且包含有广泛的内容服务；不仅是网店的网上交易需要通过这种服务来实现，而且第三方交易平台也需要通过网店的网上交易实现自身的发展，因为网店的点击量直接影响到第三方交易平台的点击量。

案例：
电子商务交
易当事人认
定

而且这种网络服务不仅仅是完成若干页面的制作，它需要提供长期的运作维护，其服务具有长期性和持续性。所以，我们可以说，第三方交易平台和站内经营者之间的关系是建立在合作基础上的，具有合作因素。但是，这种合作不构成合作经营，因为参与合作的双方不存在契约式合营，也没有利润分配和风险分担等都以当事人合意为主的活动。

# 第三节　电子商务市场准入与退出

## 一、最小干预原则

电子商务市场准入与退出是政府对电子商务监管的重要环节。在这一环节的监管中，政府应始终贯彻"最小干预原则"，即凡公民、法人或者其他组织能够自主决定，电子商务市场竞争机制能够有效调节，行业组织或者中介机构能够自行管理的事项，应当避免政府对市场的不当干预。在这一方面，美国的立法值得借鉴。

1997年，美国政府发布《全球电子商务政策框架》，提出了著名的电子商务发展五项基本原则：

（1）企业应在电子商务发展中发挥主导作用；

（2）政府应避免对电子商务的不当干预；

（3）如果一定需要政府干预的话，政府应当以最低限度标准来建立和推行与电子商务相协调的、简化的法律体系；

（4）政府必须充分接受互联网的特殊性；

（5）应当在全球范围内促进电子商务的发展。

为实施《全球电子商务政策框架》，美国政府又提出了四点电子商务立法中应当注意的事项：

（1）当事人可以自由选择合适于自己的方式调整相互之间的契约关系；

（2）规范必须在技术上是中立的，并且具有超前性；

（3）只要是支持电子技术应用所需要的，就应考虑修订现行的法律或颁布新的法律；

（4）立法中既要考虑应用网络技术的高科技企业，也要考虑到没有应用互联网的企业。

美国政府认为，在围绕电子商务制定法律条文时，应采取非限制性、面向市场的做法，应当尽量减少政府参与和干涉，并消除对电子商务活动的各种不必要的限制，如增加烦琐手续或增加新的税收和资费。但是，政府仍有义务打造一个透明和谐的商业法律环境，以保障商业活动得以正常进行。电子商务法律框架应着眼于保护公平交易、保护平等竞争、保护消费者权益、保护知识产权和个人隐私，制定有利于监督、调解和打击犯罪的有效的措施和方法。

## 二、电子商务市场准入与退出制度的内涵

电子商务市场准入和退出是关于电子商务市场主体资格确立、审核、确认、丧失的有关法律制度。

电子商务主体有虚拟性、身份不确定性、跨地域性和数量种类繁多的特点。准入和退出制度所涉及的对象也相当复杂，既包括通过电子商务形式直接提供各种商品和服务的商事主体，也包括提供虚拟集中交易场所的平台提供者，还包括提供物流、支付等相关服务的服务提供者；既包括公司，也包括合伙企业、个体工商户、自然人等主体；既包括内资企业，也包括外商投资企业，既包括境内主体，也包括境外主体。

传统市场准入与退出制度的设计在传统行业中非常到位，在金融行业、外贸行业、房地产行业、民航行业尤为突出。但在电子商务领域，除网上银行领域外，有关制度的设计还是空白，也具有较大的难度。

电子商务市场准入与退出制度的设计离不开对电子商务本身特点及其与传统商务活动区别的把握。

电子商务的特点及其与传统商务活动的区别在于：一是运作空间具有虚拟性，既带来更多的市场机遇，也催生更多的市场风险、道德风险、违约诱惑与欺诈陷阱；二是市场范围较少受地域限制，可以跨越距离、通信、国界等多方面的障碍；三是进入市场的门槛较低，只要有一定通信技术条件即可对接全球范围的网上市场；四是运营方式更为高效，交易快速便捷；五是更注重信用保证，由于没有面对面的接触，建立信任更难，更依赖真实的信用记录和合理的交易规则。

从本质上看，电子商务仍然是商事活动，与传统商事主体一样，电子商务主体的商事行为具有营利性，必须恪守法律和伦理规范。电子商务作为现代商务形态，与传统商务行为的区别，更多体现在技术手段层面。所以，传统商务的一般规则，包括准入和退出的规则应同样适用于电子商务。适用于电子商务的准入和退出规则应符合电子商务的发展规律和特点，避免产生对电子商务创新的阻碍。电子商务法律需要做的是对电子商务的特殊行为进行专门的规制。

## 三、我国电子商务市场准入及退出规则的设计目标

### （一）促进电子商务在各行各业的应用

市场准入及退出规则是国家市场管理的基本方式之一。建立新型的适应电子商务市场发展

的市场准入及退出制度，对于规范电子商务发展环境、加快企业发展方式的转变都有着非常重要的作用。完善和推广市场准入负面清单，使得电子商务除明确列出禁止和限制投资经营的行业、领域、业务外，都可依法平等进入，充分发挥电子商务技术上和经营上的优势。

### （二）建立诚信的电子商务市场环境

电子商务的虚拟特性，使得部分假冒伪劣产品泛滥，给一些投机取巧的人提供了非法牟利的机会。如果任由此类情况发生并长期持续，电子商务市场中优质商家和买家将会被排挤出市场，严重阻碍电子商务的发展。

通过电子商务立法规范虚拟市场准入和退出的行为，达到建立网络交易的诚信体系，提高违法代价，有效控制电子商务市场中因信息不对称引起的产品质量问题、无序竞争问题和道德风险问题，达到净化市场的目的。

### （三）维护充分竞争的电子商务生态

市场主体进入电子商务市场的成本高低和难易程度与制度的严格程度和进入壁垒的高低直接相关，也对整个虚拟市场运作效率和活跃程度产生间接影响。政府对进入部分行业市场（如金融行业、电信行业、认证行业）的电子商务企业实行市场准入限制，设定恰当的门槛，保持一定数量级的经营者在市场中同时开展经营活动，这既能保证市场维持优胜劣汰的竞争机制，防止少数企业垄断市场，防止一些企业弄虚作假，又能防止某些企业因盲目扩大规模而造成无谓损失，从而造就一个充分竞争的电子商务生态环境，引导行业有序健康发展。

电子商务市场已经进入差异化竞争时代，"跑马圈地"式的营销时代已经过去，合理的电子商务市场准入与退出制度，能激励更多优秀的自然人、法人和其他组织从事电子商务经营活动，进一步提高电子商务市场化程度。在充分竞争的市场中，经营者将进入良性竞争状态，各厂商将积极投入新科技的研发，提高生产力和竞争力，确保其市场份额。

### （四）保护电子商务交易各方的合法权益

在传统的商业环境下，商事主体的经营资料是可以通过纸质资料查询的。交易过程中，消费者如受到商家侵害，可以根据我国《民法典》和《消费者权益保护法》的有关规定追究商家的责任，并获得相应的经济赔偿。

电子商务市场准入制度的推行，能够加强电子商务中网店经营者和电子商务网站经营者的资格认证，改变目前电子商务参与者管理混乱的局面，从源头上降低发生侵害消费者权益行为的风险。对于违法经营或因各种原因放弃经营的经营者，市场退出制度的建立起到净化市场，可以有效地维护交易中的受侵害一方的合法权益。

### （五）有利于电子商务交易纠纷的解决

随着电子商务交易规模的扩大，交易纠纷也呈现上升趋势。2021 年 6 月 1 日至 6 月 20 日"618"电商全网大促销活动期间，中国消费者协会利用互联网舆情监测系统对相关消费维权情况进行的网络大数据舆情分析显示，共收集"618"相关"消费维权"类信息 16 179 110

条，日均信息量 81 万余条。[①]

电子商务的本质是商务，其交易与实体交易一样，都会涉及交易纠纷的处理。交易纠纷的妥善解决，不仅决定着此次交易的善后工作，也影响到电子商务能否可持续发展。传统交易的纠纷解决涉及民商法中的民事诉讼管辖权问题和物权法中的物权归属问题。传统市场中企业的管辖是通过物理信息实施的。注册地、经营地、住所、行为地、固定资产等都是解决交易的基础。这些信息都与物理空间有高度的关联。而在虚拟市场中，时间与空间的限制已经打破，企业注册地不一定是经营地，交易主体可能分处于不同的城市、不同的国家，传统的依据物理信息确定管辖权的法律条文难以适应互联网环境。法院行使管辖权不仅需要确定主体的真实存在，还需要确定不同主体的法律适用。

从另一方面讲，消费者一旦与网络经营者发生诉讼，如果双方当事人分别处于不同的国家或地区，这时，管辖权的确认、适用法律的选择对司法实践来说都是一个非常棘手的问题。

电子商务市场准入以及退出制度的建立，有助于明确网络交易参与者的身份和资格，帮助消费者明确投诉目标，合法维护自己的正当权益，帮助消费者协会和法院快速选择交易纠纷的适用法律并提高法律判决的执行力。

## 四、电子商务市场准入

### （一）自然人

对于享有中华人民共和国公民权利的自然人，可以在经营性网站设立网店，依法开展电子商务经营活动。网站应当做好备案、经营范围审核、经营管理工作。

### （二）从事电子商务经营的企业

在中华人民共和国境内从事电子商务经营活动的法人和其他组织，应按有关法律法规办理工商登记，取得营业执照。

### （三）自营交易网站和第三方交易平台

设立自营交易网站或第三方交易平台的电子商务经营者，应当按照《电子商务法》等法律法规注册为企业法人，并向行业主管部门办理备案手续。

### （四）外资企业

外商投资企业设立网站或第三方电子商务交易平台从事网络交易或服务活动的，应当符合我国关于电信业务许可的法律规定。

申请从事电子商务经营的外商投资企业，享有与传统外商投资企业相同的权利和义务：

（1）按照《中华人民共和国外商投资法》等涉及外资的法律办理工商登记。

---

① 中国消费者协会. 2021 年"618"消费维权舆情分析报告［EB/OL］（2021-06-25）［2021-08-31］，中国消费者协会网站.

（2）除涉及国家机密和安全等特殊领域，外资投资比例不予限制。

（3）取得商务主管部门的许可。

（4）交易服务器应按照电子交易信息安全管理规定设立。

### （五）跨境经营

电子商务经营者从事跨境贸易的，应当符合《中华人民共和国对外贸易法》（简称《对外贸易法》）和《中华人民共和国海关法》（简称《海关法》）等法律的相关规定。

### （六）经营特殊商品和服务的行政许可

电子商务经营者拟从事的电子商务经营活动涉及需要行政许可的商品或服务的，应当依法取得相关主管部门的许可。

## 五、电子商务市场退出

### （一）自行退出

自营交易网站、第三方平台企业和站内经营者，因为经营期满、战略调整、投资人死亡等原因，构成企业自行解散条件的，应允许其停止营业。

### （二）强制退出

电子商务经营者，因为违反《中华人民共和国产品质量法》（简称《产品质量法》）、《消费者权益保护法》和《中华人民共和国反不正当竞争法》（简称《反不正当竞争法》）等法律，扰乱电子商务市场正常秩序，构成强制解散条件的，应强制其退出电子商务市场，吊销相关营业许可和执照。

### （三）公示公告

（1）自营交易网站、第三方交易平台退出电子商务市场，或暂停经营，应当在其网站醒目处发布公告，明确告知买受人和站内经营者相关事宜。

（2）站内经营者、个人网店退出第三方交易平台，或暂停经营，第三方交易平台应发布相关公告。

（3）因各种原因不能自行发布公告的，由监管部门协助发布。

### （四）退出程序

（1）自营交易网站、第三方交易平台、站内经营者退出电子商务市场，应当注销相关经营许可。

（2）参照《公司法》启动企业清算程序，客观评估网络虚拟财产①的价值，做好善后工作。

（3）需要办理工商注销登记的，应依法注销。

（4）已宣布退出电子商务市场的经营者，应在限期内停止网上营业，在规定期限内未停止，视为违法经营。电子商务监管部门应给予行政或法律处罚，互联网接入服务商应关停其网络端口。

（5）退出市场的电子商务经营者，应当按照电子商务信息安全管理规定封存与销毁数据。

### （五）网站、网店转让

自营交易网站和第三方交易平台转让，参照《公司法》执行。

电子商务经营者在第三方交易平台上的网络经营资源可依法向其他经营者转让或由其他经营者承继，第三方交易平台应在其网站上以醒目方式对有关网络经营资源经营主体的变更予以公示。

### （六）第三方交易平台责任

（1）站内经营者退出电子商务市场，第三方交易平台应在限期内取消该经营者的网上经营权限。

（2）已宣布退出电子商务市场的站内经营者在规定期限内仍存在网上经营行为的，视为违法经营，第三方平台应承担部分责任。

（3）平台应当设立栏目，支持消费者查阅网店的转让情况。

（4）第三方交易平台应指导和监督站内经营者履行消费者权益保护事宜。

（5）站内经营者存在违法经营行为，第三方平台应协助相关部门取证调查，并限制或禁止其在平台上经营。

## 六、电子商务市场准入与退出监管

### （一）监管体系

（1）国家市场监督管理总局主要负责电子商务市场准入和退出监管。国家应根据电子商务活动的特点创新监管方式，明确监管职责，维护电子商务交易正常秩序。

（2）工信部负责互联网服务审批。

（3）对于特殊商品和服务，应当取得相关主管部门的许可。

（4）对于涉及外资的经营活动，应当取得商务主管部门的许可。

---

① 有关网络虚拟财产的法律规范目前仍在探索之中。《民法典》第一百二十七条给出了原则性规定："法律对数据、网络虚拟财产的保护有规定的，依照其规定。"依据这一条款，网络虚拟财产可成为民事权利的客体，但在现行物债二分体系下，将网络虚拟财产纳入物权保护范围内，使权利人对其网络虚拟财产享有所有权，包括占有、使用、收益、处分等，还有很长一段路要走。目前网络虚拟财产主要指以下物品：虚拟（数字）货币、电子商务交易数据、电子商务网站系统数据、特定的虚拟商品（如网游产品、数字藏品）、区块链数字资产（如碳信用）等。

### （二）审批期限和告知义务

审批部门应当设定审批期限，并在法定期限内完成相关工作。

审批部门应清晰表述作出同意或拒绝决定的程序规定和审批流程。作出"同意"决定时，应在审批期限内通知申请者；作出"拒绝"决定时，应给予申请者以书面通知，告知理由。申请者有权采取补充和救济措施。

## 第四节　电子商务服务提供者的法律规范

### 一、电子商务服务业的概念与分类

电子商务服务业（简称电商服务业）是为电子商务活动提供各类服务的一种新兴服务行业，是促进电子商务应用和促进电子商务创新发展的重要支撑性基础力量。

电商服务业基本可以分为三大类：交易服务、支撑服务和衍生服务。交易服务是指以促进网上交易为目的的电子商务交易平台服务；支撑服务是指围绕电子商务的物流、资金流及信息流三方面而开展的服务活动；衍生服务是指伴随着电子商务应用的深入发展而催生的各类专业服务。图3-5反映了电商服务业的主要构成。

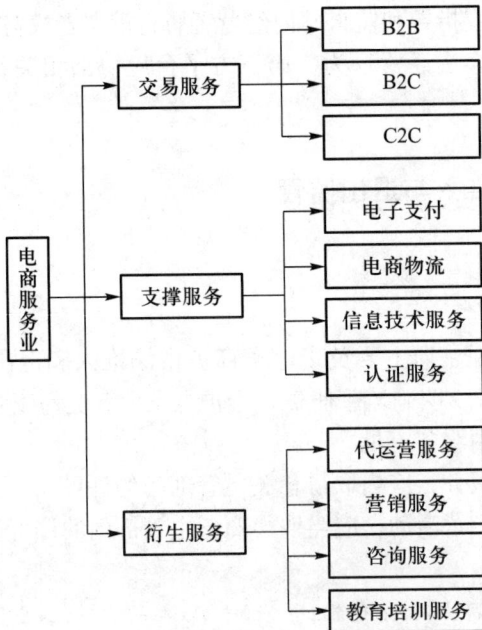

图 3-5　电商服务业的主要构成

2020 年，我国电商服务业营收额突破 5.45 万亿元，比 2016 年增长了 1.23 倍，年平均增速达到 24.5%，是现代服务业领域中发展突出的行业。其中，交易服务营收额达 11 468.7 亿元，年平均增速达 37.3%；支撑服务中的电子支付、电商物流和信息技术服务等业务营收额为 20 960.5 亿元，年平均增速达 24.1%；衍生服务业务营收额为 22 101.5 亿元，年平均增速达 20.2%。电商服务业企业数量从 2016 年的 6.3 万家，发展至 2020 年的 9.1 万家，增加了 2.8 万多家企业；电商服务业直接从业人数从 2016 年的 488 万人发展至 2020 年的 1 000 万人以上，吸纳了大量就业人员。电商服务业还衍生出一大批新业态和新模式，如直播带货、内容电商、社交电商、品牌代运营、精准营销、在线医疗等。[①]

电商交易服务在本章第一节中已经讨论，本节主要讨论支撑服务和衍生服务提供者的法律规范。

## 二、电子商务支撑服务提供者的法律规范

电子商务交易是利用网络通信手段的非面对面的交易，几乎所有的交易记录和意思表示都表现为电子数据。因此，为了保证电子商务交易的安全和效率，需要许多服务提供者参与到商品交易或者服务交易中。相对于电子商务交易的当事人，这些主体属于第三方范畴，他们在交易中与交易当事人之间也会形成各种各样的法律关系。这些主体包括银行和非银行金融机构、物流配送企业、信息技术服务企业、认证机构等。

1. 银行和非银行金融机构

在完全电子商务模式下，交易的支付全部在网上实现。银行或与银行有关的金融机构从一开始就进入到交易过程中，成为交易缔结和履行的重要参与者。从功能上看，银行的作用仍然与传统银行一样，服务于交易中资金流转的需要。但在提供网络服务或电子货币服务方面，银行实际上直接参与了交易的大部分过程，形成电子商务交易不可缺少的主体。此外，众多新兴的非银行金融机构也为电子商务提供第三方支付工具的服务。他们为促成电子商务交易当事人与传统银行交易支付起到了重要作用。有关金融机构和非银行金融机构的法律规范将在第六章阐述。

2. 物流配送企业

在网络实体货物的买卖中，货物配送仍然需要沿用过去的送货方式，但这种货物配送将货物配送企业与电子商务经营者结成了密切的合作关系，或者说，电子商务交易的发展要求发达的、形成网状结构的物流配送系统，并且正逐步刺激和进一步培育我国物流配送产业。有关物流配送企业的法律规范将在第七章阐述。

3. 信息技术服务企业

工业和信息化部数据显示[②]，2020 年，信息技术服务实现收入 49 868 亿元，同比增长 15.2%。其中，电子商务平台技术服务收入 9 095 亿元，同比增长 10.5%；云服务、大数据服

---

① 商务部.中国电子商务报告(2020)[R/OL](2021-06-18)[2021-09-19],中华人民共和国商务部网站.

② 工业和信息化部运行监测协调局.2020 年软件和信息技术服务业统计公报[R/OL](2021-01-26)[2021-08-20],中华人民共和国工业和信息化部网站.

务共实现收入 4 116 亿元，同比增长 11.1%；信息安全产品和服务实现收入 1 498 亿元，同比增长 10.0%。以云平台提供商、AI 解决方案提供商、服务外包提供商为代表的信息技术服务商支撑起高速增长的电商 IT 需求，保障了电商各平台和基础设施的正常运转，也为电商行业的高速发展提供了坚强保障。

《中华人民共和国电信条例》第四十一条规定，电信业务经营者在电信业务经营活动中，不得有下列行为：

以任何方式限制电信用户选择其他电信业务经营者依法开办的电信服务；

对其经营的不同业务进行不合理的交叉补贴；

以排挤竞争对手为目的，低于成本提供电信业务或者服务，进行不正当竞争。

2005 年 3 月，原信息产业部发布的《电信服务规范》第八条规定，电信业务经营者提供电信服务时，应公布其业务种类、服务时限、资费标准和服务范围等内容，并报当地通信管理局备案。

为推动软件和信息技术服务业的健康发展，工业和信息化部发布的《软件和信息技术服务业发展规划（2016—2020 年）》提出，进一步完善相关政策法规和标准体系，加快关键产品和系统的推广应用；发展信息安全技术及产业，提升网络安全保障支撑能力；推动电子认证与云计算、大数据、移动互联网、生物识别等新技术的融合，加快可靠电子签名应用推广，创新电子认证服务模式；加强个人数据保护、可信身份标识保护、身份管理和验证系统等领域核心技术研发和应用推广。

4. 认证服务机构

电子认证服务包括证书签发、证书资料库访问以及网络身份认证、可靠电子签名认证、可信数据电文认证、电子数据保全、电子举证、网上仲裁等服务。认证服务机构是对电子签名及其签名者的真实性以及文件的完整性和不可更改性进行验证的具有法律意义的服务机构。

"十三五"期间，我国电子认证服务规模飞速增长。根据艾媒数据，2019 年，我国电子认证证书数量达到 6.55 亿张；电子签名市场规模从 2016 年的 8.5 亿元增至 2020 年的 108.2 亿元，年复合增长率达 66.3%，产业规模翻了 12.7 倍；全国电子签名企业数量从 2016 年的 76 家增长到 2020 年的 145 家，涌现出 e 签宝、法大大和上上签等知名服务提供商。[①]

有关认证服务提供者的法律规范将在第四章阐述。

## 三、电子商务衍生服务提供者的法律规范

1. 电子商务代运营服务提供者

电子商务代运营服务是即指传统企业以合同的方式委托专业电子商务服务商为企业提供部分或全部的电商运营服务。我国电商代运营服务的业务规模从 2016 年的 6 013.4 亿元持续增长到 2020 年的 13 058.4 亿元，年均增长率为 23.1%。

---

① 艾媒咨询. 2020—2021 年中国电子签名行业发展现状及用户调研分析报告[EB/OL]（2021-02-25）[2021-08-20].艾媒网.

但在代运营快速发展的过程中，也出现了价格扭曲、引诱诈骗等现象。如代运营商承诺合作店铺，没有效果全额退款，实际以骗取客户加盟费、保证金为主要盈利手段，以刷好评、刷单为营运推广手段，这些做法都违背了《电子商务法》的规定。2016年6月广东破获的一起涉嫌网店代运营的特大诈骗案件，253名犯罪嫌疑人被刑事拘留，估计超过4 000人被骗。[①] 如此惊人的数字给我们敲响了警钟。

国家发展改革委等九部委《关于全面加强电子商务领域诚信建设的指导意见》明确规定，加强电子商务全流程信用建设，多管齐下，协同监管，建立覆盖线上、线下，贯穿生产、交易、支付、物流、客服全流程的电子商务协同监管机制，严厉打击整治电子商务领域违法失信行为，严厉打击制假售假、以次充好、虚假宣传、恶意欺诈、服务违约、恐吓威胁，以及通过恶意刷单、恶意评价、空包裹代发邮寄等方式伪造交易记录和物流信息实现"增信""降信"的违法失信行为，依法查处违法交易行为。

国务院办公厅《关于进一步完善失信约束制度构建诚信建设长效机制的指导意见》确定了完善失信约束制度、健全社会信用体系的主要工作任务；对进一步发挥信用在创新监管机制、依法依规实施失信惩戒、完善失信主体信用修复机制等方面提出更高要求。

2. 电子商务营销服务提供者

电子商务营销服务是网络营销的一种，是借助互联网、移动互联网平台完成一系列营销环节，辅助客户实现营销目标，包括营销方案设计、互联网媒体筛选、传播内容策划及效果监测等。"十三五"期间，我国电商营销推广服务合同执行额年均增长率达31.6%，业务规模从2016年的11.7亿美元增长到2020年底的30.2亿美元。

随着人工智能、大数据等新技术的应用不断成熟，短视频、直播带货、社区团购等模式的进一步下沉，电子商务营销服务的技术和模式更加多元化。

2021年2月，针对网络直播行业存在的主体责任缺失、内容生态不良、主播素质参差不齐、充值打赏失范、商业营销混乱、青少年权益遭受侵害等问题，国家互联网信息办公室等7部委联合发布《关于加强网络直播规范管理工作的指导意见》，提出了管理的具体措施。

（1）压实平台主体责任。网络直播平台提供互联网直播信息服务，应当严格遵守法律法规和国家有关规定；严格履行网络直播平台法定职责义务，落实网络直播平台主体责任清单，建立健全和严格落实总编辑负责、内容审核、用户注册、跟帖评论、应急响应、技术安全、主播管理、培训考核、举报受理等内部管理制度。

（2）明确主播法律责任。自然人和组织机构利用网络直播平台开展直播活动，应当严格按照《互联网用户账号名称管理规定》等有关要求，依法依规开展网络直播活动，不得从事危害国家安全、破坏社会稳定、扰乱社会秩序、侵犯他人合法权益、传播淫秽色情信息等法律法规禁止的活动；不得超许可范围发布互联网新闻信息；不得接受未经其监护人同意的未成年人充值打赏；不得从事平台内或跨平台违法违规交易；不得组织、煽动用户实施网络暴力；不得组织赌博或变相赌博等线上线下违法活动。

（3）强化用户行为规范。网络直播用户参与直播互动时，应当严格遵守法律法规，文明互动、理性表达、合理消费；不得在直播间发布、传播违法违规信息；不得组织、煽动对网络

---

① 新华社. 广东破获一起涉嫌网店代运营的特大诈骗案件［EB/OL］（2016-06-20）［2021-08-20］，央视网.

主播或用户的攻击和谩骂；不得利用机器软件或组织"水军"发表负面评论和恶意"灌水"；不得营造斗富炫富、博取眼球等不良互动氛围。

2021 年上半年，重庆市 12315 热线和平台共登记处理涉及社区团购相关投诉举报 207 件，其中投诉 169 件，举报 38 件。为规范网络社区团购经营行为，保护消费者的合法权益，维护良好的竞争秩序，2021 年 7 月，重庆市市场监督管理局发布《重庆市网络社区团购合规经营指南》（简称《指南》），对社区团购从准入、经营到退出全过程全链条进行了规范，以此促进社区团购规范健康持续发展。

《指南》第三章对社区团购经营行为提出了禁止性规定，包括：不得通过低价倾销、价格串通、哄抬价格、价格欺诈等方式滥用自主定价权；不得实施"二选一"等滥用市场支配地位的垄断行为；不得实施商业混淆、商业诋毁、刷单炒信等不正当竞争行为；不得采用下列虚假或者引人误解的方式，欺骗误导消费者；不得利用数据优势，无正当理由对交易条件相同的交易相对人实施差别待遇。

《网络交易监督管理办法》有针对性地对网络营销服务中的典型问题进行了规制，包括对网络营销搭售、自动展期与自动续费行为的限制，明确网络营销服务中虚构点击量、和关注度、误导性展示用户评价、不正当打赏和点赞等虚假行为并予以禁止。

有关网络广告的法律规制问题将在第十章第一节讨论。

3. 电子商务咨询服务提供者

电子商务咨询服务是指电子商务咨询服务机构通过对已从事电子商务工作或即将从事电子商务工作的企事业单位或政府的有关电子商务业务进行诊断、提出相应解决方案、协助执行落实方案，以提高客户的经济或社会效益，并从中收取一定的服务费。

"十三五"期间，我国电子商务咨询相关服务外包合同签约规模从 2016 年的 9.1 亿美元增长到 2020 年末的 14.9 亿美元，年均增长率为 12.7%；2020 年，中国电子商务咨询相关的服务外包合同签约额和执行额分别为 14.9 亿美元和 9.3 亿美元。

2020 年以来，新冠肺炎疫情带来的影响加速了传统企业对电商咨询服务的需求，利用人工智能、数字化等技术，咨询服务提供商提供多角度的数字化咨询、为传统企业深度赋能，促进了产业的转型升级。

根据国内贸易行业标准《管理咨询服务规范》（SB/T 11222—2018）第 3.1 条，管理咨询机构应是符合规定的资质要求：法人资格的组织（含企业法人、社会团体法人、民非企业单位法人和事业单位法人），且具备管理咨询业务职能和提供管理咨询服务所需的专业技术能力；或依法成立，且取得统一社会信用代码证书的其他组织，同时具备管理咨询业务职能和提供管理咨询服务所需的专业技术能力。根据《管理咨询服务规范》第 3.2 条，管理咨询机构应具备满足服务需求的管理咨询师、技术顾问、信息技术工程师和相关领域的资深专家；管理咨询师应遵守职业守则，经过岗位培训，具备管理咨询工作基础知识和相关专业领域的专业知识，取得相关资质。

电商咨询服务业是商务咨询服务业的一个分支，可以借鉴上述管理要求。

4. 电子商务教育培训服务提供者

电子商务教育培训服务是指专业教育培训机构（包括大学等教育机构）为电子商务从业者、电商企业、在校学生等相关人员和机构提供电子商务理论实务、实践操作等教育培训服务。

"十三五"期间，我国电商规模的不断扩大带动了电子商务教育培训服务快速发展，一是与电子商务专业相关的学历教育受到政府和高校的重视；二是与电子商务相关的各种培训和继续教育以及电子商务知识的普及在城市与农村大面积推广；三是政府提供了多层次的电子商务政府普及、政策宣讲和业务培训。

根据国内贸易行业标准《管理培训服务规范》(SB/T 11223—2018)第4.4条培训教学要求，电子商务教育培训服务提供者应提供与培训客体相对应的培训计划、大纲和教材；职业资格培训的教学计划和教材应符合国家职业标准；自编的教学计划、大纲和教材应符合相关的国际标准、国家标准、行业标准、团体标准对自编内容的具体指导要求；此外，还应建立培训效果评估体系，包括借助学习平台系统对培训学院进行培训及考核。

## 四、平台经济反垄断监管

平台经济业务类型复杂、竞争动态多变，加强平台经济反垄断监管需要遵循《中华人民共和国反垄断法》(简称《反垄断法》)和《国务院反垄断委员会关于平台经济领域的反垄断指南》(简称《平台反垄断指南》)。

### (一) 平台经济相关概念

(1) 平台，为互联网平台，是指通过网络信息技术，使相互依赖的双边或者多边主体在特定载体提供的规则下交互，以此共同创造价值的商业组织形态。平台是一类交易场所，平台本身不生产产品，但可以促成双方或多方供求之间的交易，收取恰当的费用或赚取差价而获得收益。

(2) 平台经济，是指基于数字技术驱动、平台支撑、网络协同的经济活动单元所构成的新经济系统。

(3) 平台经济领域经营者，包括平台经营者、平台内经营者以及其他参与平台经济的经营者。

### (二) 垄断协议的禁止

平台经济领域垄断协议是指经营者排除、限制竞争的协议、决定或者其他协同行为。我国《反垄断法》禁止经营者达成、实施垄断协议。认定平台经济领域的垄断协议，适用我国《反垄断法》第二章和国家市场监督管理总局《禁止垄断协议暂行规定》(2022年)。对《反垄断法》第十三条、第十四条明确列举的垄断协议，依法予以禁止；对符合《反垄断法》第十五条规定条件的垄断协议，依法予以豁免。

垄断协议的主要类型包括：

(1) 横向垄断协议。具有竞争关系的平台经济领域经营者可能通过下列方式达成固定价格、分割市场、限制产(销)量、限制新技术(产品)、联合抵制交易等横向垄断协议：利用平台收集并且交换价格、销量、成本、客户等敏感信息；利用技术手段进行意思联络；利用数据、算法、平台规则等实现协调一致行为；其他有助于实现协同的方式。

(2) 纵向垄断协议。平台经济领域经营者与交易相对人可能通过下列方式达成固定转售价格、限定最低转售价格等纵向垄断协议；利用技术手段对价格进行自动化设定；利用平台规则对价格进行统一；利用数据和算法对价格进行直接或者间接限定；利用技术手段、平台规则、数据和算法等方式限定其他交易条件，排除、限制市场竞争。

（3）轴辐协议。"轴辐协议"也称为"轴辐共谋"，是处于产业链条不同层级的经营者为了追求共同的非法利益而设计的商业方案。具有竞争关系的平台内经营者可能借助与平台经营者之间的纵向关系，或者由平台经营者组织、协调，达成具有横向垄断协议效果的轴辐协议。分析该协议是否属于垄断协议，可以考虑具有竞争关系的平台内经营者之间是否利用技术手段、平台规则、数据和算法等方式，达成、实施垄断协议，排除、限制相关市场竞争。

小知识：
轴辐协议

认定平台经济领域协同行为，可以通过直接证据判定是否存在协同行为的事实。如果直接证据较难获取，可以按照逻辑一致的间接证据，认定经营者对相关信息的知悉状况，判定经营者之间是否存在协同行为。经营者可以提供相反证据证明其不存在协同行为。

### （三）禁止滥用市场支配地位

1. 平台经济中市场支配地位的认定

认定平台经济领域的滥用市场支配地位行为，适用《反垄断法》第三章和国家市场监督管理总局《禁止滥用市场支配地位行为暂行规定》（2022年）。通常情况下，首先界定相关市场，分析经营者在相关市场是否具有支配地位，再根据个案情况具体分析是否构成滥用市场支配地位行为。

（1）经营者的市场份额以及相关市场竞争状况。可以考虑交易金额、交易数量、销售额、活跃用户数、点击量、使用时长或者其他指标在相关市场所占比重等因素。

（2）经营者控制市场的能力。可以考虑该经营者控制上下游市场或者其他关联市场的能力，阻碍、影响其他经营者进入相关市场的能力，相关平台经营模式、网络效应，以及影响或者决定价格、流量或者其他交易条件的能力等。

（3）经营者的财力和技术条件。可以考虑投资者情况、资产规模、资本来源、盈利能力、融资能力、技术创新和应用能力、拥有的知识产权、掌握和处理相关数据的能力、维持市场地位的能力等。

（4）其他经营者对该经营者在交易上的依赖程度。可以考虑其他经营者与该经营者的交易关系、交易量、交易持续时间，锁定效应、用户黏性，以及其他经营者转向其他平台的可能性及转换成本等。

（5）其他经营者进入相关市场的难易程度。可以考虑市场准入、平台规模效应、资金投入规模、技术壁垒、用户多栖性、用户转换成本、数据获取的难易程度、用户习惯等。

（6）其他因素。

2. 不公平价格行为

具有市场支配地位的平台经济领域经营者，可能滥用市场支配地位，以不公平的高价销售商品或者以不公平的低价购买商品。分析是否构成不公平价格行为，可以考虑以下因素：

（1）该价格是否明显高于或者明显低于其他同类业务经营者在相同或者相似市场条件下同种商品或者可比较商品的价格；

（2）该价格是否明显高于或者明显低于该平台经济领域经营者在其他相同或者相似市场条件下同种商品或者可比较商品的价格；

（3）在成本基本稳定的情况下，经营者是否超过正常幅度提高销售价格或者降低购买价格；

（4）经营者销售商品提价幅度是否明显高于成本增长幅度，或者采购商品降价幅度是否明显低于成本降低幅度。

3. 低于成本销售

具有市场支配地位的平台经济领域经营者，可能滥用市场支配地位，没有正当理由，以低于成本的价格销售商品，排除、限制市场竞争。

分析是否构成低于成本销售，一般重点考虑平台经济领域经营者是否以低于成本的价格排挤具有竞争关系的其他经营者，以及是否可能在将其他经营者排挤出市场后，提高价格获取不当利益、损害市场公平竞争和消费者合法权益等情况。在计算成本时，一般需要综合考虑平台涉及多边市场中各相关市场之间的成本关联情况。

平台经济领域经营者低于成本销售可能具有以下正当理由：在合理期限内为发展平台内其他业务；在合理期限内为促进新商品进入市场；在合理期限内为吸引新用户；在合理期限内开展促销活动；能够证明行为具有正当性的其他理由。

4. 拒绝交易

具有市场支配地位的平台经济领域经营者，可能滥用其市场支配地位，无正当理由拒绝与交易相对人进行交易，排除、限制市场竞争。分析是否构成拒绝交易，可以考虑以下因素：

（1）停止、拖延、中断与交易相对人的现有交易；

（2）拒绝与交易相对人开展新的交易；

（3）实质性削减与交易相对人的现有交易数量；

（4）在平台规则、算法、技术、流量分配等方面设置不合理的限制和障碍，使交易相对人难以开展交易；

（5）控制平台经济领域必需设施的经营者拒绝与交易相对人以合理条件进行交易。

5. 限定交易

具有市场支配地位的平台经济领域经营者，可能滥用市场支配地位，无正当理由对交易相对人进行限定交易，排除、限制市场竞争。分析是否构成限定交易行为，可以考虑以下因素：

（1）要求平台内经营者在竞争性平台间进行"二选一"，或者限定交易相对人与其进行独家交易的其他行为；

（2）限定交易相对人只能与其指定的经营者进行交易，或者通过其指定渠道等限定方式进行交易；

（3）限定交易相对人不得与特定经营者进行交易。

分析是否构成限定交易，可以重点考虑以下两种情形：一是平台经营者通过屏蔽店铺、搜索降权、流量限制、技术障碍、扣取保证金等惩罚性措施实施的限制，因对市场竞争和消费者利益产生直接损害，一般可以认定构成限定交易行为。二是平台经营者通过补贴、折扣、优惠、流量资源支持等激励性方式实施的限制，可能对平台内经营者、消费者利益和社会整体福利具有一定积极效果，但如果有证据证明对市场竞争产生明显的排除、限制影响，也可能被认定构成限定交易行为。

6. 搭售或者附加不合理交易条件

具有市场支配地位的平台经济领域经营者，可能滥用市场支配地位，无正当理由实施搭售或者附加不合理交易条件，排除、限制市场竞争。分析是否构成搭售或者附加不合理交易条件，可以考虑以下因素：

（1）利用格式条款、弹窗、操作必经步骤等交易相对人无法选择、更改、拒绝的方式，将不同商品进行捆绑销售；

（2）以搜索降权、流量限制、技术障碍等惩罚性措施，强制交易相对人接受其他商品；

（3）对交易条件和方式、服务提供方式、付款方式和手段、售后保障等附加不合理限制；

（4）在交易价格之外额外收取不合理费用；

（5）强制收集非必要用户信息或者附加与交易标的无关的交易条件、交易流程、服务项目。

7. 差别待遇

具有市场支配地位的平台经济领域经营者，可能滥用市场支配地位，无正当理由对交易条件相同的交易相对人实施差别待遇，排除、限制市场竞争。分析是否构成差别待遇，可以考虑以下因素：

（1）基于大数据和算法，根据交易相对人的支付能力、消费偏好、使用习惯等，实行差异性交易价格或者其他交易条件；

（2）实行差异性标准、规则、算法；

（3）实行差异性付款条件和交易方式。

（四）限制经营者集中

《反垄断法》禁止经营者实施具有或者可能具有排除、限制竞争效果的集中。国务院反垄断执法机构依法对平台经济领域的经营者集中进行审查，并对违法实施的经营者集中进行调查处理。

经营者集中达到国务院规定的申报标准的，经营者应当事先向国务院反垄断执法机构申报，未申报的不得实施集中。涉及协议控制架构的经营者集中，属于经营者集中反垄断审查范围。

结合平台经济的特点，平台经济领域经营者集中可以考虑以下因素：

（1）经营者在相关市场的市场份额。在平台经济领域，经营者的营业额包括其销售商品和提供服务所获得的收入。对于仅提供信息匹配、收取佣金等服务费的平台经营者，可以按照平台所收取的服务费及平台其他收入计算营业额。平台经营者具体参与平台一侧市场竞争或者发挥主导作用的，还可以计算平台所涉交易金额。计算市场份额，除以营业额为指标外，还可以考虑采用交易金额、交易数量、活跃用户数、点击量、使用时长或者其他指标在相关市场所占比重，并可以视情况对较长时间段内的市场份额进行综合评估，判断其动态变化趋势。

（2）经营者对市场的控制力。可以考虑经营者是否对关键性、稀缺性资源拥有独占权利以及该独占权利持续时间，平台用户黏性、多栖性，经营者掌握和处理数据的能力，对数据接口的控制能力，向其他市场渗透或者扩展的能力，经营者的盈利能力及利润率水平，技术创新的频率和速度、商品的生命周期、是否存在或者可能出现颠覆性创新等。

（3）相关市场的集中度。可以考虑相关平台市场的发展状况、现有竞争者数量和市场份额等。

（4）经营者集中对市场进入的影响。可以考虑市场准入情况，经营者获得技术、知识产权、数据、渠道、用户等必要资源和必需设施的难度，进入相关市场需要的资金投入规模，用户在费用、数据迁移、谈判、学习、搜索等各方面的转换成本，并考虑进入的可能性、及时性和充分性。

（5）经营者集中对技术进步的影响。可以考虑现有市场竞争者在技术和商业模式等创新方面的竞争，对经营者创新动机和能力的影响，对初创企业、新兴平台的收购是否会影响创新。

（6）经营者集中对消费者的影响。可以考虑集中后经营者是否有能力和动机以提高商品价格、降低商品质量、减少商品多样性、损害消费者选择能力和范围、区别对待不同消费者群体、不恰当使用消费者数据等方式损害消费者利益。

（7）国务院反垄断执法机构认为应当考虑的影响市场竞争的其他因素。

## 思 考 题

1. 名词解释：电子商务交易主体与客体、电子商务经营者、第三方交易平台经营者、电子商务服务提供者。

2. 试述电子商务经营者的基本责任与义务。

3. 试述第三方交易平台经营者的法律规范要点。

4. 试述电子商务交易主体认定的基本原则。

5. 试述电子商务市场准入与退出的基本规范。

6. 试述电子商务支撑服务提供者的法律规范。

7. 试述电子商务衍生服务提供者的法律规范。

## 参 考 文 献

［1］商务部．中国电子商务报告（2020）［R/OL］．中华人民共和国商务部网站，2021-06-18.

［2］国家计算机网络应急技术处理协调中心．2020年中国互联网网络安全报告［EB/OL］．国家互联网应急中心，2021-07-21.

［3］赵超，周泉泉，孙鹏程．电子商务平台新型纠纷引发的民事责任研究［EB/OL］．上海长宁法院公众号，2021-07-27.

［4］常如意，王佳，梁爽爽，等．电商代运营行业存在的问题及对策研究［J］．老字号品牌营销，2021（7）：67-68.

［5］重庆市市场监管局双反处．《重庆市网络社区团购合规经营指南》解读［EB/OL］．重庆市市场监督管理局网站，2021-07-02.

［6］司晓．区块链如何在数字世界中重塑所有权？［EB/OL］．腾讯研究院公众号，2021-04-06.

# 第四章　电子签名与电子认证服务法律制度

电子文件无法手书签名，这是它与书面文件的直观区别之一，也是电子商务发展中的主要法律障碍之一。2002年1月，联合国正式通过了《联合国国际贸易法委员会电子签字示范法》(简称《电子签字示范法》)，2005年4月我国正式实施了《中华人民共和国电子签名法》(简称《电子签名法》)①。这些法律措施为电子签名的推广与应用打开了通道。本章首先讨论电子签名的概念和功能，着重论述电子签名的法律效力，然后讨论电子认证服务的基本原理，学生应掌握电子签名的适用前提与范围、电子签名使用人的基本行为规范，熟悉电子认证服务的法律关系，掌握电子认证服务机构的法律管理方法。

## 第一节　电子签名法概述

### 一、问题的提出

在电子商务中，交易双方(或多方)可能远隔万里而互不相识，甚至在整个交易过程中自始至终不见面，传统的签字方式很难应用于这种交易。因此，人们探索采用一种数字签字机制来相互证明各自的身份，这就是电子签名。

1997年和1998年，在联合国国际贸易法委员会(简称贸法会)第30、第31次会议上，根据《电子商业示范法》不偏重任何技术的原则，确定在数据电文的签字中，任何一种签字方法不应妨碍其他认证技术的使用，并提出应当就数字签字和其他电子签字日益普遍使用而引起的新的法律问题达成一致。从这一立场出发，委员会决定起草《电子签字示范法》，从而开始了对电子签字的深入研究。

---

① 2005年4月1日我国实施的《电子签名法》中使用了"电子签名"的概念。联合国在《联合国国际贸易法委员会电子签字示范法》中使用了"电子签字"的概念。为了叙述方便，本书除在联合国文件阐述中仍然使用"电子签字"的提法，其他地方使用"电子签名"的提法。在英文中，上述两种提法均为"electronic signiture"。

## 二、电子签名的概念与功能

### （一）电子签名的概念

2001 年 12 月，联合国第 56 届大会正式通过《联合国国际贸易法委员会电子签字示范法》（简称《电子签字示范法》）。该法给出了电子签字及其相关概念：

（1）"电子签字（electronic signature）"是以电子形式存在的数据。这种数据或包含在数据电文中，或附加于数据电文上，或在逻辑上与数据电文有联系，它可用于鉴别与数据电文相关的签字人和表明签字人认可的包含在数据电文中的信息。[①]

（2）"证书"系指签名人与签名制作数据之间关系的某一数据电文或其他记录。

（3）"签名人"系指持有签名制作数据的人，代表本人或所代表的人行事。

（4）"认证服务提供人"系指签发证书或可能提供与电子签名有关的其他服务的人。

（5）"依赖方"系指可以根据某一证书或电子签名行事的人。

联合国电子签名概念的起草主要考虑了三个问题：

第一，概念的广泛性。起草工作组在提出电子签名的概念时，考虑到该概念使用范围较广，应有较大的涵盖面和较为灵活的解释，故将电子商务活动中的数据签名（Digital Signature）、电子签名、电子签章等具有相同内容的不同表述统一起来，使这一概念可以被世界各国所接受。

第二，不偏重任何技术的原则。起草工作组综合考虑公钥加密技术的替代问题，考虑其他电子签名方式的发展问题，例如使用生物测定法或其他此类技术，因此，没有片面地强调某一技术。

第三，电子签名的实质。起草工作组认为，应区别"签名"的法律概念和"电子签名"的技术概念之间的区别，应将电子签名看作是一种与数据电文相关联的电子数据，且这一数据是在制作电子签名的过程中形成的，并产生了对签名人和相关信息的核证作用。这一区别的界定，从本质上揭示了电子签名的内涵，而没有简单地将其看作是一种方法和一种结果。

---

① 需要注意的是，《中华人民共和国电子签名法》中对电子签名的表述与联合国《电子签字示范法（中译本）》提出的电子签字概念基本相同：电子签名"是指数据电文中以电子形式所含、所附用于识别签名人身份并表明签名人认可其中内容的数据。"但我国《电子签名法》和联合国《电子签字示范法》都存在一个共同的问题，两者都认为电子签名是包含在"数据电文中"的。而从技术角度看，电子签名是以电子形式附在数据电文上的数据，或是在逻辑上与数据电文有联系的数据，并不是存在于数据电文内的。这一点可以通过本章第三节图 4-7 加深理解。图 4-7 显示，数据电文通过信息摘要并且加密后才形成了数字签名，数字签名是信息摘要和密钥的复合体（从这一点甚至可以说是"数据电文"存在于"电子签名"中）。在实际应用中，数据电文与电子签名并列存在并一起传递，两者起着不同的作用。

实际上，联合国《电子签字示范法（中译本）》的翻译是有误的。联合国《电子签字示范法（英文版）》对电子签字的表述为："Electronic signature means data in electronic form in, affixed to or logically associated with, a data message, which may be used to identify the signatory in relation to the data message and to indicate the signatory's approval of the information contained in the data message." 所以，正确的翻译应为："电子签字系指一种电子形式的数据，这种数据或含在数据电文中，或附加在数据电文上，或在逻辑上与数据电文有联系，它可用于鉴别与数据电文相关的签字人和表明签字人认可的包含在数据电文中的信息。"

此翻译文本与联合国贸法会文件中文翻译组共同讨论过，得到认可。本条定义采用了上述英文翻译的定义。

本书定义：电子签名系指一种电子形式的数据，这种数据或含在数据电文中，或附加在数据电文上，或在逻辑上与数据电文有联系，它可用于鉴别与数据电文相关的签字人和表明签字人认可的包含在数据电文中的信息。

### （二）电子签名的功能

以纸张为基础的传统签名主要是为了履行下述功能：

（1）确定一个人的身份；

（2）肯定是该人自己的签名；

（3）使该人与文件内容发生关系。

除此之外，视所签文件的性质而定，签名还有多种其他功能。例如，签名可以证明签名人愿意受所签合同的约束；证明签名人认可其为某一案文的作者；证明签名人同意一份经由他人写出的文件的内容；证明签名人某时曾在某地的事实。

应当注意的是，除了传统的手书签名之外，还有各种各样的程序(例如盖章、打孔)也可提供不同程度的确定性。例如，在某些国家，有一条总的规定，货物销售合同如果超过一定的金额，必须经过“签名”才能生效执行。但是，在那种情况下所采用的签名概念包括了盖图章、打孔等，甚至信笺头的印字也可视为满足了签名要求。另一种极端是，规定在传统的手书签名之外，还须加上额外的安全程序，例如再由证人对签名做出确认。

为了保证电子商务活动的正常进行，需要具有书面签名功能的电子签名。调查各种正在被使用或仍在研制开发中的签名技术，可以发现，所有这些技术的共同目的都是为了寻求手写签名和在纸基环境中的其他认证方式(如封缄或盖章)提供功能相同的替换物。但在电子商务环境中这些技术还可能实现别的功能，这些功能是从签名功能中旁生的，但在纸质环境中却不能找到类似的替代物。

为了确保须经过核证的电文不会仅仅由于未按照纸张文件特有的方式加以核证而否认其法律价值，联合国《电子商业示范法》确定了在何种情况下数据电文可视为经过了具有足够可信度的核证，而且可以生效执行，视之达到了签名要求。《电子商业示范法》第七条规定：

（1）如法律要求要有一个人签名，则对于一项数据电文而言，倘若情况如下，即满足了该项要求：

第一，使用了一种方法，鉴定了该人的身份，并且表明该人认可了数据电文内含的信息；

第二，从所有各种情况看来，包括根据任何相关协议，所用方法是可靠的，对生成或传递数据电文的目的来说也是适当的。

（2）无论本条第(1)款所述要求是否采取一项义务的形式，也无论法律是不是仅仅规定了无签名时的后果，该款均将适用。

## 三、电子签名的法律效力

### （一）可靠电子签名

我国《电子签名法》第十三条规定，电子签名同时符合下列条件的，视为可靠的电子签名：

（1）电子签名制作数据用于电子签名时，属于电子签名人专有；

（2）签署时电子签名制作数据仅由电子签名人控制；

（3）签署后对电子签名的任何改动都能够被发现；

（4）签署后对数据电文内容和形式的任何改动也能够被发现。

第十三条提出了认定可靠电子签名的四个基本条件，且四个条件需要同时满足。

第一款和第二款是归属推定。如果可以证明在电子签名过程中使用的，将电子签名与电子签名人可靠地联系起来的字符、编码等数据是由使用它的人或代表使用它的人专有或控制，即可满足可靠的电子签名的归属条件。

第三款和第四款是完整性推定。如果可以证明在电子签名签署后可以发现电子签名的任何改动或发现数据电文内容和形式的任何改动，即可满足可靠的电子签名的完整性条件。

电子签名包括多种形式，如视网膜鉴别、手纹鉴别等。典型的电子签名是数字签名，这是最常用的，也是最方便的一种电子签名方法。

鉴于电子签名技术的迅速发展，《电子签名法》没有限定可靠的电子签名的具体技术，为各种电子签名技术的发展铺平了道路。此外，当事人也可以根据自己的判断，选择使用自己认为符合其约定的可靠条件的电子签名。这样的签名同样具有法律效力。

### （二）可靠电子签名的法律效力

《电子签名法》第十四条进一步规定，可靠的电子签名与手写签名或者盖章具有同等的法律效力。这是《电子签名法》的核心，确立了可靠的电子签名的法律效力。当一个电子签名被认定是可靠的电子签名时，该电子签名就与手写签名或者盖章具有了同等的法律效力。电子签名获得法律效力，意味着互联网上用户的身份确定成为可能。使用电子签名业务的用户将不再对与其交流信息的对方一无所知，在这个基础上，网络才有可能真正跃出媒体之外，充分运用到商务、政务、科学研究、日常生活等诸多方面。

在实践中，主张电子签名有效的一方当事人为了证明是"可靠的电子签名"，一般会向法院提交电子认证服务提供者（下称"第三方认证机构"）出具的相关证明材料，主要包括两部分：一是用以证明第三方认证机构具备提供电子认证服务资质的有关证书，如《电子认证服务许可证》、营业执照等；二是从实名认证、数字证书信息、签名信息及时间戳等方面，说明电子签名数据为真实并确认签名文档未被篡改或修改情况的书面文件，如产品服务证明、数字签名认证报告或说明函等。

### （三）未经授权使用电子签名的法律责任

未经授权使用可以分为两种情况：一是绝对无权使用，即使用人未经任何授权非法使用且签字所有人没有过错；二是相对无权使用，即使用人虽无权使用但签字所有人有过错，如本人疏于管理致他人非法使用，超越本人的授权而使用等。

在绝对无权使用时，由于电子签名的所有人没有过错，该数据信息不能归属于本人，本人也不应承担法律责任。如黑客攻击获得密钥而使用，或者认证机构（Certificate Authority，CA）的内部人员非法使用用户的密钥等，由此造成对相对人的损害，签名所有人是不知情也无法控制的，主观上不存在过错，因而无需对此负责。相对人所受损害应由行为人承担。

在相对无权使用中，由于签名所有人存在疏忽或过错，因此应承担一定的责任。如果电子签名的所有人没有合理地注意保管自己的密钥，致使他人未经授权使用，该信息及其法律后果仍应归属于签名所有人。收件人因合理信赖该签名而遭到损失时，签名所有人应予以赔偿。但是，收件人如果知道该签名未经授权，如签名的所有权人已告知，或者收件人只要履行合理的注意就可以知道该签名未经授权，却仍然按该信息从事，由此产生的损害，签名的所有权人不承担责任。在收件人收到信息后，签名所有人告知其该信息未经授权，并且收件人有合理的时间处理却不处理导致损失扩大的，签名所有人对扩大的部分不承担责任。

#### （四）电子合同使用可靠电子签名的法律效力

根据联合国《国际合同使用电子通信公约》第八条规定，对于一项通信或一项合同，不得仅以其为电子通信形式为由而否定其效力或可执行性。

我国《电子签名法》第三条规定，当事人约定使用电子签名、数据电文的文书，不得仅因为其采用电子签名、数据电文的形式而否定其法律效力。第十四条同时规定，可靠的电子签名与手写签名或者盖章具有同等的法律效力。这是《电子签名法》的核心，确立了可靠的电子签名的法律效力。当一个电子签名被认定是可靠的电子签名时，该电子签名就与手写签名或者盖章具有了同等的法律效力。

案例：网络服务合同中电子签名法律效力的审查判定

在电子合同中使用可靠电子签名，意味着在互联网上可以确定电子合同签署各方的身份和意思表达，也确认了使用可靠电子签名形成的电子合同（数据电文的文书）与手写签名或者盖章形成的纸质合同具有同等法律效力。

### 四、电子签名的适用前提与范围

#### （一）适用前提

鉴于电子签名的推广需要有一个过程，《电子签名法》没有规定在民事活动中的合同或者其他文件、单证等文书中必须使用电子签名，而是规定当事人可以约定使用或者不使用电子签名、数据电文。但明确规定当约定使用电子签名、数据电文的文书后，当事人不得仅因为其采用电子签名、数据电文的形式而否定其法律效力。

#### （二）适用范围

《电子签名法》设定的适用范围有一定的前瞻性和包容性，即主要适用于商务活动，但又不限于商务活动，原则上涵盖使用电子签字的所有实际场合。

借鉴一些国家的做法，《电子签名法》第三条规定了电子签名不适用一些特定范围内的法律文书，包括：

（1）涉及婚姻、收养、继承等人身关系的。

（2）涉及停止供水、供热、供气、供电等公用事业服务的。

（3）法律、行政法规规定的不适用电子文书的其他情形。

在我国，婚姻、收养、继承在人们生活中发生频率较低，而停水、停热、停气、停电等公用事业服务需要更明确的通知，所以，《电子签名法》对此做出了限制。鉴于电子签名应用范围的扩大，《电子签名法》第二次修正扩大了电子签名的应用范围，删除了原有不适用于"涉及土地、房屋等不动产权益转让的"文书的限制。

### 五、电子签名使用人的基本行为规范

电子签名使用人包括电子签名人和电子签名依赖方。

#### （一）电子签名人及其行为规范

电子签名人是指持有电子签名制作数据并以本人身份或者以其所代表的人的名义实施电子签名的人。这里的"人"应理解为包括各种类型的人或实体，无论是自然人、法人团体还是其他法人均包括在内。

电子签名人应当妥善保管电子签名制作数据。电子签名人知悉电子签名制作数据已经失密或者可能已经失密时，应当及时告知有关各方，并终止使用该电子签名制作数据。电子签名人向电子认证服务提供者申请电子签名认证证书，应当提供真实、完整和准确的信息。

《电子签名法》第三十二条规定，伪造、冒用、盗用他人的电子签名，构成犯罪的，依法追究刑事责任；给他人造成损失的，依法承担民事责任。本条所述行为的主体为一般主体，主观上是故意，侵犯的客体是他人的电子签名，客观上表现为未经准许。根据情节不同，所述行为的后果可以分为两种情况。一种是利用伪造、冒用、盗用他人的电子签名，造成严重后果，构成犯罪，应依法追究刑事责任；另一种情况虽然没有造成严重后果，不构成犯罪，但造成一定的损失，此时，也应依法承担民事责任。

实验：电子签名与电子合同实验

#### （二）电子签名依赖方及其行为规范

电子签名依赖方，是指基于对电子签名认证证书或者电子签名的信赖从事有关活动的人。电子签名依赖方为了自身的利益，应了解电子签名以及电子签名人认证证书内容的有效性、完整性和准确性；应采取合理的步骤核查电子签名的可靠性。

电子签名依赖方应遵守对电子证书的任何限制。

## 第二节　世界电子签名立法现状与发展趋势

国际组织和世界各国对电子签名的法律管制已有了较多的探索。借鉴其他国家在电子签名方面的立法经验，对于提高我国电子签名立法质量有着重要的理论意义和实践意义。

### 一、世界电子签名立法发展的三个阶段

世界电子签名立法史可以分为三个阶段。

第一阶段是从 1995 年到 1998 年，为数字签名法的立法探索时期。这一阶段的立法以调整

电子交易形式方面的电子商务法为主，独立调整签名认证的法律较少，立法语言尚不成熟。

第二阶段是从 1998 年到 1999 年，为电子签名法的逐渐成熟时期。这一阶段，立法呈现出以下特点：

（1）立法原则逐步达成共识。技术中立原则得到各国的认可，立法不再局限于"数字签名"上，而是以"电子签名"代之。

（2）注重技术标准的国际通用性。通用的数字签名采用了 PKI 技术，基于该技术的软件产品各异，一些国际组织，如 ISO 和欧盟，成立有关机构制定标准，推荐给各国参考。

（3）加强了对消费者保护和个人隐私的保护。电子签名的技术不应造成使用者资料收集与分析的漏洞，对于选择匿名性的自由也应该有所保障。同时，对于是否接受和采用电子签名，消费者有选择的权利。

（4）在政府对电子签名和认证的监管方面，形成两种不同的观点。市场发育程度较高的国家多数以市场调解为主，政府低度干预为辅的政策。多数发展中国家倡导政府适度干预，积极监管的立法政策，在有关立法上较多内容规范了签名和认证服务提供商的设立、行为等事宜。

第三阶段从 2000 年开始，为电子签名法的全面传播时期，这一时期各国普遍感到电子签名法意义重大，在经过数年的立法准备后纷纷正式出台了法律，通过电子签名立法国家的数量急剧增多，立法的深度与质量也有了更缜密的保证。

从主要国家和国际组织的相关法律来看，在签名认证的定义、原则、法律要件、效力、认证机构法律责任等方面的规定几乎相同，但在对待认证机构的市场准入、设立条件、监督管理等方面有一些差异。美国在认证市场的准入和监管方面最为宽松，几乎是"放手不管"，以市场导向和业者自律为原则。而部分国家对签名认证的管理比较严格，例如韩国，虽然在立法上以"低度管制"为原则，但对于认证机构的市场待遇和法律地位却有不同的规定。一种是政府所核准的认证机构，另一种是私人的认证机构。政府所核准的认证机构要求条件较高，如资本额需达 800 万美元，需有 12 个以上具备认证实务管理经验的工程师等。此类认证机构的证书具有法律效力和较高的公信力。而私人的认证机构是由企业或外国认证机构设立的，无须承担任何的法律限制与义务，但其发放的数字证书没有法律效力。不论是政府核准的认证机构还是私人的认证机构，要获得营业执照必须向信息通信局书面申请，若书面审查通过再由韩国信息安全局进行实质审查。

从电子签名立法国家的地域分布来看，北美、西欧和东亚成为三大电子商务立法密集区域，无论是数量还是质量都远远领先于其他国家。这与三大地区的经济水平与信息科技基础较好，电子商务发展较快息息相关。

从各国法制的同异性考察，电子签名法律有同质性的内容，尤其是在英美法系国家中这种现象更为明显。美国挟其电子商务的综合优势对前英殖民地国家的电子签名立法活动产生了重大影响，这些国家的法律从体例、用语到具体内容存在着极大的近似性。这反映了电子商务在发展初期各国的整体法制环境遇到了相似的挑战，加强了相互借鉴与启发。这些同质性内容主要包括强调交易规则、对认证机构的管理方案、对电子签名的直接承认、对电子商务经营主体的信息披露与保密要求，等等。

## 二、联合国现代化核证技术的立法实践

联合国《电子签字示范法》是继联合国《电子商业示范法》后通过的又一部涉及电子商务的重要法律。该法从 1997 年组织起草，到 2002 年正式通过，起草过程长达 5 年时间。其立法思路经过多次反复，反映出对现代化核证技术的不断深化的认识。

### （一）《数字签字统一规则》的酝酿

1996 年 6 月，联合国国际贸易法委员会通过《电子商业示范法》之后，讨论了电子商务领域以后的工作方向，会议认为，贸法会应当着手编制关于数码式签字的规则，同时制定数码式签字的电文来源和归属签发电子证书或其他形式保证的其他个人行动的法律。

贸法会电子商务工作组第 31 届会议（1997 年 2 月）提出，缺乏关于数码式签字和其他电子签字的法律制度会对通过电子方式进行经济交易造成障碍。各国考虑采取的做法和可能采取的解决办法各不相同，使这个专题成为适合由贸法会加以统一的对象。

### （二）《电子签字统一规则》的起草

在贸法会电子商务工作组第 32 届会议（1998 年 1 月）上，工作组开始使用《电子签字统一规则》（*Uniform Rules on Electronic Signature*）代替《数字签字统一规则》（*Uniform Rules on Digital Signature*）。工作组确认了工作设想，统一规则应作为法律条文草案来拟订，总体上应与《电子商业示范法》条文相一致。工作组明确了《电子签字统一规则》起草的目的：即通过建立一种安全框架，并提供有同等法律效力的书面电文和数字电文，促进有效利用数字通信。

在电子商务工作组第 33 届会议（1998 年 6 月）上，工作组正式推出了《电子签字统一规则》草案。1999 年 12 月、2000 年 9 月进一步进行了修改，使《电子签字统一规则草案》基本成型。

### （三）《电子签字示范法》的形成

在贸法会电子商务工作组第 38 届会议（2001 年 3 月）上，对《电子签字统一规则》又重新审定，最终确定了电子签字的法律框架。该文件包括 12 条：适用范围、定义、签字技术的平等对待、解释、经由协议的改动、符合签字要求、第 6 条的满足、签字人的行为、验证服务提供商的行为、可信赖性、依赖方的行为、对外国证书和电子签字的承认。

2002 年 1 月 24 日，联合国第 56 届大会正式通过《联合国国际贸易法委员会电子签字示范法》。大会指出，国际贸易中越来越多地采用通常称为电子商务的方式，这种方式使用的不是基于纸张的通信、存储和核证信息办法。在电子商务方面，用于个人身份的、通常称为电子签字的新技术大有用途。大会认为，《电子签字示范法》将构成《电子商业示范法》的有益补充，将大大有助于各国加强其有关利用现代化核证技术的立法，并能协助目前尚无这种立法的国家拟订这种立法。截至 2021 年 12 月，世界上已经有 36 个国家和地区通过了以《电子签字示范法》为基础或在其影响下形成的立法。

## 三、联合国《电子签字示范法》的立法思路

### （一）作为一项单独的法律文书

联合国贸法会在提出起草《贸易法委员会电子签字统一规则草案》时，曾提出扩大《电子商业示范法》，将新的电子签字的条文纳入其中，例如构成《电子商业示范法》新的第三部分，但最后仍然决定《电子签字示范法》应编拟成一份单独的法律文书。这项决定主要是因为在最后核定《电子签字示范法》时，《电子商业示范法》已在一些国家得到成功实施，还有许多国家也正在考虑予以通过。扩大《电子商业示范法》可能会破坏其原有版本所取得的成功。另外，编拟新版的《电子商业示范法》可能会在那些最近已通过《电子商业示范法》的国家中造成混乱。

### （二）与《电子商业示范法》完全一致

在起草《电子签字示范法》时，已经力求确保与《电子商业示范法》实质内容和术语保持一致。《电子签字示范法》以《电子商业示范法》为基础，突出反映了以下几点：不偏重任何手段的原则；不歧视在功能上等同传统书面文件概念和惯例的做法；对当事方自主权的广泛依赖。其目的是既作为在"开放"环境下（即各当事方在未事先达成协议的情况下进行电子通信）的最低限度标准，又作为在"封闭"环境下（即各当事方在利用电子手段进行通信时，均受预先制定的合同规则和程序的制约）的示范合同规定或缺省规则。

### （三）拟由技术条例及合同加以补充的"框架"规则

作为《电子商业示范法》的一个补充，《电子签字示范法》旨在规定基本原则，为使用电子签字提供便利。但是，作为一个"框架"，《电子签字示范法》本身并没有规定（在使用者之间合同安排以外的）为在颁布国采用这些技术而可能必要的所有细则。另外，《电子签字示范法》并不打算将电子签字在使用上所涉及的每一方面都包括在内。因此，贸法会提出，颁布国应发布适当的条例，为《电子签字示范法》批准的程序填补程序上的细节，并考虑到颁布国（可能正在变化中的）具体国情，不损害《电子签字示范法》的各项目标。建议颁布国如果决定发布这种条例，应特别注意保持电子系统使用者在系统运作中的灵活性和必要性。

### （四）为电子签字法律效力增加确定性

关于承认电子签字在功能上等同手写签字，《电子商业示范法》第7条规定了灵活的标准。《电子签字示范法》增加了这项标准在操作上的确定性。

《电子签字示范法》的效用是承认两类电子签字。第一类是范围较广的一类，是《电子商业示范法》第7条所述的电子签字，即可用以达到手写签字的法律要求的任何"方法"。第二类是范围较窄的一类，是《电子签字示范法》单独提出的电子签字，即可能为国家机构、私人实体或当事各方本身承认符合示范法制定的技术可用性标准的电子签字方法，这种承认的优点是在这类电子签字技术（有时称作"增强式""可靠"或"合格"的电子签字）的使用者实际使用电子签字技术之前，即可为他们带来确定性。

### （五）签字技术的平等对待

《电子签字示范法》旨在提供必不可少的程序和原则，以利于在各种不同情况下使用现代技术记录和传递信息。鉴于技术革新的速度，《电子签字示范法》对电子签字给予了法律上的承认，而不论采用何种技术（例如，利用非对称加密法的数字签字、生物特征法、使用个人识别码、手写签字的数码版本，以及诸如点击"OK 框"等方法）。

## 四、世界主要国家和地区的电子签名立法

随着社会对电子商务特质内涵的逐渐把握，世界各国与地区组织都已经增强了对电子商务的法律管制与调整，尤其在电子签名上达成了较为一致的看法，即这一领域应当成为法律调整电子商务的突破口。

### （一）美国

电子签字法发源于美国，1991 年，美国律师协会(ABA)信息安全委员会开始着手拟订《数字签字示范法》。1995 年夏，一部对美国各州乃至对全世界都有重大影响的《ABA 数字签字指南》终于诞生。它的意图在于"提供一种解决方案，使得获得州政府许可的认证机构在应用 PKI 系统后，数字签字能得到承认"。这种直接依赖于数字签字技术的立法模式深刻地影响了美国立法较早的州。

1995 年 5 月 1 日，犹他州率先公布了《犹他州数字签字法案》(*Utah Digital Signature Act*)，其特点在于首倡针对认证机构实行许可证管理制度，并为数字证书当事人规定了详尽的法律义务。紧步犹他州后尘的是《华盛顿电子认证法案》(*Washington Electronic Authenticate Act*)，其特点在于法律直接锁定某种具体技术，将大量的技术术语与技术标准直接纳入法律规范，又被称为"指定式"(prescriptive)立法。1999 年 7 月 1 日正式生效的《伊利诺伊州电子商务安全法案》(*Illinois Electronic Commerce Security Act*)则将电子签字分为强化电子签字与一般电子签字两种，从而使不同级别的交易可以选择使用电子签字。

1999 年 6 月 30 日，时任美国总统克林顿以数字签字的方式签署了《全球和国内商业法中的电子签字法案》(*Electronic Signatures in Global and National Commerce Act*)(E-Sign Act)，直接从联邦政府的层面对州法中的未达之处包括州际和国际贸易作了规范。该项立法作为美国政府推动电子商务的重要举措，为电子签字和电子记录的法律地位的确定制定了重要的程序和规则。该法案规定，在该法案确定的标准得到遵守的前提下，即可赋予电子签字、电子合同和电子记录以法律上的确定性。

### （二）欧盟

欧盟的《电子签字统一框架指令》(简称《指令》) 对数字证书与认证机构管理比较严格，既吸收了国际电子签字法律的主流观点，又保持了欧盟的许多特色。

第一，《指令》对电子签字的定义与分类处理符合主流观点，其中的"高级电子签字"(Advanced Electronic Signature)基本上维持传统上对数字签字的四要素定义法。

第二，《指令》摒弃了传统的公钥、私钥的概念，而引入了一系列新概念，如"签署签字数据"（Signature Creation Data，相当于公钥）、"签署签字设备"（Signature Creation Device）、"安全签署签字设备"（Secure Signature Creation Device）、 "确认签字数据"（Signature Verification-data，相当于私钥）等。通过对传统技术术语的法律提炼，既可以凸显其"技术中立"的个性，又可以建立起一套比较严格的对认证机构与电子签字的管理制度。

第三，《指令》授权成员国可以为认证机构设置基于自愿的认可方案，同时，该方案否定了认证机构是一种"壳资源"的观点，即不允许限制经认可的认证机构数目。

第四，《指令》通过自愿认可方案的认可、取得欧盟内认证机构的担保以及订立双边或多边协议三种方式解决了与欧盟以外的认证机构的数字证书的交叉认证问题。

### （三）新加坡和日本

新加坡政府高度重视电子商务活动中数字认证的应用。1998 年出台的《电子交易法》（*The Electronic Transaction Act* 1998），对电子记录、数字签名、CA 及政府的使用等都作出了明确规定。日本 1996 年成立了电子商务促进委员会（ECOM），并在诸如电子授权认证和电子预付款或"ECOM 现金"协议等领域制定了规划和模型协议。这个授权认证规则得到了美国国家标准和技术研究院（NIST）及 OECD 的高度评价，并被指定为共同的全球规划的主要基础。1997 年 10 月，富士通、日立和 NEC 联合成立了日本认证服务有限公司，提供数字认证服务，在日本全面推开。

## 五、我国电子签名法的立法实践

我国电子签名法的起草，经历了征求意见稿、草案和最终稿三个阶段。整个起草过程也是对电子签名这一新型核证技术的认识逐步深化的过程。

1998 年，联合国启动了《电子签字示范法》的起草工作。我国于 1999 年开始跟踪联合国电子签字的立法工作。当时的对外贸易和经济合作部派遣代表团参加有关会议，并根据我国电子商务发展情况提出对示范法的起草意见。2001 年 12 月联合国《电子签字示范法》正式通过，我国学者在更大范围内对电子签名问题展开了深入研究。

2002 年，原国务院信息化办公室启动了有关国家电子商务政策框架研究课题，对包括美国、经济合作与发展组织（OECD）、日本、韩国、新加坡的有关立法进展做了大量的研究，在国内也做了大量的实际调查。

2003 年 4 月，根据国务院立法工作计划，国务院法制办会同信息产业部、国务院信息化工作办公室开始接手《中华人民共和国电子签名法（征求意见稿）》的起草工作。6 月，全国人民代表大会将《电子签名法》的立法列入审查计划，[①]《电子签名法（征求意见稿）》发至各地征求意见。

2004 年 8 月 28 日，十届全国人大常委会第十一次会议表决通过《中华人民共和国电子签名法》。2005 年 4 月 1 日，《电子签名法》正式实施。2015 年、2019 年全国人大常委会两次修正了《电子签名法》。

《电子签名法》的实施，确定了电子签名的法律地位，有力地推动了我国电子商务和电子

---

① 傅旭. 四十三件法律列入全国人大常委会立法计划［N］. 人民日报，2003-06-17（4）.

政务的发展，促进了现代信息技术在社会各领域中的应用。

# 第三节　电子认证服务概述

电子认证服务，是指电子认证服务机构利用电子认证技术为电子签名相关各方提供真实性、可靠性验证的公众服务活动。电子认证技术是保证电子商务交易安全的一项重要技术，主要包括用户身份认证和信息认证。前者用于鉴别用户身份，保证通信双方身份的真实性；后者用于保证通信双方的不可抵赖性和信息的完整性。

## 一、身份认证

### （一）身份认证的目标

身份认证是判明和确认交易双方真实身份的重要环节，也是电子商务交易过程中最薄弱的环节。身份认证包含识别和鉴别两个过程。身份标识（Identification）是指定用户向系统出示自己的身份证明的过程。身份鉴别（Authentication）是系统查核用户的身份证明的过程。身份认证的主要目标包括：

（1）确保交易者是交易者本人，而不是其他人。通过身份认证解决交易者是否存在的问题，避免与虚假的交易者进行交易。

（2）避免与超过权限的交易者进行交易。有的交易者真实存在，但违反商业道德，恶意透支，或提供假冒伪劣商品。利用身份认证，结合银行、工商管理部门和税务部门有关查处的信息，可以有效保证交易的安全性。

（3）访问控制。拒绝非法用户访问系统资源，限定合法用户只能访问系统授权和指定的资源。

### （二）身份认证的基本方式

一般来说，用户身份认证可通过三种基本方式或其组合方式来实现：

（1）用户通过某个秘密信息，例如用户通过自己的口令访问系统资源。

（2）用户知道某个秘密信息，并且利用包含这一秘密信息的载体访问系统资源。包含这一秘密信息的载体应当是合法持有并能够随身携带的物理介质。例如智能卡中存储用户的个人化参数，访问系统资源时必须持有智能卡，并知道个人化参数。

（3）用户利用自身所具有的某些生物学特征，如指纹、人脸、声音、虹膜、DNA等。其中，指纹和人脸识别已经广泛应用于电子支付流程中。

根据在身份认证中采用因素的多少，可以分为单因素认证、双因素认证、多因素认证等方法。利用口令和某些生物学特征进行身份认证属于单因素法，利用智能卡进行认证属于双因素法，将上述几种方法组合起来使用属于多因素法。

### （三）　身份认证的单因素法

用户身份认证的最简单方法就是口令。系统数据库事先保存每个用户的二元组（用户名、口令）信息，进入系统时用户输入二元组信息，系统根据保存的用户信息和用户输入的信息相比较，从而判断用户身份的合法性。很明显，这种身份认证方法操作十分简单，但同时又最不安全，因为其安全性仅仅基于用户口令的保密性，而用户口令一般较短且容易猜测，因此这种方案不能抵御口令猜测攻击。另外，口令的明文传输使得系统攻击者很容易通过中间人攻击方法获取用户口令。

使用 SSL 证书加密技术实现网络通信加密是对口令进行加密传输是一种改进的方法。由于传输的是用户口令的密文形式，系统仅保存用户口令的密文，因而窃听者不易获得用户的真实口令，但是这种方案仍然受到口令猜测的攻击。另外，系统入侵者还可以采用离线方式对口令密文实施字典攻击①。

### （四）　基于智能卡的身份认证

基于智能卡的用户身份认证机制属于双因素法，它结合了基本认证方式中的第一种和第二种方法。用户的二元组信息预先存于智能卡中，然后在认证服务器中存入某个事先由用户选择的某个随机数。用户访问系统资源时，用户输入二元组信息。系统首先判断智能卡的合法性，然后由智能卡鉴别用户身份。若用户身份合法，再将智能卡中的随机数送给认证服务器作进一步认证。这种方案基于智能卡的物理安全性，即不易伪造和不能直接读取其中数据。没有管理中心发放的智能卡，则不能访问系统资源，即使智能卡丢失，入侵者仍然需要猜测用户口令。

### （五）　动态口令机制

动态口令（dynamic password）是根据专门的算法生成一个不可预测的随机数字组合，每个密码只能使用一次，被广泛运用在电子商务、电子支付、网络游戏等领域。

随着移动互联网的发展，动态口令技术已成为身份认证技术的主流。其优势在动态口令身份认证软件系统稳定，且可以与各种业务系统快速无缝互操作。

用于生成动态口令终端的主要有硬件令牌、手机令牌、短信密码等形式。

（1）硬件令牌。基于时间同步的硬件令牌当前非常流行。它每 60 秒变换一次动态口令，产生 6 位/8 位动态数字。动态口令一次有效。

（2）手机令牌。手机令牌是一种手机客户端软件，它是基于时间同步方式，每隔 30 秒产生一个随机 6 位动态密码，口令生成过程不产生通信及费用，具有使用简单、安全性高、低成本、无需携带额外设备等优势。

（3）短信密码。短信密码以手机短信形式请求包含 6 位或更多随机数的动态口令，身份认证系统以短信形式发送随机的 6/8 位密码到客户的手机上，客户在登录或者交易认证时候输入

---

① 字典攻击是通过使用字典中的词库破解密码的一种方法。攻击者将词库中的所有口令与攻击对象的口令列表一一比较。如果得到匹配的词汇则密码破译成功。

此动态口令，从而确保系统身份认证的安全性。

## 二、信息认证技术

### （一）信息认证的目标

在某些情况下，信息认证比身份认证更为重要。例如，在买卖双方发生一般商品交易业务时，可能交易的具体内容并不需要保密，但是交易双方应当能够确认是对方发送或接收了这些信息，同时接收方还能确认接收的信息是完整的，即在通信过程中没有被修改或替换。另一个例子是网络中的广告信息，此时接收方主要关心的是信息真实性和信息来源的可靠性。因此，在这些情况下，信息认证将处于首要的地位。

信息认证的主要目标包括：

（1）可信性。信息的来源是可信的，即信息接收者能够确认所获得的信息不是由冒充者所发出的。

（2）完整性。要求信息在传输过程中保证其完整性，也即信息接收者能够确认所获得的信息在传输过程中没有被修改、遗失和替换。

（3）不可抵赖性。要求信息的发送方不能否认自己所发出的信息。同样，信息的接收方不能否认已收到了信息。

### （二）基于私有密钥体制的信息认证

基于私有密钥(Private Key,简称私钥)体制的信息认证是一种传统的信息认证方法。这种方法采用对称加密算法，也就是说，信息交换的双方共同约定一个口令或一组密码，建立一个通信双方共享的密钥。通信的甲方将要发送的信息用私钥加密后传给乙方，乙方用相同的私钥解密后获得甲方传递的信息。

由于通信双方共享同一密钥，通信的乙方可以确定信息是由甲方发出的。这是一种最简单的信息来源的认证方法。图 4-1 是对称加密示意图。

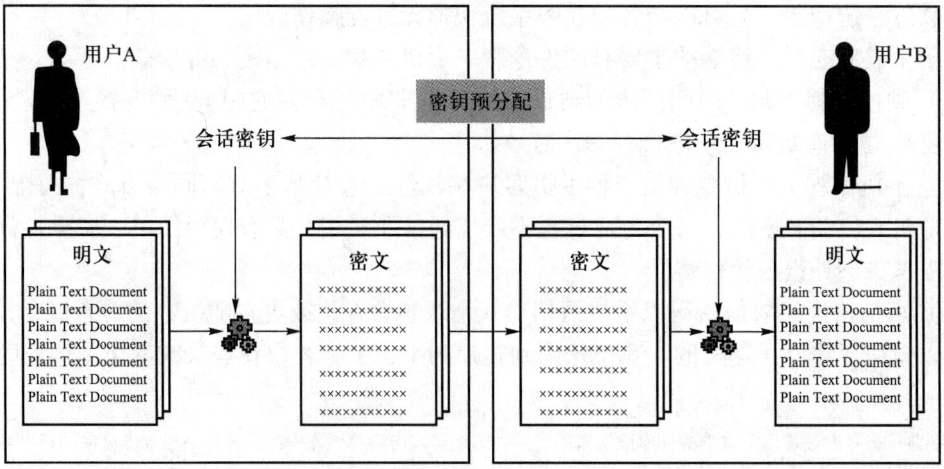

图 4-1　对称加密示意图

对称加密算法有多种，最常用的是 DES 算法。该算法于 1975 年由 IBM 公司研制成功，采用多次换位与替代相组合的处理方法。这种算法被美国国家标准局于 1977 年 1 月正式确定为美国的统一数据加密标准，40 多年来得到了广泛的应用。

对称加密算法应用在电子商务交易过程中存在三个问题：

（1）要求提供一条安全的渠道使通信双方在首次通信时协商一个共同的密钥。直接的面对面协商可能是不现实而且难于实施的，所以双方可能需要借助于邮件和电话等其他相对不够安全的手段来进行协商。

（2）密钥的数目将快速增长而变得难于管理，因为每一对可能的通信实体需要使用不同的密钥，很难适应开放社会中大量的信息交流。

（3）对称加密算法一般不能提供信息完整性的鉴别。

### （三）基于公开密钥体制的信息认证

1976 年，美国学者 Diffie 和 Hellman 为解决信息公开传送和密钥管理问题，提出一种密钥交换协议，允许通信双方在不安全的媒体上交换信息，安全地达成一致的密钥，这就是"公开密钥体系"。

与对称加密算法不同，公开密钥加密体系采用的是非对称加密算法。使用公开密钥算法需要两个密钥——公开密钥(Public Key,简称公钥)和私有密钥。如果用公开密钥对数据进行加密，只有用对应的私有密钥才能进行解密；如果用私有密钥对数据进行加密，则只有用对应的公开密钥才能解密。图 4-2 是使用公钥加密和对应的私钥解密的示意图。

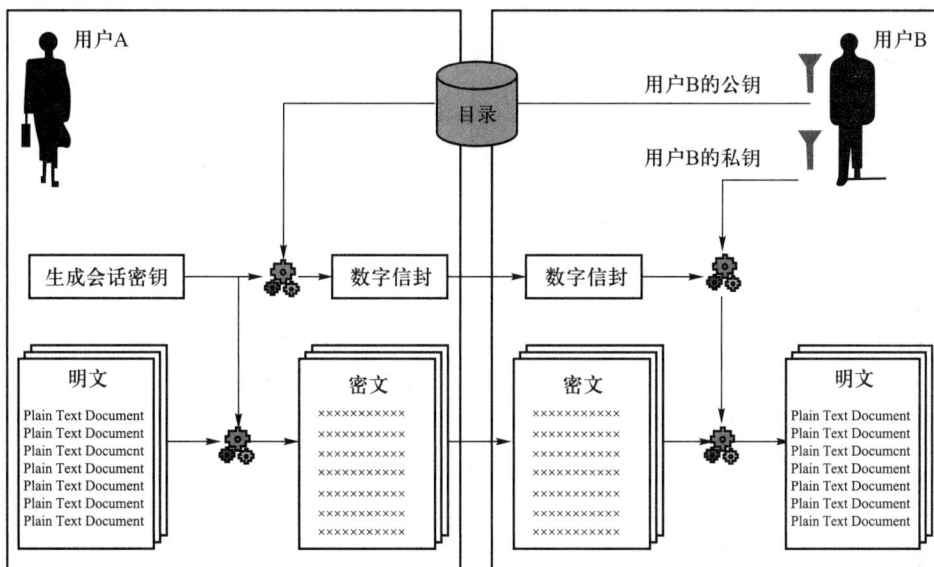

图 4-2　使用公钥加密和对应的私钥解密的示意图

公开密钥体制常用的加密算法是 RSA 算法。该算法是由 Rivest、Shamir、Adleman 于 1978 年开发的。RSA 算法是建立在"大数分解和素数检测"理论基础上的。两个大素数相乘在计算上是容易实现的，但将该乘积分解为两个大素数因子的计算量却相当巨大，大到甚至在计算机上也不可能实现分解。素数检测是判定一个给定的正整数是否为素数。由于大整数分解的困难性，RSA 算法目前被公认为最好的公钥加密算法。

### （四）数字签名和验证

对数据进行加密只解决了保密问题，而防止他人对传输的数据进行破坏，以及如何确定发信人的身份还需要采取其他手段。数字签名（Digital Signature）及验证（Verification），就是实现信息在公开网络上的安全传输的重要方法。

数字签名过程实际上是通过一个哈希函数（Hash Function）来实现的。哈希函数将需要传送的数据转化为一组具有固定长度（128 位或 160 位）的单向 Hash 值，即报文摘要（Message Digest）。发送方用自己的私有密钥对数据摘要进行加密，然后将其与原始的数据附加在一起，即合称为数字签名。数字签名机制提供一种鉴别方法，通过它能够实现对原始报文的鉴别和验证，保证报文完整性、权威性和发送者对所发报文的不可抵赖性，以解决伪造、抵赖、冒充、篡改等问题。

数字签名代表了数据的特征，数据如果发生改变，数字签名的值也将发生变化。不同的数据将得到不同的数字签名。图 4-3 显示了数字签名和验证的传输过程。

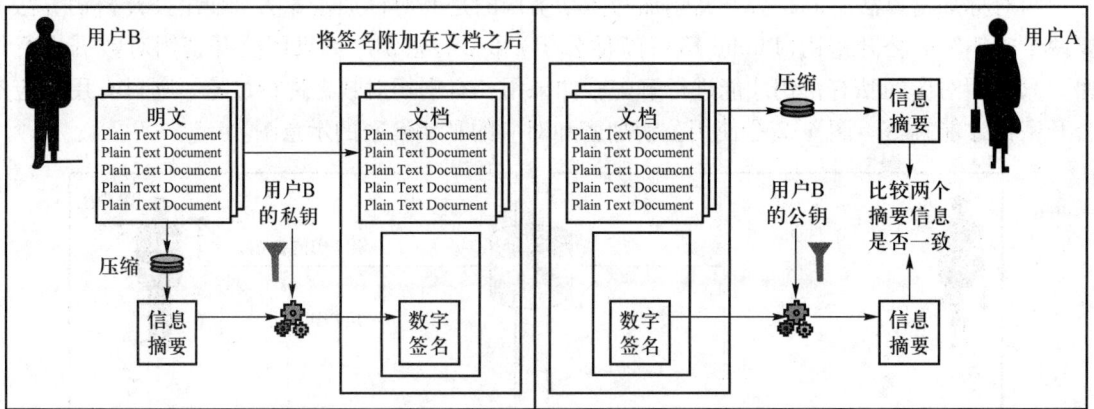

图 4-3 数字签字与验证过程示意图

（1）发送方首先用哈希函数将需要传送的消息转换成数据摘要。

（2）发送方用自己的私有密钥对报文摘要进行加密，形成数字签名。

（3）发送方把加密后的数字签名附加在要发送的报文后面，传递给接收方。

（4）接受方使用发送方的公有密钥对数字签名进行解密，得到发送方形成的报文摘要。

（5）接收方用哈希函数将接收到的报文转换成报文摘要，与发送方形成的报文摘要相比较，若相同，说明数据在传输过程中没有被破坏。

### （五）时间戳

在电子商务交易文件中，时间是十分重要的信息。同书面文件类似，文件签署的日期也是防止电子文件被伪造和篡改的关键性内容。数字时间戳（Digital Time Stamp, DTS）服务是网上电子商务安全服务项目之一，它能提供电子文件的日期和时间信息的安全保护。

时间戳(Time Stamp)是一个经加密后形成的凭证文档,它包括需加时间戳的文件的摘要(Digest)、DTS 收到文件的日期和时间、DTS 的数名签名三个部分。

一般来说,时间戳产生的过程为:用户首先将需要加时间戳的文件用 Hash 函数转化为报文摘要,然后将该摘要加密后发送到提供时间戳服务的机构,DTS 在加入了收到文件摘要的日期和时间信息后再对该文件加密(数字签名),然后送回用户。

书面签署文件的时间是由签署人自己写上的,而数字时间戳则不然,它是由提供时间戳服务的机构 DTS 来加的,以 DTS 收到文件的时间为依据。

## 三、数字证书与电子认证服务提供者

### (一) 数字证书

根据联合国《电子签字示范法》第 1 条,"证书"系指可证实签字人与签字生成数据有联系的某一数据电文或其他记录。我国《电子签名法》规定,电子签名认证证书是指可证实电子签名人与电子签名制作数据有联系的数据电文或者其他电子记录。

电子签名认证证书有多种形式,如数字、指纹、视网膜、DNA 等。其中,最常用的认证证书是数字证书,因为它使用方便、便于记忆,价格又最便宜。

数字证书作为网上交易双方真实身份证明的依据,是一个经使用者数字签名的、包含证书申请者(公开密钥拥有者)个人信息及其公开密钥的文件。基于公开密钥体制(PKI)的数字证书是电子商务安全体系的核心,用途是利用公共密钥加密系统来保护与验证公众的密钥,由可信任的、公正的电子认证服务机构颁发。

数字证书按照不同的分类有多种形式,如个人数字证书和单位数字证书,SSL 数字证书和 SET 数字证书等。

数字证书由两部分组成:申请证书主体的信息和发行证书的 CA 签名(见图 4-4)。证书数据包含版本信息、证书序列号、CA 所使用的签名算法、发行证书 CA 的名称、证书的有效期限、证书主体名称、被证明的公钥信息。发行证书的 CA 签字包括 CA 签字和用来生成数字签字的签字算法。

顾客向 CA 申请证书时,可提交自己的驾驶执照、身份证或护照,经验证后,颁发证书,以此作为网上证明自己身份的依据。

### (二) 电子认证服务提供者

电子认证服务是指为电子签名相关各方提供真实性、可靠性验证的活动。电子认证服务提供者是指为需要第三方认证的电子签名提供认证服务的机构(也称为"电子认证服务机构")。电子认证服务机构(Certificate Authority,CA)在电子商务中具有特殊的地位,它是为了从根本上保障电子商务交易活动顺利进行而设立的。电子认证服务机构主要提供下列服务:

(1) 制作、签发、管理电子签名认证证书;

(2) 确认签发的电子签名认证证书的真实性;

(3) 提供电子签名认证证书目录信息查询服务;

证书

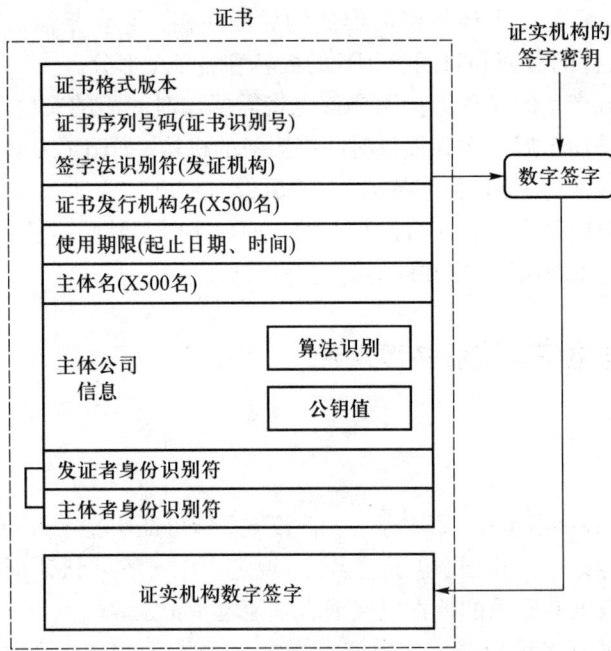

图 4-4　数字证书的组成

（4）提供电子签名认证证书状态信息查询服务。

例如，持卡人要与商家通信，持卡人从公开网络上获得了商家的公开密钥，但持卡人无法确定商家不是冒充的（是有信誉的），于是持卡人请求 CA 对商家认证，CA 对商家进行调查、验证和鉴别后，将签发包含商家公钥（Public Key）以及商家信息的证书传给持卡人。同样，商家也可对持卡人进行验证，如图 4-5 所示。

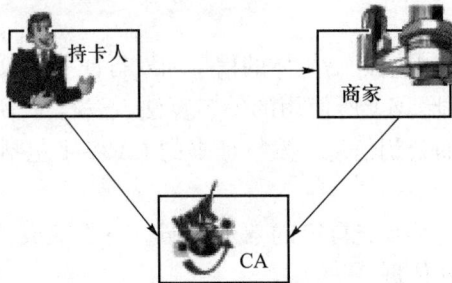

图 4-5　CA 认证

CA 的功能主要有：接收注册请求，处理、批准/拒绝请求，颁发证书。

需要注意的是，第三方认证服务机构是指完全独立于交易各方，与交易内容没有利益关系的认证服务机构。这种认证服务机构一般由信誉良好、资力雄厚的法人来担当。但在目前的网络交易中，实际还存在一种非独立方认证服务机构。例如在客户、商家、银行三角关系中，客户使用的是由某个银行发的信用卡，而商家又与此银行有业务关系（有账号）。在这种情况下，客户和商家都信任银行，银行自行设立电子认证服务机构，担当 CA 角色，接收、处理银行卡客户证书和商家证书的验证请求。这类电子认证服务机构目前在我国法律中尚没有明确的定位，也没有列入信息产业部的管理范围。

## （三）证书的树形验证结构

在两方通信时，通过出示由某个 CA 签发的证书来证明自己的身份，如果对签发证书的 CA 本身不信任，则可验证 CA 的身份，以此类推，一直到公认的权威 CA 处，就可确信证书的有效性。SET 证书正是通过信任层次来逐级验证的。每一个证书与数字化签发证书的实体的签字证书关联。沿着信任树一直到一个公认的信任组织，就可确认该证书是有效的。例如，C 的证书是由名称为 B 的 CA 签发的，而 B 的证书又是由名称为 A 的 CA 签发的，A 是权威的机构，通常称为根认证中心（Root CA）。验证到了 Root CA 处，就可确信 C 的证书是合法的（见图4-6）。

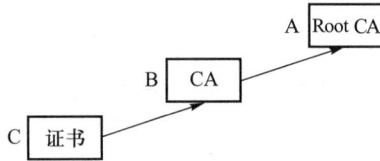

图 4-6　证书的树形验证结构

在网上购物中，持卡人的证书与发卡机构的证书关联，而发卡机构证书通过不同品牌卡的证书连接到 Root CA，而 Root CA 的公共签字密钥对所有的 SET 软件都是已知的，可以校验每一个证书。

## （四）带有数字签名和数字证书的加密系统

安全电子商务使用的文件传输系统大都带有数字签名和数字证书，其基本流程如图4-7所示。

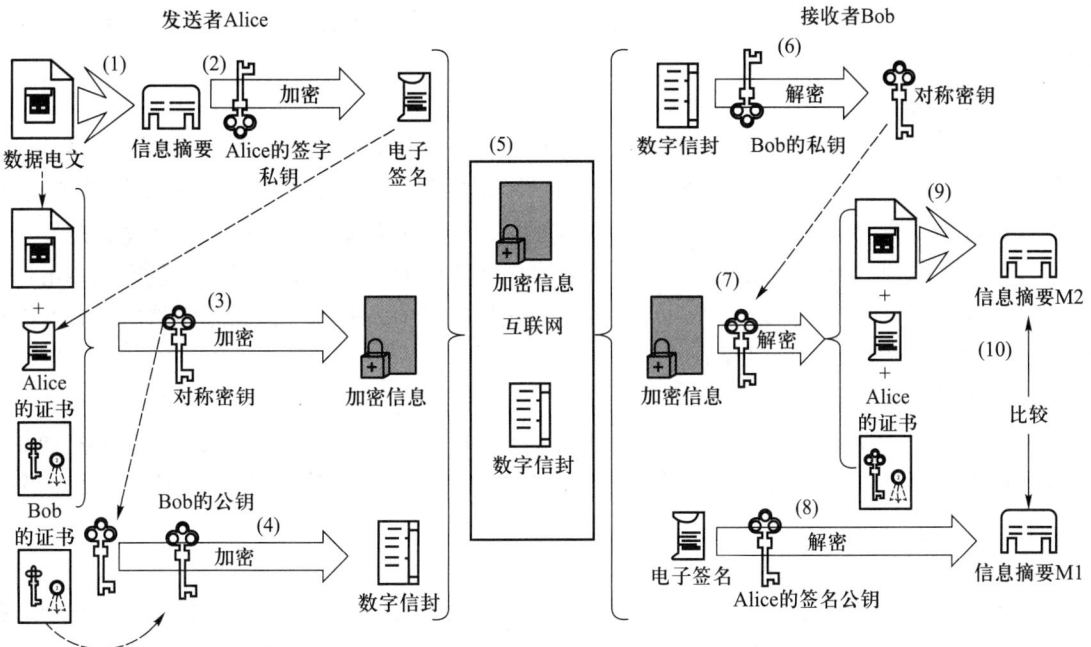

图 4-7　带有数字签字和数字证书的文件传输系统

**119**

图4-7显示了在电子签名中整个文件加密传输的10个步骤:

(1) 在发送方网站上,将要传送的数据电文通过哈希函数变换为预先设定长度的信息摘要。

(2) 利用发送方的私钥给信息摘要加密,得到电子签名。

(3) 将电子签名和发送方的认证证书附在原数据电文上打包,使用DES算法生成的对称密钥在发送方的计算机上为信息包加密,得到加密信息。

(4) 用预先收到的接收方的公钥为对称密钥加密,得到数字信封。

(5) 加密信息和数字信封合成一个新的信息包,通过互联网将加密信息和数字信封传到接收方的计算机上。

(6) 用接收方的私钥解密数字信封,得到对称密钥。

(7) 用还原的对称密钥解密加密信息,得到原数据电文、数字签字和发送方的认证证书。

(8) 用发送方公钥(置于发送方的认证证书中)解密数字签字,得到信息摘要。

(9) 将收到的原数据电文通过哈希函数变换为信息摘要。

(10) 将第(8)步和第(9)步得到的信息摘要加以比较,以确认原数据电文的完整性。

### (五) 电子签名的实际应用——电子签章系统

电子签章系统是基于公钥基础设施PKI(Public Key Infrastructure)的一种应用,是一种遵循既定标准的密钥管理平台。它能够为电子签章网络应用用户提供电子文档加密和数字签名等密码服务及所必需的密钥和证书管理体系。电子签章系统主要是采用PKI的非对称的加密算法,以及包括应用加密、数字签名、数据完整性机制、数字信封、双重数字签名等基础技术。PKI技术是电子签章系统信息安全技术的核心。

电子签章系统由在线签章、发起签章、签名发送、签章档案查询、电子签章数字证书查询、签章验证、收文认证等部分组成。

1. 在线签章

这是电子签章的基本应用。申请到电子签章后,就可以将电子签章数字证书储存介质(例如优盘)插入计算机的USB接口,输入密码登录系统后逐项进行签章和收文或使用其他功能。每项签章过程完毕之后系统会有一个提示,或顺利完成或不能完成的理由。顺利完成的签章电子文件即可下载到本地进行保存和打印。在签章电子文件的打印件上可以看到各方签章的印章印迹和系统安全服务的印戳及二维码形式的电子文档的摘要,系统安全服务印戳由各方签章时间和该签章电子文件的编号组成。

2. 发起签章

当一个电子文件需要自己签章并邀请他人一起签章时,发起人可以在系统中邀请其他签章人并和他们约定签章时间及签章方式。目前这类签章方式有:一方签章、多方会签、多方签章。

3. 多方联签

多方联签主要用于两方或两方以上当事人对一个电子文件的内容签署各自意见、建议、批示等。签章各方可以应用互联网和签章系统在各自办公室的计算机上签署有关文件。电子签章系统使各方对电子文件签章具有不可否认性、不可篡改性和隐秘性,保证未经当事人同意知晓以外的第三方无法知晓电子文件之内容，且日后无论是签章的电子文件还是打印在纸上的签章文件都可以用科学的方法予以验证其真伪及是否被篡改。

**4. 签名发送**

签名发送是用来发送需要对收件方进行收文认证的电子文件，只对所发送的电子文件做数字签名，而不对电子文件加盖安全电子印章。发送的电子文件将具有不可篡改（或篡改能被发现）和不可否认之性能，同时其传输的隐秘性将使除当事人同意浏览该电子文件以外的任何第三方无法知晓文件之内容。一般用于对已签章电子文件的发送。

**5. 签章档案查询**

系统保存所有的签章日志档案，用户可以通过时间段和签章人、签章单位等其他条件查到所需签章文件的日志档案。

**6. 电子签章数字证书查询**

用户可以用签章人、签章单位等查询条件从系统查找到所需的电子签章数字证书，并可加入本地证书列表，也可以在本地证书列表中查找所需的电子签章数字证书。

**7. 签章验证**

用户可以将以前下载的或其他形式收到的签章电子文件在系统中进行验证。系统可以提供对签章电子文件的签章部分和电子文档部分的验证结果。签章部分是对各方印章合法性验证以及各方印章对该电子文件签章时间的验证，电子文档部分是验证其是否被篡改。签章电子文件的打印件也可以进行验证，其方法是输入该签章电子文件的编号，将系统现实的该签章电子文件的签章日志与打印件中的各方印章及系统安全服务印戳进行比对。

**8. 收文认证**

收文认证主要用于对在本系统发送给收文方签章电子文件的下载收件时间认证，也包括签章方下载收件时间认证，它是用来防止收文抵赖的一种认证。

图 4-8 是某公司电子签章系统的流程图。

## 四、电子认证服务体系

电子认证服务体系包括两大部分，即符合 SET 标准的 SET CA 认证体系（又称"金融 CA"体系）和基于 X.509 的 PKI CA 体系（又称"非金融 CA"体系）。

### （一）SET CA

1997 年 2 月，MasterCard 和 Visa 发起成立 SETCo 公司，被授权作为 SET 根认证中心（Root CA）。从 SET 协议中可以看出，由于采用公开密钥加密算法，认证中心（CA）就成为整个系统的安全核心。SET 中 CA 的层次结构如图 4-9 所示。

在 SET 中，CA 所颁发的数字证书主要有持卡人证书、商户证书和支付网关证书。在证书中，利用 X.500 识别名来确定 SET 交易中所涉及的各参与方。SET CA 是一套严密的认证体系，可保证 B2C 类型的电子商务安全顺利地进行。但 SET 认证结构适应于卡基支付，对其他支付方式是有所限制的。

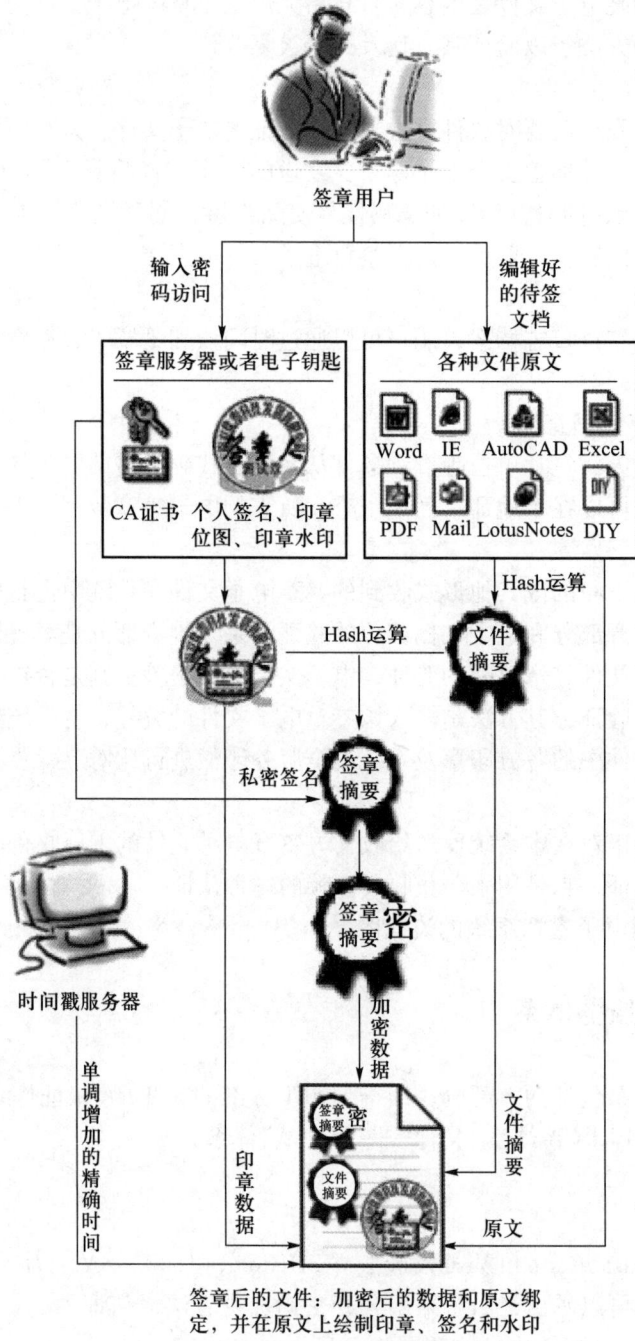

图 4-8 某公司电子签章系统的流程图

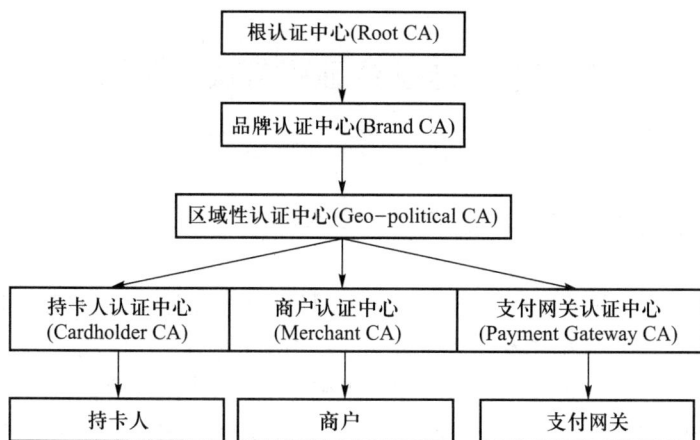

图 4-9　SET 中 CA 的层次结构

## （二）PKI CA

PKI（Public Key Infrastructure,公钥基础设施）是提供公钥加密和数字签字服务的安全基础平台，目的是管理密钥和证书。PKI 是创建、颁发、管理、撤销公钥证书所涉及的所有软件、硬件的集合体，它将公开密钥技术、数字证书、证书发放机构（CA）和安全策略等安全措施整合起来，成为目前公认的在大型开放网络环境下解决信息安全问题最可行、最有效的方法。

PKI 是电子商务安全保障的重要基础设施之一。一个典型的 PKI 应用系统包括五个部分：密钥管理子系统（密钥管理中心）、证书受理子系统（注册系统）、证书签发子系统（签发系统）、证书发布子系统（证书发布系统）、目录服务子系统（证书查询验证系统）。图 4-10 显示了 PKI 体系的构成。

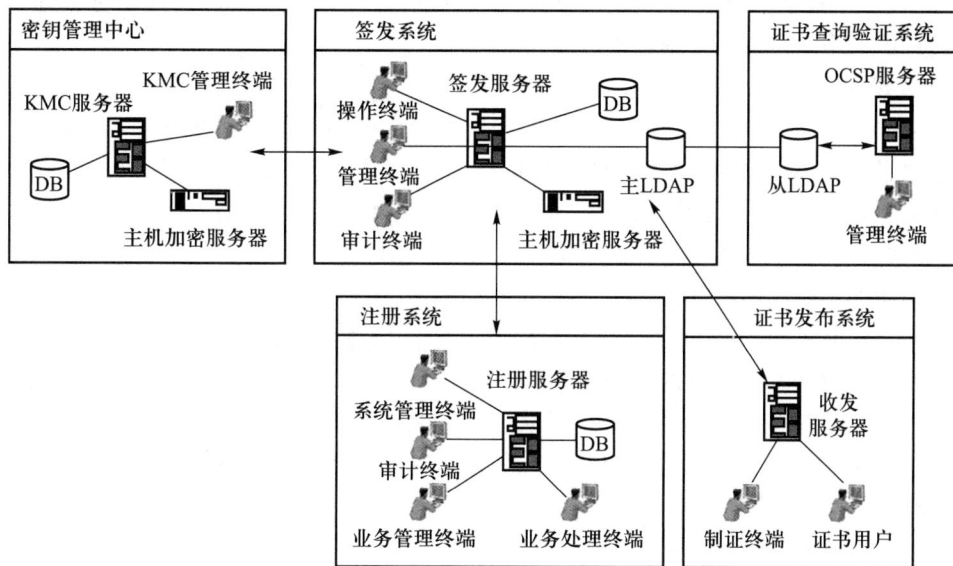

图 4-10　PKI 体系的构成

# 第四节　电子认证服务法律关系

## 一、电子认证服务机构的法定权利与义务

认证服务机构以其信誉为电子商务交易各方提供信用，因此认证服务机构在电子商务中是一个非常重要的独立的第三方主体，其在交易活动中的权利义务对各信赖主体的判断、选择和交易都具有关键性的影响。而仅以合同的方式来确定认证机构的权利义务尚不足以明确认证服务机构在电子商务中的地位与责任，也不利于交易的安全与秩序。因此，必须从法律上加以界定。

### （一）认证机构的主要义务

1. 信息披露义务

工业和信息化部制定的《电子认证服务管理办法》第十二条规定，取得认证资格的电子认证服务机构，在提供电子认证服务之前，应当通过互联网公布下列信息：

（1）机构名称和法定代表人；

（2）机构住所和联系办法；

（3）《电子认证服务许可证》编号；

（4）发证机关和发证日期；

（5）《电子认证服务许可证》有效期的起止时间。

联合国《电子签字示范法》第9条也规定了认证服务机构应该提供合理的查证途径，使对方能够通过证书确认认证服务提供商的身份。

2. 业务说明义务

该义务要求认证服务机构公开其工作流程和为用户提供的服务及服务内容。《电子认证服务管理办法》第十五条规定，电子认证服务机构应当按照工业和信息化部公布的《电子认证业务规则规范》等要求，制定本机构的电子认证业务规则和相应的证书策略，在提供电子认证服务前予以公布，并向工业和信息化部备案。

业务说明的主要内容包括：

（1）描述任何与认证信息发布相关的内容，包括信息库的运营者、运营者的职责、信息发布的频率以及对所发布信息的访问控制等。

（2）运营信息库的实体标识，如电子认证服务机构，或独立信息库服务提供者。

（3）运营者发布其业务时间、证书和证书当前状态的职责，标识出对公众可用和不可用的项、子项和元素。

（4）信息发布的时间和频率。

（5）对发布信息的访问控制，包括证书策略（CP）、电子认证业务规则（CPS）、证书、在线证书状态协议（OCSP）和证书吊销列表（CRL）。

3. 保险义务

认证服务机构是一个高风险的行业，既面临着内部人员操作错误甚至恶意操作等机构运营带来的风险，又必须提防外部攻击；技术的飞速进步也会致使机构业务发生重大变化，而且一旦发生风险往往超出认证服务机构本身的控制。因此，为了减少认证服务机构的风险和稳定交易秩序，有必要施以认证服务机构参加责任保险之义务。

认证服务机构可就下列业务投保：

（1）外部进攻者对被保险人用户的数字证书业务系统进行攻击，破译该电子商务安全技术、伪造证书、篡改数据而造成被保险人用户交易账户资金的损失；

（2）病毒入侵被保险人用户的数字证书业务系统而造成被保险人用户交易账户资金的损失；

（3）火灾、水管爆裂致使被保险人数字证书业务系统遭到破坏，造成被保险人用户交易账户资金的损失；

（4）被保险人用户的数字证书丢失，报失后，他人利用其数字证书进行交易，造成被保险人用户交易账户资金的损失。

工业和信息化部《电子认证业务规则规范（试行）》规定，电子认证服务机构应声明以下事项：电子认证服务机构所负有的责任保险范围、利用其他资源来支持其运营和对潜在责任进行赔付、对其他参与者提供首方责任险或担保保护的程序。

4. 保密义务

电子认证服务机构在承担信息披露义务的同时，为保护用户合法利益，应承担保密义务。《电子认证服务管理办法》第二十条规定，电子认证服务机构应当遵守国家的保密规定，建立完善的保密制度。包括业务信息保密，即涉及机构运作信息的保密；个人隐私保密，即证书用户在申请数字证书时向认证服务机构披露的身份信息及有关信息、证书用户的私人密钥等的保密。

5. 担保义务

认证服务机构一旦将证书发放给用户，就承担着担保证书所述信息真实的义务。这里的"真实"是指认证服务机构在证书发放时依法对用户提供的身份状况等情况予以审查，不存在认证服务机构明知或应知是虚假信息的情况。同时，该义务要求认证服务机构没有超过其许可的限额。担保义务不仅仅针对证书持有人，也适用于证书信赖人。

### （二）认证服务机构的主要权利

认证服务机构的主要权利表现在它对用户证书的管理上。但是，这里的权利在本质上更接近于职权。

（1）发放证书。用户认证证书的发放是应证书申请人的请求进行的，认证服务机构在收到申请后，经审查符合条件的，可以发放证书。一般认为，申请人应提供包括其姓名或名称、住址、有效身份证件或商业登记、联系方法等在内的表明其真实身份的材料和相应证据。

（2）中止证书。认证服务机构对已经发生或可能发生的影响认证安全的紧急事件，应采取措施暂时阻止证书的使用。中止证书是应用户的请求或根据有关法律文件作出的。认证服务机构发现发放的证书可能存在虚假的情况时，也可以中止证书，以确定情况是否属实。认证服务机构在中止证书的同时应当在信息公告栏和可查询之处予以公告，并通知有关当事人。

（3）撤销证书。认证服务机构在用户的主体资格或行为不符合认证机构的规定时，应当终止用户证书的效力。撤销证书可以是基于当事人的请求或法律文件的规定，也可以是认证机构的决定。因此，撤销证书可分为申请撤销和决定撤销。申请撤销是认证服务机构应当事人的请求或法律文件的规定而撤销。决定撤销是在认证服务机构发现认证中的信息已发生变化时主动撤销证书，如用户已死亡或解散；认证服务机构的密钥或信息系统遭到破坏，影响证书安全或用户的私人密钥遭受危险；认证服务机构发现证书虚假等情况。撤销应按法定或认证服务机构公开说明的程序进行，无须经证书持有人的同意，但应当通知证书持有人。

案例：立邦涂料公司与君衍商贸公司关于电子签章法律效力的认证

（4）保存证书。认证服务机构在证书有效期满或撤销后，应当将证书保存并允许查询。认证服务机构应保存其颁发和吊销或撤销证书的所有记录，应尽合理的注意义务，并根据证书上建议的可靠限制，保证记录的安全。

## 二、证书持有人的义务

（1）真实告知义务。证书申请人在申请时应依法如实提供有关身份信息的证明。申请人为法人或其他组织时应提供公司或组织的名称、住址、法定代表人或主要负责人的姓名和住址、联系方式、有关执照或登记证等。在持有证书期间，证书持有人在密钥可能为非授权人知道或存在危害证书安全的情况时应立即通知认证服务机构。因证书申请人违反真实陈述义务给认证机构造成损害的，应予弥补。

（2）妥善保管义务。证书持有人在证书有效期间应尽合理的注意义务，保管其私人密钥，防止将其披露给任何未经授权的第三人。

## 三、围绕电子认证证书形成的两种法律关系

在虚拟市场上，网络交易首先要搞清楚的是在和谁进行交易，他的身份是否真实。这方面的有关事宜是由电子认证服务机构提供的认证证书来说明的。这样，围绕认证证书就形成了两种法律关系：认证服务机构与电子签名人之间的关系、认证服务机构与电子签名信赖方之间的关系。

### （一）认证服务机构与电子签名人之间的法律关系

认证服务机构与其证书持有人之间是合同关系。从保障电子商务交易安全的角度而言，认证服务机构介入交易关系是必不可少的，鉴于其地位的特殊性，法律对认证服务机构和持证人之间的关系做了较多的干预，双方的权利义务有很多强制性条款，但这并不意味着这不是合同关系。双方的法律地位是平等的，是否需要订立认证合同，其内容如何，均由当事人协商确定。法律的强制性规定体现了 20 世纪以来公法对契约自由的渗透，但尚未改变合同的本质。

当事人的合同关系表现在认证证书上。当事人在线或离线申请证书，认证服务机构允诺，

合同即成立。合同的标的是认证机构的服务行为，双方的权利义务载明在认证证书上，因此，证书本身虽不是合同，但它是合同存在的证明。

举例说明，假定某人以虚假的身份证件获得了电子认证服务提供者的证书，以该证书上的身份在网络中同他人进行交易，以致他人上当受骗。那么，受害人能不能要求电子认证服务提供者赔偿呢？

电子认证服务机构提供证书服务，目的是表明电子签名人身份信息的真实性，让其他网络主体相信自己，同时，他也可以了解其他电子签名人的真实身份。这是建立网络商事关系的前提。这种证书提供的服务是一种信息服务，双方的权利义务记载在证书的申请、接受等认证业务说明中，用户申请获得这样的服务，接受认证证书意味着其同意了双方的权利义务。因此，这时他们之间是合同关系。

### （二）认证服务机构与电子签名信赖方之间的关系

从另一个角度讲，电子签名信赖方是指由于相信电子认证服务提供者提供的认证证书而相信电子签名人的身份真实，从而与签名人进行商事交易的人。

从现有的情况看，电子签名信赖方有几种情况：

（1）电子签名信赖方与电子签名人都是同一电子认证服务提供者的用户，都持有电子证书；

（2）电子签名信赖方与电子签名人虽然都持有电子证书，但是由不同的认证机构发放的；

（3）电子签名信赖方不持有任何电子证书。

第一种情况，电子签名信赖方与电子认证服务提供者存在认证服务合同，具有合同关系；第二和第三种情况，电子签名信赖方与电子认证服务提供者之间没有合同，纯粹是基于对电子认证服务提供者的信任而相信证书持有人。但是，不论属于何种情况，对电子认证服务提供者的信赖始终是存在的。即使在第一种情况之下，也无法否认信赖利益的存在。基于此，这种法律关系应该法定化，他们之间的关系应是一种法定信赖利益关系，电子认证服务提供者对电子签名信赖方的法定义务即是其承担责任的基础。该义务集中表现在认证机构的赔偿义务上：

（1）电子认证服务提供者对证书的疏漏和虚假陈述承担责任。电子签名人申请时所提交的各类身份证明，电子认证服务提供者须合理地审查，以免遗漏，对于明知或应知是虚假情事而仍为其陈述的，应承担责任。电子认证服务提供者对建议交易相关事项须以申请人真实资信状况为依据，也不得虚假陈述。但是，电子认证服务提供者已采取了各种合理措施仍不能防止遗漏或虚假情事出现的，不应承担责任。

（2）电子认证服务提供者对未按其认证业务说明的要求或程序进行操作承担责任。认证业务说明具有公示性，并使证书信赖人产生信赖。电子认证服务提供者违反业务说明进行操作，则有悖于诚实信用原则，由此造成真实信赖人损害的，应承担责任。

## 四、交叉认证的法律关系

我国《电子签名法》第二十六条规定，经国务院信息产业主管部门根据有关协议或者对等原则核准后，中华人民共和国境外的电子认证服务提供者在境外签发的电子签名认证证书与依照本法设立的电子认证服务提供者签发的电子签名认证证书具有同等的法律效力。本条确立了境外电子认证服务提供者在境外签发的电子签名认证证书的法律效力，同时也提出了一个交叉认证的问题。

### （一）交叉认证的解决方式

持有同一认证机构的证书的当事人进行交易，他们之间会发生单一的认证关系；当持有不同认证机构的证书的当事人进行交易时，彼此就会产生交叉认证。从认证本身的要求来看，认证是为了让交易各方了解彼此的状况，而这种了解是基于对认证机构权威性的信任的。如果交易一方所持证书的发证机构不为对方熟悉，这种信任就很难建立。而网络交易的全球性和认证机构的独立性必然会导致此类情况大量存在。交叉认证中既存在国内不同机构的交叉认证，也存在国际间的交叉认证。因此，如何实现认证机构之间的认证，即交叉认证，就具有重大意义。

国际间的交叉认证的解决方式主要有三种。第一种是通过国际条约或双边协定来处理。这是一种较为理想的方式。凡加入条约或协定的国家，均可承认对方认证机构发放的证书在本国的效力。

第二种是行政核准方式。境外认证机构在境内开展活动，为境内企业发放证书，须获得境内行政部门的核准。在这种方式下，境外机构的认证政策和可信性条件要符合本国规定的标准，而这种标准是开放和公开的，适用于所有境外的认证机构。

第三种是认证担保的方式。在没有双边协定和国际条约的情况下，境外认证机构可以通过寻求境内认证机构提供担保，以解决该问题。

在我国国内，各认证机构之间同样也存在交叉认证问题。解决的方案有几种，有人建议建立一个国家级的"根认证机构"来认证其他认证机构，也有人认为可建立一个认证服务联盟来协调处理此类关系，可谓"桥认证"。但在目前，可行性较强的方式是采用认证担保方式，此方式只需认证服务机构订立担保合同即可，较为简单，涉及的关系较少，但仍然是权宜之计，问题的最终解决需要国家立法统一规定。

### （二）联合国《电子签字示范法》的规定

联合国《电子签字示范法》第12条规定了承认外国证书和电子签名的一般原则，从而为解决交叉认证提供了可适用的国际立法性文件。该法要求在承认外国证书和电子签名时应遵循以下原则。

（1）不歧视原则。一国不得因为证书来源地的不同而判定该证书和电子签名是否具有法律效力或决定其法律效力的等级。也就是说，不论证书在何地签发，电子签名在何地作出都不能成为影响其法律效力的因素，外国证书和电子签名的可靠性取决于其技术上的可靠性。

（2）基本等同的可靠性原则。这是一国判断外国证书和电子签名法律效力的一般标准。《电子签字示范法》所确认的技术标准包括公认的国际标准和其他有关因素。所谓公认的国际标准是指国际技术和商业标准，也包括政府机构或政府间采用的标准或规范。但是《电子签字示范法》并不要求外国证书和电子签名所具备的可靠性与本国完全一致，而是要求基本等同。由于证书等级的不同，各国可能对不同等级证书的法律效力有不同的规定。因此，在运用基本等同的可靠性原则时应对同等级的证书进行比较判断。

（3）当事人的约定有效的原则。有关国家应当承认当事人约定使用某类证书或签字的协议有效，不受上述两个原则的约束。考虑到电子商务的全球性和合同自由的本质，当事人的约定有利于交易的正当进行。但是《电子签字示范法》的这一规定并非排除法律的强制适用，如果当事人的约定违反本国法律则无效。

## 五、认证机构的法律责任

### （一）认证机构责任的限制

认证是一个高风险的行业，既有内部风险又有外部风险，并且一旦发生风险往往会造成非常严重的后果。认证机构在审查当事人的真实身份时应尽合理的注意，无过错的不应承担责任。

具体而言，认证机构在以下几种情况下可以免责或减轻责任：

（1）当事人违反认证证书发放的目的进行交易。

（2）证书持有人知道其密钥已泄密或有被损坏或无用的危险时，有义务请求撤销而未提出，造成他人损失的，由其本人承担。

（3）认证机构在发现根密钥或信息系统遭到破坏或可能遭到破坏，为避免更大的损失而中止或撤销用户证书，造成他人损失的可以减轻或免责。

（4）认证机构在审查证书申请人身份时已尽了合理注意义务仍不能避免错误的，认证机构对该错误及由此产生的损失免责。

（5）认证机构对于假冒或仿冒本机构的证书及由此产生的损失不承担责任。

### （二）认证机构赔偿范围限制

认证机构与证书持有人和证书信赖人之间构成法定的权利义务关系，因认证机构的过错导致当事人损失的，认证机构应承担赔偿责任，认证机构与证书持有人也可以通过合同来确立彼此责任的范围和大小。

损害赔偿有直接损失赔偿和间接损失赔偿之分。直接损失是指现有财产的减少、毁损或灭失；间接损失是指可得利益的损失，主要是利润的损失。《民法典》第五百八十四条规定："当事人一方不履行合同义务或者履行合同义务不符合约定，造成对方损失的，损失赔偿额应当相当于因违约所造成的损失，包括合同履行后可以获得的利益；但是，不得超过违约一方订立合同时预见到或者应当预见到的因违约可能造成的损失。"根据我国《电子商务法》的规定，认证机构因存在过错造成电子签名人或电子签名依赖方损失的赔偿责任，包括了直接损失和间接损失。

# 第五节　电子认证服务机构的管理

"十三五"期间，我国电子认证服务①规模飞速增长。根据《中国电子商务报告（2020）》，我国电子签名市场规模从2016年的8.5亿元增至2020年的108.2亿元，年复合增长率达66.3%，产业规模翻了12.7倍。电子签名企业数量从2016年的76家增长到145家，涌现出e签宝、法大大和上上签等知名服务提供商。电子签名在电子商务的应用场景日益丰富，在商户入驻、平台交易、金融服务、分销代理和合同单据等环节均有广泛应用。

## 一、电子认证服务提供者的资质管理

对电子认证服务提供者资质的管理是政府监控认证活动的重要手段，只有具有较高经营条件的组织才可承担电子认证服务业务。为此，《电子签名法》和《电子认证服务管理办法》作出了相应规定。

（1）业务许可。我国政府对电子认证业务经营实行许可制度，电子认证服务提供者从事电子认证服务活动必须取得工业和信息化部颁发的《电子认证服务许可证》，未取得电子认证服务许可证的任何组织或者个人不得从事相应的经营活动。《电子认证服务许可证》的有效期为5年。

（2）经营条件。提供电子认证业务的机构应当具备的条件：一是具有独立的企业法人资格；二是从事电子认证服务的专业技术人员、运营管理人员、安全管理人员和客户服务人员不少于30名；三是注册资金不少于人民币3 000万元；四是具有固定的经营场所和满足电子认证服务要求的物理环境；五是具有符合国家有关安全标准的技术和设备；六是具有国家密码管理机构同意使用密码的证明文件；七是法律、行政法规规定的其他条件。

（3）申请程序。申请经营电子认证服务业务，应当向工业和信息化部提出申请，并提交相关文件。工业和信息化部自接到申请之日起45日内作出许可或者不予许可的书面决定。不予许可的，说明理由并书面通知申请人。

（4）企业登记。经批准经营电子认证服务的，应当持《电子认证服务许可证》到工商行政管理机关办理相关手续。

（5）变更登记。电子认证服务机构在《电子认证服务许可证》的有效期内变更法人名称、住所、注册资本、法定代表人的，应自完成相关变更手续之日起5日内公布变更后的信息，并自公布之日起15日内向工业和信息化部备案。电子认证业务规则发生变更的，电子认证服务机构也应当予以公布，并自公布之日起30日内向工业和信息化部备案。

（6）年度检查。工业和信息化部对电子认证服务机构进行年度检查并公布检查结果。年度检查采取报告审查和现场核查相结合的方式。

---

① 电子认证包括证书签发、证书资料库访问以及网络身份认证、可靠电子签名认证、可信数据电文认证、电子数据保全、电子举证、网上仲裁等服务。

（7）停止经营。电子认证服务机构在《电子认证服务许可证》的有效期内拟终止电子认证服务的，应在终止服务 60 日前向工业和信息化部报告，同时向工业和信息化部申请办理证书注销手续，并持工业和信息化部的相关证明文件向工商行政管理机关申请办理注销登记或者变更登记。电子认证服务机构拟暂停或者终止电子认证服务的，应在暂停或者终止电子认证服务 60 日前，就业务承接及其他有关事项通知有关各方。

## 二、电子认证服务机构的监督管理

（1）审计监督。主管部门应对认证机构的资产和财务状况进行定期审查，以避免发生财务危机。

（2）业务监管。认证机构的业务主管部门应对其信息披露与保密情况、安全系统的运行情况等方面进行定期或不定期的检查。

## 三、电子认证服务机构的内部管理

### （一）审查制度

电子认证服务机构收到电子签名认证证书申请后，应当对申请人提供证明身份的有关材料进行查验，并对有关材料进行审查。签发的电子签名认证证书应当准确载明签发电子签名认证证书的电子认证服务机构名称、证书持有人名称、证书序列号、证书有效期、电子认证服务机构的电子签名以及工业和信息化部规定的其他内容。

为了保障电子签名依赖方的利益，电子认证服务机构应保证电子签名认证证书内容在有效期内完整、准确。首先，电子签名认证证书所载内容及其他有关事项应真实、可靠，并可以为电子签名依赖方证实或了解；其次，电子签名制作数据的运作状况在电子认证服务机构的控制之内。

电子认证服务提供者应当妥善保存与认证相关的信息，信息保存期限至少为电子签名认证证书失效后 5 年。

### （二）举证责任

《电子签名法》第二十八条规定，电子签名人或者电子签名依赖方因依据电子认证服务提供者提供的电子签名认证服务从事民事活动遭受损失，电子认证服务提供者不能证明自己无过错的，承担赔偿责任。

《电子签名法》第二十八条所采用的归责原则是过错推定原则，无过错则不承担责任。但这种无过错需要电子认证服务提供者自己证明自己没有过错。

举证责任也称为证明责任，包括提出证据的责任和说服责任两个方面。民事案件在举证责任上，一般实行“谁主张，谁举证”的原则。然而在许多情况下，权利人却由于不掌握、又无力取得等原因无法举证。于是民事法律上又有了举证责任倒置的规定。所谓举证责任倒置，是指在特定情况下，将原本应当由主张一定的法律事实的一方当事人举证的责任，规定由对方当事人承担的一种法律制度。

电子签名之所以应由电子认证服务提供者负责举证，是电子签名证据形成的客观规律所决定的。电子签名(行为和事件)的发生过程，必然影响到与之相联系的事物，从而在这些事物上留下痕迹，观察到发生过程的人会留下记忆，于是，形成了广义物证或人证等各种各样的证据。这类证据，从广义上讲，各方当事人均有机会获得，但从电子签名的提供方面讲，有且只有电子认证服务提供者有机会提供。从法律上讲，只有有机会获得证据的人才有提供证据的可能性，而要求没有机会获得证据的人提供证据不仅违反客观规律，而且增加查清事实的难度。故在前一种情况下，由于各方当事人均有机会获得证据，根据公平的原则，举证责任应当分配给主张法律事实的一方当事人。但是，在虚拟环境下，电子签名人虽具备获得证据的可能性，而实际上往往不具备获得证据的能力，或者较电子认证服务提供者而言远离证据，实际获得证据所要付出的成本使得诉讼活动变得毫无快捷和经济性可言，所以，此时应当考虑由电子认证服务提供者负举证责任。在后一种情况下，因为有且只有电子认证服务提供者有机会获得证据，只能要求有机会获得证据的一方当事人负举证责任。所以，电子签名证据形成的客观规律是分配举证责任给电子认证服务提供者的重要依据。

### （三）密码管理

根据国家密码管理局《电子认证服务密码管理办法》，提供电子认证服务，应当申请"电子认证服务使用密码许可证"，为社会公众提供第三方电子认证服务的系统应使用商用密码，电子认证服务系统应当由具有商用密码产品生产资质的单位承建，其建设和运行应当符合《证书认证系统密码及其相关安全技术规范》。

### （四）业务规则

电子认证业务规则是电子认证服务机构对所提供的认证及相关业务的全面描述。在我国《电子签名法》颁布之前，认证机构的业务规则比较混乱。2005 年 4 月，随着《电子签名法》的实施，工业和信息化部颁布了《电子认证业务规则规范(试行)》。该规范包括了认证机构的责任范围、作业操作规范、信息安全保障措施、认证机构审计、法律责任等内容，对电子认证服务机构改善管理、提高服务水平起到了很好的推动作用。

## 思 考 题

1. 试比较我国《电子签名法》中"电子签名"的概念与联合国《电子签字示范法》英文版中"电子签字"的概念，以及中文版中"电子签字"的概念之间的差异。

2. 试述可靠电子签名的条件及其法律效力。

3. 简述电子签名的适用前提与范围。

4. 试述认证机构的主要权利和义务。

5. 试述电子认证服务提供者的举证责任。

# 参 考 文 献

［1］杨坚争．中华人民共和国电子签名法释义［M］．上海：立信会计出版社，2004．

［2］艾媒咨询．2020—2021年中国电子签名行业发展现状及用户调研分析报告［EB/OL］．艾媒网，2021-02-25．

［3］国家密码管理局．《电子认证服务密码管理办法》解读［EB/OL］．国家密码管理局网站，2009-09-28．

［4］罗灿．电子签名中"第三方认证"的证据问题思考［J］．中国律师，2021（9）：81-83．

［5］吕来明，陈天舒．以电子商务法为基础 进一步明晰网络交易行为规范和监管［N］．中国市场监管报，2021-07-13（3）．

# 第五章 电子合同法律制度

合同是交易的桥梁。在网络环境下，电子合同从形式到内容都发生了重大变化。本章从传统交易环境和网络交易环境比较的角度，结合国际上相关立法规定，分析合同在网络环境中发生的变化和产生的新问题。本章着重研究了电子合同的订立，电子合同中自动电文系统、网上拍卖、点击合同三种特殊的电子合同形式；重点阐述电子合同法律关系，指出电子合同当事人特殊的权利义务。

## 第一节 电子合同的概念与分类

### 一、电子合同与传统合同的区别

合同，亦称契约。我国《民法典》第四百六十四条规定：合同是民事主体之间设立、变更、终止民事法律关系的协议。合同反映了双方或多方意思表示一致的法律行为。现阶段，合同已经成为保障市场经济正常运行的重要手段。

传统的合同形式主要有两种：口头形式和书面形式。口头形式是指当事人采用语言等直接表达的方式达成的协议。而书面形式是指当事人采用合同书、信件和数据电文（包括电报、电传、传真、电子数据交换和电子邮件）等可以有形地表现所载内容的形式。

在电子商务中，合同的意义和作用没有发生质的改变，但其形式却发生了极大的变化：

（1）合同订立的环境不同。传统合同发生在现实世界里，交易双方可以面对面地协商，而电子合同发生在虚拟空间中，交易双方一般互不见面，在电子自动交易中，甚至不能确定交易相对人，他们的身份依靠密码的辨认或认证机构的认证。

（2）合同订立的各环节发生了变化。要约与承诺的发出和接收较传统合同复杂，合同成立和生效的构成条件也有所不同。

（3）合同的形式发生了变化。电子合同所载信息是数据电文，不存在原件与复印件的区分，无法用传统的方式进行签名和盖章。

（4）合同当事人的权利和义务有所不同。在电子合同中，既存在由合同内容所决定的实体权利义务关系，又存在由特殊合同形式产生的形式上的权利义务关系，如数字签名法律关系。在实体权利义务法律关系中，某些在传统合同中不很重视的权利义务在电子合同里显得十分重要，如信息披露义务、保护隐私权义务等。

（5）电子合同的履行和价款支付较传统合同复杂。

（6）电子合同形式上的变化对与合同密切相关的法律产生了重大影响，如知识产权法、证据法。

电子合同形式的变化，给世界各国都带来了一系列法律新问题。电子商务作为一种新的贸易形式，与现存的合同法发生矛盾是非常普遍的事情。对于法律法规来说，面临着怎样修改并发展现存合同法，以适应电子商务这种新的贸易形式的问题。

## 二、电子合同的概念

### （一）对电子合同概念的探讨

合同最早起源于古罗马法，古罗马法称之为契约（契约的内涵略广于合同），并将之作为调整民事法律关系的协议，因而在最初，合同是民法的特有概念。随着社会的进步和法律制度的发展，法律体系变得更加细化，合同这一概念逐步应用到其他法律部门。

联合国《电子商业示范法》第2条第1款规定："'数据电文'系指经由电子手段、光学手段或类似手段生成、储存或传递的信息，数据电文包括但不限于电子数据交换（EDI）、电子邮件、电报或传真所传递的信息。"第6条第1款规定："如果法律要求信息须采用书面形式，则假若一项数据电文所含信息能够调取以备日后查用，即满足了该项要求。"该法虽未对电子合同有明确的定义，但从这两条规定来看，《电子商业示范法》允许贸易双方通过电子手段传递信息、签订买卖合同和进行货物所有权的转让。这样，以往不具法律效力的数据电文将和书面文件一样得到法律的承认。该法的通过为实现国际贸易的"无纸操作"提供了法律保障。

我国《民法典》中的合同编也将合同从传统的书面合同形式扩大到数据电文形式。《民法典》第四百六十九条规定："以电子数据交换、电子邮件等方式能够有形地表现所载内容，并可以随时调取查用的数据电文，视为书面形式。"也就是说，不管合同采用什么载体，只要可以有形地表现所载内容并可随时调用，即视为符合法律对"书面"的要求。

联合国《电子通信公约》第1条规定了国际合同中使用电子通信的适用范围：

（1）本公约适用于营业地位于不同国家的当事人之间订立或履行合同有关的电子通信的使用。

（2）当事人营业地位于不同国家，但这一事实只要未从合同或当事人之间的任何交往中或当事人在订立合同之前任何时候或订立合同之时披露的资料中显示出来，即不予以考虑。

（3）在确定本公约是否适用时，既不考虑当事人的国籍，也不考虑当事人和合同的民事或商务性质。

这里的"通信"系指当事人在一项合同的订立或履行中被要求作出或选择作出的包括要约和对要约的承诺在内的任何陈述、声明、要求、通知或请求；"电子通信"系指当事人以数据电文方式发出的任何通信。

这里，清除了国际合同中使用电子通信的法律效力不确定性所产生的种种问题构成的对国际贸易的障碍，明确了"电子通信"和"数据电文"在国际合同订立中的法律效力。但这些合同不包括为个人、家人或家庭目的订立的合同，受管制交易所的交易，外汇交易，银行间支付系统、银行间支付协议，或者与证券或其他金融资产或票据有关的清算和结算系统，对中间人持有的证券或其他金融资产或票据的担保权的转让、出售、出借或持有或回购协议，以及汇票、本票、运单、提单、仓单或任何可使持单人或受益人有权要求交付货物或支付一笔款额的可转让单证或票据。

上述文件都从不同角度反映了电子合同的特征，但又没有明确表述电子合同的概念。在电子合同逐渐推广的今天，给出电子合同的科学概念已经十分必要。

### （二）本书对电子合同的定义

电子合同定义的给出需要应用联合国提出的一种"功能等同法"（Functional‐Equivalent Approach）。[①]

传统的商务合同的成立有 4 个基本要素：

（1）合同内容：没有合同的内容，不能反映交易各方的意思表达。

（2）合同载体：通常使用纸张作为合同的载体。

（3）合同签名或盖章：签名或盖章表示合同签署者对合同条款达成合意。

（4）合同文本的交换方法：经常使用当面传递或邮寄的方法交换合同文本。

上述 4 个基本要素是相互密切关联的，且缺一不可。例如，没有签名或盖章的合同不具有法律效力；仅有签名或盖章而没有内容的合同没有意义；没有交换的合同文本不能得到双方的承认。但同时，传统的商务合同的成立还需要有一个必要条件，即合同内容、合同载体、合同签名或盖章必须结合为一体。实际操作中，经常使用骑缝章或"本页无正文"等方法来保证

---

①　联合国《电子商业示范法》的起草是以这一认识为依据的，即针对传统的书面文件的法律规定是发展现代通信手段的主要障碍。在拟订《电子商业示范法》时，曾考虑能否通过扩大"书面形式""签字"和"原件"等概念的范围，把以计算机为基础的技术也包括进去，以解决国内法中的这种规定给使用电子商业造成的障碍。一些现有法律文书就采用了这种办法，例如《贸易法委员会国际商业仲裁示范法》第 7 条和《联合国国际货物销售合同公约》第 13 条。

《电子商业示范法》允许各国将其国内立法加以修改以适应关于贸易法的通信技术的发展，而不必全盘取消书面形式的要求或打乱这些要求所依据的法律概念和做法。同时还认为，通过电子手段满足书面形式要求在某些情况下可能需要制定新的规则，这是因为电子数据交换电文与书面单证之间的区别之一是后者可用肉眼阅读，而前者除非使其变为书面文字或显示在屏幕上，否则是不可识读的。

因此，《电子商业示范法》依赖一种称作"功能等同法"的新方法，这种办法立足于分析传统的书面要求的目的和作用，以确定如何通过电子商业技术来达到这些目的或作用。例如，书面文件可起到下述作用：提供的文件大家均可识读；提供的文件在长时间内可保持不变；可复制一文件以便每一当事方均掌握一份同一数据副本；可通过签字核证数据；提供的文件采用公共当局和法院可接受的形式。应当注意到，关于所有上述书面文件的作用，电子记录亦可提供如同书面文件同样程度的安全性，在大多数情况下，特别是就查明数据的来源和内容而言，其可靠程度和速度要高得多，但需符合若干技术和法律要求。然而，采用功能等同法不应造成电子商务使用者须达到较书面环境更加严格的安全标准（和相关费用）。

就数据电文本身来看，不能将其视为等同于书面文件，因为数据电文具有不同的性质，不一定能起到书面文件所能起到的全部作用。这就是为什么《电子商业示范法》采用了一种灵活的标准，考虑到采用书面文件的环境中现行要求的不同层面：采用功能等同办法时，注意到形式要求的现有等级，即要求书面文件提供不同程度的可靠性、可查核性和不可更改性。例如，关于应以书面形式提出数据的要求（构成"最低要求"）不应混同于较严格的一些要求，例如"经签署的文书""经签署的原件"或"经认证之法律文件"。

《电子商业示范法》并不打算确定一种相当于任何一种书面文件的计算机技术等同物，相反，《电子商业示范法》只是挑出书面形式要求中的基本作用，以其作为标准，一旦数据电文达到这些标准，即可同起着相同作用的相应书面文件一样，享受同等程度的法律认可。

合同的基本要素不可分割。

根据功能等同法，若要在交易活动中使用电子合同，也必须同时具备传统合同的 4 个要素，电子合同才能够具有法律效力。只是在网络环境下，传统合同的 4 个要素的形式都发生了变化。

（1）合同内容：在合同内容上，电子合同与传统合同没有区别。

（2）合同载体：使用数据电文作为电子合同的载体，通过屏幕进行显示。

（3）合同签名或盖章：使用电子签名或电子签章代替传统合同的签名或盖章。而且，电子签名或电子签章也将合同的各个要素连接为一个整体，实现了传统合同成立的必要条件。

（4）合同文本的交换方法：使用电子通信交换电子合同。

由此，我们可以给出电子合同的定义：电子合同是平等主体的自然人、法人、其他组织之间以数据电文为载体，使用电子签名，并利用电子通信设立、变更、终止民事权利义务关系的协议。

在电子商务实际交易中，合同的成立除了电子签名或电子签章外，还有两种特殊的形式。一是"当事人采用信件、数据电文等形式订立合同要求签订确认书的，签订确认书时合同成立"。二是"当事人一方通过互联网等信息网络发布的商品或者服务信息符合要约条件的，对方选择该商品或者服务并提交订单成功时合同成立，但是当事人另有约定的除外"。[①]

根据电子合同的定义，我们对电子合同的研究将侧重于三个方面。一是作为载体的数据电文，二是用于验证的电子签名，三是作为交换手段的电子通信。电子签名已经在第四章做了专门的研究。本章将侧重于数据电文和电子通信的研究。

## 三、电子合同的分类

电子合同的分类是指按照一定的标准将各类电子合同加以区别，其目的在于，通过分类来掌握某一类合同的共同特征以更好地进行研究和指导实践。电子合同作为一种民商事合同可以按传统合同的分类标准来划分。然而，它又是一种特殊形式的合同，具有自己的特殊性，可以按照自身的特点加以分类。

### （一）信息产品合同与非信息产品合同

根据标的物的不同，合同可分为货物贸易合同、服务贸易合同及知识产权贸易合同三大类。通过电子商务可以进行在线货物买卖或在线信息服务，这类电子合同的标的物与传统合同的标的物并无二致，但同时电子商务也产生了一类新的合同，即信息产品合同。

例如，我们在网上花店为朋友订购一束花，如果我们要求网上花店在指定的时间将鲜花送给这位朋友，这就形成一个实物产品的买卖合同，其标的物就是一束现实的鲜花；如果我们订购的是一束数字化的花，要求花店按时送给那位朋友，此时的标的物并非是鲜花，可以说，我们买的是花或是图片或是一串特定的电子数据，实际上它就是信息产品。与此类似，软件、数

---

① 参见《民法典》第四百九十一条。

据库、书刊、音像等可以在线传播的都是信息产品。

因此，我们可以把电子合同的标的物分为两类：一类是信息产品，另一类是非信息产品，从而产生信息产品合同与非信息产品合同。

### （二）信息许可使用合同与信息服务合同

根据合同标的物性质的不同可将合同区分为信息许可使用合同与信息服务合同。信息许可使用合同是指以转移信息产品的使用权为标的物的合同，如音乐、软件的所有权人许可他人下载，在离线后仍可使用；信息服务合同是指以提供信息服务为标的物的合同，如信息访问、认证服务、交易平台服务等。

案例：
"手某网"网
络购物合同
纠纷案

### （三）网络购物合同

网络购物合同是利用自动信息系统或点击合同系统订立的合同，其标的物可以是信息产品或服务，也可以是非信息产品或服务。这是一类在电子商务交易中广泛使用的合同类型。鉴于其特殊性，这里将它单独列出讨论。

根据中国司法大数据研究院的调查[①]，2017 年 1 月至 2020 年 6 月，全国各级人民法院一审新收网络购物合同纠纷案件共计 4.9 万件。虽然全国网上零售额呈逐年上升趋势，但每亿元零售额纠纷案件量由 2017 年的 0.185 件逐年下降到 2020 年的 0.154 件。

在网络购物合同纠纷案件中，30.78% 的争议涉及食品安全问题，22.56% 的纠纷案件中消费者认为卖家的销售存在虚假宣传或其他欺诈行为，21.65% 的纠纷案件是由于商品缺少必要的标签标注，9.15% 的争议涉及假冒伪劣等产品质量问题，其他争议合计占比 15.86%。

在网络购物合同纠纷案中，67.16% 的纠纷案件结案标的额在 1 万元及以下；25.75% 为 1 万元（不含）至 5 万元（含）；4.66% 为 5 万元（不含）至 10 万元（含）；2.43% 在 10 万元以上。

## 第二节　数　据　电　文

### 一、数据电文的定义

我国《电子签名法》给出的数据电文定义与联合国《电子签字示范法》中的定义基本相同："数据电文"系指经由电子手段、光学手段或类似手段生成、发送、接收或储存的信息，这些手段包括但不限于电子数据交换、电子邮件、电报、用户电报或传真。所不同的是我国《电子签名法》没有列举"数据电文"的具体形式，其出发点主要是从技术发展的不确定性考虑。因为数据电文技术一直在快速发展，其表现形式是不能穷举的。《电子签名法》制定不仅适用于现有的通信技术，而且考虑了适用于未来可预期的技术发展。"数据电文"定义的目的是要包

---

① 中国司法大数据研究院. 网络购物合同纠纷案件特点和趋势（2017.1-2020.6）［EB/OL］（2020-11-19）［2022-11-20］. 最高人民法院网站.

含基本上以无纸形式生成、传递或储存的电文。在电子技术引进之前，法律很少碰到文本在什么中介载体上呈现的问题。在电报、电传和传真产生之后，也没有出现不可克服的困难，尽管电报、电传和传真都包含电子脉冲的应用，但接收方从接收机中得到的一张通信记录纸就足以形成书面的证据了。电子商务所利用的电子邮件和电子数据交换与电报、电传、传真非常相似，都是通过一系列电子脉冲来传递信息的。但它们通常不是以原始纸张作为记录的凭证，而是将信息或数据记录在计算机中，或记录在磁盘和软盘等中介载体中。因此，这种方法具有以下特点：

（1）数据电文的易消失性。数据电文以计算机储存为条件，是无形物，一旦操作不当就可能抹掉所有数据。

（2）数据电文作为证据的局限性。传统的书面文件只是受到当事人保护程度和自然侵蚀的限制，而数据电文不仅可能受到物理灾难的威胁，还有可能受到计算机病毒等计算机特有的无形灾难的攻击。

（3）数据电文的易改动性。传统的书面文件是纸质的，如有改动，容易留下痕迹。而数据电文是以键盘输入的，用磁性介质保存的，改动、伪造后可以不留痕迹。

上述问题的存在，确实阻碍了数据电文合法性的进程。发展中的计算机技术提出了许多解决办法，如防火墙技术、通信记录、数字签名技术等。从另一方面讲，书面文件也同样存在伪造和涂改的情况，但人们并没有因为书面文件的缺陷而放弃使用书面文件。所以，有必要扩大传统"书面形式"的概念。

## 二、传统书面材料的功能

在使用纸张文件的环境下，书面材料传统上所发挥的功能很多，基本上包括以下 11 种：

（1）确保有可以看得见的证据，证明各当事方确有订立契约的意向以及此种意向的性质；

（2）帮助各当事方意识到订立一项契约的后果；

（3）确保一份文件可为所有人识读；

（4）确保文件恒久保持不变，进而提供对于一项交易的永久性记录；

（5）使一份文件可以复制为若干份，以便每个当事方持有一份同样的数据；

（6）使之可通过签字方式进行数据的核证；

（7）确保一份文件作成公共机构和法院均可接受的形式；

（8）最后体现出书面文件作者的意向并成为该意向的一份记录；

（9）便于以有形的形式储存数据；

（10）便于稽查及日后的审计、税收或管理；

（11）在书面作为生效要件的情况下使之产生法律权利和义务。

需要注意的是，传统的书面形式的要求常常是在书面形式要求之上再加上其他不同于"书面形式"的概念，例如签字和原件。而且还有多种层次的形式要求，各个层次要求不同程度的可靠性、可查核性和不可更改性。在某些国家，既未注明日期也无签名的书面文件，也视为"书面"。另外，按照目前在书面环境中对于数据完整性以及对于防止作弊等问题的处理方式，一份弄虚作假的文件也会被当做"书面"看待。总之，"证据"和"当事方约束自身的意图"

这类概念应与数据可靠性和核证等较重大问题相联系，而不应作为"书面形式"的定义。

## 三、书面文件、原件和保存件

### （一）书面文件

我国《电子签名法》第四条规定，能够有形地表现所载内容，并可以随时调取查用的数据电文，视为符合法律、法规要求的书面形式。这一条是与联合国《电子商业示范法》第 6 条相吻合的[①]。

实际上，第四条表达的这一概念提供了一种客观标准，即一项数据电文内所含的信息必须是可以通过屏幕或其他媒介显现出来的，是可读和可解释的；使用"可以随时调取"字样意指计算机数据形式的信息应当能够保存以便随时调用，它指的是"耐久性"或"不可更改性"；而数据电文与书面形式正是通过这些技术手段有机地联系在一起的。

需要注意的是，《电子签名法》第四条与第五条、第六条有着相同的结构，存在密切联系，应当将这三项条文结合在一起阅读。

就数据电文本身来看，不能将其等同于书面文件，因为数据电文具有不同的性质，不一定能起到书面文件所能起到的全部作用。这就是为什么《电子签名法》采用了一种灵活的标准，即要求数据电文提供不同程度的可靠性、可查核性和不可更改性。例如，关于应以书面形式提出数据的要求(构成"最低要求")不应混同于较严格的一些要求，例如"经签署的文书""经签署的原件"或"经认证之法律文件"。

《电子签名法》并不打算确定一种相当于任何一种书面文件的计算机技术等同物，相反，《电子签名法》只是挑出书面形式要求中的基本作用，以其作为标准，一旦数据电文达到这些标准，即可同起着相同作用的相应书面文件一样，享受同等程度的法律认可。

### （二）原件

《电子签名法》第五条规定，符合下列条件的数据电文，视为满足法律、法规规定的原件形式要求：

（1）能够有效地表现所载内容并可供随时调取查用。

（2）能够可靠地保证自最终形成时起，内容保持完整、未被更改。但是，在数据电文上增加背书以及数据交换、储存和显示过程中发生的形式变化不影响数据电文的完整性。

本条是数据电文符合原件要求的规定。对照第四条提出的对书面形式的要求，可以发现，符合原件形式的数据电文不仅必须满足"能够有效地表现所载内容并可供随时调取查用"，而且要"能够可靠地保证自最终形成时起，内容保持完整、未被更改"。这里涉及原件的概念和完整性的概念。

如果把"原件"界定为首次固定于某种物理介质上的媒介物，是独一无二的文件，则根

---

① 联合国《电子商业示范法》第 6 条规定，如法律要求信息须采用书面形式，则假若一项数据电文所含信息可以调取以备日后查用，即满足了该项要求。

本不可能谈及虚拟社会中任何数据电文的"原件"概念。因为，数据电文收件人收到的电文总是该"原件"的副本。然而，实际生活中发生的许多争端都是涉及文件是不是原件的问题。同样，在电子商务活动中也不例外。由于没有纸质文件，数据电文的"原件"概念对于网络交易中发生争端的各方当事人的取证就变得极为重要。《电子签名法》设定对于原件的要求反映了该法力图消除电子商务发展障碍的目的。

原件还与物权凭证和流通票据有关。《电子签名法》出台的目的不是仅仅使数据电文适用于物权凭证和流通票据，也不是仅仅着眼于特别要求"书面"文件必须经过登记或公证的那种法律领域。《电子签名法》的着眼点在于"民事活动中的合同或者其他文件、单证等文书"对"原件"的要求。① 在商事活动中，涉及"原件"要求的交易文件(如重量证书、质量证书、数量证书、检查报告、保险证书等)虽然不能流通，也不能用来转让权益和所有权，但他们必须是原样未被改动的，以"原件"形式传递的，否则，交易的其他当事方就可能对交易产生怀疑。人们之所以接受纸质文书作为"原件"，恰恰是因为通过纸质形成的文书具有较少的可改动性。复印件有时也用来作为证据，这是因为复印件能够在一定程度上反映原件的特征。同样原理，当我们利用"功能等同法"使数据电文具备了"原件"的基本功能，我们也就能够将其视为满足法律、法规规定的原件形式。

计算机信息系统的数据安全要求确保数据的完整性、保密性和不可更改性。这里的完整性是指存储在计算机系统中的数据没有被破坏、遗失或删除，保留其原有的状态；保密性是指存储在计算机系统中的数据没有被故意或偶然泄露；不可更改性是指存储在计算机系统中的数据没有被非法更改或破坏。

但是，计算机信息系统中的数据"完整性"与《电子签名法》中的数据电文的"完整性"仍然有一定区别。前者强调的是数据电文自身的完整，而后者则强调数据电文内容的完整。所以，第五条规定，在数据电文上增加背书以及数据交换、储存和显示过程中发生的形式变化不影响数据电文的完整性。

### （三）保存件

《电子签名法》第六条规定，符合下列条件的数据电文，视为满足法律、法规规定的文件保存要求：

（1）能够有效地表现所载内容并可供随时调取查用；

（2）数据电文的格式与其生成、发送或者接收时的格式相同，或者格式不相同但是能够准确表现原来生成、发送或者接收的内容；

（3）能够识别数据电文的发件人、收件人以及发送、接收的时间。

第六条针对数据电文的存储要求设立了一套替代规则，这些规则是建立在第四条和第五条基础上的。其中，第1款仅仅重复了第四条所规定的一项数据电文"书面形式"的条件；而第2款与第五条的第2款又非常接近。

第2款强调的不是数据电文一成不变地留存，而只是强调所存储的信息精确地反映初始阶段数据电文中的内容即可。也就是说，要保存数据电文，应尽量按照数据电文原有的格式加以

---

① 这里的民事包括了商事活动，是广义的民事概念。

保存。如果要求不作任何变动地留存，在虚拟环境下常常是很困难的。因为通常要首先将数据电文解码、压缩或转换才能存储。而且，由于计算机软件的更新周期很短，采用新的软件读取的数据电文可能在电文的格式上发生变化。所以，第2款给出了一个比较灵活的条件，即只要内容没有发生变化，也符合文件保存的要求。

第3款的意图在于涵盖可能要存储的全部信息。除了数据电文本身的内容外，还包括能够识别数据电文的发件人、收件人以及发送、接收的时间，即用以确定数据电文相关情况的传送信息。这一规定比传统的纸质文书要严格。

## 四、数据电文的法律效力

证据是用以证明某一事物存在与否或某一主张成立与否的有关事实材料。在诉讼法中，证据是指证明案件真实情况的一切事实。

电子证据可定义为：以电子形式存在的、能够证明案件真实情况的一切材料及其派生物。所谓电子形式，一般是指由介质、磁性物、光学设备、计算机内存或类似设备生成、发送、接收、存储的任一信息的存在形式。

相对于传统证据，电子证据具有以下的特点：

（1）数字性。电子证据与传统证据相比，其证明机制并没有发生本质的变化，只不过其载体形式发生了变化。作为电子数据的信息多以电讯号代码（由0和1组成的二进制代码）形式储存于计算机的存储介质之中（如硬盘、磁盘、光盘等），必须采用特定的输出形式。

（2）安全性与脆弱性。电子证据由于具有数字化的特点，其生成储存传输的信息容易被篡改，从表面上看难以区分其复印件和原件，真实件和伪造件，因而电子证据具有脆弱性。但网络上的每一次登录都可以有记录，电子证据的任何删除、复制和修改都能够通过技术手段加以认定。从此角度上看，电子证据又比传统证据具有安全性和稳定性。

（3）共享性。电子证据由于以电讯号代码形式存储于计算机的存储介质中，比较容易被查看、复制和输出，其电子数据资源可以被广泛地共享。由于保存的附件比较多，其保存的安全性大大提高，但保密性则相对降低。

鉴于数据电文使用的是在实体社会中人们难以直接观察到的电子、光学、磁或者类似手段，人们常常怀疑通过这些手段形成的数据电文作为证据的可靠性。这种怀疑成为推动数据电文应用的巨大障碍。

《电子签名法》第七条对数据电文作为证据作出了规定：数据电文不得仅因为其是以电子、光学、磁或者类似手段生成、发送、接收或者储存的而被拒绝作为证据使用。《电子签名法》第七条的阐述，确立了数据电文作为证据的法律地位，使得社会广泛使用数据电文有了可靠的法律依据。同时，第七条也确认了电子、光学、磁或者类似手段适用于证据的可接受性。这种确认是建立在对现代信息技术手段安全性和稳定性的基础之上的。这种确认也消除了在某些法律领域对电子证据采信手段引起的复杂争议。

联合国《电子商业示范法》第9条规定："在任何法律诉讼中，证据规则的适用在任何方面均不得以下述任何理由否定一项数据电文作为证据的可接受性：仅仅以它是一项数据电文为由；或如果它是举证人按合理预期所能得到的最佳证据，以它并不是原样为由。对于以数据电文为形式的信息，应给予应有的证据力。在评估一项数据电文的证据力时，应考虑到生成、储存或传递该数据电文的办法的可靠性，保持信息完整性的办法的可靠性，用以鉴别发端人[①]的办法，以及任何其他相关因素。"

联合国《电子商业示范法》第11条规定："就合同的订立而言，除非当事各方另有协议，一项要约以及对要约的承诺均可通过数据电文的手段表示。如使用了一项数据电文来订立合同，则不得仅仅以使用了数据电文为理由而否定该合同的有效性或可执行性。"第12条同时规定："就一项数据电文的发端人和收件人之间而言，不得仅仅以意旨的声明或其他陈述采用数据电文形式为理由而否定其法律效力、有效性或可执行性。"

我国《民法典》第四百六十九条明确，以电子数据交换、电子邮件等方式能够有形地表现所载内容，并可以随时调取查用的数据电文，视为书面形式。这在法律上确认了数据电文与合同书、信件等有同等的法律效力。

## 五、数据电文发送与接收

为了避免在电子商务交易中产生交易纠纷，我国《电子签名法》详细规定了数据电文发送和接收的时间，同时也规定了数据电文发送和接收的地点。

### （一）数据电文发送和接收时间

数据电文进入发件人控制之外的某个信息系统的时间，视为该数据电文的发送时间。

收件人指定特定系统接收数据电文的，数据电文进入该特定系统的时间，视为该数据电文的接收时间；未指定特定系统的，数据电文进入收件人的任何系统的首次时间，视为该数据电文的接收时间。法律、行政法规规定或者当事人约定数据电文需要确认收讫的，应当在限定时间内确认收讫。发件人收到收件人的收讫确认时，数据电文视为已经收到。

根据这样的规定，我们假定：上海的A公司与北京的B公司通过电子邮件进行网络交易，A公司的邮箱设置在上海热线上，B公司的邮箱设置在163网站上，双方没有约定收到与发出的其他事项。A向B发出一份要约，B回复了一份电子邮件予以承诺。那么。信息发送的时间应当确定在要约离开A公司的计算机或者主机进入上海热线的邮件服务器的时间；收到的时间可能有以下几种情况：

（1）B公司指定了163.com作为其邮件接收信箱，则以要约进入163的邮件服务器时间作为到达时间；如果A公司将要约发到B的其他邮箱上，则以B实际收到的时间作为到达时间。

（2）如果B公司没有指定邮件信箱，则要约进入B公司的任何一个邮件服务器的时间，可认为是到达时间。

我国《民法典》第一百三十七条规定，以非对话方式作出的采用数据电文形式的意思表示，相对人指定特定系统接收数据电文的，该数据电文进入该特定系统时生效；未指定特定系统的，相对人知道或者应当知道该数据电文进入其系统时生效。当事人对采用数据电文形式的意

---

① 一项数据电文的"收件人"系指发端人意欲由其接收该数据电文的人，但不包括作为中间人来处理该数据电文的人。

思表示的生效时间另有约定的，按照其约定。

### （二）数据电文发送和接收地点

数据电文发送和接收的地点对于确定合同成立的地点和法院管辖、法律适用具有重要意义。在一般情况下，除非发件人与收件人另有协议，数据电文应以发件人的主营业地为数据电文的发送地点，收件人的主营业地为数据电文的接收地点。没有主营业地的，其经常居住地为发送或者接收地点。

在商务活动中，合同成立的地点和时间常常是密切联系在一起的。我国《民法典》第四百九十二条规定，采用数据电文形式订立合同的，收件人的主营业地为合同成立的地点；没有主营业地的，其住所地为合同成立的地点。当事人另有约定的，按照其约定。

## 第三节　电　子　通　信

### 一、电子通信的定义

根据联合国《电子通信公约》第四条的解释，"通信"系指当事人在一项合同的订立或履行中被要求作出或选择作出的包括要约和对要约的承诺在内的任何陈述、声明、要求、通知或请求；"电子通信"系指当事人以数据电文方式发出的任何通信。

在合同的订立或履行中，"电子通信"系指当事人以数据电文方式发出的任何通信，属于意思表示或行为的范畴。"数据电文"属于"信息"的范畴，"电子通信"的内容或标的是以电子手段、电磁手段、光学手段或类似手段生成、发送、接收或储存的信息。

电子通信的"发件人"系指亲自或委托他人发送或生成了可能随后备存的电子通信的当事人，但不包括作为中间人处理该电子通信的当事人；电子通信的"收件人"系指发件人意图中的接收该电子通信的当事人，但不包括作为中间人处理该电子通信的当事人。

加入《电子通信公约》的国家同意承认电子通信的法律效力，即对于一项通信或一项合同，不得仅以其为电子通信形式为由而否定其效力或可执行性。[①]

### 二、电子通信的形式要求

形式要求是《电子通信公约》对电子通信提出的一般标准：

（1）概不要求一项通信或一项合同以任何特定形式作出、订立或证明。

（2）凡法律要求一项通信或一项合同应当采用书面形式的，或规定了不采用书面形式的后果的，如果一项电子通信所含信息可以调取以备日后查用，即满足了该项要求。

---

① 截至 2022 年 11 月底，已经有 16 个国家签署了《电子通信公约》并生效。我国已于 2006 年 7 月 6 日在联合国国际贸易法委员会第三十九届年会上签署了《电子通信公约》。

（3）凡法律要求一项通信或一项合同应当由当事人签字的，或法律规定了没有签字的后果的，对于一项电子通信而言，在下列情况下，即满足了该项要求：① 使用了一种方法来鉴别该当事人的身份和表明该当事人对电子通信所含信息的意图；② 所使用的这种方法：从各种情况来看，包括根据任何相关的约定，对于生成或传递电子通信所要达到的目的既是适当的，也是可靠的；或者其本身或结合进一步证据事实上被证明已履行以上第① 项中所说明的功能。

（4）凡法律要求一项通信或一项合同应当以原件形式提供或保留的，或规定了缺少原件的后果的，对于一项电子通信而言，在下列情况下，即满足了该项要求：① 该电子通信所含信息的完整性自其初次以最终形式——电子通信或其他形式——生成之时起即有可靠保障；② 要求提供电子通信所含信息的，该信息能够被显示给要求提供该信息的人。

（5）在第四款第1项中：① 评价完整性的标准应当是，除附加任何签注以及正常通信、存储和显示过程中出现的任何改动之外，信息是否仍然完整而且未被更改；② 所要求的可靠性标准应当根据生成信息的目的和所有相关情况加以评估。

# 第四节　电子合同的订立

## 一、电子合同当事人

当事人订立合同须有法定的缔约能力。我国《民法典》第十七条规定，十八周岁以上的自然人为成年人。不满十八周岁的自然人为未成年人；第二十条规定，不满八周岁的未成年人为无民事行为能力人。

然而，由于网络的普及，现阶段不满十八周岁的未成年人已经完全可以独立进行网络购物了。而由于网络交易本身的虚拟性，当事人无法获知对方的缔约能力状况，也很难判断消费者是否具有完全民事行为能力。而这一问题的解决有利于交易的稳定和电子商务的正当开展。

我们认为，基于电子合同种类的不同，电子合同当事人分为两种情形：

案例：
网络购物的
合同相对方
和平台责任

（1）对于直接在网上开展交易活动的当事人，其缔约能力应适用《民法典》的规定。电子商务的特殊性并没有改变民商事活动的本质，民事活动对交易当事人缔约能力的要求自然不应发生改变。

（2）对于接受公共信息服务的当事人，不论其年龄或精神状态如何均应视为完全民事行为人。从民法理论上说，民事权利能力和行为能力是基于平等原则而来，目的是保护个人的利益。然而为保护交易安全，则对缔约能力理论的应用应加以限制。所以，即使是无行为能力或限制行为能力人的行为，有时也应认定其有效或使之不影响他人的行为。例如公交车票、邮政等不论当事人行为能力均应发生效力[1]。在电子商务中，当事人上网浏览、收发电子邮件等对公共信息的利用行为，其原

---

① 参见：史尚宽. 民法总论. 北京：中国政法大学出版社，2000.

理如同当事人接受公共设施服务行为一样，无须考虑其行为能力。因此，当事人接受服务商信息服务或进行身份认证的行为，无行为能力人或限制行为能力人应视为完全行为能力人。

我国《电子商务法》第四十八条规定，在电子商务中推定当事人具有相应的民事行为能力。但是，有相反证据足以推翻的除外。这样的立法实际上充分考虑到了互联网经济对于效率的看重，大大降低了交易成本，使得不见面的双方所缔结的电子合同也可以获得充分的法律保障。

## 二、电子合同标的物

标的物是合同权利义务所指向的对象。标的物在传统合同的分类中具有重要意义。电子合同的标的物可以分为两类，一类是信息产品，另一类是非信息产品。

非信息产品已经有较多的研究。这里我们主要研究信息产品。信息产品具有如下特点：

（1）不可破坏性。因为信息不可能磨损，一经产生，就可以永久存在，无论使用得多久或多频繁，其质量不会下降。对信息产品而言，不存在新的或旧的之区分，对购买人而言，其无需重复购买，对厂商而言，他们不得不与自己的产品竞争，除非其不停地将之升级。因此，这一特性决定了信息产品许可使用的情形要远多于所有权的销售。

（2）可变性。信息产品的内容很容易被修改，即使产品的卖方要求使用人未经同意不得修改信息产品的内容，但是用户仍然可以采用特定技术来改变。为了维护产品所有者的利益，应允许他们有维护产品完整的权利。

（3）可复制性。所有信息产品都可以无限次地复制、存储和传输。这意味着生产厂商只要开发出一种信息产品就可以无限次地许可使用，同时也不得不防止产品的盗版行为。

界定信息产品这一标的物的意义在于：信息产品的特性改变了传统商品的履行方式，使传统有名合同的权利义务发生了新的变化。

## 三、电子合同要约与要约邀请

### （一）要约与要约邀请

订立合同一般要经过要约和承诺两个步骤，因此要约的确定具有重要法律意义。要约是希望和他人订立合同的意思表示，该意思表示应当符合两个条件，一是要内容具体明确，二是要表明经受要约人承诺，要约人即受该意思表示约束。[1] 所谓内容具体明确，是要求要约的内容应当具备合同成立所必须的条款，即只要受要约人作出承诺，合同就成立了。在合同成立所应具备的条款方面，《民法典》第四百七十条规定有 8 项一般条款，当事人在订立合同时可以在此基础上增减。从要约内容可以达到合同成立的角度来考察，要约至少应当包括标的、数量、要约人的姓名或名称三项，并根据交易的具体情况而增加。它传达给受要约人的信息应是明白的，不能有歧义。所谓经受要约人承诺，要约人即受该意思表示约束，是指要约人订立合同的意思是确定的。要约人可以在要约中写明自己受约束的具体内容，也可以不写明，只要能表达

---

① 参见《中华人民共和国民法典》第四百七十二条。

出确定的缔约意图即可。

要约邀请不同于要约，它是希望他人向自己发出要约的意思表示，譬如寄送的价目表、拍卖公告、招标公告、招标说明书、商品广告等。区分要约和要约邀请可以根据以下标准：

（1）根据法律规定。法律明确规定为要约邀请的应当是要约邀请。

（2）根据内容确定。内容具体明确，已达到合同成立所具备的条件的，是要约。

（3）根据发送人的意图来确定。发送人有约束自己条款的，是要约；表明不受约束的，是要约邀请。

（4）根据交易惯例来确定。如售票处的列车价目表在我国为要约邀请。

要约和要约邀请虽然在理论上可以较容易区分，但在实践中对某些情况还会有争议，要具体问题具体分析。

### （二）网络交易中的要约与要约邀请

根据电子交易的形式和我国的法律规定，可以分为四种类型来讨论要约、要约邀请和承诺。

1. 通过访问页面进行交易

此类多为 B2C 交易。消费者进入商家页面，浏览商品，将选中的商品放入购物车，然后进入结账页面，消费者可以看到购买物品的清单，在点击确定后，商家提供若干种付款方式供消费者选择，第一种是在线支付，在线交货（下载）；第二种是在线支付，离线交货；第三种是离线交货，货到付款。

前面两种方式分别适用于数字信息产品和传统实物产品，后一种是在支付安全系数低、信用制度不完善的状况下而采用的折中方式。

页面的商品信息是不是要约？本书认为，如果该商品信息有明确的价格、规格等内容并且可以在线下载，应认定为要约。这是因为消费者购买的是信息产品的使用权，商品本身不会发生售罄的问题。对于卖方而言，是许可大众使用，只要消费者将之放入购物车，点击"确定"就构成承诺。

页面上陈列的商品是不是要约？在现实社会，商店中标明价格正在出售的商品构成要约。但在页面上，只能视为要约邀请，这是因为它们在虚拟社会的表现形式是图形，从可能性上来说，当同时有多数人同时点击同一商品时，该图形所表示的商品可能会立刻售罄。如果认定为要约，就意味着商家必须保证该商品有无限多或者即刻删去该图形，这对于商家是过于苛刻的，也是不可能的。据此，可以认为页面上的商品如果属于实体物，则其信息均应是要约邀请。消费者点击购买商品的"确认"按钮是要约。随后出现的支付页面应是卖方的承诺，表明卖方接受了消费者的要约，请求消费者线上支付。

B2C 是目前我国电子商务交易中使用较多的一种方式，而具体做法各网站商家又有差异。例如，有的网站在收到要约后，便直接送货上门；有的网站在收到消费者的汇款后再发货；有的网站则通知消费者到指定的地点付款提货。不论卖方采用何种方式，它们在法律上都具有相同性。与消费者点击购买商品的"确认"进行要约相比，只是支付方式和履行方式不同。消费者点击购买的"确认"按钮是要约，承诺则要看卖方的具体情况而定。如果卖方向消费者发出通知，表明收到要约并接受，则是承诺；如果卖方未在页面上作出承诺的表示或发出承诺，而作出送货或发货的行为，则该行为是承诺。

2. 通过网络交易中心交易

此类交易主要是 B2B 交易。买方可以选择在线支付，卖方利用货物配送系统来履行。这种交易方式类似于口头协商，与传统交易中的要约承诺别无二致。

3. 在线订立合同或发布广告

根据联合国《电子通信公约》第 11 条，通过一项或多项电子通信提出的订立合同提议，凡不是向一个或多个特定当事人提出，而是可供使用信息系统的当事人一般查询的，包括使用交互式应用程序通过这类信息系统发出订单的提议，应当视作要约邀请，但明确指明提议的当事人打算在提议获承诺时受其约束的除外。

4. 在线广告发布

在纸面环境中，报纸、广播电视、商品目录、产品手册、价目表或其他媒体上的广告，如果是普遍面向公众的，而不是针对某一个或多个特定的人，一般都视为要约邀请(在某些法律工作者看来，甚至还包括广告针对某一特定顾客群体的情形)，因为在这些情形下，可以认为不存在受约束的意图。同样，如果只是在商店橱窗中和自选货架上陈列货物，一般也视为要约邀请。这种理解与《联合国国际货物销售合同公约》第 14 条第 2 款是一致的，该款规定，一项提议并非针对一个或多个特定人的，只应视为要约邀请，除非提出该提议的人明确作出相反表示。

本着不偏重任何媒介的原则，对网上交易采用的办法不应有别于对纸面环境中同等情形所采用的办法。因此，作为一般规则，一家公司在互联网上或通过其他开放的网络为其货物或服务做广告，仅应视为邀请那些访问其网站的人提出要约，并不能推定构成有约束力的要约。

### (三) 网络交易中要约的撤回和撤销

要约的撤回，是指要约人在发出要约后，到达受要约人之前，取消其要约的行为。我国《民法典》第四百七十五条规定，要约可以撤回。第一百四十一条规定，撤回意思表示的通知应当在意思表示到达相对人前或者与意思表示同时到达相对人。但是，要约人采用快速通信的方法发送信息，就很难撤回了。例如，要约人向受要约人发传真，在发出的同时，受要约人也就收到了，此时，不存在撤回的余地。可见，要约一旦到达受要约人后，就发生效力，要约人便不能撤回要约。网络交易中，由于信息传输的高速性，要约一旦发出，受要约人即刻就可收到，几乎不存在撤回的可能。虽然在某些情况下，由于传输障碍或带宽的限制导致信息不能立刻到达，但这不影响要约不能撤回的规则。这是因为，在通常的情形下，信息是能够即刻到达的，即使发生延误的情况，但是要约人无法知道。根据现有的法律规定，网络交易要约可以撤回，而实际中在多数情形下，网络交易中撤回的通知晚于要约到达，不可能在要约到达受要约人之前或同时到达受要约人；另一方面，如果发出撤回通知，该撤回非但不能达到要约人的目的，反易误导要约人。因此，由于电子合同使用方式和手段的特性，要约的撤回几乎不可能。

要约的撤销是指在要约生效后使要约失效的行为。我国《民法典》第四百七十六条规定：要约可以撤销，但是有下列情形之一的除外：① 要约人以确定承诺期限或者其他形式明示要约不可撤销；② 受要约人有理由认为要约是不可撤销的，并已经为履行合同做了合理准备工作。

网络交易中，要约能否撤销取决于交易的具体方式。从《民法典》的规定来分析，受要约人在收到要约后有一个考虑期，此期限的长短要约人可以在其要约中决定或由交易习惯确定。在受要约人未承诺前，要约人可以撤销要约。因此，受要约人的回应速度是要约人能否撤销的关键。如果当事人采用电子自动交易系统从事电子商务，承诺的作出是即刻的，要约人没有机会撤销要约；如果当事人在网上协商，可能形成新要约，这与传统的要约和承诺无异，要约人在受要约人作出承诺前是可以撤销的。

### （四）要约生效的时间

关于生效时间的立法例有两种：一是大陆法系，采用到达主义，即以信件到达接收人处为生效；二是英美法系，采用发送主义，只要发出人将信件投邮即生效。到达主义侧重于维护交易安全，发送主义则侧重于维护交易迅捷。从科技迅速发展来看，发送与到达的时间差越来越小，到达主义与发送主义的差别所产生的利弊也大大淡化，二者的实际效果越来越接近。从国际公约的立法例来看，较多采用到达主义[①]。美国《统一计算机信息交易法》对于电子信息的生效时间也采用了到达主义，而放弃了普通法的"邮箱规则"[②]。美国统一州法委员会对此的正式评论是："采用到达主义是考虑到电子信息传输的迅捷性，而把没有收到的风险置于发送人。"应当说，电子交易本身具有以往任何时代无法比拟的快捷性，因而，安全成了每个国家立法者考虑的第一要素。到达主义正好符合了这一要求，而发送人的风险可以通过"确认收讫"加以避免。

## 四、电子合同的订立与查询

### （一）电子合同订立的方式

电子合同可以通过自动交易系统、第三方电子合同签约平台、电子邮件、网络即时通信等方式订立。

电子商务经营者在网上发布的商品或服务信息符合要约条件的，用户选择该商品或服务并提交订单后，合同成立。当事人另有约定的，从其约定。

对于较大金额的电子交易，电子商务经营者应当提示当事人使用电子签名或者其他可靠手段确保电子合同数据不被篡改。

### （二）电子合同的查询

除口头交易外，使用传统手段谈判而成的多数合同均会形成某种有形的交易记录，双方当事人在有疑问或发生纠纷时可加以参照。

在电子订约中，可作为数据电文存在的这种记录或许只能临时保存，或只能提供给通过其信息系统订立合同的当事人。

设立电子合同订立系统的电子商务经营者或第三方存储服务商应为缔约人随时查阅自己签订的合同信息提供服务，并有义务为合同缔约各方提供书面证明。

电子合同订约系统采用了电子签名方式的，合同缔约人通过在线方式查询电子合同，应使

---

① 参见《联合国国际货物销售合同公约》第18条。

② 参见美国 *Uniform Computer Information Transactions Act*，Section 215(a)。

用电子签名制作数据；通过离线方式查询电子合同，应持身份证明文件。

## 五、电子合同的法律效力

电子合同经双方确认即具有法律效力。但在一方否认或需要出具给第三方等情况下，未经电子签名等技术予以核证的电子合同，其真实性不易确定，法律效力难以得到确认。因此，电子签名应用到电子合同中以保证其真实性很有必要。

《联合国国际合同使用电子通信公约》第8条规定，对于一项通信或一项合同，不得仅以其为电子通信形式为由而否定其效力或可执行性。

我国《电子签名法》第三条规定，当事人约定使用电子签名、数据电文的文书，不得仅因为其采用电子签名、数据电文的形式而否定其法律效力。第十四条同时规定，可靠的电子签名与手写签名或者盖章具有同等的法律效力。

在电子合同中使用可靠电子签名，意味着在互联网上可以确定电子合同签署各方的身份和意思表达，也确认了使用可靠电子签名形成的电子合同（数据电文的文书）与手写签名或者盖章形成的纸质合同具有同等法律效力。

## 六、电子合同保密与安全

电子合同的保密与安全是关系到电子商务交易的根本性问题。

依据我国《网络安全法》第七十六条的规定，网络安全是指通过采取必要措施，防范对网络的攻击、侵入、干扰、破坏和非法使用以及意外事故，使网络处于稳定可靠运行的状态，以及保障网络数据的完整性、保密性、可用性的能力。

我国《电子签名法》第十五条规定，电子签名人应当妥善保管电子签名制作数据。第三十一条要求电子商务平台经营者应当记录、保存平台上发布的商品和服务信息、交易信息，并确保信息的完整性、保密性、可用性。

因此，在电子商务交易中使用电子合同应当遵守国家的保密规定，建立完善的保密制度等。电子签名人应当妥善保管电子签名制作数据。提供电子合同订约服务的第三方电子合同签署平台应当符合国家计算机网络系统安全规定，保证系统的安全运行。

# 第五节　电子自动交易与点击合同

## 一、电子自动交易及相关问题

### （一）自动信息系统与电子代理人

在电子通信中，常常使用"自动信息系统"（Automated Message Systems）。这种系统是指一种计算机程序或者一种电子手段或其他自动手段，用以引发一个行动或者全部或部分地对数据电文或执行生成答复，而无须每次在该系统引发行动或生成答复时由自然人进行复查或干预。

自动信息系统，有时也称作"电子代理人"或"电子自动交易"，正越来越多地被用于电子商务。电子代理人的使用基本上有两种情况，一种是当事人双方各自拥有自己的交易系统，通过该系统进行交易。例如，A公司是生产商，B公司是原料供应商，两家公司有长期合作关系，并在合同中约定，A公司需要原料时可以通过EDI向B公司订货，B公司收到订货信息后会直接发货。上述程序均由两家公司的计算机自动进行，无需人力干预。另一种是自动竞价系统。例如在网络证券买卖中，当事人向证券自动交易系统发出要约，由系统寻找相同报价的买方和卖方，达成交易。此自动电文系统即是当事人双方共同的电子代理人。电子代理人早期应用在EDI贸易中，但这种电子信息交换需要用专用的网络和统一的标准格式，成本很高，所以局限在大型企业之间。随着互联网的应用推广，传统EDI以互联网为信息传输的平台，费用大大降低，电子自动交易得到普及。这种情况促使法律工作者对有关合同订立的传统法律理论加以重新审视，以评估这些系统是否适用于未加人力干预而问世的合同问题。

### （二）由电子代理人执行的行动归属问题

从表面上看，电子代理人的行为是独立的行为，自主的发出要约和作出承诺。这有点类似于自动售卖机，当购买方投入规定数量的货币后，它会自动交付所购物品。而对于自动售卖机，理论上可以认为，处在正常工作状态下的售卖机本身即是要约，购买方的投币行为是承诺。售卖机与设立人的关系不是代理关系，在代理关系中，代理人和本人是两个不同的主体，具有各自独立的意志。而售卖机的自动售卖行为是设立人事先设计好的行为，售卖机本身无独立的意志，它仅仅是设立人意志的延伸，它们之间不存在代理关系。电子自动交易是比自动售卖机更高级的自动交易程序，在这里，购买方的投币行为也是由计算机程序自动发出，但这一切行为均是按设立人的意志而为之，并没有改变电子代理人是交易工具的性质。

在另一种电子自动交易中，即自动竞价交易系统中，该交易系统虽然是无数多个当事人的电子代理人，但在技术上能够保证它独立地执行每个当事人的意志。竞价系统本身同样不具有自己的意志。因此不存在"双方代理"的情形。

可见，电子代理人最大特点是具有智能，能完全或部分独立进行判断，自动完成交易，不需要当事人的干预。但在实质上它不具有自己独立的意思能力，仅仅是当事人设立一种智能化工具，它的行为即是当事人的行为。

由于电子代理人只是交易当事人的交易工具，所以电子自动交易中所发出的数据电文应归属于该自动交易程序的设立人[①]。但就目前而言，将自动电文系统的行动归属于一人或一法律实体是基于自动电文系统只能够在其现行编程技术结构的范围内运作的范式。从理论上讲，不难想象今后几代的自动信息系统可能会具有自主行动的能力，而不只是自动行动的能力。也就是说，通过人工智能的发展，计算机或许能够做到通过经验来不断学习，对其程序中的指令作

---

① 这里的设立人是指对该程序的使用有最终决定权和享有相应权利和承担相应义务的人，并非指该程序技术上的设立安装人。

出修改或甚至创造新的指令。

虽然为了便利起见电子商务交易中已采用了"电子代理人"一词，但是，如果将一种自动电文系统类比为一个销售代理人并不恰当；针对此类系统的运作，不可采用代理法的一般原则（例如关于因该代理人的过失行为而引起的赔偿责任的限额的一些原则）。作为一项一般原则，计算机的编程所代表的人（自然人或法律实体）终究应当对该机器生成的任何电文承担责任。

### （三）　电子自动交易中的要约和承诺

通过自动电文系统和自然人的互动或通过自动电文系统之间的互动订立合同的，可以有几种方式来表示订约方的同意。计算机可按照商定的标准自动交换电文，或一人可通过触摸或者点击计算机屏幕上的某一指定图标或位置来表示同意。

在当事人各自使用不同的自动电文系统的情形下，系统所发出的要约和承诺行为即是系统设立人的行为应无疑义。在自动竞价交易系统中，从表面上看似乎只有当事人的要约而没有承诺，承诺是由系统完成的。实际上这种要约在理论上称为交叉要约，只要双方当事人互为意思表示，且意思表示内容一致即可，并不限于一方是要约，另一方是承诺的形式。所以，在自动竞价系统中，要约和承诺仍然是由人来操作的，电子代理人不过是交易的媒介而已。

## 二、点击合同的法律问题

### （一）　点击合同的概念和由来①

点击合同（Click-wrap Contract）是指由商品或服务的提供人通过计算机程序预先设定合同条款的一部分或全部，以规定其与相对人之间的法律关系，相对人必须点击"同意"后才能订立的合同。

例如，当我们网上购物或申请会员登记电子邮件时，网站要求我们填写有关信息，并点击"同意"后才可以进行相关活动，这种必须点击"同意"的合同，我们称之为点击合同。点击合同经历了由传统格式合同到拆封合同再到点击合同的形式演变过程。

所谓格式合同，也叫标准合同，是指由一方当事人事先制定的，并适用于不特定第三人，第三人不得加以改变的合同。格式合同较多体现了提供方的意志，合同使用人的意志被提供人的意志吸收。在这个意义上，格式合同也被称为附合合同。格式合同的条款也叫做一般交易条款、格式条款或定型化条款。

从性质上来说，虽然格式合同具有强烈的附合性，但仍然是合同。在订约过程中，要约和承诺被简化了，当事人的真实意思很难得到真实反映，但是从民商法尤其是合同法发展的历史来看，意思自治是大势所趋，效率的价值逐步得以凸显。

---

① 本小节的写作受到苏号朋先生的博士论文《定式合同研究———兼论消费者权益的法律保护》的启发，在此表示感谢。

### （二）点击合同的特点与作用

1. 点击合同的特点

（1）附合性。尽管合同当事人在法律上具有独立人格，可以自由平等表达自己的意志，在意思一致的基础上订立合同，但是在网络中，一方面多数交易是通过电子代理人来完成的，交易的迅捷性使得双方当事人不可能逐条协商；另一方面，合同的提供方大多处在经济或技术的优势地位，这种优势地位使之有能力通过事先拟定合同的条款保证其利益的最大化，而合同的使用人要么全部接受，要么全部拒绝，但合同提供人的优势地位使得他们不得不接受，从而导致使用人丧失选择权，不得不附合于提供方的意志。

（2）标准化。点击合同是在订约前由一方当事人拟定并提出的，其条款是格式化的，不因交易相对人的不同而不同。

（3）普遍适用。合同的提供方是特定的，合同的相对人则是不确定的。

（4）互动性。传统的格式合同不会因订约人数的多少来改变其内容，点击合同往往通过事先设定的程序，根据订约的人数、履行的地点等因素自动改变合同的价格等条款，这在 B2C 交易中尤其明显。

2. 点击合同的作用

（1）鼓励交易，降低成本。大量重复性的交易通过点击合同得以简化，缩短了一般合同的订立须经过要约、承诺反复磋商的过程，节约了当事人的时间和精力，降低了交易成本，使交易更加便捷。

（2）明确责任，减少风险。点击合同的定型化条款事先明确了当事人的权利义务，这意味着合同的提供人可以预先确定自己的法律责任，控制风险。合同的使用人可以根据合同的定型化条款估算出自己将要付出的代价和可能发生的风险，以决定如何选择。

（3）创造新的交易模式。成文法的规定相对落后于商事交易的新变化，使用点击合同有利于探索形成新的交易规则，促进新经济的发展。

3. 点击合同的弊端

（1）点击合同部分限制了合同使用人意思表示的自由。由于合同条款事先由一方拟定，相对而言，合同提供人具有该领域内的优势地位，合同相对人难以平等地与之协商，其真实意思较难完全表达出来，这种附合性剥夺了相对人选择的自由，这在一定程度上限制了经济发展的多样性和自然性。

（2）点击合同较容易损害相对人的利益。合同的提供方通过加重相对人的责任，免除或减少自己的责任，不合理地分担风险责任等格式条款以谋求自身利益的最大化，从而损害了合同相对人的利益。这在实质上破坏了契约正义，有损于良好的交易秩序。

### （三）点击合同的法律效力

现行的统一法公约，如《联合国国际货物销售合同公约》，未以任何方式排除使用自动电文系统来签发采购单或处理采购申请。该公约允许交易当事人在规范"电子代理人"使用的电子数据交换贸易伙伴协议中自行设定其规则。联合国的《电子商业示范法》也缺少有关这一事项的具体规则。联合国《电子通信协议》填补了这一空白。

联合国《国际合同使用电子通信公约》第 12 条规定，通过自动电文系统与自然人之间的交互动作或者通过若干自动电文系统之间的交互动作订立的合同，不得仅仅因为无自然人复查或干预这些系统进行的每一动作或由此产生的合同而被否定效力或可执行性。这里，不应被错误地解释为允许自动电文系统或计算机成为权利和义务的主体。由电文系统或计算机未经人力直接干预而自动生成的电子通信应被视为"源自于"电文系统或计算机的操作所代表的法律实体。合同的效力无须人对自动电文系统执行的每一项个别行动或由此订立的合同加以复查。

我国《电子商务法》第四十八条规定，电子商务当事人使用自动信息系统订立或者履行合同的行为对使用该系统的当事人具有法律效力。该款承认了由自动信息系统代表当事人做出要约或承诺的意思表示，明确了系统自动完成的电子合同的法律效力。换句话说，目前电子商务经营者普遍采用的由电子商务平台自动生成订单，消费者点击确认即代表进行签署的操作模式得到法律认可。

由自动信息系统订立的合同属于格式合同。提供自动信息系统订立合同的电子商务经营者应当采取法律法规规定的方式或其他合理方式提请当事人注意格式条款，并对格式条款进行说明。

#### （四）影响点击合同效力的因素

点击合同的效力受到多种因素的影响，这里仅探讨合同条款本身对效力的影响。本书认为，影响合同效力的主要因素在于当事人的意思表示是否一致。由于点击合同的电子化形式，合同的订立必须由相对人点击"同意"才能得以完成，表面上看是意思一致了，但问题的实质在于合同中的格式条款是否具备了让相对人知晓的条件。下面根据 B2C 和 B2B 两种交易类型来分析。

1. B2C 交易合同条款应满足的条件

（1）合理提醒消费者注意。

点击合同的提供人必须提醒消费者注意合同的格式条款，以明确的、直接的方式告知消费者，不得在合同之外另行规定其他条款。提醒消费者注意应达到合理的程度，这可以从文件的表现形式、提醒注意的方法、提醒注意的时间和程度四方面来考察：

一是文件的表现形式。应使相对人知道它是合同条款。在浏览页面购买商品时，卖方以合同文本的形式表现订立合同的内容，供消费者点选和点击同意。这种表现形式应是符合要求的。但是，页面上的某些规定或提示是以声明、通知等形式发布的，是否能成为合同条款，则要具体分析。该提示如能明确表明它是合同条款，与消费者所要订立的合同是一个整体，则可以作为格式条款。否则，合同的提供方不能将该提示作为合同的条款。

二是提醒注意的方法。应使相对人知道它的存在。提醒注意的方法可以是多样的，但必须能引起具有合理注意能力的消费者的注意。提醒的方式应以个别提醒和明示提醒为主。在消费者购买过程中，合同条款的全部内容应当出现在页面上，提醒注意的语言文字要清晰明白，标志醒目。

三是提醒注意的时间。应当在合同订立之前或订立之时作出。在消费者点击"同意"之前，所有条款均应告知。因此，某些网络商家在消费者作出承诺之后，又告知消费者若干义务，该义务不能作为合同内容，因为在合同成立之后，未经相对人同意，单方不能变更合同。

四是提醒注意的程度。合同条款应当能引起相对人的注意。是否能引起相对人的注意应以客观合理性为准，即能使一个具有一般注意能力之自然人产生注意。不能根据个体的不同而不同。例如在消费者购买页面上出现合同的内容或是购买的必经程序等。

（2）保证消费者有审查机会。

合同的提供人应保证相对人有充分的时间了解合同的内容，这里是强调相对人有审查的机会，至于消费者是否去了解，则在所不问。消费者是否具有这样的机会应从以下几点判断：

一是合同条款能引起相对人的注意并允许其审查。引起消费者的注意是条件，允许其审查是结果。所谓允许审查，是指消费者能看到合同的内容并有权作出是否缔约的决定。

二是合同的提供人应保证相对人有审查的合理时间。例如，商家在有关页面上有"法律声明"之类的栏目，允许消费者在浏览页面时查看或将合同内容设置为消费者购物的必经环节，以保证消费者有充分的时间去审查。

三是相对人审查合同的时间：合同的提供人应保证相对人在订约之前或订约之时有审查的机会；如果某一条款只有在当事人负有付款义务或履约之后才能审查的，则只有在相对人如拒绝该条款时有退还请求权的情况下，才视为具有审查机会。例如在订立合同时，规定相对人需保守商业秘密，但只有在相对人付款后，才能了解涉及商业秘密条款的具体内容，此时若相对人拒绝接受应有退款请求权，否则，应认为合同提供方未给予审查机会。

2. B2B 交易合同条款应满足的条件

在 B2B 交易中，由于当事人都是商家，在商业经验和交涉能力方面大致相当，因而在立法政策上，无需给予任一方特殊的保护，根据一般合同理论即可。但是，格式条款仍应满足下列条件：

（1）由双方当事人在多次交易中使用。这一要件要求交易双方必须在一个较长的时间里持续使用，每一次的使用，都以相对人知悉该格式合同的存在为前提，并且语义相同。

（2）符合行业惯例或商业习惯。由于商业习惯为交易人所了解并长期使用，可以得到法律的认可。

（3）对于初次使用的格式条款，应给予相对人了解的机会。在此，并不要求相对人了解其内容，只需知晓其存在即可。

### （五）点选条款或格式条款的无效

点选条款或格式条款的有效与否可以从是否违反法律的强制性规定和根据法律的基本原则，结合案件的具体情形来判断。

1. 判断点选条款或格式条款无效的主要依据

（1）是否直接违反法律和法规强制性规定。

（2）合同当事人的交涉力量是否失衡。条款使用人处于优势地位或一方当事人是消费者，此类合同的格式条款的效力须从严认定。

（3）合同的标的物是否为日常生活所必需。若标的物是日常生活所之必备用品或服务，无替代品，其效力应从严认定。

（4）条款使用人的义务是否合理。

（5）条款使用人排除其因故意、重大过失而致损害的责任的条款应无效。

（6）是否侵害相对人的法定利益。例如条款使用人免除伤害相对人人身健康的责任的条款应为无效。

（7）是否有替代性补偿。条款使用人限制了相对人的权利，但同时有替代性补偿的，可从宽考虑其效力。

（8）是否限制了相对人的权利。

（9）风险分配的设置是否合理。

2. 无效点选条款或格式条款

（1）对于相对人履行迟延的情形，免除条款使用人所应承担的催告相对人或延展相对人履行期间之法定义务的条款。

（2）规定相对人不受领给付或受领迟延或迟延付款或解除合同时，应向条款使用人支付违约金的条款。

（3）规定免除或限制条款使用人因重大过失或故意而违约时所应承担责任的条款。

（4）规定条款使用人在迟延履行或因可归责于己的原因不能履行时，限制相对人解除合同或要求赔偿的条款。

（5）排除或限制相对人可以对条款使用人主张的瑕疵担保请求权等权利的条款。

（6）规定将举证责任不合理地转移给合同相对人，尤其是原应由条款使用人承担举证责任的条款。

（7）其他不当地免除条款使用人的义务或加重相对人责任、限制其权利的条款。

3. 法庭或仲裁庭的权利

在没有法律规定的情形下，某些条款可由法庭或仲裁庭根据交易的具体情况和环境决定其有效性。

（1）条款使用人为自己对要约的承诺或拒绝以及债务履行期间保留了过长的时间或具体做出时间不确定；

（2）条款使用人就已尽履行期的义务，为自己保留了过长或不确定的履行期间；

（3）条款使用人不必有正当的理由，也不必有合同规定的理由，即可任意解除合同；

（4）其他不符合商业习惯的条款。

### （六）点击合同的法律控制

1. 点击合同法律效力的司法判断

对于点击合同的效力的判断，我国法院有这样一个判例。

2001 年 3 月 31 日，刘某以"Jaliseng"为用户名在交易平台注册，成为易趣网的用户，由易趣网为刘某提供免费的网络交易平台服务。2001 年 7 月 1 日，易趣网开始向用户收取网络交易平台使用费，并于 9 月 18 日发布了新的《服务协议》供新老用户确认，该协议对用户注册程序、网上交易程序、收费标准和方式及违约责任等作了具体的约定。此后，刘某确认了易趣网的《服务协议》，并继续使用易趣网的网络交易平台，至 2001 年 9 月 24 日，刘某尚欠易趣网网络平台使用费 1 330 元，为此，易趣网诉至法院，要求刘某支付网络平台使用费。被告刘某则认为，《服务协议》长达 67 页，过于冗长，致使用户不能阅读全文，故用户不应受该协议的约束。本案涉及的法律焦点是：点击合同是否具有法律效力。

从严格合同的意义上讲，易趣网与用户之间的这份《服务协议》是一份点击合同，其具有以下特征。首先，双方当事人的服务与接受服务的目的非常明确。作为网络公司，易趣提供平台服务、收取费用，而作为用户，则愿意接受此种服务。其次，合同未经双方合意，系由一方单方拟定。这是格式合同最显著的特点，即合同由一方根据自己的意愿单方拟定，相对方不能更改，要么全部接受合同的条款，要么全部不接受合同的条款，相对方只有选择接受或不接受合同条款的权利，而没有选择更改合同条款的权利。再次，因为点击合同是自动生成的，只要用户浏览了易趣拟定的《服务协议》，按确认键同意后，双方的权利义务关系即成立。最后，点击合同与传统合同的构成要件有着显著的不同。这种合同没有书面形式，也没有签名盖章。因此，这是一种特殊的合同形式。

易趣网的服务协议长达67页，被告刘某未读完协议全文，就按下"确认"键，似有悖公平的感觉。但问题的关键不在于用户是否有耐心看完条款，而在于点击合同中的诸多声明是否合法、合理、有效，因为现实社会中的格式合同都是倾向于订立合同一方的，而网页上的点击合同更具有局限性，常常没有给用户较多的思考时间。为了避免点击合同有失公正，美国《统一计算机信息交易法》对于点击合同的效力作出了较详细的规定。该法第111条第1款规定：如果一个法院按照法律的规定发现一个合同或其中的某一条款在制定时有失公平，则法院可以拒绝执行该合同，或执行该合同中除有失公平条款之外的其余条款，或限制该有失公平条款的适用以避免造成有失公平的结果。

经过庭审调查，依照原《中华人民共和国合同法》第八条、第一百零七条的规定，上海市静安区人民法院认定易趣的合同是合法、合理的，并由此作出一审判决，判决被告刘某支付原告易趣网络平台使用费1 330元。一审判决后，当事人均未提起上诉。①

2. 对点击合同的法律控制

对点击合同的法律控制可以从立法、行政、司法等方面进行。立法控制为事先控制、全局控制，是法律控制的根本；行政控制最有效率，成本最小，是法律控制的重要环节；司法控制为事后控制、最终控制，是法律控制的重要保障。

（1）立法控制。立法控制是规范格式合同的最基本的方法，它可以规范合同效力的诸多方面。在点击合同的订立上，可以强制格式条款的使用人提供交易的必要信息，要求条款使用人注意条款的提示方法，给予相对人在订立合同时有一定的考虑期等。禁止企业利用自身的优势地位滥用权利，侵害相对人的利益，限制免责条款的使用，对于违背法律基本原则的免责条款可设定其无效。我国《电子商务法》第四十九条第二款规定，电子商务经营者不得以格式条款等方式约定消费者支付价款后合同不成立；格式条款等含有该内容的，其内容无效。

（2）行政控制。行政控制有利于增加合同效力的可预见性，减少不必要的诉讼。对于使用格式条款的企业，应有行政部门事先审查条款的效力，或由有关行政主管部门拟定相关条款，设立有关机构，接受和处理合同相对人的投诉。

（3）司法控制。司法控制具有最后的裁判力，通过法院对个案的审理，判定一类条款的效力。

除此以外，为了较快地处理纠纷，减少当事人的诉讼成本，采用在线仲裁等民间解决纠纷

---

①　乔宪志．上海法院案例精选（2002年）［M］．上海：上海人民出版社，2003：278．

的方式也是很有必要的。同时，应加强行业协会等自律性组织对行业内企业所使用的点击合同进行审查和监督管理。

# 第六节 电子合同的履行及违约救济

## 一、电子合同的履行概述

合同的履行是指债务人全面、适当地完成合同义务，使债权人的合同债权得到完全实现。合同履行是合同效力的主要内容，是当事人权利义务实现的正常结果。我国《民法典》第五百零九条第 1 款规定，当事人应当按照约定全面履行自己的义务。这是法律对于合同履行的基本要求。电子合同的标的物可以是非信息产品也可以是信息产品。对于非信息产品，由于具有一定的物理载体，其履行方式与传统履行并无大的差异，而相对信息产品，由于其特殊性，在履行上也体现出较多的不同之处。

### （一）电子合同履行的原则

我国《民法典》虽然没有明确规定合同履行的原则，但是，通常认为，合同的履行原则主要有两个：适当履行原则和协作履行原则[①]。这些基本原则仍然适用于电子合同的履行。

适当履行是指当事人按照合同的约定或者法律的规定履行合同的义务。它是对当事人履行合同的最基本的要求。例如，履行的主体是合同确定的主体，履行的时间地点恰当，履行的方式合理等。对于电子合同而言，如果是离线交付，债务人必须依约发货或者由债权人自提；在线交付的一方应给予对方合理检验的机会，应保证交付标的物的质量。

协作履行原则是指当事人不仅应适当履行自己的合同债务，而且应基于诚实信用原则要求对方协助其完成履行。协作履行原则是诚实信用原则在合同履行方面的具体体现。协作履行有通知、协助和保密的义务。具体包括：债务人履行合同债务，债权人应适当受领给付；债务人履行合同债务，债权人应给予适当的便利条件；因故不能履行或不能完全履行时，应积极采取措施避免或减少损失等。

电子合同履行中为便于债务人发货，要求债权人告知其地址和身份信息，债权人不得拒绝；在线收集的当事人的有关资料不得非法利用等。

### （二）电子合同履行的基本模式

从我国当前电子商务开展的情况看，基本上有这样三种合同履行方式：第一种是在线付款，在线交货。此类合同的标的物是信息产品，例如音乐的下载。第二种是在线付款，离线交货。第三种是离线付款，离线交货。后两种合同的标的物可以是信息产品也可以是非信息产品。对于信息产品而言，既可以选择在线下载的方式也可以选择离线交货的方式。

---

① 参见：彭万林．民法学．北京：中国政法大学出版社，1999．

采用在线付款和在线交货方式完成电子合同履行的，与离线交货相比，其履行中的环节比较简单，风险较小，不易产生履行方面的争议。由于信息产品可以采用两种交货方式，具有代表性，因而下面单独对这类产品的履行进行专门的讨论。

我国《民法典》第五百一十二条规定，通过互联网等信息网络订立的电子合同的标的为交付商品并采用快递物流方式交付的，收货人的签收时间为交付时间。电子合同的标的为提供服务的，生成的电子凭证或者实物凭证中载明的时间为提供服务时间；前述凭证没有载明时间或者载明时间与实际提供服务时间不一致的，以实际提供服务的时间为准。电子合同的标的物为采用在线传输方式交付的，合同标的物进入对方当事人指定的特定系统且能够检索识别的时间为交付时间。

## 二、信息产品合同的履行规则

### （一）信息产品合同履行的一般规则

1. 履行的时间

对于信息的许可访问，其履行期即是许可方允许被许可方访问特定信息的期间，它不像信息的使用许可，有一个交付和受领的时间点，而是一段期间。在该段期间内，许可方应按合同的规定向被许可方提供信息并允许其访问。这种访问一般是以访问许可方网站站点、浏览页面的方式获得信息。被许可方访问的方式和时间可以在合同中约定，如果合同允许当事人可以任意时间访问站点以获取信息，但实际上当事人并不能在任意时间做到这一点，例如计算机出现故障，被许可方就不能访问。因此在下列合理的情况下，许可方不能提供访问的机会不能认为是违约：

（1）在许可方的计算机、网站和相关设施的维护期内，被许可方无法访问。

（2）不可归责于许可方的设备、计算机程序等发生故障等意外事件，或者由于许可方网站的服务器托管方的原因致被许可方不能访问。

（3）在上述不能访问期间，许可方应采取合理措施让被许可方获取信息或通过合同约定的解决方式并按此方式采取措施。

2. 履行的地点

信息产品可以通过有形载体来完成交付也可在网络中传播。我国《民法典》第五百一十条规定，履行地点没有约定或者约定不明确的，可以协议补充；不能达成补充协议的，按照合同相关条款或者交易习惯确定。因此，对于有形载体的交付可以完全适用这样的规定。

通过电子方式交付标的物的，问题较为复杂。信息的流转经由许可方的计算机、服务器等设备到达对方的信息处理系统，而许可方的信息处理系统是可以分散分布在不同地点的，尤其是服务器所在地可以是在任一地点。为此，我们认为，以电子方式履行的地点首先应由双方约定，可以是许可方的营业地或住所地，也可约定在被许可方的住所地或营业地。约定不明确或没有约定的，可以是许可方使用的信息处理系统所在地，如许可方的计算机主机设备所在地。

计算机主机一般处在许可方的经营地或住所地，与许可方的商业行为密切相关，而服务器所在地只是信息流转的一个环节，它与许可方的商业活动的联系较弱，就如同把货物从北京运往上海，虽要途经若干城市，但这些城市难以构成履行地一样，所以不宜把许可方服务器所在地作为合同履行地。

3. 信息产品的检验

产品的检验是履行的重要环节，在检验期间内发现质量问题的，接受方可以无条件退货并解除合同，在检验期满后出现问题的，只能依法或按约定追究其违约责任。我国《民法典》第六百二十条："买受人收到标的物时应当在约定的检验期限内检验。没有约定检验期限的，应当及时检验。"对于通用信息产品而言，由于产品的质量性能的定型化，其检验较为简易，此类交易属即时履行的交易。对有形载体的信息产品的检验，一般是检查其产品的包装状况、产品规格等外表情况，这种检验可称为形式检验，在检验完毕后即付款。当然，这并不排除当事人约定在付款后检验或在产品使用后检验。

当交易以电子方式履行时，由于产品本身不具有包装，接收人自然也无需对此检验，其所能检验的仅仅是该许可产品的说明，确定有关规格、版本等事项，只有在其下载信息产品或进行安装时才会知道产品是否与说明相符。如果这种下载以接收人付款为前提，那么在他付款前没有检验的机会。为此，检验期应是在接收人接收信息后的一段合理期间。接收人发现产品有问题的，可在该期间内请求退货、解除合同、返还货款并可追究违约责任。

4. 拒绝受领

合同生效后，当事人因按照合同的约定履行，债务人按时交付标的物，债权人应及时受领。因受领迟延导致的损害，交付方不承担责任。在交付标的物不符合合同的规定时，受领方有权拒收或者代为保管，并追究交付方的违约责任。

如果一方当事人合法拒绝受领，但又处在占有该信息的状态时，其须承担一定的义务：

（1）妥善保管义务。拒绝方不得使用信息或者以违反合同约定的方式利用该信息。

（2）及时通知义务。拒绝方在接收后，发现标的物与约定不同的，应在合理的时间内告知对方。

（3）交回义务。拒绝方可以在通知对方后的合理时间内或者遵照对方的指示将信息及所有的复制件、相关资料退还给对方。

拒绝受领方因履行上述义务而发生的费用应由对方承担。

5. 抗辩权问题

所谓抗辩权，是指对抗请求权或否认对方主张的权利。抗辩权有三种：

第一种为同时履行的抗辩权。当双务合同的当事人一方在他方未为对待给付之前，有权拒绝自己的履行。例如，买卖合同，一手交钱，一手交货，如果对方不给钱，自己也就可以不交货。同时履行的抗辩权应符合下列条件：一是在同一双务合同中互负债务；二是须双方互负的债务均已到清偿期；三是对方未履行债务。一方在对方履行债务不符合约定时，有权拒绝其相应的履行要求。这是同时履行抗辩权的延伸，可称之为履行瑕疵抗辩权。

第二种为不安抗辩权。当一方应向对方先为给付，而对方在缔约后财产状况明显恶化，可能危及先给付一方的债权时，如仍强迫应先给付的一方履行其债务，则有悖公平原则。此时，先给付的一方在对方为履行或提供担保前，可以拒绝自己债务的履行。这种抗辩称为不安抗辩权。根据我国法律规定，不安抗辩权是在对方经营状况严重恶化、丧失商业信誉或者转移财产、抽逃资金，以逃避债务等情况下方可行使。

第三种是后履行的抗辩权。当双方当事人互负债务，有先后履行的顺序，先履行的一方不履行或履行债务不合约定，后履行的一方有权拒绝自己的履行或相应的履行部分。

在线付款，离线送货接收人已履行了付款的义务，因而对接收人来说，无法行使同时履行的抗辩权和后履行的抗辩权，因为接收方已履行了付款的义务。但是，当标的物不符合合同的约定时，接收方可追究其违约责任。

货到付款的接收人可以行使同时履行的抗辩权和后履行的抗辩权。如果对方未按合同的约定送货，则接收人可以不付款，如果标的物有瑕疵，接收方可请求修理、拒付相应的价金。

6. 履行中的特殊问题

接受方在使用信息产品的过程中，可以自行支配使用的方式。例如，可以卸载某一软件，也可以重装这一软件。如果该软件有有形载体的话，使用人可以很容易地做到这一点。如果该软件是以电子方式交付的，使用人一旦卸载后，就不可能重装。显然，同样是信息许可，而后一种履行方式较大限制了被许可人的权利，这显然是不公平的。为解决此问题，可以有两种方法：一是允许被许可人无限次下载。在被许可人支付价款之后，许可人给予被许可人特定的用户名和密码，被许可人可以借此无限次下载，或者经被许可人请求时，许可人应允许被许可人再次获得许可。二是允许被许可人备份该信息。被许可人在接受信息产品之后有权作一备份，当接受人需要重装时可以使用备份文件。

同时，这两种方式也可以最大限度地降低被许可方的风险。

### （二）信息产品合同履行中的风险

1. 风险转移的时间

我国《民法典》确立了风险转移的原则，即出卖人将标的物交付给第一承运人后，标的物毁损、灭失的风险由买受人承担。[①] 信息产品同样应遵循该原则，除非当事人另有约定。有形载体的信息产品的交付时间易于确定。但以电子方式交付的信息，应如何确定交付的时间呢？

如果许可方采用允许下载的方式来交付，则应在被许可方下载完毕后，风险责任转移至接受方。在下载过程中，不论是何种原因发生中断的，许可方应当允许被许可方重新下载。被许可方也可以先下载一部分，以后再下载余下的部分。只有在信息产品被完整和全部交付后，其风险责任才由被许可方承担。

许可方采用电子邮件方式向被许可方发送信息产品的，自被许可方收到该信息时，风险责任发生转移。

在信息产品允许重复下载或经请求重新获得许可的情况下，信息产品灭失的可能就非常小，除非许可方的计算机硬件设备在信息传输时发生灭失。

2. 风险责任的承担原则

信息产品的风险有两种，分别是灭失的风险和遭受破坏的风险。灭失的风险较易区分是发生在交付前或交付后；而遭受破坏的风险，例如计算机病毒导致使用方设备损坏，则很难确定具体感染病毒的时间，如果采用技术手段鉴定，成本又太高，因此有必要确定风险承担的原则。

---

① 参见《民法典》第六百零七条。

（1）当风险发生的时间容易确定时，根据信息产品交付的时间确定，风险发生在交付之前的，由许可方承担；风险发生在交付之后的，由被许可方承担。

（2）当风险发生的时间较难确定时，如果被许可方能证明其信息处理设备具有符合标准的安全防护措施，可以推定风险发生在交付之前；虽然被许可方不能证明其信息处理设备符合安全标准，但是信息产品存在明显的安全漏洞或未采用安全的传输方式，则推定风险责任发生在交付之前，该风险责任由许可方承担。这里的安全是指符合有关法律和法规规定标准的安全，没有法律法规规定的，根据该行业的一般标准或惯例确定。

## 三、信息产品合同当事人的主要权利和义务

信息产品合同作为合同的一种，其当事人具有与一般合同当事人相同的基本权利和义务，然而由于信息产品的特殊性，使得他们的权利义务又有与传统合同当事人的权利义务不同之处。本文就以信息产品合同为对象来研究当事人的主要权利和义务。

### （一）信息产品许可人的电子控制权

所谓电子控制，是指信息产品的许可方采取某一电子措施和类似方法限制他人对信息的利用。由于信息产品的特性使得许可人难以在授权许可后控制信息产品不被滥用。因此，赋予信息许可方以一定的信息控制权是必要的。

1. 信息许可人行使电子控制权的条件

（1）合同中有被许可方对信息许可方使用该权利的明确的同意。此种同意的条款可以在信息许可使用合同中规定，也可以有当事人的特殊约定。但此约定事关被许可人重大利益，故应以被许可人的明确同意为必要。

（2）电子控制权行使的目的是阻止被许可方与合同约定不一致的使用。究其目的，许可方行使电子控制权是保障信息产品的合法使用和按合同约定使用，许可人可以在合同期满后或合同规定的使用次数到达后，采取措施限制被许可方的继续使用；也可以在被许可人擅自改变信息产品的使用范围或源代码时阻止其继续使用。

（3）许可方在行使电子控制权之前必须向被许可人发出通知。一般说来，由于许可人自己并不能知晓被许可人是否违反合同，因此该通知可通过电子程序自动发出警示，从警示通知发出到采用限制措施应有一个合理期限。如果被许可人在该期限内取消了违约做法，控制措施不应实施。

2. 电子控制权的限制

（1）电子控制权的行使不得控制或破坏被许可人其他信息或其信息处理设备。信息许可人只能对属于自己许可的信息行使控制权，如果许可人行使控制权时阻止了被许可人对其他信息的利用，或者锁定、破坏了被许可人的整个计算机系统或类似的设备，则超出了权利范围。从信息的使用上或依据合同的约定，信息的使用必然与其他信息混合或者发生改变，许可方也不得行使电子控制权。

（2）电子控制权的行使存在危害公共安全或损害公共利益或严重影响第三人合法利益的风险时，不得使用。如果被许可使用的信息其使用目的是为公共利益或安全，许可人当然不能

行使控制权；在信息使用目的为其他时，如果许可人应当知道行使控制权会严重影响到公共利益或第三人利益，也不得行使该权利。这里的"应当知道"可以从信息产品的性质、使用目的、使用环境、范围等因素来判断或由被许可人的明确告知来决定。

3. 电子控制权的法律后果

信息产品的许可人依法行使电子控制权，使被许可人不能使用该信息，由此造成被许可人的损失，许可人不承担任何法律责任。但由于许可人不当使用电子控制权导致被许可人或他人利益损失的，应承担相应的赔偿责任。

许可人使用电子控制权即使正当，但因电子控制发生错误或变动导致被许可人或他人受到损害的，应承担损害赔偿责任。

### （二）信息产品许可人的主要义务

信息产品的特殊性也决定了合同许可人的义务与传统合同义务有所不同。传统合同对货物合同与服务合同的分类在这里不再泾渭分明。货物合同一般要求当事人提供的货物质量合格和符合合同指定的用途，服务合同要求当事人利用自己的知识和技能为相对人提供服务，侧重服务的过程。但是，信息产品合同较难归入货物类合同或服务类合同，如某人定制一软件，既要求当事人提供的软件质量合格并适于特定的目的，又要求当事人提供软件的维护服务。因此，信息产品许可人的义务具有混合性的特点。

1. 质量担保义务

信息产品许可人的质量担保义务包括产品质量的担保和服务质量的担保。产品质量担保主要有：

（1）效用担保，指信息产品符合通常的效用和合同约定的用途。

（2）品质担保，指信息产品具有约定和法定的品质，如与许可人约定的规格、版本、安全性等要求一致。

服务质量担保，一般由当事人在合同中约定，主要有：按合同规定向被许可人提供安装和维护，提供相关知识的培训等。质量担保和服务担保几乎是融合在合同履行过程中，当合同标的物是专用软件产品时，尤其如此。

如果许可人违反该义务，被许可人可以请求许可人采取补救措施，或者解除合同并要求其承担损失。

2. 权利担保义务

对信息产品而言，权利担保较其他合同的权利担保更为重要。美国《统一计算机信息交易法》第401条规定，信息的许可方应保证其提供的信息免于任何第三方以侵权和侵占为由提出的正当请求。

权利担保的主要内容有：

（1）保证在合同的有效期内，任何人无权基于许可人的行为对该信息提出权利请求；

（2）如果该信息是排他性的许可，要符合专利法和相关法律的规定；

（3）许可人不得以约定排除所担保的义务。

3. 信息披露义务

由于网上交易的虚拟性，交易双方彼此难以了解，因此信息披露非常重要。信息披露的内容至少应包括：

（1）许可方的真实身份情况；

（2）合同标的物的品质、质量等说明；

（3）订约程序及履行方法。

《欧盟电子商务指令》第5条规定：成员国应保证服务提供者能够提供并使服务接受者和有权机关能够容易地、直接地和永久地获取服务提供者的名称、设立地的地理地址、通信地址、注册机构及其注册号码等确认其身份的信息。第10条规定：成员国应确保服务提供者在服务接受者下订单之前至少清楚地、明白无误地披露了下列信息，除非其与非消费者当事人另有约定：

（1）订立合同采用的技术步骤；

（2）已订立的合同是否由服务提供者存档和是否可供查阅；

（3）识别和纠正下订单前输入错误的技术手段；

（4）合同使用的语言。

同时规定，成员国应确保服务提供者指明其同意遵守的行为规范和如何电子查阅这些规范的信息，除非其与非消费者当事人另有约定。并要求提供给接受者的合同条款和条件应能为接受者所储存和复制。

除了上述义务以外，许可方尚应承担按约履行、交付有关单证和证书的义务。

### （三）信息产品被许可人的正当使用义务

基于信息产品的易复制和易于改变，被许可方的违法使用会给权利人带来灾难性的后果，会损及信息产品交易的正常进行。信息产品的使用人的正当使用义务有：

（1）未经许可人同意，不得擅自复制信息和改变其用途、使用范围等；

（2）未经许可人同意，不得擅自改变信息的源代码并作商业性使用；

（3）不得违反合同约定进行使用。

### （四）信息产品合同终止后当事人的权利义务

合同终止可以由各种情况引起，履行是其中最经常和最正常的原因。合同履行完毕，合同的权利义务即终止，但是当事人仍应当遵循诚信原则，根据合同的性质、目的和交易习惯履行通知、协助、保密等义务。[①] 这里，我们主要探讨信息产品合同终止后当事人特殊的权利义务。

1. 被许可方的继续使用及限制

被许可方在合同终止时，就无权继续行使合同上的权利，例如访问许可方的信息。但是，在信息许可使用的情形下，尚存在被许可方继续使用的可能。

一种情况是该信息经被许可方使用后已与其他信息混合，使退还成为不可能；或者因为其他情况使得退还没有必要时，应当允许被许可方继续使用。

此时的继续使用应有所限制。首先，不能超出合同有效时的使用目的和范围。如合同规定

---

① 参见《民法典》第五百零九条。

该信息是为个人使用而许可，继续使用不能扩大到商业使用。其次，继续使用不享有原合同生效时的其他权利，例如享有信息产品升级、维护等权利。最后，被许可方继续使用应支付必要的使用费。

另一种情况是在许可方违约，被许可方合法解除合同时为减少损失而采取的必要措施。例如，被许可方获得计算机软件的使用权，在安装后发现与合同的规定不符，于是依约解除合同，被许可方失去该软件的使用权，但是，一旦停用会使其系统功能丧失，为避免更大的损失，在使用人安装新的软件之前，可以继续使用该软件。但是，这种使用同样应有一定的限制：

（1）被许可方的继续使用不违反原合同的使用的目的和范围；

（2）使用是为了避免或减少损失而采取的合理措施；

（3）不违反许可方在解除合同后的处理办法或不违反与被许可方达成的协议，如果许可方禁止被许可方使用，则应对禁止使用所扩大的损失负责；

（4）该使用应基于善意并不能超出必要的时间①；

（5）继续使用应支付合理的使用费。

2. 被许可方的协助义务

合同终止时，被许可方应按约定采取合理措施协助完成有关事项。被许可人应遵循许可方的指示，退还标的及相关的材料、文件、记录、复制件或其他有关资料；或者销毁有关的复制件等。被许可方不得在合同终止后，继续持有信息或复制件，或采取技术手段非法改变、移除许可方的电子标识信息或自助控制信息，以继续非法使用。

此外，在合同终止后，许可方有权采用电子控制以防止非法的利用。根据我国法律规定，当事人还应履行通知义务和保密义务。

## 四、电子合同的法律风险防范

1. 再次确认对方当事人的身份

一般而言，电子合同签约服务平台均要求实名注册，并进行身份验证。在具体操作中，应对对方当事人的身份进行二次确认，如以文字、语音、视频等手段确认，必要时调取相关账号查询实名认证信息。

2. 及时保存电子合同订立相关的电子数据

对于电子合同订立过程中形成的电子数据，应当及时保存、备份，并确保及时进行工作交接，避免举证时缺乏证据。

电子合同签约服务平台保存有电子合同签署的数据。必要时可以索取自己保存。

3. 加强合同实际履行证据的保存

在对合同的订立出现争议时，当事人往往可以通过双方当事人的实际履行证据来证明双方的合意。当事人在合同履行过程中应当加强对合同义务履行证据的保存，比如往来协商记录、转账记录、出库单、交货快递单等。

---

① 所谓必要的时间，是指被许可方获得阻止损失扩大能力所需要的时间。

## 五、电子合同的违约救济

### （一）违约的归责原则

所谓归责原则，是指关于违约方的民事责任的法律原则。合同违约的归责原则有两类：一种是过错责任原则，另一种是严格责任原则。过错责任原则是指一方违反合同的义务，不履行和不适当履行合同时，应以过错作为确定责任的要件和确定责任范围的依据。严格责任是指在违约发生以后，确定违约当事人的责任，应主要考虑违约的结果是否因被告的行为造成，而不是因被告的故意和过失。①

1. 以严格责任为归责原则

在我国民法的理论上，对于违约责任是采用过错责任还是严格责任一直存在争议。从我国《民法典》的制定来看，逐步确立了违约责任以严格责任为原则。《民法典》第五百七十七条规定，当事人一方不履行合同义务或者履行合同义务不符合约定的，应当承担继续履行、采取补救措施或者赔偿损失等违约责任。即违约责任不以过错为归责原则或构成要件，除非有法定的或约定的免责事由，只要当事人一方有违约行为，不管是否具有过错，都应当承担责任。从国际立法文件和合同法归责的发展过程看，以严格责任为合同的归责原则是符合发展趋势的。

基于以上的考虑，我们认为电子合同的违约责任也应以严格责任为主。但是网络传输的特殊性也会产生传统法律中不曾有过的问题，例如，网络传输发生故障，文件下载感染病毒等情况，是否需要承担违约责任，需要法律明确。在明确严格责任的同时，还需规定免责的事由。

2. 免责范围

合同违约的免责事由包括不可抗力、法律的特殊规定、债权人的过错和约定的免责条款等。所谓不可抗力，是指不能预见、不能避免并不能克服的客观情况。因不可抗力不能履行合同或者造成他人损害的，不承担民事责任。在网络中，下述情形可认为是不可抗力：

（1）文件感染病毒。文件染毒的原因可能是由于遭到恶意攻击也可能是被意外感染。但不论是何种原因，如果许可方采取了合理与必要的措施防止文件遭受攻击，例如给自己的网站安装了符合标准或业界认可的保护设备，有专人定期检查防火墙等安全设备，但是仍不能避免被攻击，由此导致该文件不能使用或无法下载的违约行为，许可方不承担违约责任。换言之，许可方尽到了合理注意的义务后，不承担责任。但这并不排除许可方返还对方的价款的义务。

（2）非因自己原因的网络中断。网络传输中断，则无法访问或下载许可方的信息。网络传输中断可因传输线路的物理损害引起，也可由病毒或攻击造成。如果当事人对此无法预见和控制，则应属于不可抗力。

（3）非因自己原因引起的电子错误。例如，消费者购物通过支付网关付款，由于支付网关的错误未能将价款打到商家的账户上，虽然消费者对此毫不知情，但商家由于未能收到价款而不履行，不应承担违约责任。

（4）因遭受攻击而不能履行的，也应免责。

---

① 参见王利明，崔建远. 合同法新论总则，北京：中国政法大学出版社，1996.

### （二）违约救济的主要方式

电子合同的违约救济主要有实际履行、停止使用、继续使用、中止访问和损害赔偿等措施。

#### 1. 实际履行

在我国合同法的传统理论上，非常强调实际履行原则。在非市场经济年代，合同是完成国家计划的重要工具，合同的实际履行不仅事关当事人的权利义务，还涉及国家的利益，这是由当时的经济体制和环境决定的。在实行社会主义市场经济后，当事人的缔约日益自由，实际履行不再被强调，在违约的情况下如果受害人有其他方法补救，受害人也不必固守实际履行。

对于信息产品而言，实际履行有其现实意义。第一，信息产品本身的易复制性使得它不易灭失，这就使违约方在违约后仍然有条件继续履行，对被许可方而言，可以继续得到所需要的信息。第二，信息产品多数具有较高的技术含量，尤其是专业化的信息产品，从标的的接收到投入使用有一个时间过程，如果守约方另寻其他替代品，又会消耗一段时间，显然对守约方不利。第三，对于信息访问合同，被许可方的目的即是获得有关信息，只要不是因为信息内容上的原因而违约，进行实际履行对当事人双方都具有重要意义。第四，信息产品的销售、许可与服务是浑然一体的，这使得信息产品合同当事人的权利义务比其他合同更复杂，涉及当事人的多种利益，实际履行有利于减少当事人尤其是接受方的利益损失。

总之，实际履行给守约方较大的选择权，守约方可以在权衡利弊的基础上，选择实际履行或者其他补救方式。在没有守约方明确反对的情况下，法院和仲裁机构可以判定违约方实际履行。

#### 2. 停止使用

停止使用是指因被许可方的违约行为，许可方在撤销许可或解除合同时，请求对方停止使用并交回有关信息。在传统合同中，虽然也存在因违约而停止使用并交回标的的情况，例如，房屋的承租方违反约定改变使用性质，出租方可以解除合同并要求对方交回房屋。当标的为信息产品时，停止使用具有特殊意义，对于信息产品，交回的只是信息产品的载体，所以交回的实际意义并不大，唯有停止使用才能保护许可方的利益。

停止使用的内容包括被许可方将所占有和使用的被许可的信息及所有的复制件、相关资料退还给许可方，同时被许可方不得继续使用。许可方也可以采用电子自助措施停止信息的继续被利用。但是，被许可的信息在许可过程中已发生改变或与其他信息混合，使得它已无法分离的，则无需交回。

#### 3. 继续使用

继续使用是指在合同终止或许可方有违约行为时，被许可人可以继续使用许可方的信息。继续使用不同于继续履行，在传统合同法的理论上，继续履行是当事人未能按照合同约定正常履行义务时，由法律强制其继续履行该义务，是承担违约责任的形式之一，继续履行的内容是强制违约方交付按照合同约定本应交付的标的，所以它是实际履行原则的补充。因此，继续履行是违约方的一种责任。而继续使用与此不同，虽然也是保护守约方的利益，但它是从赋予守约方权利的角度而非违反方责任的角度来保护的。

对于信息许可使用和信息访问而言，如果许可方违约，未按照合同约定提供服务或产品，只要受害方认为必要，可以要求违约方继续履行。但是在被许可方实际使用或获得许可以后，许可方违约了，并不存在继续履行的问题，而是被许可方继续使用。

被许可方的继续使用不排斥寻求因违约行为导致的其他救济。

4. 中止访问

中止访问是对信息许可访问合同的救济，当被许可方有严重违约行为时，许可方可以中止其获取信息。中止访问不同于实际履行或者继续履行，后者实质上是法的强制，属于责任的范畴，不具有抗辩的性质；中止访问是许可方对被许可方的一种抗辩行为，是履行中的抗辩。

作为一种抗辩，中止访问必须符合一定的条件。第一，合同当事人双方具有对待给付的义务，也就是说，信息许可访问合同是双务合同。第二，合同约定的义务已到履行期。第三，未按合同的约定履行。例如，被许可方未按规定的时间交付使用费，许可方可以中止其访问。第四，在许可方采取中止措施之前，应通知被许可方。如果被许可方在通知规定的时间内消除了违约行为，则中止访问的措施不应采用。

5. 损害赔偿

损害赔偿是以支付金钱的方式弥补受害方因违约行为所减少的财产或者所丧失的利益。损害赔偿是最基本和最重要的违约救济方式。它与上述几种违约救济方式是互补的，一方违约后，除了要求其采取特定补救方式外，对于已造成的损害还应予以赔偿。但是，根据我国法律规定，损害赔偿不得与违约金并用。

损害赔偿可以由当事人约定也可适用法律的规定。当事人的约定包括违约金或者损害赔偿的计算方法，而法律规定则直接明确赔偿的范围。

法定的赔偿范围有多大？在我国合同法的理论上，有直接损失和间接损失的区分。直接损失是因违约行为造成的现有财产的减少、毁损和灭失；间接损失指可得利益的损失，主要是利润损失。我国《民法典》第五百八十四条规定了因违约而赔偿的范围：当事人一方不履行合同义务或者履行合同义务不符合约定，造成对方损失的，损失赔偿额应相当于因违约所造成的损失，包括合同履行后可以获得的利益；但是，不得超过违约一方订立合同时预见到或者应当预见到的因违约可能造成的损失。据此，不论是直接损失还是间接损失都是可以得到赔偿的。但是，超出"合理预见"的除外。合理预见要根据订立合同的事实和环境来判定。

网络交易中合理预见的界定应考虑以下几个要素：

（1）合同主体的不同。B2B 交易主体的预见程度较消费者高。

（2）合同订立方式的不同。电子自动交易订立合同相对在线洽谈方式订立合同预见程度要低。

（3）合同内容的不同。信息许可使用合同比信息访问合同应有较高的预见要求。

电子合同作为民商事合同，其赔偿范围也应适用《民法典》的规定。对于因违约造成的直接损失和间接损失都应当赔偿。例如网络接入服务合同，服务提供方违约造成当事人遭受损失，应赔偿当事人支付的接入费用等直接损失，对于间接损失则可以免除。

损害赔偿基于发生违约情形的不同而有所区别。例如在拒绝履行的情况下，损失额的计算应以货物的市场价格与合同价格之间的差额作为标准。

作为计算损害额依据的市场价格一般是履行地的市场价格，在计算时，还应考虑受害人应节省的费用和应减轻的损失。假如买方订立合同的目的是为了转手贸易，并且在该合同订立后又与后手订立了合同，那么，可以根据转售价与合同价之间的差额来计算损失。

案例：
沈某诉上海
携程国际旅
行社有限公
司网络服务
合同纠纷案

在发生替代交易时，如果购买价高于原合同价，出卖人应就替代性购买价格与原合同价格的差额及买方所支出的其他合理费用负赔偿责任。如果销售价低于原合同价，那么违约方就应赔偿原合同价格与销售价的差额并负卖方所支出的必要费用。若销售价高于原价而卖方在利润上未受损失，该利益无需返还给违约方。

在不适当履行时，如果能够修理，那么损害赔偿原则上应按照修理该标的物所需要的合理的修理费来确定。如果需要作降价处理，非违约方要求降价后应有权就可得利益请求赔偿。

在卖方迟延交付货物的情况下，如果买方收到货物，要根据货物应该交付时的市场价与实际交付时的市场价格的差额来计算。如果买受人未收到货物，可按替代性购买的原则计算。

## 六、电子错误的法律调整

### （一）电子错误的含义

一般来讲，所谓电子错误是指网络交易过程中交易双方使用信息处理系统时产生的错误。

美国《统一计算机信息交易法》第 214 条对电子错误有明确的定义："电子错误"指如没有提供检测并纠正或避免错误的合理方法，消费者在使用一个信息系统时产生的电子信息中的错误。[①] 这里的"信息处理系统"指的是网上交易平台的信息处理系统，而不是指计算机终端用户自己的信息处理系统；而更正错误的合理程序取决于商业环境，包括交易对快速反应的限定程度。

从我国电子商务运行的情况看，已经有多起电子错误事件影响到电子商务企业的运营。例如，2017 年 9 月 11 日苏宁易购平台发生商品标错价问题，将 65 英寸电视 PPTV-65c2 误标价成 600 元，而实际价格大概为 4 000 元。苏宁易购不得不发起商品紧急截单。

在电子交易中发生错误，当事人应当立即将该错误通知相对方，请求撤销发生错误的部分，相对方应当及时协助撤销。依据交易性质无法撤销的，不得撤销。考虑到企业的实际情况，法律可以要求相对方在力所能及的范围内"协助"。同时，考虑到部分电子交易瞬间已完成，为交易链的稳定，规定不得撤销。

对于当事人利用电子系统的人为错误，我国《电子商务法》第五十条规定，电子商务经营者应当保证用户在提交订单前可以更正输入错误。这里，有一个二次确认的提醒，保证用户再次审查和修改可能发生的错误。

### （二）电子错误的责任承担

美国《统一计算机信息交易法》第 214 条第 2 款对电子错误的责任承担有原则性规定：在一

---

① 原文为："electronic error" means an error in an electronic message created by a consumer using an information processing system if a reasonable method to detect and correct or avoid the error was not provided.

个自动交易系统中，对于消费者无意接受，并且是由于电子错误产生的电子信息，如消费者采取了下列行为，即不受其约束：

（1）于获知该错误时，立即①将错误通知另一方；以及②将所有的信息拷贝交付给另一方，或者按照另一方的合理指示，将所有的信息拷贝交付给第三人，或销毁所有的信息拷贝。

（2）未曾使用该信息，或从该信息中获得任何利益，也未曾使信息可为第三方获得。

可见，该规定允许用户通过快速行动来避免错误的产生。但是，如果用户所用的电子系统提供了一种更正错误的方法，用户就不享有这种保护权利。

具体而言，由于电子错误不是当事人的真实意思表示，所以应当允许当事人撤销，在合同成立之前，当事人可以撤销错误的表示行为，在合同成立或生效后，可以撤销法律行为。我们可以根据交易的不同类型来确立相关的规则。

（1）在当事人双方有约定的情形下，若当事人各方约定使用某种安全程序检测变动或错误，一方当事人遵此执行，而另一方当事人未遵守约定。在未遵守方如遵守约定就可以检测到错误的情形下，遵守方可以撤销变动或错误的电子信息所产生的效力，不论合同是否已订立或履行。

（2）在当事人双方没有约定的情形下，若一方采用某种程序检测到自己所发出的信息有变动或错误，应及时通知接收方，接收方应在合理的时间内予以确认，如果确认，发出方可以撤销变动或错误产生的效力；如果接收方未在合理时间内确认的，发出方也可以撤销变动或错误所产生的效力。如果接收方在合理时间内否定了有错误存在，应由发出方证明其发出的信息确有变动或错误。如果发出方不能证明的，不能撤销所发出信息的效力。若一方采用某种程序检测到对方所发出的信息有变动或错误，应及时通知发出方，发出方在合理时间内予以确认的，双方均可撤销该变动或错误的效力；发出方未在合理时间内予以确认的，接收方可以撤销该变动或错误的效力。

（3）采用自动交易的消费者可以不受存在电子错误的电子信息的约束，其前提条件是：电子代理人未能提供机会避免或纠正错误，或者该个人在知道电子信息出现错误时采取了美国《统一计算机信息交易法》第214条第2款的行为。①

（4）电子错误或变动如果在合同履行或履行完毕时还未被当事人双方发现或检测到，那么，原则上应认定合同有效，除非该错误动摇了电子合同成立的基础。

（5）基于电子错误或变动致合同或某一条款无效或撤销的，当事人应当返还因电子错误或变动所带来的利益，不能返还的应给予补偿，因电子错误或变动致当事人一方受到损失的，若错误或变动可归责于一方的，由该方赔偿损失；不可归责于任一方的，实践中的做法是该损失由自己承担，当然，这往往属于约定的范畴，从理论上而言应适用公平责任原则。

### （三）电子错误的法律调整

1. 撤回电子通信的先决条件

联合国《通信公约》第14条（电子通信中的错误）规定：

（1）一自然人在与另一方当事人的自动电文系统往来的电子通信中发生输入错误，而该

---

① 往往是 B2C 交易，但也有可能是 C2C 交易，如阿里拍卖网上的在线拍卖模式。

自动电文系统未给该人提供更正错误的机会，在下列情况下，该人或其所代表的当事人有权撤回电子通信中发生输入错误的部分：

① 该自然人或其所代表的当事人在发现错误后尽可能立即将该错误通知另一方当事人，并指出其在电子通信中发生了错误；

② 该自然人或其所代表的当事人既没有使用可能从另一方当事人收到的任何货物或服务所产生的任何重大利益或价值，也没有从中受益。

（2）本条中的规定概不影响适用任何可能就除了第一款中所提到的错误之外的任何错误的后果作出规定的法律规则。

撤销权行使的前提条件无疑是电子错误确实存在，该电子错误可以是人为的错误，也可以是电子信息系统的错误或故障。对此，联合国贸易法委员会进一步做了解释：该条规定并未否认发生输入错误的电子通信的效力，只是使发生错误的表意人有权利"撤回"发生输入错误的部分，这样是为了避免对该行为是否无效或经当事人请求加以撤销的问题产生争论。

2. 错误通知和撤回电子通信的时限

在许多法律制度中，时限系公共政策问题，双方当事人均不得无限撤回。联合国《通信公约》第 14 条限制了撤回电子通信的时间，撤回错误通知原则上必须"尽可能立即"进行，但无论如何不得迟于一方当事人使用或接受从对方当事人收到的货物或服务所产生的任何重大利益或价值的时间。

3. 撤回电子通信权利的丧失

撤回电子通信的先决条件赋予发生错误的当事人可根据有关条件行使撤回权，从而避免了自然人或其所代表的当事人获得不当暴利。但当事人如果已经从失效的通信中获得了重大利益或价值，其撤回权随之丧失。

电子商务中的许多交易均可即时缔结，并对购买相关物品或服务的当事人立即产生价值或利益。在许多情况下，可能无法恢复交易前的原状。例如，如果收到的对价为信息，则可能无法使已赋予的利益归于无效。尽管信息本身可以归还，但获取信息的机会或重新分配信息的能力即构成一种无法返还的利益。还有可能发生的情况是，弄错的当事人收到的对价的价值从收到对价至第一次有机会返还期间有所改变。在此种情况下，无法适当地将其恢复原状。在所有此种情况下，允许一方当事人通过撤回电子通信中发生错误的部分而使整个交易无效同时却有效地保留从交易中所获利益有失公平。考虑到涉及中间人的许多电子交易可能会因无法退出交易而受损的事实，这一限制就更为重要了。

### （四）电子错误撤回在电子商务中的具体操作

案例：全国首例由电子错误引起的网络交易纠纷案

在 B2C 交易中，消费者可以撤销在与卖方的电子代理人交易过程中源自其本人的错误的电子通信，其前提条件是：电子代理人未能提供机会避免或纠正错误，或者该个人在知道电子信息出现错误时采取如下行为：

（1）及时通知另一方当事人电子信息出现错误，并且告知本人无意受错误电子信息的约束。

（2）采取合理措施，如遵照另一方的合理指示将所有的信息拷贝返还给另一方，或根据另一方指示取消收到的信息拷贝以及根据错误情形采取其他措施。

（3）未使用或未从该信息中获利或使该信息被他人获得。

（4）电子错误或变动未被当事人双方发现或检测到，直至合同履行或履行完毕。原则上合同应有效，除非该错误构成有影响力的错误，动摇了合同成立的基础。

（5）基于电子错误或变动致合同或某一条款无效或撤销的，当事人应当返还因错误或变动所带来的利益，不能返还的应给予补偿，因电子错误或变动致当事人一方受到损失的，若错误或变动可归责于一方的，由该方赔偿损失；不可归责于任一方的，该损失自己承担。

## 思 考 题

1. 简述电子合同的概念、性质与分类。
2. 试分析书面文件、原件和保存件的相同点与不同点。
3. 试分析不同类型网络交易的要约邀请、要约和承诺。
4. 简述电子合同（信息产品合同）当事人的主要权利和义务。
5. 简述信息产品合同履行的一般规则。
6. 简述电子合同的违约救济方法。

## 参 考 文 献

［1］高富平. 电子合同和电子签名法研究报告［M］. 北京：北京大学出版社，2005：111-117.
［2］张辉. 电子错误问题的法律规制［J］. 长治学院学报，2020(10)：72-77.
［3］周洪波. 企业签订电子合同的法律风险防范［J］. 上海企业，2021(7)：84-85.
［4］薛军. 电子合同成立问题探析［J］. 法律适用，2021(3)：25-33.
［5］中华人民共和国国家标准：电子合同取证流程规范(GB/T 39321—2020).
［6］史竹敏，高哲. 论金融机构等电子合同订立规程及法律风险防控［J］. 时代金融，2021(30)：125-127，133.
［7］苏号朋. 定式合同研究——以消费者权益保护为中心［J］. 比较法研究，1998(2)：113-135.

# 第六章 电子支付法律问题

电子支付是电子商务中的核心环节，也是电子商务得以进行的基础条件。电子商务较之传统商务的优越性，成为吸引越来越多的商家和个人上网购物和消费的原动力。然而，如何通过电子支付安全地完成整个交易过程，又是人们在选择网上交易时所必须面对的而且是首先要考虑的问题。为了保证电子支付的迅速健康发展，必须对电子支付当事人的权利、义务和责任以及电子货币的法律地位、争议解决办法、风险分担制度作出明确的规定。本章在介绍网上支付手段和流程的基础上，重点探讨这些支付手段引起的法律问题和安全性保障问题。

## 第一节 电子支付概述

### 一、电子支付的概念与分类

#### （一）电子支付的概念

美国《统一商法典》没有直接给出电子支付的概念，而是用"支付命令"表示电子支付指令的概念。[①]《统一商法典》第4A-103（a）条规定，支付命令指发送人对接收银行的一项指令，这项指令以口头方式、电子方式或书面形式传送，是支付或使另一家银行支付固定的或可确定的货币金额给受益人的指令。支付命令须同时具备以下条件：①该指令除了支付时间外未规定向受益人支付的条件；②接收银行将通过借记发送人的账户，或以其他方式从发送人处收到支付，来得到偿付；③这项指令由发送人直接传送给接收银行，或通过代理人、资金划拨系统或通信系统传送给接收银行。支付命令是美国《统一商法典》第4A编的起草者设计的最重要的概念之一，对明确该法的适用范围，确定大额电子资金划拨各方当事人的权利义务具有重要的意义。

---

① National Conference of Commissioners of Uniform State Law（NCCUSL），The American Law Institute. Uniform Commercial Code（UCC）[EB/OL]（2008-07-29）[2022-11-02]. Legal Information Institute 网站.

联合国国际贸易法委员会 1987 年制定的《国际贸易法委员会电子处理资金划拨法律指南草案》①提出："电子处理资金划拨一词是指这样一种资金划拨，即在处理过程中有一个或多个以前用以票据为依据的技术来进行的步骤现在改用电子技术来进行。"按照联合国《贸易法委员会国际贷记划拨示范法》②的定义，"贷记划拨"系指由发端人的支付命令开始，为将资金交由某一受益人支配而进行的一系列业务活动。

美国《电子资金划拨法》对电子资金划拨所下定义为："除支票、汇票或类似的纸质工具的交易以外的，通过电子终端、电话工具，或计算机或磁盘命令、指令或委托金融机构借记或贷记账户的任何资金的划拨"③。

中国人民银行《电子支付指引（第一号）》给出的定义是：电子支付是指单位、个人直接或授权他人通过电子终端发出支付指令，实现货币支付与资金转移的行为。定义明确了支付主体、支付行为和支付工具，但支付行为仍停留在较传统的描述上，货币支付与资金转移二者之间也存在交叉重合的问题。

本书认为应当从两个角度来研究电子支付的概念。一个是从广义的角度，即不论支付行为是基于什么原因发生的，只要导致了资金的流动，都作为电子支付研究的范畴。另一个是从狭义的角度来研究电子支付，即从电子商务的角度，仅研究在有交易关系的基础上发生的电子支付行为。研究前者目的是把握电子支付的全部特点，研究后者是为了适合电子商务立法的需要。

从广义角度讲，电子支付是指支付当事人通过电子设备授权银行或支付机构（非金融支付机构），对其支付账户进行资金划拨的行为。从狭义角度讲，在电子商务活动中，电子支付是指付款人通过电子设备授权银行或者支付机构，将其支付账户的资金划拨给收款人，以履行价款交付义务的行为。

### （二）电子支付的分类

电子支付可以分为 5 种类型，包括网络银行支付、非金融机构支付、移动支付、虚拟货币、其他形式（见图 6-1）。

网络银行是传统银行转型的一种新形态。图 6-2 反映了网络银行（含支付网关代理）的支付流程。

非金融机构支付（又称第三方支付）的特点是绑定银行账户，其支付流程如图 6-3 所示。从图 6-3 可以看出，买家、商户、第三方支付机构、网上银行是电子支付中的四个主要参与者。从规制对象的角度看，主要应对这四个主体进行规制。而从支付流程的角度看，主要包括支付账户开户、指令执行、支付完成三个阶段。

---

① United Nations Commission on International Trade Law. UNCITRAL Legal Guide on Electronic Funds Transfers［EB/OL］（1987-07-15）［2022-11-02］. 联合国贸法会网站 .

② United Nations Commissionon International Trade Law. UNCITRAL Model Law on International Credit Transfers（1992）［EB/OL］（1992-05-15）［2022-11-02］. 联合国贸法会网站 .

③ U. S. Congress. Electronic Fund Transfer Act［EB/OL］（1978-11-10）［2022-11-02］. Legal Information Institute 网站 .

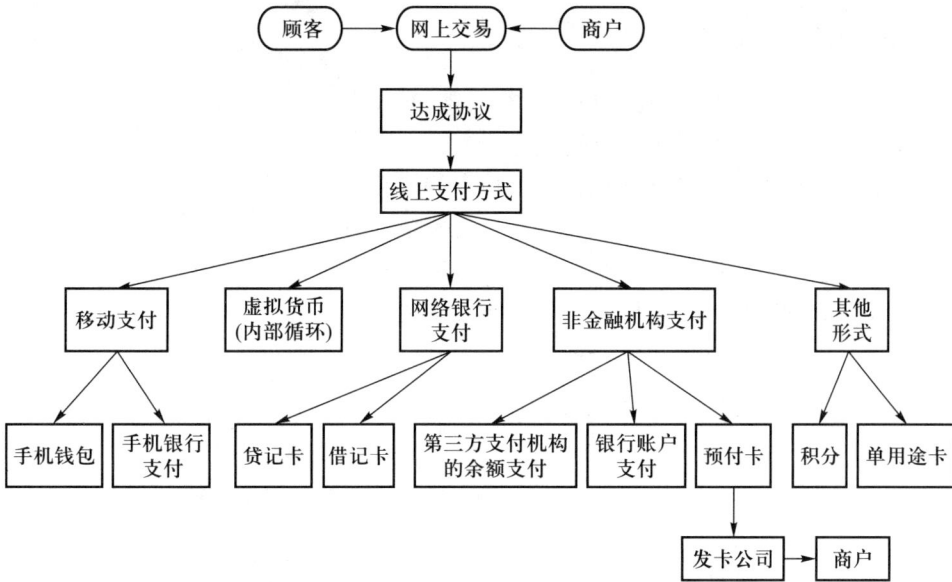

图 6-1 电子支付分类图

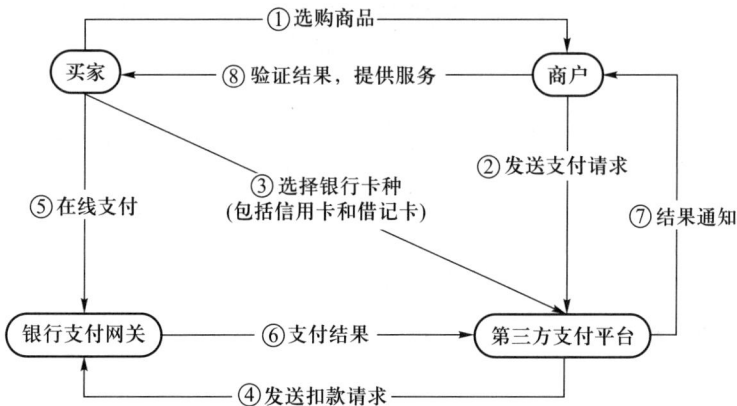

图 6-2 网络银行(含支付网关代理)流程

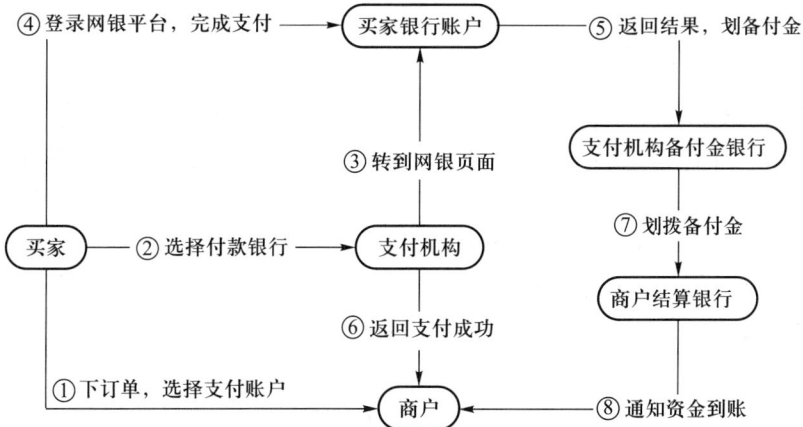

图 6-3 第三方支付：绑定银行账户支付流程

### （三）电子支付的一般模式

一般电子支付的交易流程归结为以下 5 个步骤（见图 6-4）：

（1）付款方 A 向其银行 C 发起支付指令。

（2）付款方 A 和收款方 B 之间进行支付信息的核验。

（3）信息核验成功后，银行 C 向银行 D 进行资金划拨。

（4）银行 D 收到资金后，向收款方 B 发送收款通知。

（5）银行 D 收到资金后，向付款方 A 发送收款通知。

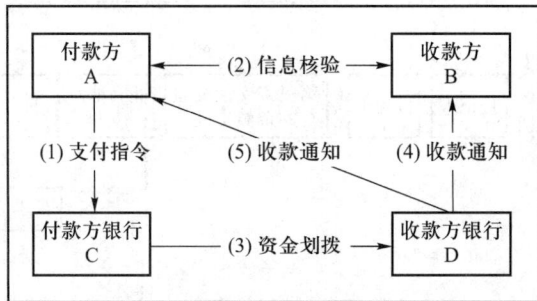

图 6-4　电子支付的一般模式

需要注意的是：

（1）付款方和收款方可以是具有民事行为的自然人、企业法人或事业法人。

（2）无论采取何种支付方式，最后资金结算的机构都是银行。

（3）非银行金融机构（如第三方支付）服务的对象是付款方和收款方，以及对应的结算银行。

## 二、电子支付工具

电子支付系统中使用的支付工具可以分为三大类：银行卡类支付工具、电子现金类支付工具、电子票据类支付工具。

### （一）银行卡类支付工具

在所有传统的支付方式中，银行卡（主要是信用卡和借记卡）最早适应了电子支付的形式。支付者可以使用申请了在线转账功能的银行卡转移小额资金到另外的银行账户中，完成支付。截至 2021 年年末，全国共开立银行卡 92.47 亿张，其中，借记卡 84.47 亿张，信用卡和借贷合一卡 8.00 亿张。全国人均持有银行卡 6.55 张。[①]

银行卡电子支付的参与者包括付款人、收款人、认证中心以及发卡行和收单行等，其支付流程如图 6-5 所示。

---

[①]　中国人民银行.2021 年支付体系运行总体情况［EB/OL］（2022-04-02）［2022-09-22］.中国人民银行网站.

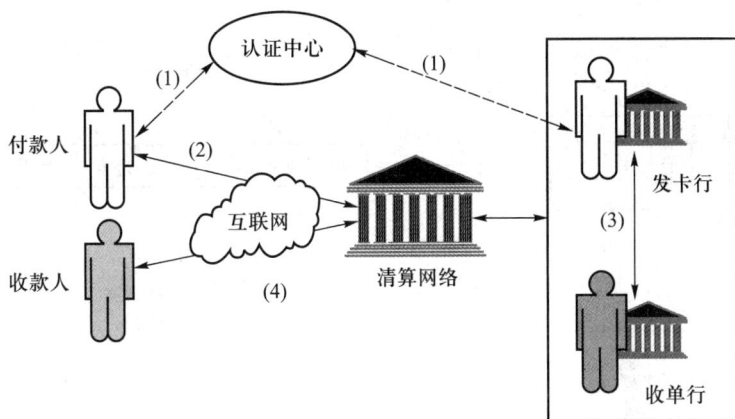

图6-5　银行卡电子支付流程

图6-5中各数字序号含义如下：

（1）付款人向发卡行申请认证，使得支付过程双方能够确认身份。

（2）付款人通过电子钱包软件登录发卡行，并发出转账请求。

（3）发卡行接受转账请求之后，通过清算网络与收单行进行资金清算。

（4）收款人与收单行结算。

## （二）电子现金类支付工具

### 1. 电子现金

根据《电子现金中国金融集成电路(IC)卡规范》（简称《规范》）的定义，电子现金(Electronic-cash, EC)是基于借记/贷记应用上实现的小额支付功能。[①] 通俗地讲，电子现金是以数字信息形式存在，存储于电子现金发行者的服务器和用户计算机终端上，通过互联网流通的一种货币。电子现金把现金数值转换成为一系列的加密序列数，通过这些序列数来表示现实中各种金额的币值。

图6-6展示了电子现金功能模式的不同组成部分。[②]

图6-6中，"终端"指任何与本规范借记/贷记应用兼容的金融IC卡终端，可以支持或不支持进行联机交易。"卡片"指运行符合本规范借记/贷记应用程序并个人化、能执行电子现金交易的金融IC卡。"持卡人主账户"假定为用于联机授权的当前账户。"电子现金账户"中预先保留了电子现金金额，用于防止电子现金金额用于非电子现金支付和对卡脱机交易进行清算。

目前，银行借记卡和信用卡已完全实现了与电子现金账户的绑定，绑定后客户可以通过绑定账户对电子现金账户进行充值[③]，查询账户详情等操作。

---

[①] 中华人民共和国金融行业标准：中国金融集成电路(IC)卡规范第15部分：电子现金双币支付应用规范（JR/T0025.15—2018）

[②] 中华人民共和国金融行业标准：中国金融集成电路(IC)卡规范第13部分：基于借记贷记应用的小额支付规范（JR/T0025.13—2013）

[③] 中国人民银行. PBOC3.0规范简介[EB/OL](2016-12-26)[2022-09-22]. 中国人民银行网站.

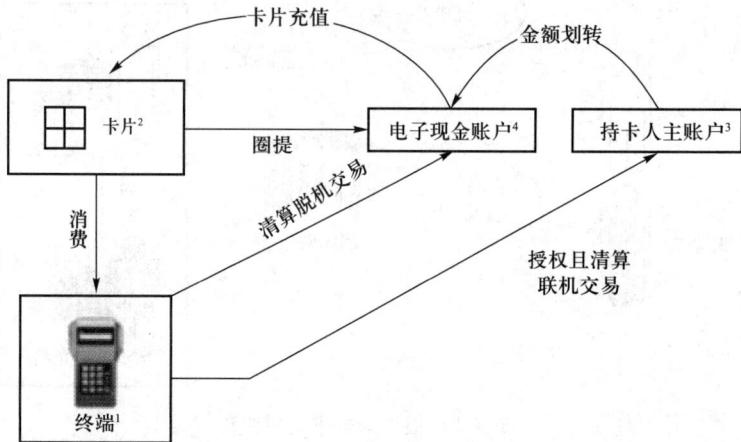

图 6-6 电子现金功能模式的不同组成部分

### 2. 数字钱包

电子钱包是与电子现金同时出现的一个名词。由于电子钱包/电子存折已处于退市阶段，故中国人民银行在发布《中国金融集成电路(IC)卡规范(V3.0)》时，删除了"电子钱包/电子存折应用及其扩展应用规范"。

但随着数字货币的开发，数字钱包(又称数字货币钱包)作为数字货币的载体和触达用户的媒介又出现在电子支付工具中。在我国，数字钱包是在数字人民币中心化管理的前提下，各指定运营机构采用共建、共享方式打造的移动终端 App，用以满足用户不同的差异化需求。图 6-7 显示了数字钱包的基本运作流程。

### 3. 二维码支付

二维条码(2DBarcode,简称二维码)的英文标准名称是 417Barcode，如图 6-8 所示，它是在水平和垂直方向的二维空间存储信息的条码。它可存放 1KB 字符，储存数据是一维条码的几十倍到几百倍；它可通过英文、中文、数字、符号和图形描述货物的详细信息，并采用原来的标签打印机打印；同时还可根据需要进行加密，防止数据的非法篡改。

二维条码是 20 世纪 90 年代初产生的。目前，我国已批准使用 4 种二维条码标准，其中PDF417 条码标准使用最为普遍，[1] 也是我国电子支付领域广泛采用的二维条码。

1997 年我国颁布了以国际自动识别制造商协会(AIMI)《PDF417 规范》为基础的国家标准GB/T 17172—1997《四一七条码》，2000 年又颁布了基于日本 QR Code 的国标 GB/T 18284—2000《快速响应矩阵码》，这两个标准主要是以国外标准为基础的。2006 年 5 月 30 日起我国开始实施《二维条码网格矩阵码》SJ/T [2]11349—2006(简称 GM 码)和《二维条码紧密矩阵码》SJ/T 11350—2006(简称 CM 码)，这是我国具有自主知识产权的二维条码标准。

---

① PDF 是取英文 Portable Data File 三个单词的首字母的缩写，意为"便携数据文件"。因为组成条码的每一符号字符都是由 4 个条和 4 个空构成的，如果将组成条码的最窄条统称为一个模块，则上述的 4 个条和 4 个空的总模块数一定为 17，所以称为 417 码或 PDF417 码。

② SJ/T 指电子行业标准中的推荐性标准。

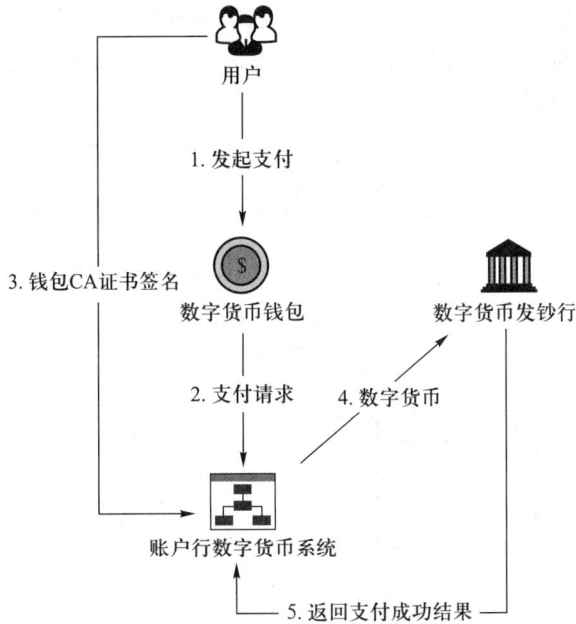

图 6-7　数字钱包的基本运作流程

资料来源：姚前 . 数字货币钱包的申请方法和系统：中国，CN107392601B[P]. 2017-11-24.

图 6-8　二维条码图

2011 年 7 月支付宝正式推出了手机 App 二维码支付业务，进军国内线下支付市场。2013 年 8 月腾讯正式发布微信 5.0 版本，开启了微信二维码支付功能。2017 年 12 月中国人民银行发布了《条码支付业务规范》，规范了二维码支付的信息传输标准、支付标记化技术应用、二维码时效性、交易限额、交易验证等。

支付二维码的使用方式有两种，一种是付款方主扫模式，另一种是收款方主扫模式。

案例：
微信支付需当心，虚假支付终获刑

**181**

在付款方主扫模式中，付款方使用支付客户端 App 内置的二维码识读软件(扫一扫)扫描包含支付链接的二维码进行支付。收款方二维码中包含的是支付接入系统 URL(Uniform Resource Locator,统一资源定位器)和访问参数,支付指令是付款人主动发起的。付款方主扫模式支付交易流程如图6-9所示。

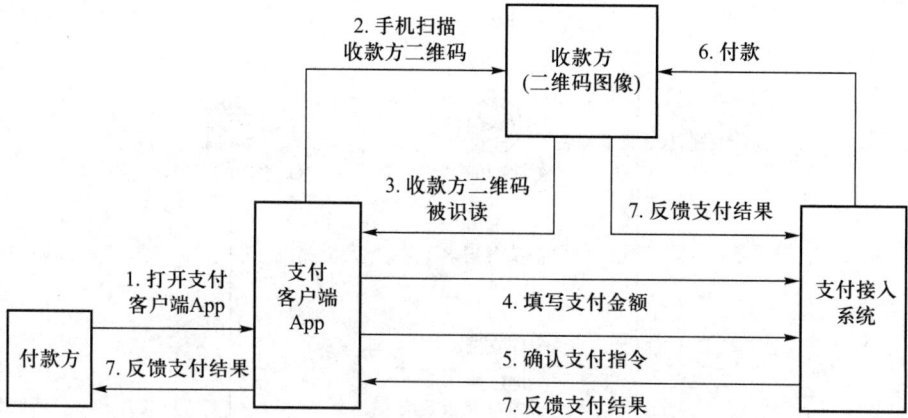

图 6-9 付款方主扫模式支付交易流程

在收款方主扫模式中，收款方使用扫描枪扫描付款方的二维码。付款方二维码中包含的是支付凭证，可能是一串数字或其他信息。付款方二维码被识读后，收款方向支付系统直接提交支付请求，支付系统处理完支付请求后，将支付结果反馈给付款方和收款方。收款方主扫模式支付交易流程如图6-10所示。

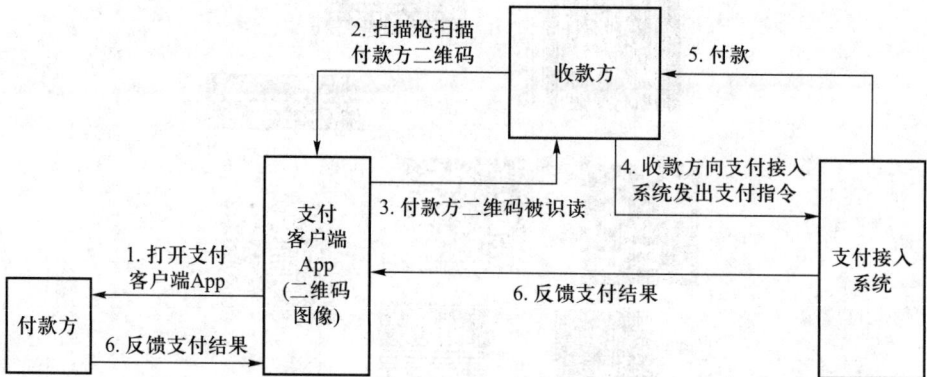

图 6-10 收款方主扫模式支付交易流程

#### 4. 生物识别支付

比起传统的支付方法，生物识别支付的安全性、保密性、方便性更强，具有不易遗忘、不易伪造或被盗、可以随身"携带"等优点。在电子支付中，指纹支付和刷脸支付已经推广，特别是在移动支付中广泛应用。

指纹作为一种生物特征，具有唯一性，且安全度高。通过指纹数据与预先采集的指纹数据进行比对，可在支付时进行身份识别。与指纹支付类似，刷脸支付也需要读取脸部图像、提取特征、保存数据和比对。但现阶段指纹支付和刷脸支付的识别速度还都有待于提高。

### （三）电子票据类支付工具

#### 1. 电子支票

电子支票是一种借鉴纸张支票转移支付的优点，利用数字化支付指令将钱款从一个账户转移到另一个账户的电子付款形式。

电子支票的支付主要通过专用网络及一套完整的用户识别、标准报文、数据验证等规范化协议完成数据传输。用电子支票支付，事务处理费用较低，而且银行也能为参与电子商务的客户提供标准化的资金信息，故而可能是目前最有效率的支付手段之一。

根据支票处理的类型，电子支票可以分为两类：一类是借记支票（Credit Check），即债权人向银行发出支付指令，以向债务人收款的划拨；另一类是贷记支票（Debit Check），即债务人向银行发出支付指令，以向债权人付款的划拨。

电子借记支票的流转程序可分为以下几个步骤（见图 6-11）：

（1）出票人和持票人达成购销协议并选择用电子支票支付。

（2）出票人通过网络向持票人发出电子支票。

（3）持票人将电子支票发送至持票人开户银行索付。

（4）持票人开户银行通过票据清算中心将电子支票寄送至出票人开户银行。

（5）出票人开户银行通过票据清算中心将资金划转至持票人开户银行。

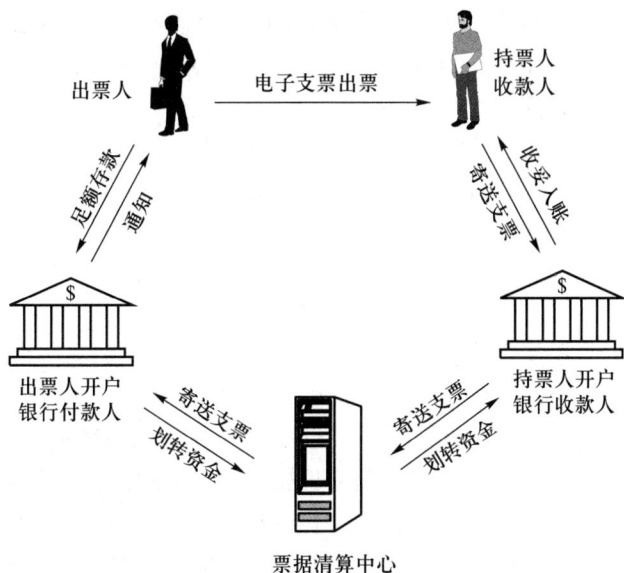

图 6-11 电子借记支票的流转程序

电子贷记支票的流转程序与电子借记支票基本相同，主要区别是出票人和收款人不直接联系（见图 6-12），其主要步骤如下：

（1）出票人向出票人开户银行提示支票付款。

（2）出票人开户银行通过票据清算中心与收款人开户银行交换进账单并划转资金。

（3）收款人开户银行向收款人划转资金。

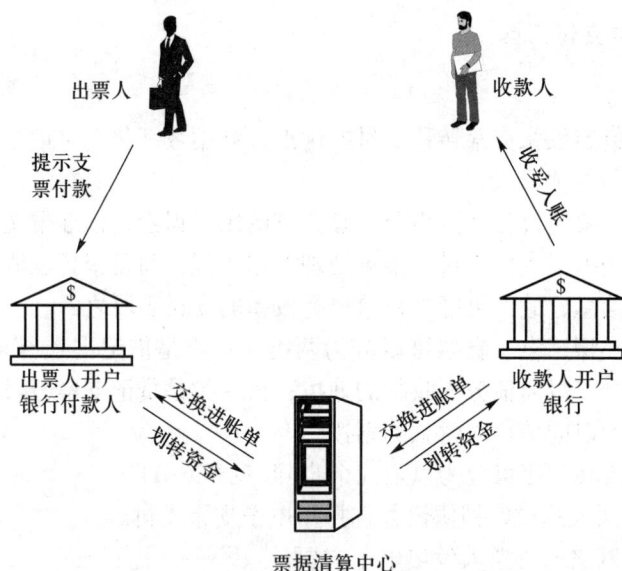

图 6-12　电子贷记支票的流转程序

### 2. 电子商业汇票

电子商业汇票指出票人依托电子商业汇票系统，以数据电文形式制作的，委托付款人在指定日期无条件支付确定的金额给收款人或者持票人的票据。电子商业汇票分为电子银行承兑汇票和电子商业承兑汇票，电子银行承兑汇票由银行或财务公司承兑，电子商业承兑汇票由银行、财务公司以外的法人或其他组织承兑。

电子商业汇票以数据电文形式代替原有纸质实物票据，以电子签名代替实体签章，以网络传输代替人工传递，以计算机录入代替手工书写，实现了出票、流转、兑付等票据业务过程的完全电子化，确保了电子商业汇票使用的安全性。电子商业汇票的使用，提高了企业资金周转速度，畅通了企业的融资渠道。图 6-13 是中国工商银行电子商业承兑汇票的票样。

### 3. 电子资金划拨

目前，我国电子资金划拨有四种渠道。一是利用中国人民银行于 2005 年建设运行的大额实时支付系统。该系统连接了与各银行业金融机构行内支付系统、中央债券综合业务系统、银行卡支付系统、人民币同业拆借和外汇交易系统等多个系统以及香港、澳门的人民币清算行，是金融基础设施的核心系统。二是利用中国人民银行于 2006 年建成的小额批量支付系统。该系统支撑多种支付工具的使用，实行 7×24 小时连续运行，为银行业金融机构的小金额、大批量跨行支付清算业务提供了一个低成本的公共平台。三是利用中国人民银行的全国支票影像交换系统。该系统于 2007 年在全国推广，实现了支票的全国通用。四是利用 2008 年建设的外币支付系统，实现境内外币跨行资金支付的实时到账。

电子资金划拨根据发起人的不同，可以分为贷记划拨和借记划拨。贷记划拨（Credit Transfer）是由债务人发起的划拨，即债务人（支付人）向其开户银行发出支付命令，将其存放于该银行账户的资金通过网络与电信线路划入债权人（收款人）开户银行的一系列转移过程。借记划拨（Debit Transfer）是由债权人发起的划拨，即债权人（收款人）命令开户银行将债务人（支付人）资金划拨到自己的账户中。

## 电子银行承兑汇票

出票日期 贰零零捌 年 壹拾壹 月 贰拾捌 日　　　　　票据号码 ××××××

| 出票人 | 全称 | ×××××× | 收款人 | 全称 | ×××××× |
|---|---|---|---|---|---|
| | 账号 | ×××××× | | 账号 | ×××××× |
| | 开户银行 | ×××××× | | 开户银行 | ×××××× |

| 出票保证信息 | 保证人名称： | | 保证人地址： | | 保证日期： |
|---|---|---|---|---|---|

| 出票金额 | 人民币(大写)　　贰仟元整 | | | | 亿 千 百 十 万 千 百 十 元 角 分 ¥ 2 0 0 0 0 0 |

| 承兑信息 | 出票人承诺：本汇票请予以承兑，到期无条件付软 | | 承兑行 | 全称 | ×××××× |
|---|---|---|---|---|---|
| | 承兑行承兑：本汇票已经承兑，到期无条件付款 | | | 行号 | ×××××× |
| | 承兑日期 贰零零捌 年 壹拾贰月零捌日 | | | 地址 | ×××××× |

| 承兑保证信息 | 保证人名称： | | 保证人地址： | | 保证日期： |
|---|---|---|---|---|---|

| 汇票到期日 | 贰零零玖年壹拾壹月贰拾日 | 备注 | |
|---|---|---|---|

| 评级信息(仅供参考) | 出票人 | 评级主体：×××××× | 评级等级：A | 评级到期日：2009年12月8日 |
|---|---|---|---|---|
| | 承兑行 | 评级主体： | 评级等级： | 评级到期日： |

ICBC 🈺 中国工商银行　　　　　　　　　　　　金融@家　95588

图 6-13　中国工商银行电子商业承兑汇票票样

电子资金划拨系统根据服务对象的不同与支付金额的大小分为小额电子资金划拨系统（HEPS）和大额电子资金划拨系统（HVPS）。前者的服务对象主要是广大消费者个人，特点是交易发生频繁，交易金额小且多样化；后者的服务对象包括货币、黄金、外汇、商品市场的经纪商与交易商，在金融市场从事交易活动的商业银行以及从事国际贸易的工商企业，其特点是金额巨大，对支付的时间性、准确性与安全性有特殊要求。图 6-14 显示了大额实时支付系统的业务处理流程。

在图 6-14 中，NPC（National Process Center）指国家处理中心；CCPC（China Modern Payment System City Processing Center）指中国现代化支付系统城市处理中心。（1）工商银行北京市分行将大额支付指令实时发送至北京 CCPC；（2）北京 CCPC 将大额支付指令实时转发至NPC；（3）NPC 实时全额完成资金清算后转发至上海 CCPC；（4）上海 CCPC 将大额支付指令实时转发至中国农业银行上海市分行，完成资金汇划。

## 三、在线电子支付的安全交易标准和认证

### （一）电子支付的安全性要求

在电子商务活动中，商家、消费者及银行等各方是通过开放的互联网联系在一起的，相互

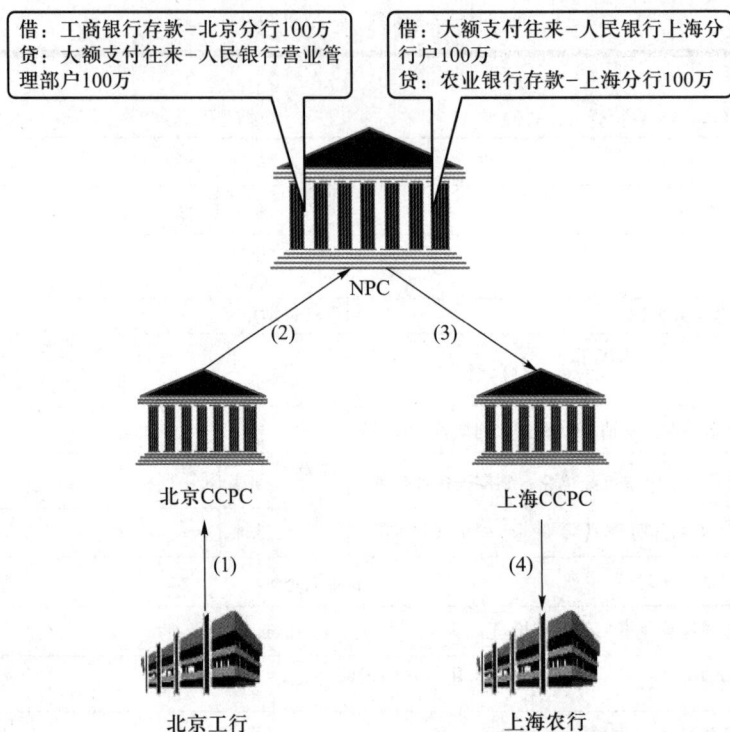

图 6-14　大额实时支付系统的业务处理流程

之间的信息传递也要通过网络来进行，这一变化加大了交易的风险性和不确定性，从而对网络传输过程中数据的安全性和保密性提出了更高的要求，尤其对于电子支付中涉及的敏感数据，则更需要确保万无一失。

2012 年至今，围绕清算机构、非银行支付、移动支付、芯片和终端厂商，我国制定发布了约 50 项金融标准，涵盖标识编码、安全规范、接口要求、受理终端、支付应用、联网联合、检测规范等各个环节。同时，采用"金融标准+检测认证"方式，规范了事前准入和事中监管。

电子支付的安全性要求主要包括数据的保密性、完整性、数据的发送人和接受人身份的可鉴别性。目前国际上常用的两种电子支付的安全交易标准是 SSL 和 SET 安全协议。

（二）SSL 协议

安全套接层协议（Secure Sockets Layer, SSL），由网景公司（Netscape Communication）设计开发，是国际上最早应用于电子商务的一种网络安全协议。它在客户端和主机端之间，利用 RSA 技术[1]形成传输机密信息资料的通讯加密协议。实际上，SSL 能够在当事人之间建立一个秘密信道，凡是不希望被他人知道的机密数据，都可以通过这个信道传送给对方，避免其数据被他人偷窥。

---

① RSA 是一种质因数分解加密算法，它将整数质数化为两组密码：一组用于加密，予以公开，称为公开密钥；另一组用于解密，只有信息解密者知道，称为私人密钥。

SSL 协议运行的基点是商家对客户信息保密的承诺，客户的信息首先传到商家，商家阅读后再传到银行。

## （三）SET 协议

安全电子交易协议(Secure Electronic Transaction,SET)，是两大信用卡组织——维萨(Visa)和万事达(MasterCard)联合开发并于 1997 年 6 月 1 日正式发布的。SET 是一个能保证通过开放网络(包括互联网)进行安全资金支付的安全交易标准。SET 在保留对客户信用卡认证的前提下，又增加了对商家身份的认证。由于 SET 提供商家和收单银行的认证，确保了交易数据的安全、完整可靠和交易的不可抵赖性，特别是具有保护消费者信用卡号不暴露给商家等优点，因此它成为目前公认的信用卡/借记卡的网上交易的国际标准。SET 协议采用了对称密钥和非对称密钥体制，把对称密钥的快速、低成本和非对称密钥的有效性结合在一起，以保护在开放网络上传输的个人信息，保证交易信息的隐蔽性。

SET 的核心技术包括电子签字和信息摘要、数字证书的签发、电子信函、公共密钥的加密等。在 SET 体系中有一个关键的电子认证服务机构(Certification Authority,CA)，CA 根据 X.509 标准发布和管理证书。所以，也可以简单地认为，SET 规格充分发挥了电子认证服务机构的作用，以维护在任何开放网络上的电子商务参与者所提供信息的真实性和保密性。因此，它实际上已成为目前电子商务信息传输控制协议的一个业界标准。

在 SET 协议环境下，实施电子支付需要在客户端下载一个客户端软件(电子钱包软件)，在商家服务端安装商家服务器端软件，在支付网关安装对应的网关转换软件等，并且各参与者还要各自下载一个证实自己真实身份的数字证书，借此获取自己的公开密钥和私人密钥对，且把公开密钥公开，手续稍显复杂，如图 6-15 所示。

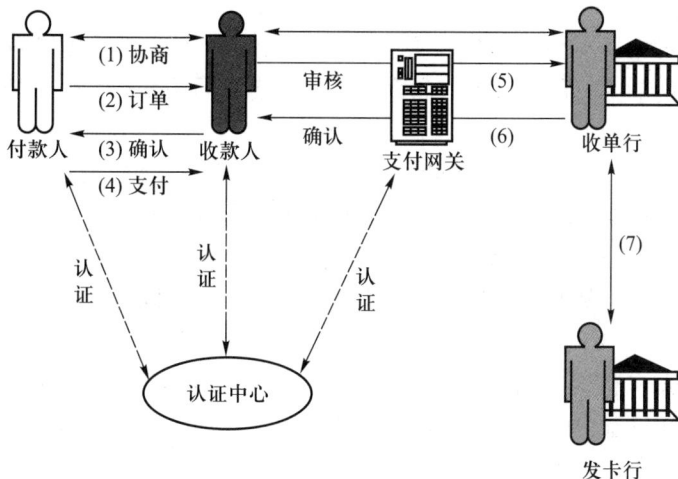

图 6-15　SET 协议的工作流程图

根据 SET 协议的工作流程图，可将整个工作程序分为下面 7 个步骤：

（1）消费者与在线商店协商有关购买事宜。

（2）消费者利用自己的计算机通过互联网选定所要购买的物品，并在计算机上输入订货单，订货单上包括在线商店、购买物品名称及数量、交货时间及地点等相关信息。

（3）在线商店通过电子商务服务器作出应答，告知消费者所填订货单的货物单价、应付款数、交货方式等信息是否准确，是否有变化。

（4）消费者选择付款方式，确认订单，签发付款指令。此时 SET 开始介入。在 SET 中，消费者必须对订单和付款指令进行数字签名。同时利用双重签名技术保证商家看不到消费者的账号信息。

（5）在线商店接受订单后，向消费者所在银行请求支付认可。信息通过支付网关到收单银行，再到电子货币发行公司确认。

（6）批准交易后，收单银行返回确认信息给在线商店。

（7）收单银行通知发卡银行请求支付。

前三步与 SET 无关，从第四步开始 SET 起作用，一直到第七步，在处理过程中，通信协议、请求信息的格式、数据类型的定义等，SET 都有明确的规定。在操作的每一步，消费者、在线商店、支付网关都通过 CA 来验证通信主体的身份，以确保通信的对方不是冒名顶替。所以，也可以简单地认为，SET 协议充分发挥了认证中心的作用，以维护在任何开放网络上的电子商务参与者所提供信息的真实性和保密性。

## 四、电子支付中的基本法律关系

### （一）电子支付主体的法律关系

在线电子支付法律关系的当事人为付款人和收款人，而付款人和收款人完成电子支付还必须有两个重要的第三方：银行和认证机构。因此，广义上，电子支付涉及的参与方有以下4个：

（1）付款人，即电子支付中的付款人，通常为消费者或买方。其与商家、银行间存在两个相互独立的合同关系：一是消费者与商家订立的买卖合同关系；二是消费者与银行间的金融服务合同关系。

（2）收款人，即接受付款的人，通常为商家或卖方。同样也存在两个相互独立的合同关系：一是与消费者的买卖合同关系，二是与银行的金融服务合同关系。

（3）银行，即电子支付中的信用中介、支付中介和结算中介，其支付的依据是银行与电子交易客户所订立的金融服务协议。在电子支付系统中，银行同时扮演发送银行和接收银行的角色。

（4）电子认证服务机构。认证服务机构为参与电子支付各方的各种认证要求提供证书服务，建立彼此的信任机制，使交易及支付各方能够确认其他各方的身份。一方面，认证服务机构不仅要对进行电子商务的各方负责，而且要对整个电子商务的交易秩序负责；另一方面，买卖双方有义务接受认证机构的监督管理。

因此，电子支付主体涉及的法律关系包括：

（1）支付结算等电子支付业务分类型许可行政法律关系，平等适用于各类支付主体。

（2）电子支付监管法律关系，包括重要业务规则的法定，消费者数据及权益的特别规定、反洗钱等法定义务设定。

## （二）电子支付行为的法律关系

1. 无第三方支付机构参与的电子支付

无第三方支付机构参与的电子支付（如付款人通过网络银行直接付款）主要涉及以下法律关系：

（1）银行与客户的法律关系，包括委托合同关系、存款合同。

（2）银行之间的法律关系，主要是资金划转的法律关系。

（3）银行与网络服务提供商或通信服务提供商的法律关系，主要是服务合同关系。

（4）客户之间的法律关系，这是交易的基础法律关系。

（5）电子认证机构与银行的法律关系，是身份验证的服务关系。

2. 第三方机构参与的电子支付

（1）第三方支付机构作为支付网关的电子支付（不涉及虚拟账户）：①第三方支付机构与客户的法律关系，双方允诺的代理。②第三方支付机构与银行的法律关系，双方允诺的代理。

（2）第三方支付机构作为中介的电子支付（通过虚拟账户划转）：客户与第三方机构的法律关系，主要涉及委托+保管、非存款、小额支付。

## （三）电子支付工具的法律关系

（1）电子货币的发行人、持有人法律关系。

（2）信用卡、借记卡、电子现金持有人与银行、发卡人之间的法律关系。

（3）电子支付工具使用人的举证及责任承担。

# 第二节　电子支付立法

## 一、国内外有关电子支付的立法

## （一）美国电子支付的立法

美国 1978 年颁布的《电子资金划拨法》(*Electronic Funds Transfers Act*, EFTA)，适用于联储电划系统与消费者电子资金划拨，成为世界上最早出台的有关电子支付的专项立法。由于该法仅适用于美国国内，且只适用客户是自然人的小额电子资金划拨，如 ATM（自动取款机系统）交易，不适用于商人客户通过银行办理的大额电子资金划拨与跨国电子资金划拨，美国法律界为填补这一空白，已在《统一商法典》第 4 篇银行存款和收款中另行增设部分专门适用于这类电子资金划拨的新条款，供各州立法采用。美国《统一商法典》已成为美国规范大额电子资金划拨的最重要的法律，并对联合国国际贸易法委员会起草《国际贷记划拨示范法》产生了重大影响。

### （二）英国电子支付的立法

目前，英格兰银行在英国国内采用《票据交换所自动收付系统清算规则》(《CHAPS 清算规则》) 办理票据交换所自动收付系统(CHAPS)会员银行间的电子资金划拨，尚未出台专项的有关电子支付的法规。英国规范电子支付的实务惯例，除《CHAPS 清算规则》外，还有 1992 年由"英国银行家协会"（BBA）等民间团体共同公布的《银行业惯例守则》（*Code of Banking Practice*）。

《CHAPS 清算规则》由英格兰银行加以推行；《银行业惯例守则》则由官方和民间相互配合为之创造条件，使这一名义上不是法律的"守则"在实质上具有了法律的效力。迄今为止，在英国尚无法庭作出与《银行业惯例守则》相左的判例。英国管理包括 EFTPOS(销售点电划系统)、ATM 在内的电子支付的法律仍为 1897 年的《银行簿记证据法》、1957 年的《支票法》、1968 年的《民事证据法》、1974 年的《消费者信贷法》、1977 年的《公平合同条款法》、1979 年的《货物销售法》、1982 年的《货物与服务供应法》、1987 年的《银行法》以及判例。

### （三）国际组织有关电子支付的立法

随着跨国电子资金划拨日益普遍，联合国国际贸易法委员会根据美国《统一商法典》第 4A 篇，制定了有助于减少各国相关电子支付法令的差异，并为各国提供立法依据的《贸易法委员会国际贷记划拨示范法》(1992 年)。尽管这些法律起草年代较早，还不很完善，但毕竟对当事人的权利义务关系、无权限交易等做出了规定，一旦出了问题能够依据这些法律来判定当事人的风险责任。

从 1994 年开始，许多国家的中央银行都发表了电子货币的发展报告。报告全面探讨了消费者保护、法律、管理、安全等诸多问题，提出发展战略并鼓励新型金融服务的展开。欧洲中央银行在 1998 年的报告中讨论了建立电子货币系统的基本要求：

（1）严格管理。电子货币的发行需要进行严格管理。

（2）可靠明确的法律保障。在有关法律中明确规定电子货币相关当事人的权利、义务和责任，并可作为纠纷处理和法院判决的依据。

（3）技术安全保障。电子货币系统必须在技术、组织和处理过程方面确保有足够的安全度，以防止盗窃活动，特别是防伪造。

（4）有效地防范洗钱等金融犯罪活动。在电子货币方案中必须考虑如何防范洗钱等金融犯罪活动。

（5）货币统计报告。电子货币系统必须按要求向相关国家中央银行报告货币政策要求的有关信息。

（6）可回购。电子货币的发行人在电子货币持有人的要求下可向中央银行一对一回购货币。

（7）储备要求。中央银行可向所有的电子货币发行人提出储备要求。

此外，应注意的问题还有电子货币系统的规模、金融监管当局的合作以及电子货币的跨国使用等问题。

在国际上，国际标准组织(ISO)的银行金融服务业委员会为电子支付制定的"标准术语"

已得到普遍认同。国际商会(ICC)的银行业委员会正在拟定一个"银行间支付规则草案",以解决向位于不同国家的银行之间电子支付发生的损失赔偿提供保险的问题。

## 二、我国电子支付立法

### (一) 银行卡业务的有关规定

我国电子支付的立法是从信用卡起步的。1997 年 12 月中国人民银行公布了《中国金融集成电路(IC)卡规范》(简称《规范》)和《中国金融 IC 卡应用规范》,之后,2010 年、2013 年和 2018 年,中国人民银行又三次对《规范》进行了修订。目前使用的是《规范》V4.0 版本。这一标准的制定与修订,为国内金融卡跨行跨地区通用、设备共享及与国际接轨提供了强有力的支持,为智能卡在金融业的大规模使用提供了安全性、兼容性的保障。1999 年 1 月 26 日,中国人民银行颁布了《银行卡业务管理办法》,对银行信用卡、借记卡的发行、使用等问题作出规范。

上述这些规章主要集中在技术标准和应用方面,很难称得上是对电子支付法律关系的直接调整。进入 21 世纪后,我国电子支付进入快速发展时期,涉及电子支付业务的法律制度建设进入到实质阶段。

### (二) 《电子支付指引(第一号)》

为了规范电子支付业务,防范支付风险,维护银行及其客户在电子支付活动中的合法权益,促进电子支付业务健康发展,2005 年 10 月 26 日,中国人民银行发布了《电子支付指引(第一号)》(简称《指引》)。《指引》的发布为时机成熟后出台相应的部门规章或法律法规奠定了基础。

《指引》的规范主体主要是银行及接受其电子支付服务的客户,主要涉及五个方面的内容[①]:

(1) 电子支付活动中客户和银行的权利和义务。《指引》明确要求,客户申请电子支付业务,必须与银行签订相关协议。银行有权要求客户提供其身份证明资料,有义务向客户披露有关电子支付业务的初始信息并妥善保管客户资料。客户应按照其与发起行的协议规定,发起电子支付指令;要求发起行建立必要的安全程序,对客户身份和电子支付指令进行确认;要求银行按照协议规定及时发送、接收和执行电子支付指令,并回复确认。

(2) 信息披露制度。为维护客户权益,《指引》要求办理电子支付的银行必须公开、充分披露其电子支付业务活动中的基本信息,尤其强调对电子支付业务风险的披露,并明示特定电子支付交易品种可能存在的全部风险;建立电子支付业务运作重大事项报告制度;提醒客户妥善保管、妥善使用、妥善授权他人使用电子支付交易存取工具。

(3) 电子支付安全制度。《指引》要求银行采用符合有关规定的信息安全标准、技术标准、业务标准;建立针对电子支付业务的管理制度,采取适当的内部制约机制;保证电子支付业务

---

① 参见阿拉木斯,万以娴. 建设网上支付法制环境:《电子支付指引(第一号)》评价. 信息化与电子商务法律资讯, 2006(9-10),57-64.

处理系统的安全性，以及数据信息资料的完整性、可靠性、安全性、不可否认性。《指引》对于应用电子签名、签署书面协议、交易限额、日志记录、指令确认、回单确认、信息披露和及时通知都作出了一系列的要求，这些制度都是围绕防止欺诈设计的。《指引》还针对不同客户，在电子支付类型、单笔支付金额和每日累计支付金额等方面作出合理限制。

（4）电子证据的合法性。《指引》以《电子签名法》为法律依据，进一步确认了电子支付中电子证据的法律效力和实际可采性。《指引》规定：电子支付指令与纸质支付凭证可以相互转换，二者具有同等效力；《指引》要求银行认真审核客户申请办理电子支付业务的基本资料，妥善保存客户的申请资料，保存期限至该客户撤销电子支付业务后 5 年，从制度上保证了诉讼期间相关证据的可采纳性。

（5）差错处理。《指引》不仅明确了电子支付差错处理应遵守的据实、准确和及时的原则，还充分考虑了用户资料被泄露或篡改，非资金所有人盗取他人存取工具发出电子支付指令，客户自身未按规定操作或由于自身其他原因造成电子支付指令未执行、未适当执行、延迟执行，接收行由于自身系统或内控制度等原因对电子支付指令未执行、未适当执行或迟延执行致使客户款项未准确入账，因银行自身系统、内控制度或为其提供服务的第三方服务机构的原因造成电子支付指令无法按约定时间传递、传递不完整或被篡改等多种实际情况。明确了处理差错的原则和相应的补救措施。

### （三）《非银行支付机构网络支付业务管理办法》

为规范非银行支付机构网络支付业务，防范支付风险，保护当事人合法权益，2015 年 12 月中国人民银行发布了《非银行支付机构网络支付业务管理办法》（简称《办法》）。该《办法》共 7 章 46 条，主要包括以下内容。

1. 支付机构与网络支付业务

支付机构是指依法取得《支付业务许可证》，获准办理互联网支付、移动电话支付、固定电话支付、数字电视支付等网络支付业务的非银行机构。

网络支付业务是指客户通过计算机、移动终端等电子设备，依托公共网络信息系统远程发起支付指令，且付款人电子设备不与收款人特定专属设备交互，由支付机构为收付款人提供货币资金转移服务的活动。

2. 基本要求

（1）支付机构应当遵循主要服务电子商务交易的原则，基于客户的银行账户或者按照本办法规定为客户开立支付账户提供网络支付服务。

（2）支付机构应当依法维护当事人的合法权益，保障客户信息安全和资金安全。

（3）支付机构开展网络支付业务，应当落实实名制管理要求，遵守反洗钱和反恐怖融资相关规定，履行反洗钱和反恐怖融资义务；涉及跨境人民币结算和外汇支付业务的，应当按照中国人民银行、国家外汇管理局相关规定执行。

3. 客户管理

（1）支付机构应当采取有效措施核实并依法留存客户身份基本信息，建立客户唯一识别编码。

（2）支付机构为客户提供网络支付服务，应当与客户签订服务协议。

（3）支付机构不得为金融机构，以及从事信贷、融资、理财、担保、货币兑换等金融业务的其他机构开立支付账户。

（4）支付机构为客户开立支付账户的，应当对客户实行实名制管理。

（5）支付账户不得出借、出租、出售，不得利用支付账户从事或者协助他人从事非法活动。

4. 业务管理

（1）支付机构不得为客户办理或者变相办理现金存取、信贷、融资、理财、担保、货币兑换业务。

（2）支付机构基于银行卡为客户提供网络支付服务的，应当执行银行卡业务相关监管规定，以及银行卡行业规范。

（3）支付机构根据客户授权，向客户开户银行发送支付指令，扣划客户银行账户资金的，支付机构、客户和银行在事先或者首笔交易时，应当按照规则明确相关授权并依照执行。

（4）除单笔金额不足200元的小额支付业务，以及公共事业费、税费缴纳等收款人固定并且定期发生的支付业务外，支付机构不得代替银行进行客户身份及交易验证。银行对客户资金安全的管理责任不因支付机构代替验证而转移。

（5）个人客户拥有综合类支付账户的，其所有支付账户的余额付款交易（不包括支付账户向客户本人同名银行账户转账，下同）年累计应不超过20万元。个人客户仅拥有消费类支付账户的，其所有支付账户的余额付款交易年累计应不超过10万元。超出限额的付款交易应通过客户的银行账户办理。

5. 风险管理与客户权益保护

（1）支付机构网络支付业务相关系统设施和相关产品运用的具体技术，应当持续符合国家、金融行业标准和相关信息安全管理要求。

（2）支付机构应当在境内拥有并运营独立、安全、规范的网络支付业务处理系统及其备份系统。支付机构为境内交易提供服务的，应当通过境内业务处理系统为其办理网络支付业务，并在境内完成资金结算。

（3）支付机构应当综合客户身份核实方式、交易行为特征、资信状况等因素，建立客户风险评级管理制度，并动态调整客户风险评级。

（4）支付机构应当根据客户支付指令验证方式、客户风险评级、交易类型、交易金额、交易渠道、受理终端类型、商户类别等因素，建立交易风险管理制度和交易监测系统。

（5）支付机构应当采取有效措施，确保客户在执行支付指令前可对资金收付账户、交易金额等交易信息进行确认，并在支付指令完成后及时将结果通知客户。

## 三、电子支付流程中各方当事人的权利与义务

根据电子支付流程涉及的基本法律关系，可以相应地界定在这些主要环节中各方主体的权利义务。①

---

① 本部分内容参考了全国人大、上海市人大"电子支付立法研究"的课题报告，2014年10月。

1. 支付账户开设

（1）电子商务企业或者经营机构应当在银行或者支付机构开设支付账户。

（2）银行或者支付机构应当事人的申请，为其开设电子支付账户时，应当核验申请人身份以及申请资料的真实性，向申请人公开支付业务规则和支付账户使用规则，告知用户的权利义务和风险事项，并以书面或者电子方式与申请人签订协议。

（3）电子账户申请人必须提交真实的开户信息。因提交虚假信息而产生的损失和后果由申请人承担。

2. 指令执行

（1）用户授权的电子支付指令是有效指令。支付指令按业务规则发出后，用户不得要求撤回或者撤销指令，但双方另有约定的除外。

（2）电子支付服务提供者应当完善业务规则，在受理电子支付指令时应当对指令信息进行验证。电子支付服务提供者可与用户约定，对较大数额或者特定时段的支付指令进行多因素验证；发现支付指令可疑时，应当取得用户确认后再进行安全的资金划拨。金额较小的电子支付，电子支付服务提供者可与用户约定便捷的核实方式。

3. 支付完成

对电子支付服务提供者设定这个义务有助于用户及时发现支付错误或者非授权交易，有利于风险防范和违法行为追查。

电子支付服务提供者完成电子支付后，应当及时准确地向用户提供支付结果信息或者符合约定方式的交易回单。

4. 电子错误

（1）电子支付发生差错时，电子支付服务提供者应当立即查找原因并采取措施纠正。因用户原因造成电子支付指令产生错误的，电子支付服务提供者应当及时通知用户改正。

（2）用户发现支付指令错误时，应当及时告知电子支付服务提供者，电子支付服务提供者在查明原因后将处理结果通知用户。电子支付服务提供者在收到用户通知后未及时采取措施导致用户损失的，应当赔偿用户的直接损失。

（3）电子支付服务提供者应当就电子错误发生的原因承担举证责任。

我国《电子商务法》第五十五条规定，支付指令发生错误的，电子支付服务提供者应当及时查找原因，并采取相关措施予以纠正。造成用户损失的，电子支付服务提供者应当承担赔偿责任，但能够证明支付错误非自身原因造成的除外。

5. 非授权交易

非授权交易，指因用户的电子支付工具被盗、丢失等原因而发生的未经用户确认的交易。在非授权交易中，电子支付账户的实际使用人不是用户本人或未得到用户的授权，且用户没有因非授权交易而获得收益。

我国《电子商务法》第五十七条规定，用户应当妥善保管交易密码、电子签名数据等安全工具。用户发现安全工具遗失、被盗用或者未经授权的支付的，应当及时通知电子支付服务提供者。未经授权的支付造成的损失，由电子支付服务提供者承担；电子支付服务提供者能够证明未经授权的支付是因用户的过错造成的，不承担责任。电子支付服务提供者发现支付指令未经授权，或者收到用户支付指令未经授权的通知时，应当立即采取措施防止损失扩大。电子支付服务提供者未及时采取措施导致损失扩大的，对损失扩大部分承担责任。

6. 电子认证服务

（1）为电子支付提供数字证书或者电子签名等技术服务的辅助机构应当按照其业务规则操作，保障认证技术的合法有效。

（2）用户依据认证证书进行交易而遭受损失，认证服务机构不能证明自己无过错的，应当承担相应责任。用户可以向电子支付服务提供者要求赔偿，也可以直接要求认证服务机构赔偿。

7. 风险教育

电子支付服务提供者应当制定合理的教育方案，采取多种方式开展支付风险教育活动，帮助用户熟悉金融信息的概念，提高风险意识和防控能力，掌握基本金融技能。

8. 信息保护和保存

我国《电子商务法》第六十九条规定，国家维护电子商务交易安全，保护电子商务用户信息，鼓励电子商务数据开发应用，保障电子商务数据依法有序自由流动。

（1）电子支付服务提供者和提供支付辅助服务的机构应当妥善保管用户的基本信息、支付账户信息和支付行为信息；按照法律、法规的规定和合同的约定使用信息。

（2）电子支付服务提供者应当留存完整的电子支付信息，包括用户账号、商户名称和最终收款人名称、账号、数额、商品等信息，以备核查。我国《电子商务法》第五十三条规定，电子支付服务提供者应当向用户免费提供对账服务以及最近三年的交易记录。

我国《电子商务法》第七十九条规定，电子商务经营者违反法律、行政法规有关个人信息保护的规定，或者不履行本法第三十条和有关法律、行政法规规定的网络安全保障义务的，依照《中华人民共和国网络安全法》等法律、行政法规的规定处罚。

9. 防范金融犯罪

电子支付服务提供者应当针对电子支付中的各类欺诈行为，制定反欺诈预案，采取技术措施和其他必要措施，加强对电子支付账户的管理，消除支付漏洞，防范网络洗钱等金融犯罪行为；加强电子支付服务提供者相互之间以及与电子支付业务监管机构、犯罪侦查机构的合作和信息沟通。

## 四、移动电子支付的专门规定

（1）应用移动支付标准。2012 年至 2021 年，围绕移动支付、非银行支付，我国制定发布了约 60 项金融标准，涵盖标识编码、安全规范、接口要求、受理终端、支付应用、联网联合、检测规范等环节。同时，采用"金融标准+检测认证"方式，规范了事前准入和事中监管。电子商务整个产业链，包括清算机构、银行、非银行支付机构、芯片厂商、终端厂商、商户等应严格实施相关标准，构建良好的金融生态环境，保障移动支付的健康快速发展。

（2）加强对移动支付行业的两个主角的管理。移动通信服务提供者和移动支付服务提供者是移动支付行业的两个主角。移动通信服务提供者应当遵守《电信服务规范》的规定，实现通信业务的准确性、有效性和安全性。移动支付服务提供者应依法取得《支付业务许可证》，遵循主要服务电子商务发展和为社会提供小额、快捷、便民小微支付服务的宗旨，按照规定为客户开立支付账户提供网络支付服务。同时，网络通信服务提供者和移动支付服务提供者应该就监测移动支付违法犯罪问题建立协同监测平台，并与执法平台相连，对诈骗、洗钱、异常交易记录等违法犯罪活动进行实时监测，受理用户对违法犯罪活动的举报，及时将犯罪情况通报警方，开展执法协助。

（3）提高移动电子商务经营者的风险意识。移动电子商务经营者使用移动支付业务，应慎重选择具有支付清算业务资质的银行或者支付企业。利用条码支付（主要是二维码支付）时，移动电子商务经营者应当按照中国人民银行《条码支付业务规范（试行）》的规定，接受银行、支付机构的管理，签订条码支付受理协议，就银行结算账户的设置和变更、资金结算周期、结算手续费标准、差错和争议处理等条码支付服务相关事项进行约定，明确双方的权利、义务和违约责任。

（4）妥善解决未授权支付和错误或迟延支付。移动支付的当事人众多，交易过程快捷，无纸化，一旦发生未授权移动支付，难以迅速辨别在哪一环节出了问题。移动运营商、银行和支付平台运营商等应承担举证责任，证明自己已经履行了保证客户信息安全的义务。在移动支付中一旦发生错误或者迟延支付，当事人应采取相应的补救措施减少损失。如果客户因自己的错误导致错误或者迟延支付，就由自己承担相应的法律责任。

## 第三节　电子银行的法律规范

### 一、电子银行的概念及其业务范围

电子银行（Electronic Banking），又被称为虚拟银行（Virtual Bank），是指使用电子工具通过互联网向客户提供银行产品和服务的银行。根据《电子银行业管理办法》中的定义，电子银行业务是指商业银行等银行业金融机构利用面向社会公众开放的通信通道或开放型公众网络，以及银行为特定自助服务设施或客户建立的专用网络，向客户提供的银行服务。

电子银行业务包括利用计算机和互联网开展的银行业务（简称网上银行业务），利用电话等声讯设备和电信网络开展的银行业务（简称电话银行业务），利用移动电话和无线网络开展的银行业务（简称手机银行业务），以及其他利用电子服务设备和网络，由客户通过自助服务方式完成金融交易的银行业务。

电子银行的产品和服务包括提存款服务、信贷服务、账户管理、理财服务、电子单据支付以及提供电子货币等电子支付工具服务。

电子银行的业务系统包括企业银行、个人银行和网上支付三个系统。

电子银行把银行的业务移植到网络环境下，代表了整个银行金融业未来的发展方向。电子银行创造出的电子货币将改变传统的货币流通形式，成为未来支付和资金流转的主要渠道。

## 二、电子银行的监管

### （一）美国电子银行的监管

在电子银行方面，美国有如下监管措施：

（1）制定了《计算机安全法》《数字隐私法》《电子商务加强法》和《银行用户身份认证体系》等法规，实施了 ISO/IEC15408-1999 和 ISO17799-2000 等信息安全国际标准。

（2）监管内容制度化、规范化。美国联邦金融机构检查委员会（FFIEC）颁布了一整套信息技术检查手册，共涉及 12 个方面的内容，对监管者、银行机构和信息技术提供商应关注的风险，及如何识别、分析、预警和控制，提出了明确的指导意见。其中，第四条为与银行提供给消费者的电子银行产品和服务相关的风险识别和控制。

（3）银行业监管信息化与银行业金融机构的信息化同步推进，并做到监管机构之间信息共享。

（4）监管方式多样化，包括现场检查、非现场分析和评级、技术提供商准入管理、发布IT 规章和指导、推动外部评级和审计、IT 风险信息披露等多种手段。

### （二）我国电子银行监管的基本思路和方法

2021 年，银行共处理电子支付[①]业务 2 749.69 亿笔，金额 2 976.22 万亿元。其中，网上支付业务 1 022.78 亿笔，金额 2 353.96 万亿元，同比分别增长 16.32% 和 8.25%；移动支付业务 1 512.28 亿笔，金额 526.98 万亿元，同比分别增长 22.73% 和 21.94%。[②]

电子银行可以是全新设立的网上银行，也可以是原有的商业银行利用互联网开展网上金融业务。在前一种情形下，应当具备《中华人民共和国商业银行法》规定的设立商业银行的条件，并经人民银行审查批准，颁发经营许可证，向工商行政管理部门办理登记，领取营业执照。但目前我国尚未有新设从事网络银行业务的银行。在后一种情形下，整个操作应当按照中国银监会《电子银行业务管理办法》的规定进行。金融机构在国内开办电子银行业务，应当依照该办法的有关规定，向中国银监会申请或报告。

金融机构开办电子银行业务，应当具备下列条件：

（1）金融机构的经营活动正常，建立了较为完善的风险管理体系和内部控制制度，在申请开办电子银行业务的前一年内，金融机构的主要信息管理系统和业务处理系统没有发生过重大事故；

（2）制定了电子银行业务的总体发展战略、发展规划和电子银行安全策略，建立了电子银行业务风险管理的组织体系和制度体系；

（3）按照电子银行业务发展规划和安全策略，建立了电子银行业务运营的基础设施和系

---

① 电子支付是指客户通过网上银行、电话银行、手机银行、ATM、POS 和其他电子渠道，从结算类账户发起的账务变动类业务笔数和金额。包括网上支付、电话支付、移动支付、ATM 业务、POS 业务和其他电子支付六种业务类型。

② 中国人民银行.2021 年支付体系运行总体情况［EB/OL］（2022-04-02）［2022-11-22］.中国人民银行网站.

统，并对相关设施和系统进行了必要的安全检测和业务测试；

（4）对电子银行业务风险管理情况和业务运营设施与系统等，进行了符合监管要求的安全评估；

（5）建立了明确的电子银行业务管理部门，配备了合格的管理人员和技术人员；

（6）中国银监会要求的其他条件。

金融机构开办以互联网为媒介的网上银行业务、手机银行业务等电子银行业务，其电子银行基础设施设备应能保障电子银行的正常运行，具备必要的业务处理能力，能够满足客户适时业务处理的需要；建立了有效的外部攻击侦测机制。

对电子银行服务器的监管尤为重要。中资银行业金融机构的电子银行业务运营系统和业务处理服务器应设置在中华人民共和国境内；外资金融机构的电子银行业务运营系统和业务处理服务器可以设置在中华人民共和国境内或境外。设置在境外时，应在中华人民共和国境内设置可以记录和保存业务交易数据的设施设备，能够满足金融监管部门现场检查的要求，在出现法律纠纷时，能够满足中国司法机构调查取证的要求。

## 三、电子银行的业务管理

电子银行与客户之间属于服务法律关系，只是其服务内容与传统金融服务存在一定差异。在电子银行业务中，通常涉及商家与电子银行之间的结算关系、用户与银行之间存取现金或电子货币的服务关系，如果有信用卡公司介入的话，那么法律关系更为复杂。在这些服务关系中，银行与客户的权利、义务基本上可以遵循现行法律规范，与现实银行在存款、结算等业务中的法律关系基本相同。所不同的是由于使用的联系方式不同，电子银行在开户、服务、结算等环节上有自己的一些专门要求。

### （一）开户审查和签约

对电子银行客户开设条件和程序应有一定限制和规范。首先，银行应认真审核客户申请办理电子支付业务的基本资料，并以书面或电子方式与客户签订协议，其次，开户时要核验客户的身份证件和必要的法律文件；最后，要向客户提供客户须知之类的资料，使客户了解网上支付流程、规则和安全措施。

银行应妥善保存客户申请办理电子支付业务的基本资料，保存期限至该客户撤销电子支付业务后5年。

### （二）建立身份认证制度

为了避免所有人的密码或身份资料被盗用，防止资金流失，电子银行必须建立身份认证制度，根据客户性质、电子支付类型、支付金额等，与客户约定适当的认证方式，如密码、密钥、数字证书、电子签名等。

### （三）电子支付指令的发起和接收

（1）客户应按照其与发起行的协议规定，发起电子支付指令。

（2）电子支付指令的发起行应对客户身份和电子支付指令进行确认，并形成日志文件等记录，保存至交易后 5 年。

（3）发起行应确保正确执行客户的电子支付指令，对电子支付指令进行确认后，应能够向客户提供纸质或电子交易回单。

（4）发起行、接收行应确保电子支付指令传递的可跟踪稽核和不可篡改。

（5）发起行、接收行之间应按照协议规定及时发送、接收和执行电子支付指令，并回复确认。

### （四）经营风险的防范

银行业务移至网上进行操作，不可避免遇到经营风险。对于银行自身而言，需要有一套风险防范措施，以减少网上银行业务的风险。

（1）建立内部安全运作的管理规章。网上银行应当管理和运用好自己的资金，防止客户透支或其他违法活动，为此必须制定相应的规章，规范网上银行资金划转的条件和程序，严格要求网上支付的工作按规章和流程操作。

（2）通过服务合同合理分配风险和责任。电子银行在提供服务前应当在与客户签订的"电子银行服务协议"中对电子银行业务中可能产生的一系列权利、义务和责任事先予以明确约定，在不违反现行法律法规强制规定的前提下，合理分配风险和责任。

（3）合理设定业务限制。《电子支付指引（第一号）》第二十五条规定，银行应根据审慎性原则并针对不同客户，在电子支付类型、单笔支付金额和每日累计支付金额等方面做出合理限制。银行通过互联网为个人客户办理电子支付业务，除采用数字证书、电子签名等安全认证方式外，单笔金额不应超过 1 000 元人民币，每日累计金额不应超过 5 000 元人民币。银行为客户办理电子支付业务，单位客户从其银行结算账户支付给个人银行结算账户的款项，其单笔金额不得超过 5 万元人民币，但银行与客户通过协议约定，能够事先提供有效付款依据的除外。

（4）高度注意数据保护。银行应采取必要措施保护电子支付交易数据的完整性和可靠性，包括制定相应的风险控制策略，建立有效的侦测制度，有效防止电子支付交易数据在传送、处理、存储、使用和修改过程中被篡改，按照会计档案管理的要求保存期限为 5 年等。

### （五）差错处理

电子支付业务的差错处理应遵守据实、准确和及时的原则。对电子支付业务的差错应详细备案登记，记录内容应包括差错时间、差错内容与处理部门及人员姓名、客户资料、差错影响或损失、差错原因、处理结果等。由于银行保管、使用不当，导致客户资料信息被泄露或篡改的，银行应采取有效措施防止因此造成客户损失，并及时通知和协助客户补救。造成客户损失的，银行应按约定予以赔偿。

因不可抗力造成电子支付指令未执行、未适当执行、延迟执行的，银行应当采取积极措施防止损失扩大。

### 四、电子支付系统的安全问题

#### (一) 电子支付系统的安全状况

网上支付信息在开放的互联网上运行，与网上账务查询等业务相比，网上支付可直接导致资金被盗用，没有一套可靠的、安全的电子支付系统很难保证电子支付业务的正常进行。最近几年电子支付系统出现的问题主要有：

(1) 电子银行的网络页面被篡改。如 2021 年上半年，针对我国境内网站仿冒页面 1.3 万余个，特别是针对地方农信社的仿冒页面呈爆发趋势。这些仿冒页面频繁动态更换银行名称，多为新注册域名且通过伪基站发送钓鱼短信的方式进行传播。[①]

(2) 机密的交易资料被盗用或篡改。如 2014 年夏季，美国摩根大通银行在一次网络袭击中，7 600 万家庭用户和 700 万小型企业的信息被泄露，涉及人数超过美国人口的 1/4。[②]

(3) 黑客非法侵入电子支付系统篡改账户。如 2021 年 12 月 24 日，武汉某网购平台存在第三方支付平台账户的 73 万元不翼而飞。经武汉市公安局调查，福建某高校三名在校大学生利用网购平台后台程序的漏洞，植入病毒程序，拿到数据库管理权限，随意更改会员积分，并通过这些积分在第三方支付平台提现。[③]

电子支付系统安全性被破坏可能在发行者和清算机构层次上发生，也可能在商家和消费者层次上发生。黑客攻击可能使系统瘫痪或者数据被篡改和灭失，这种攻击可能出于经济利益，也有可能出于非经济利益。

#### (二) 电子支付系统的安全控制

(1) 有形场所的物理安全控制，必须符合国家有关法律法规和安全标准的要求，对尚没有统一安全标准的有形场所的安全控制，金融机构应确保其制定的安全制度有效地覆盖可能面临的主要风险。

案例：
互联网环境下的新型洗钱手段

(2) 以开放型网络为媒介的电子银行系统，应合理设置和使用防火墙、防病毒软件等安全产品与技术，确保电子银行有足够的反攻击能力、防病毒能力和入侵防护能力。

(3) 对重要设施设备的接触、检查、维修和应急处理，应有明确的权限界定、责任划分和操作流程，并建立日志文件管理制度，如实记录并妥善保管相关记录。

(4) 对重要技术参数，应严格控制接触权限，建立相应的技术参数调整

---

① 国家互联网应急中心．2021 年上半年我国互联网网络安全监测数据分析报告 [EB/OL]．(2021-07-31) [2022-09-20]．国家互联网应急中心网站．

② 参考消息网．遭黑客网络袭击 摩根大通 8 300 万用户信息被盗 [EB/OL]．(2014-10-05) [2022-09-20]．参考消息网．

③ 荆楚网．黑客入侵电商平台隔空盗走 73 万 武汉警方从 15 万条电子记录中"锁定"嫌疑人 [EB/OL]．(2022-02-23) [2022-11-20]．荆楚网．

与变更机制，并保证在更换关键人员后，能够有效防止有关技术参数的泄露。

（5）对电子银行管理的关键岗位和关键人员，应实行轮岗和强制性休假制度，建立严格的内部监督管理制度。

# 第四节　电子资金划拨的法律问题

## 一、电子资金划拨当事人

电子资金划拨的当事人大致有三类：资金划拨人或指令人（Sender）、接受银行（Receiving Bank）、收款人或受益人。

现行的电子资金划拨多为贷方划拨，即债务人作为指令人，向其代理行（接受银行）发出支付指令。其中，指令人与接受银行的概念是相对而言的，付款人是付款银行的指令人，付款人银行为接受银行；付款人银行又是中介银行的指令人，中介银行则是付款人银行的接收银行。依此类推，直至款项最终到达受益人，形成一个资金划拨链。

## 二、指令人的权利和义务

### （一）指令人的权利

指令人有权要求接受银行按照指令的时间及时将指定的金额支付给指定的收款人，如果接受银行没有按指令完成义务，指令人有权要求其承担违约责任，赔偿因此造成的损失。

### （二）指令人的义务

指令人的义务一般可以归纳为：

（1）一旦向接受银行发出指令后，自身也受其指令的约束，承担从其指定账户付款的义务；

（2）在需要的情况下，不仅接受核对签名，而且在符合商业惯例的情况下，接受认证机构的认证；

（3）按照接受银行的程序，检查指令有无错误和歧义，并有义务发出修正指令，修改错误或有歧义的指令。

## 三、接受银行的权利和义务

### （一）接受银行的权利

接受银行有如下权利：

（1）要求付款人或指令人支付指令的资金并承担因支付而发生的费用；

（2）拒绝或要求指令人修正其发出的无法执行的、不符合规定程序和要求的指令；

（3）只要能证明由于指令人的过错而致使其他人，包括指令人或前任雇员或其他与指令人有关系的当事人，假冒指令人通过了认证程序，就有权要求指令人承担指令引起的后果。

### （二）接受银行的义务

接受银行的主要义务是：

（1）按照指令人的指令完成资金支付；

（2）就其本身或后手的违约行为，向其前手和付款人承担法律责任。

通常资金的支付从付款人开始，经过付款人银行、中介银行、认证机构、收款人银行等一系列当事人，每一当事人只接受其直接指令人的指令，并向其接受人发出指令，并与他们存在合同上的法律关系。因此，当指令是由于接受银行自身或其后手的原因没有履行、迟延履行或不当履行，付款人或指令人是无法依据合同关系直接向责任方主张权利的。为保护付款人或指令人的权益，只要接收银行或其后手存在违约行为，均应向其前手或付款人承担法律责任。在这一点上，与票据法规定的追索权具有类似的法律性质。

### 四、收款人的权利和义务

收款人具有特别的法律地位。在电子支付法律关系中，收款人虽然是一方当事人，但由于他与指令人、接受银行并不存在支付合同上的权利义务关系，因此收款人不能基于电子支付行为向指令人或接受银行主张权利，收款人只是基于和付款人之间的基础法律关系与付款人存在电子支付权利义务关系。在这一点上，电子支付与票据支付的法律关系类似。

## 第五节　数字货币的法律规范

### 一、数字货币的概念与分类

#### （一）数字货币的概念

数字货币（Digital Currency）是基于分布式账本[①]、区块链[②]、数据加密等技术开发的，在某

---

① 分布式账本技术（Distributed Ledger Technology，DLT）是一种技术基础结构和协议，用于在分布于多个位置的网络中以不变的方式进行验证，同时访问和记录更新。

② 区块链（Blockchain）技术脱胎于2008年出现的比特币技术，它提供了一种去中心化的、无需信任积累的信用建立范式。区块链技术本质是去中心化且寓于分布式结构的数据存储、传输和证明的方法，用数据区块（Block）取代了目前互联网对中心服务器的依赖，使得所有数据变更或者交易项目都记录在一个云系统之上，理论上实现了数据传输中对数据的自我证明。从长远来看，这种技术超越了传统和常规意义上需要依赖中心的信息验证范式，降低了全球"信用"的建立成本。

些情况下可以作为货币替代物价值的数字表现。数字货币具有网络数据包的主要特征。这类数据包由数据码和标识码组成，数据码是需要传送的内容，而标识码则指明了该数据包从哪里来，要到哪里去等属性。分布式分类账技术被称为技术基础结构和协议，用于在分布于多个位置的网络中以不变的方式进行验证，同时访问和记录更新。由于 DLT 在各个领域和行业中的潜力巨大，因此其在技术领域正变得越来越流行。

数字货币有两种，一种是大众版（去中心化的虚拟货币），另一种是法定版（货币当局，主要是各国的中央银行发行的虚拟货币）。大众版数字货币，如比特币，是基于某些开放的特定算法求解获得的，没有发行主体，具有匿名性，交易双方可点对点直接交易，所以也可以叫做私人准数字货币。但这种货币价格波动太大，不具备价值尺度的职能。

法定数字货币是货币当局发行，以政府信用为担保的数字货币，安全性较高，并且能够跟踪货币流向。法定数字货币其本质是中央银行担保并签名发行的含有金额和权属信息的加密字符串，包含编号、金额、所有者和发行者签名等。编号是法定数字货币的唯一标识，不能重复，可以作为数字货币的索引使用。流通依靠的是可以进行通信交互的电子介质，比如手机或者芯片卡（如银行卡、社保卡、公交卡等）；确权依靠的是线上完成交易后的归属登记确认方式。

数字人民币是人民银行发行的数字形式的法定货币，由指定运营机构参与运营，以广义账户体系为基础，支持银行账户松耦合功能，与实物人民币等价，具有价值特征和法偿性。

法定数字货币与微信和支付宝也有根本性区别。微信和支付宝都需要绑定银行卡才能使用，而法定数字货币则完全不需要，用户与用户之间的转账是独立于银行账户的，这一点类似于比特币等数字货币。法定数字货币由中央银行发行，由国家信用背书，具备法律效力；而微信支付和支付宝都不是由央行货币进行结算的，是用商业银行存款货币进行结算的，如果商业银行出现破产等意外，权益不可能得到充分的保障。所以，使用央行发行的法定货币安全性更高，且任何商家都必须接受。

## （二）数字货币的发展

1982 年，DavidChaum 最早提出了不可追踪的密码学网络支付系统，并于 1990 年扩展为密码学匿名现金系统，即"E-cash"。1998 年，WeiDai 阐述了一种匿名的、分布式的电子现金系统，即"B-money"。同一时期，NickSzabo 发明了"Bitgold"，构建出一个产权认证系统。2008 年，日裔美国学者中本聪发表论文描述了比特币的电子现金系统，2009 年 1 月 3 日，中本聪本人发布了开源的第一版比特币客户端"Bitcoind"，世界上首批 50 个比特币同时被创造出来。一年以后，比特币的第一个公允汇率诞生。该交易是一名用户用 10 000 比特币购买了一个比萨。

2011 年，维基解密、自由软件基金会以及其他的一些组织开始接受比特币的捐赠。2013 年，海盗湾、EZTV 开始接受比特币捐款。中国四川省雅安地震后，公募基金壹基金宣布接受比特币作为地震捐款。

2016 年，中国人民银行明确了发行数字货币的战略目标：数字人民币[①]是中国人民银行发行的、加密的、有国家信用支撑的法定货币，主要是替代实物现金，降低传统纸币发行和流通

---

① 中国人民银行发行的数字货币英文为 Central Bank Digital Currency（CBDC），在内地被称为数字人民币（Digital Currency/Electronic Payment，DCEP）。

成本，提升经济交易活动的便利性和透明度。

2020年4月起，中国人民银行数字货币开始进行内部封闭试点测试。9月27日，雄安海关完成首票以数字货币形式缴纳风险保证金业务。10月18日，深圳共有47 573名中签个人成功领取"数字人民币红包"，交易金额876.4万元。截至2021年6月30日，我国数字人民币试点场景已超132万个，覆盖生活缴费、餐饮服务、交通出行、购物消费、政务服务等领域。开立个人钱包2 087万余个、对公钱包351万余个，累计交易笔数7 075万余笔、金额约345亿元。[①] 2021年2月，香港金融管理局、泰国中央银行、阿拉伯联合酋长国中央银行及中国人民银行数字货币研究所宣布联合发起多边央行数字货币桥研究项目（m-CBDCBridge），旨在探索央行数字货币在跨境支付中的应用。

国际清算银行的调查报告显示，截至2020年7月，全球至少有36家央行发布了数字货币计划。其中，厄瓜多尔、乌克兰和乌拉圭等完成了零售型央行数字货币试点；中国、巴哈马、柬埔寨、东加勒比货币联盟、韩国和瑞典等正在试点。[②]

### （三）数字货币的优势

数字货币的优势突出表现在以下5个方面：

（1）数字货币是一个完全基于互联网技术的货币形态，包括支付、结算、储存等，都可以在没有人工核准的情况下自动完成，并保存所有无法销毁的路径信息。

（2）数字货币的发行、流通、监管、调控等成本远远低于纸币市场，这是数字货币根本的市场生命力。

（3）数字货币自身"价格"稳定性高，定位明确（是货币而非商品），和现有纸币系统有相应的转换规则。

（4）数字货币有安全可靠的分布式账本技术、区块链技术做支撑。

（5）数字货币可实现不可重复性、匿名性、不可伪造性、安全性、可追踪性、可编程性。

小知识：
网络虚拟货币

## 二、我国央行数字货币的设计思路

### （一）原始模型

我国央行数字货币（CBDC）建设的总体思路是：由央行主导，在保持实物现金发行的同时发行以加密算法为基础的数字货币，即M0的一部分由数字货币构成，目标是构建一个兼具安全性与灵活性的简明、高效、符合国情的数字货币发行流通体系。

具体设计中，采用二元模式，即由中央银行将数字货币发行至商业银行业务库，商业银行受央行委托向公众提供法定数字货币存取等服务，并与中央银行一起维护数字货币发行、流通体系

① 中国人民银行数字人民币研发工作组. 中国数字人民币的研发进展白皮书[EB/OL]（2021-07-26）[2022-11-20].中国人民银行网站.

② BIS. Central bank digital currencies：foundational principles and core features[EB/OL]（2020-10-09）[2022-09-24]. 国际清算银行网站.

的正常运行。这样做更容易在现有货币运行框架下让法定数字货币逐步取代纸币，而不颠覆现有货币发行流通体系；同时，可以调动商业银行积极性，共同参与法定数字货币发行流通，适当分散风险，加快服务创新。在 CBDC 管理上，采用中心化运行方式，一方面是为了便于监管，另一方面更加能够满足日常交易需要，保持 CBDC 价格的稳定。比特币、以太坊等没有发行主体，是真正去中心化的，属于超主权货币，它们的价格由市场驱动，因此价格波动巨大。

如图 6-16 所示为法定数字货币二元模式运行框架，是按二元模式思路设计的央行数字货币原型系统，整个 CBDC 的运行分为 3 层体系。

（1）第 1 层参与主体包括中央银行和商业银行，涉及 CBDC 发行、回笼以及在商业银行之间转移，原型系统一期完成从中央银行到商业银行的闭环，通过发行和回笼，CBDC 在中央银行的发行库和商业银行的银行库之间转移，整个社会的 CBDC 总量发生增加或减少的变化，同时机制上要保证中央银行货币发行总量不变。

（2）第 2 层是商业银行到个人或企业用户的 CBDC 存取，CBDC 在商业银行库和个人或企业的数字货币钱包中转移。

（3）第 3 层是个人或企业用户之间 CBDC 流通，CBDC 在个人或企业的数字货币钱包之间转移。

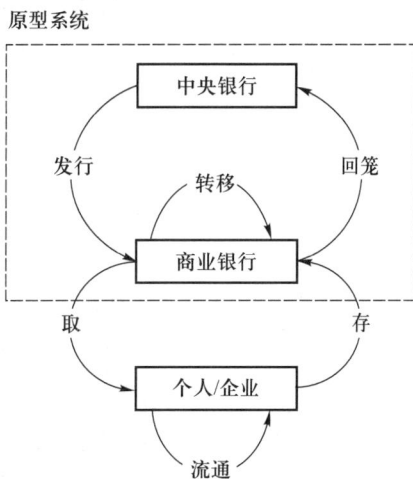

图 6-16　法定数字货币二元模式运行框架

### （二）关键要素

央行数字货币体系的核心要素为"一币、两库、三中心"。一币是指 CBDC，即由央行担保并签名发行的代表具体金额的加密数字串；两库是指中央银行发行库和商业银行的银行库，同时还包括在流通市场上个人或单位用户使用 CBDC 的数字货币钱包；三中心是指认证中心、登记中心和大数据分析中心。认证中心：央行对央行数字货币机构及用户身份信息进行集中管理，它是系统安全的基础组件，也是可控匿名设计的重要环节。登记中心：记录 CBDC 及对应用户身份，完成权属登记；记录流水，完成 CBDC 产生、流通、清点核对及消亡全过程登记。大数据分析中心：反洗钱、支付行为分析、监管调控指标分析等。

### （三）我国央行数字货币的运行

法定数字货币的系统架构如图 6-17 所示。下面以 CBDC 发行为例，对系统架构的运行过程说明如下。

（1）发起请领 CBDC 的请求。商业银行核心系统向中央银行数字货币系统前置发起请领 CBDC 的 MQ（message queue：消息队列）报文或 HTTP 请求，中央银行数字货币系统前置通过 VPN（Virtual Private Network：虚拟专用网络）向中央银行发行登记子系统转发报文，发行登记子系统开始处理 CBDC 的发行业务。

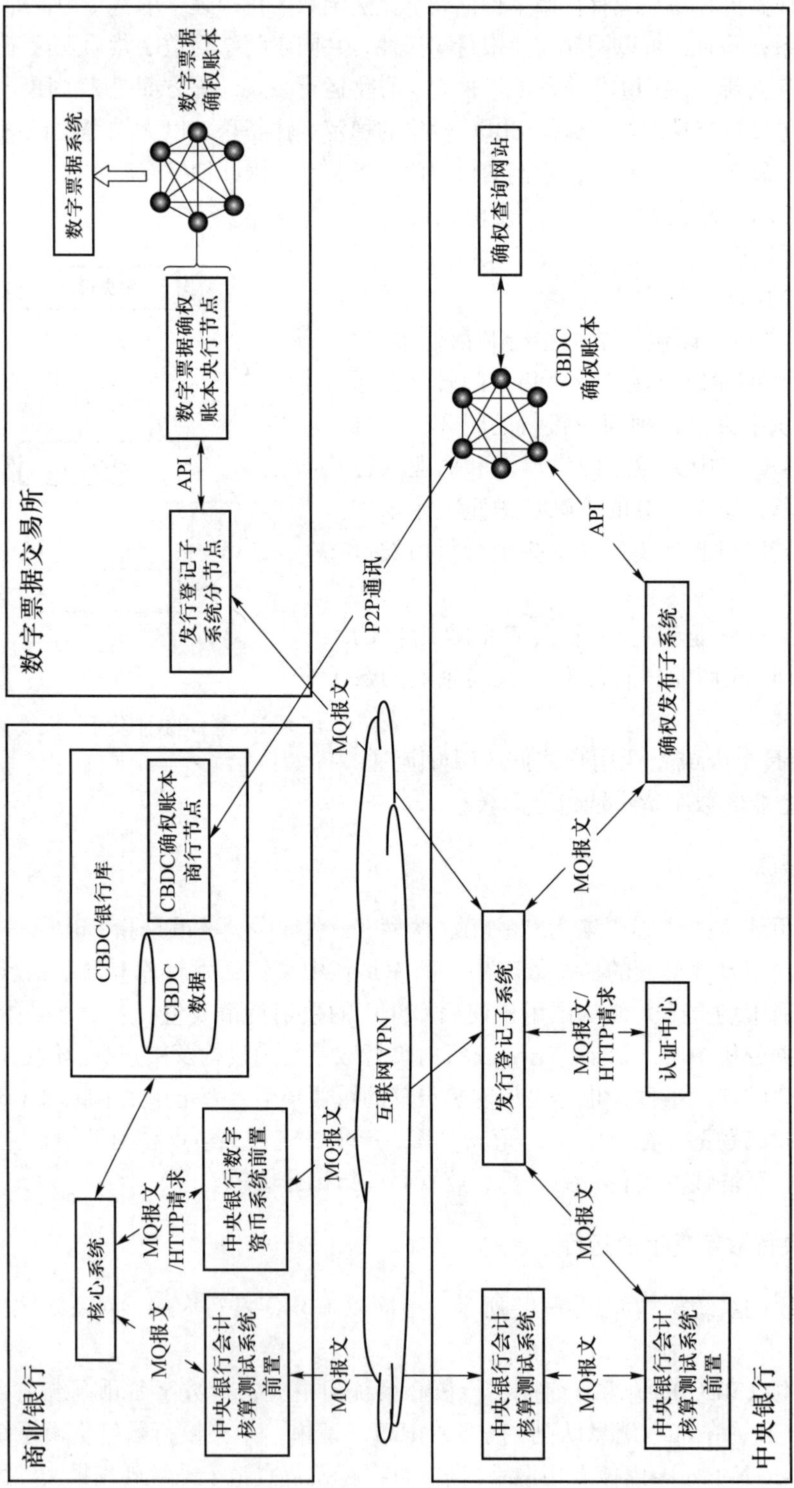

图6-17　法定数字货币的系统架构

（2）通过中央银行会计核算测试系统扣减存款准备金。发行登记子系统将请求报文发至中央银行会计核算测试系统。中央银行会计核算测试系统扣减存款准备金后，通知商业银行端，同时将存款准备金扣款成功报文通知中央银行端的中央银行会计核算测试系统。

（3）发行登记子系统生产发行 CBDC。CBDC 通过中央银行数字货币系统发送至商业银行核心系统后，存放在商业银行银行库中。

（4）发行登记子系统在确权账本进行权属登记。发行登记子系统通知确权发布子系统 CBDC 发行的权属信息，确权发布子系统将脱敏后数据发布在 CBDC 分布式确权账本上，CBDC 确权查询网站读取分布式账本数据用于确权查询。商业银行的确权账本节点同步中央银行确权账本节点数据。

CBDC 包含 4 种功能：扫码支付、汇款、收付款以及"碰一碰"转账，这些功能与普通银行功能相似。通过采用分布式账本技术和数据加密技术，CBDC 具备了一定的匿名性，又实现了可追踪。如果涉及犯罪，大数据可以追踪到使用人的真实身份。CBDC 既可以使用互联网，也可以使用支持设备短距离通信的无线电技术。在断网情况下，使用 CBDC 支付，只需要把两个手机放在一起"碰一碰"，就能把自己数字钱包里的资金转给另一个人。

## 三、数字货币系统的风险控制

数字货币的发行人和开发者在开发、发行电子货币之前要对技术、安全性、业务前景等进行可行性论证和成本与收益的比较分析；在电子货币发行方案中考虑防范洗钱、网络赌博①等犯罪活动，采取适当的操作程序，有效地控制操作风险。

应急措施和业务恢复计划对数字货币的发行人来说十分必要，以便在不利情况发生时仍然能够提供产品和服务。数字货币的发行人在实施其应急措施和业务恢复计划时，应当考虑安全因素，即备份所在地的安全性和内部控制的可靠性。数字货币的发行机构要确保技术及操作系统程序具有处理意外事故的能力，以保证关键性操作的连续性。

潜在的伪币和欺诈行为会给数字货币发行机构和其他参与者带来巨大的金融风险，采取高度安全措施关系到各方的利益，发行人必须在技术、组织和处理过程方面具备足够的安全性，以防止各种伪造和盗窃活动。为减少、限制伪币和欺诈风险的发生，电子货币发行人应具备监控和赎回电子货币余额的能力，保证其系统能够采取以下措施：交易明细记录、影子余额记录、交易限额规定、交易行为分析等。如果某一数字货币系统目前采取以上措施存在困难，可采取通过限制智能卡、电子现金的交易额，保持最新几项纪录使消费者能对之加以核实等防范措施减少可能的风险。

对数字货币系统进行非法攻击或者未经授权的侵入是威胁电子货币系统安全的一个主要问题。研究显示，内部攻击比外部攻击更容易损害系统，因为内部系统的使用者了解系统情况和进入方法。因此，数字货币的发行人必须具有良好的预防和监测手段来保护其系统不受内部和外部的滥用。

数字货币的发行人必须向国家中央银行汇报货币政策要求的相关信息。数字货币发行者

---

① 参见万以娴.电子商务之法律问题.北京：法律出版社，2001：130-131.

和技术开发者应澄清消费者、商家以及系统参与者的权利义务和各自承担的风险。在数字货币的交易中，货币发行者至少应向使用者揭示可能发生的各种风险和存在保险时被保险的范围。

## 四、数字货币的金融监管

在数字货币的发展和应用过程中，为维护金融体系的稳定和安全，防止损害消费者利益的行为发生，以及避免出现恶性竞争、无秩序的行为，政府适度监管是必要的。

### （一）监管框架的构建

数字货币对现行的金融监管框架会产生直接或者间接的影响。如果将数字货币作为一种科技产品来管理，一般会沿用统一、规范和标准化的原则，这与数字货币兴起进程中出现的产品多样化和技术、协议等的快速进化相矛盾，同时又形成一些业务领域的规则和管理的真空。统一规范的标准体系虽然可以避免竞争产生的重复投资和浪费，但也会限制竞争的发展。

基于以上考虑，欧美一些国家目前一般采取两种方式解决数字货币系统的监管问题。一是在中央政府有关部门如中央银行或者财政部建立一个有关数字货币的专门工作小组，负责研究数字货币对金融监管、法律、消费者保护、管理、安全等问题的影响，跟踪数字货币系统发展的最新动态，提出有关数字货币发展的宏观政策建议和报告。二是现有的监管机构根据数字货币的发展状况，修改不适用于数字和网络经济时代的原有规则，同时制定一些新的监管规则和标准。

总的看来，对数字货币的监管是以原有监管机构的监管为主，一般不建立新的监管机构，但由此可能加大监管机构之间、监管机构和其他政府部门之间的协调难度。目前，监管当局普遍关注的问题还只限于为数字货币系统提供一个安全的环境，监管的出发点以保护消费者的利益为主。

### （二）比特币的监管

2013年12月，央行、工信部、银监会、证监会、保监会五部委联合发布《关于防范比特币风险的通知》（简称《通知》），其出发点是保护社会公众的财产权益，保障人民币的法定货币地位，防范洗钱风险，维护金融稳定。

1. 普通民众在自担风险的前提下拥有参与比特币交易的自由

《通知》明确了比特币的性质：比特币不是由货币当局发行，不具有法偿性与强制性等货币属性，并不是真正意义的货币。从性质上看，比特币是一种特定的虚拟商品，不具有与货币等同的法律地位，不能且不应作为货币在市场上流通使用。但是，比特币交易作为一种互联网上的商品买卖行为，普通民众在自担风险的前提下拥有参与的自由。

2. 对金融机构和支付机构的限制

《通知》要求，现阶段，各金融机构和支付机构不得以比特币为产品或服务定价，不得买卖或作为中央对手买卖比特币，不得承保与比特币相关的保险业务或将比特币纳入保险责任范围，不得直接或间接为客户提供其他与比特币相关的服务，包括：为客户提供比特币登记、交易、清算、结算等服务；接受比特币或以比特币作为支付结算工具；开展比特币与人民币及外币的兑换服务；开展比特币的储存、托管、抵押等业务；发行与比特币相关的金融产品；将比特币作为信托、基金等投资的投资标的等。

3. 加强对比特币互联网站的管理

《通知》规定，作为比特币主要交易平台的比特币互联网站，应当依法在电信管理机构备案。电信管理机构根据相关管理部门的认定和处罚意见，依法对违法比特币互联网站予以关闭。

4. 防范比特币可能产生的洗钱风险

数字货币在空间领域上的突破将促进经济的发展，但也带来了金融管理上的困难。首先数字货币可以很容易地进行远距离转移。这不仅是由于数字货币的体积小，而且因为借助互联网，数字货币可以瞬间转移到世界任何一个角落。其次，数字货币具有很强的匿名性。传统货币的匿名性也比较强，这也是传统货币可以无限制流通的原因，但数字货币的匿名性则比传统货币更强，其主要原因就是加密技术的采用以及数字货币远距离传输的便利。由于数字货币存在着这些弱点，所以比较容易被犯罪分子所利用，成为洗钱等犯罪活动的工具。犯罪分子可以将非法所得快速转移到法律薄弱的国家。

《通知》要求，中国人民银行各分支机构应当密切关注比特币及其他类似的具有匿名、跨境流通便利等特征的虚拟商品的动向及态势，认真研判洗钱风险，研究制定有针对性的防范措施。各分支机构应当将在辖区内依法设立并提供比特币登记、交易等服务的机构纳入反洗钱监管，督促其加强反洗钱监测。

《通知》同时要求，提供比特币登记、交易等服务的互联网站应切实履行反洗钱义务，对用户身份进行识别，要求用户使用实名注册，登记姓名、身份证号码等信息。各金融机构、支付机构以及提供比特币登记、交易等服务的互联网站如发现与比特币及其他虚拟商品相关的可疑交易，应当立即向中国反洗钱监测分析中心报告，并配合中国人民银行的反洗钱调查活动；对于发现使用比特币进行诈骗、赌博、洗钱等犯罪活动线索的，应及时向公安机关报案。

# 第六节　第三方支付的法律规范

## 一、第三方支付的优势

电子支付是电子商务产业链中不可或缺的重要环节，但是因为早期国有商业银行在电子银行方面的建设步伐相对迟缓，第三方支付公司(非金融机构、非银行机构)的崛起迅速填补了这一空白。第三方支付平台在整个电子商务，特别是 B2C、C2C 市场扮演越来越重要的角色，成为新的金融增值业务服务商。

相对于传统的资金划拨交易方式，第三方支付可以比较有效地保障货物质量、交易诚信、退换要求等环节，在整个交易过程中，都可以对交易双方进行约束和监督。在不需要面对面进行交易的电子商务形式中，第三方支付为保证交易成功提供了必要的支持，因此随着电子商务在国内的快速发展，第三方支付行业也发展得比较快。2021年，非银行支付机构处理网络支付业务1 310 283.22亿笔，金额355.46万亿元，同比分别增长24.30%和20.67%。[①]

目前，经营状况相对较好的第三方支付公司经营模式大致有两种。第一种是针对我国网上交易信用现状而特别推出的安全付款服务，其运作的实质是以第三方支付平台为信用中介：买方选购商品后，使用第三方平台提供的账户进行货款支付，由第三方平台通知卖家货款到达、进行发货；买方检验物品后，通知第三方平台付款给卖家，第三方平台即将款项转至卖家账户。这种类型的典型代表是阿里巴巴公司的"支付宝"。

第二种经营模式的特色是更注重与银行的合作。一些第三方支付平台目前已经实现了与消费者最常用的多家银行的数十种银行卡的直通服务，帮助商家促使更多消费者选择在线支付方式。消费者并不是其客户，它真正的客户是商家和银行，其收益来自银行的利益分成及按每笔交易向商家收取的服务费。这种类型的第三方支付平台有快钱公司、迅付信息科技有限公司（环迅支付）等。

## 二、第三方支付存在的风险

随着电子支付的发展，相应的法律问题也得到了人们更多的关注，焦点主要集中在以下四个方面。

### （一）主体资格和经营范围的风险

目前依托于银联建立的第三方支付平台，除少数几个不直接经手管理往来资金，将其存放在专用的账户外，其他都可直接支配交易资金，这就容易造成资金不受监管甚至越权调用的风险。

### （二）结算和虚拟账户资金沉淀风险

支付宝等第三方支付机构形成的资金沉淀，如缺乏有效的流动性管理，则可能存在资金安全和支付的风险。第三方网络支付平台在提供中介和信用中介的过程中，资金包括两类，第一类是结算资金，第二类是虚拟账户的资金。在两类沉淀资金的使用和担保方面都存在风险。

### （三）洗钱风险

网上银行在银行业务中占据的比重上升很快，而且交易大都通过电话、计算机网络进行，银行和客户很少见面，这给银行了解客户带来了很大的难度，也成为洗钱风险的易发、高发领域。

---

① 中国人民银行.2021年支付体系运行总体情况[EB/OL].(2022-04-02)[2022-09-22].中国人民银行网站.

### （四）管理方面的风险

由于第三方支付系统是运行在开放的互联网上，电子支付过程中有时会遭到黑客的攻击；电子签名在电子支付中的应用不足，导致少数资金被盗；第三方支付机构内部管理的缺陷，存在一定的安全隐患。

## 三、第三方支付监管的基本思路

2010 年 6 月，中国人民银行发布了《非金融机构支付服务管理办法》，12 月发布了《非金融机构支付服务管理办法实施细则》；2013 年 6 月，发布了《支付机构客户备付金存管办法》；2015 年 12 月，发布了《非银行支付机构网络支付业务管理办法》。这些文件形成了一套对第三方支付机构的监管办法。

### （一）资格审查条件

从事第三方支付的非银行支付机构应持有支付业务许可证。申请支付业务许可证应当具备下列条件：[①]

（1）在中华人民共和国境内依法设立的有限责任公司或股份有限公司，且为非金融机构法人；

（2）有符合《非金融机构支付服务管理办法》规定的注册资本最低限额；

（3）有符合《非金融机构支付服务管理办法》规定的出资人；

（4）有 5 名以上熟悉支付业务的高级管理人员；

（5）有符合要求的反洗钱措施；

（6）有符合要求的支付业务设施；

（7）有健全的组织机构、内部控制制度和风险管理措施；

（8）有符合要求的营业场所和安全保障措施；

（9）申请人及其高级管理人员最近 3 年内未因利用支付业务实施违法犯罪活动或为违法犯罪活动办理支付业务等受过处罚。

申请人拟在全国范围内从事支付业务的，其注册资本最低限额为 1 亿元人民币；拟在省（自治区、直辖市）范围内从事支付业务的，其注册资本最低限额为 3 000 万元人民币。注册资本最低限额为实缴货币资本。

### （二）业务范围

非金融机构支付服务是指非金融机构在收付款人之间作为中介机构提供下列部分或全部货币资金转移服务：

（1）网络支付；

（2）预付卡的发行与受理；

---

①　中国人民银行. 非金融机构支付服务管理办法［EB/OL］.（2010-06-14）［2022-09-20］. 中国人民银行网站.

（3）银行卡收单；

（4）中国人民银行确定的其他支付服务。

### （三）风险监督

第三方支付机构的风险监督主要体现在以下方面：

（1）建立清算业务风险防范机制，制定并实施识别、计量、监测和管理风险的制度；

（2）建立参与者信用风险损失分担的规则和程序；

（3）建立应急系统，制定应急预案，确保支付清算系统安全可靠运行；

（4）提供担保或缴存支付清算风险保证金，保证金实行专户存储，用于抵补参与者因头寸不足而发生的流动性风险，保证支付清算业务持续进行；

（5）按照《中华人民共和国反洗钱法》的规定建立客户身份识别制度，按照规定执行大额交易和可疑交易报告制度；

（6）银行主管部门依法对支付清算组织进行现场检查和非现场检查。

### （四）客户备付金存管

客户备付金是指支付机构为办理客户委托的支付业务而实际收到的预收待付货币资金。[①]

1. 备付金银行

支付机构的备付金银行应当符合下列条件：

（1）总资产不得低于 2 000 亿元，有关资本充足率、杠杆率、流动性等风险控制指标符合监管规定。支付机构在同一备付金银行仅开立备付金汇缴账户的，该银行的总资产不得低于 1 000 亿元。

（2）具备监督客户备付金的能力和条件，包括有健全的客户备付金业务操作办法和规程，监测、核对客户备付金信息的技术能力，能够按规定建立客户备付金存管系统。

（3）境内分支机构数量和网点分布能够满足支付机构的支付业务需要，并具有与支付机构业务规模相匹配的系统处理能力。

（4）具备必要的灾难恢复处理能力和应急处理能力，能够确保业务的连续性。

2. 备付金的使用与划转

（1）支付机构应当在收到客户备付金或客户划转客户备付金不可撤销的支付指令后，办理客户委托的支付业务，不得提前办理。

（2）支付机构通过银行转账方式接收的客户备付金，应当直接缴存备付金专用存款账户；按规定可以现金形式接收的客户备付金，应当在收讫日起 2 个工作日内全额缴存备付金专用存款账户。

（3）支付机构每月在备付金存管银行存放的客户备付金日终余额合计数，不得低于上月所有备付金银行账户日终余额合计数的 50%。

（4）支付机构只能通过备付金存管银行办理客户委托的跨行付款业务，以及调整不同备付金合作银行的备付金银行账户头寸。

---

① 中国人民银行. 支付机构客户备付金存管办法［EB/OL］（2013-06-09）［2022-09-20］. 中国人民银行网站.

（5）不同支付机构的备付金银行之间不得办理客户备付金的划转。

（6）支付机构按规定为客户办理备付金赎回的，应当通过备付金专用存款账户划转资金，不得使用现金；按规定可以现金形式为客户办理备付金赎回的，应当先通过自有资金账户办理，再从其备付金存管账户将相应额度的客户备付金划转至自有资金账户。

（7）风险准备金按照所有备付金银行账户利息总额的一定比例计提。支付机构开立备付金收付账户的合作银行少于 4 家(含)时，计提比例为 10%。支付机构增加开立备付金收付账户的合作银行的，计提比例动态提高。

（8）支付机构因办理客户备付金划转产生的手续费费用，不得使用客户备付金支付。

## （五）网络支付业务

网络支付业务是指收款人或付款人通过计算机、移动终端等电子设备，依托公共网络信息系统远程发起支付指令，且付款人电子设备不与收款人特定专属设备交互，由支付机构为收付款人提供货币资金转移服务的活动。

（1）支付机构为客户开立支付账户的，应当对客户实行实名制管理。

（2）支付机构不得为金融机构，以及从事信贷、融资、理财、担保、信托、货币兑换等金融业务的其他机构开立支付账户。

（3）支付机构应根据客户身份对同一客户在本机构开立的所有支付账户进行关联管理，并按照表 6-1 的要求对个人支付账户进行分类管理。

表 6-1　个人支付账户分类表

| 账户类别 | 余额付款功能 | 余额付款限额 | 身份核实方式 |
|---|---|---|---|
| Ⅰ类账户 | 消费、转账 | 自账户开立起累计 1 000 元 | 以非面对面方式，通过至少一个外部渠道验证身份 |
| Ⅱ类账户 | 消费、转账 | 年累计 10 万元 | 面对面验证身份，或以非面对面方式，通过至少三个外部渠道验证身份 |
| Ⅲ类账户 | 消费、转账、投资理财 | 年累计 20 万元 | 面对面验证身份，或以非面对面方式，通过至少五个外部渠道验证身份 |

（4）支付机构应当确保交易信息的真实性、完整性、可追溯性以及在支付全流程中的一致性，不得篡改或者隐匿交易信息。

（5）对于客户的网络支付业务操作行为，支付机构应当在确认客户身份及真实意愿后及时办理，并在操作生效之日起至少五年内，真实、完整保存操作记录。

（6）支付机构应当向客户充分提示网络支付业务的潜在风险，及时揭示不法分子新型作案手段，对客户进行必要的安全教育，并对高风险业务在操作前、操作中进行风险警示。

（7）支付机构可以组合选用下列三类要素，对客户使用支付账户余额付款的交易进行验证：① 仅客户本人知悉的要素，如静态密码等；② 仅客户本人持有并特有的，不可复制或者不可重复利用的要素，如经过安全认证的数字证书、电子签名，以及通过安全渠道生成和传输的一次性密码等；③ 客户本人生理特征要素，如指纹等。

### （六）重大事项报告

为进一步加强非银行支付机构的监管，规范非银行支付机构重大事项报告行为，2021年7月中国人民银行发布了《非银行支付机构重大事项报告管理办法》（简称《办法》），要求支付机构拟首次公开发行或者增发股票、对信息泄露方面等多项重大事项，应该事前向央行分支机构报告。

《办法》要求支付机构报告重大事项应当一事一报，做到及时、真实、准确、完整，不得迟报、漏报、瞒报、谎报、错报，不得有误导性陈述或者重大遗漏。其中，重大事项指根据法律法规和人民银行的规定应当事前报告的重大经营事项，以及可能对支付机构（含分公司）自身经营状况、金融消费者权益、金融和社会稳定造成重大影响应当事后报告的事项。

《办法》对重大事项的范围和报告程序都作出了更加细致的规定。例如，涉及影响社会公共秩序的群体性事件或者重大负面舆情的；发生客户个人信息泄露等信息安全事件一次性涉及客户信息数据超过5 000条或者客户数量超过500户的；因突发情况导致支付业务中断或者功能故障，超过2小时或者影响支付业务笔数超过10万笔，或者可能造成重大负面舆情的；等等。

## 思　考　题

1. 简述电子支付的概念与分类。
2. 试述电子支付当事人及其权利义务。
3. 试述《电子支付指引（第一号）》的基本内容。
4. 试述电子银行监管的基本思路和方法。
5. 简述第三方支付机构资格审查条件和业务范围。
6. 试述网络支付业务的监管办法。

## 参　考　文　献

[1] 杨立钒. 电子商务安全与电子支付［M］. 4版. 北京：机械工业出版社，2020.

[2] 杨坚争. 中华人民共和国电子签名法释义［M］. 上海：立信会计出版社，2004.

[3] 吴云，朱玮. 数字货币和金融监管意义上的虚拟货币：法律、金融与技术的跨学科考察
　　［J］. 上海：上海政法学院学报（法治论丛）［EB/OL］（2008-07-22）［2021-11-02］. 知网.

[4] 李艳华，王立鹏. 数字货币电子支付和区块链技术的应用推广对我国支付体系影响探究
　　［J］. 兰州：甘肃金融，2021（4）：12-15.

[5] 李建星. 支付账户型第三方支付的非授权支付责任——以德国支付服务相关法律为参照
　　［J］. 沈阳：东北财经大学学报，2021（2）：76-86.

# 第七章 电子商务产品交付法律规范

产品交付是电子商务的最后一个重要环节。电子商务环境下企业成本优势的建立和保持必须以可行和高效的物流与交付作为保证。没有一个高效、合理、畅通的物流与交付系统，电子商务具有的优势就难以得到有效的发挥，也难以得到快速发展。运用法律手段保证物流与交付质量，是电子商务吸引顾客、提高盈利水平的关键一环。本章将从实物产品交付、信息产品交付和服务产品交付三个方面探讨法律对物流和网络传输活动的规制。

## 第一节　电子商务产品交付的概念与基本要求

### 一、电子商务产品交付的概念

电子商务交易的产品包括三种类型：实物产品、信息产品和服务产品。电子商务产品交付是指利用物流、快递和网络传输等手段将产品由电子商务经营者转移到电子商务购买者手中的过程。

### 二、电子商务产品交付的基本要求

电子商务产品交付的基本要求包括：

（1）准确性。准确性是观察值与真值的接近程度。电子商务产品交付的准确性不仅要求递送的产品在预定的时间、预定的地点交付给购买人，使误差降低到可控程度，也要求准确了解产品交付过程进展到什么地方，处于什么状态，并对不同状态做出处理预案。

（2）安全性。安全是指不会引起产品损害、人员伤害、设备损坏、财产损失或环境危害的条件。电子商务产品交付的安全性是指在预定交付条件下执行交付功能和在运输、传输过程中不产生损伤的能力。电子商务产品交付的安全性要求落实国家实物产品、信息产品和服务产品交付安全保护制度，按照国家安全保护管理规范和技术标准要求同步实施交付信息网络和实物配送网络安全建设，提高交付网络的安全保障能力。

（3）快捷性。快捷性是指产品从电子商务经营者转移到购买者的交付时间短，速度快。对顾客而言，购物下单后希望尽快拿到产品，得到相应的服务；而对物流公司而言，时间就是信誉，就是效益。以快递为例，72 小时准时率①一直是衡量快递水平的一个重要指标。我国近年来快递数量大幅上升，年人均快递使用量由 4.2 件增至 59 件，但快递服务时限水平保持了平稳上升的趋势，72 小时准时率从 2012 年的 72.4% 提升到 2021 年的 77.11%，快递服务公众满意度得分上升为 78.6 分。

# 第二节　电子商务物流——实物产品交付

## 一、电子商务物流的构成与模式

### （一）电子商务物流的定义

电子商务物流是指实物产品的配送活动。按照国家标准化管理委员会的定义，物流是指物品从供应地向接收地的实体流通过程，根据实际需要，将运输、储存、装卸、搬运、包装、流通加工、配送、信息处理等基本功能实施有机结合。②

### （二）电子商务物流系统的构成

电子商务物流系统由物流作业系统和物流信息系统两个部分构成。

（1）物流作业系统：在采购、运输、仓储、装卸搬运、配送等作业环节中使用各种先进技能和技术，并使生产据点、物流据点、运输配送路线、运输手段等网络化，以提高物流活动的效率。

（2）物流信息系统：在保证订货、进货、库存、出货、配送等信息通畅的基础上，使通信据点、通信线路、通信手段网络化，提高物流作业系统的效率。

电子商务物流系统的构成如图 7-1 所示。

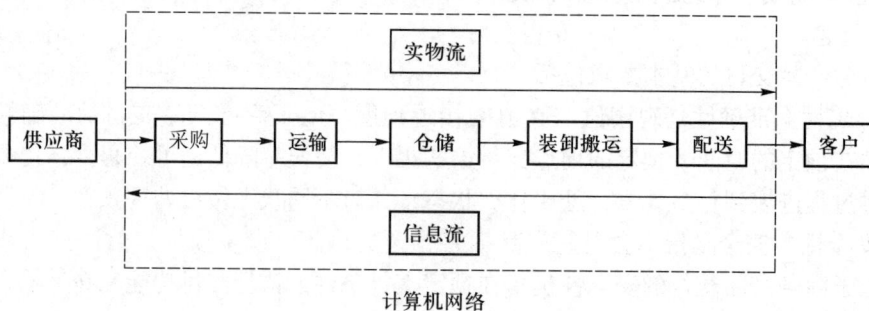

图 7-1　电子商务物流系统的构成

---

① 72 小时准时率指快递企业在 3 天内准时投递快件的件数与收寄快件总件数的比率。

② 中华人民共和国国家质量监督检验检疫总局，中国国家标准化管理委员会 . GB/T 18354-2006 物流术语（修订版）［M］. 北京：中国标准出版社，2006.

## （三）电子商务物流模式

电子商务物流的一般模式包括自营物流、物流联盟、第三方物流和第四方物流。

（1）自营物流。自营物流是指电子商务企业借助自身物质条件（包括物流设施、设备和管理机构等）自行组织的物流活动。对于电子商务企业来说，自营物流启动容易，配送速度快，但配送能力较弱，配送费用不易控制。如果电子商务企业有很高的顾客服务需求标准，其物流成本占总成本的比重较大，而自己的物流管理能力又比较强，一般不会选择外购物流服务，而采用自营物流的方式。

（2）物流联盟。物流联盟是指电子商务网站、电子商务企业、物流企业等各方面通过契约形成优势互补、要素双向或多向流动、互相信任、共担风险、共享收益的物流伙伴关系。组建物流联盟可以降低成本，减少投资，获得管理技术，提高为顾客服务的水平，取得竞争优势，降低风险和不确定性。

（3）第三方物流。第三方物流（Third Party Logistics，TPL）是指物流渠道中的专业化物流中间公司以签订合同的方式，在一定期间内，为其他公司提供所有或某些方面的物流业务服务。如果物流在电子商务企业中所占比重不大，且该企业自身物流管理能力也比较欠缺，采用"第三方物流"模式是最佳选择，它能够大幅度降低物流成本，提高为顾客服务的水平。图7-2是电商网络交易平台利用第三方物流的流程示意图。

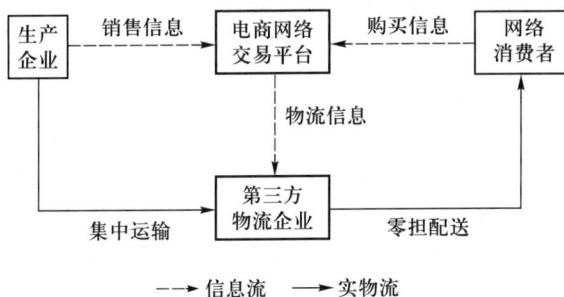

图 7-2 电商网络交易平台利用第三方物流的流程示意图

（4）第四方物流。根据其首创者美国埃森哲咨询公司的定义，第四方物流是指一个供应链集成商调配、管理和组织自己的以及具有互补性的服务提供商的资源、能力和技术，以提供一个综合的供应链解决方案。通俗地讲，第四方物流是指集成商们利用分包商来控制与管理客户公司的点到点式的供应链运作。

## 二、电子商务物流规范

### （一）实物产品邮寄要求

《中华人民共和国邮政法实施细则》（1990年）第三十三条明确，禁止寄递或者在邮件内夹带下列物品：

（1）法律规定禁止流通或者寄递的物品；

（2）反动报刊书籍、宣传品或者淫秽物品；

（3）爆炸性、易燃性、腐蚀性、放射性、毒性等危险物品；

（4）妨害公共卫生的物品；

（5）容易腐烂的物品；

（6）各种活的动物；

（7）各种货币；

（8）不适合邮寄条件的物品；

（9）包装不妥，可能危害人身安全、污染或者损毁其他邮件、设备的物品。

《中华人民共和国邮政法》（简称《邮政法》）第七十五条规定，邮政企业、快递企业不建立或者不执行收件验视制度，或者违反法律、行政法规以及国务院和国务院有关部门关于禁止寄递或者限制寄递物品的规定收寄邮件、快件的，对邮政企业直接负责的主管人员和其他直接责任人员给予处分；对快递企业、邮政管理部门可以责令停业整顿直至吊销其快递业务经营许可证。

《快递暂行条例》进一步详细规定：

（1）寄件人交寄快件和经营快递业务的企业收寄快件应当遵守《邮政法》第二十四条关于禁止寄递或者限制寄递物品的规定。

（2）经营快递业务的企业收寄快件，应当依照《邮政法》的规定验视内件，并作出验视标志。寄件人拒绝验视的，经营快递业务的企业不得收寄。

（3）经营快递业务的企业受寄件人委托，长期、批量提供快递服务的，应当与寄件人签订安全协议，明确双方的安全保障义务。

（4）经营快递业务的企业或者接受委托的第三方企业应当使用符合强制性国家标准的安全检查设备，并加强对安全检查人员的背景审查和技术培训；经营快递业务的企业或者接受委托的第三方企业对安全检查人员进行背景审查，公安机关等相关部门应当予以配合。

（5）经营快递业务的企业发现寄件人交寄禁止寄递物品的，应当拒绝收寄；发现已经收寄的快件中有疑似禁止寄递物品的，应当立即停止分拣、运输、投递。

（6）经营快递业务的企业应当依法建立健全安全生产责任制，确保快递服务安全。

### （二）安全责任

物流作为电子商务三个主要环节中的一环，安全问题贯穿电子商务的始终。《邮政法》、国务院《快递暂行条例》、国家标准《物流中心作业通用规范》（GB/T 22126-2008）、《第三方物流服务质量要求》（GB/T 24359-2009）等均对物流作业的安全问题提出了相应的规定和标准。安全要求所涉及的电子商务物流业务的企业，包括为 B2B、B2C 和 C2C 提供物流服务的所有企业。这些企业都需要按照有关法律法规的要求，建立物流作业规范，保证作业安全。

我国《电子商务法》第二十条规定："电子商务经营者应当按照承诺或者与消费者约定的方式、时限向消费者交付商品或者服务，并承担商品运输中的风险和责任。但是，消费者另行选择快递物流服务提供者的除外。"

在实际操作中，应注意以下 4 个方面的问题：

（1）网站经营者或平台内经营者应当在承诺的时限内将质量合格的实物产品安全运送或投递到约定的收件地址和收件人；

（2）网站经营者委托电子商务物流企业作为承运人交付标的物的，承运人在根据运单指令将货物运送到指定收货地点时，经收货人或其授权人签名确认的或以其他方式表明收货人签收的，即视为履行完交付义务；

（3）电子商务物流企业应当按照实物产品的种类、配送时限分别处理；分区作业，规范操作，并及时录入处理信息；不得野蛮分拣，严禁抛扔、踩踏或者以其他危险方法处理快件；

（4）随着业务模式的不断创新，如智能储物柜的出现，需要考虑电子签名确认或其他方式确认收货人签收。

### （三）信息处理规范

电子商务物流企业应当加强物流服务信息化、网络化和标准化建设，规范订单接收、数据处理和数据管理程序，保证作业信息准确和可追溯。

电子商务物流企业应妥善保管客户信息，不得利用客户信息谋取不正当利益。除法律另有规定外，电子商务物流企业不得向任何单位或者个人泄露客户使用物流服务的信息。

电子商务物流企业应提供与客户相关信息共享的办法，以便于客户对其储存、运输物品状态的查询和跟踪。电子商务物流及快递企业应向用户提供自交寄之日起不少于一年的免费查询服务。

现代信息技术的应用，使得电子商务物流作业信息实现了信息化。物流信息的准确、查询和可追溯应当作为物流企业的基本责任。物流信息的泄露是电子商务物流作业中存在的一个严重问题，《快递暂行条例》第三十四条对快递企业提出了严格的要求：

（1）经营快递业务的企业应当建立快递运单及电子数据管理制度，妥善保管用户信息等电子数据，定期销毁快递运单，采取有效技术手段保证用户信息安全。

（2）经营快递业务的企业及其从业人员不得出售、泄露或者非法提供快递服务过程中知悉的用户信息。发生或者可能发生用户信息泄露的，经营快递业务的企业应当立即采取补救措施，并向所在地邮政管理部门报告。

信件以及包裹、印刷品等物品的快递业务，直接关系到用户通信秘密以及其他合法权益的保护，涉及国家安全和社会稳定。必须依法对快递业务加强监管。《邮政法》第六章专门设立"快递业务"一章，第五十一条明确规定：经营快递业务，应当依照本法规定取得快递业务经营许可；未经许可，任何单位和个人不得经营快递业务。外商不得投资经营信件的国内快递业务。

### （四）交付时间与验收规范

《电子商务法》第五十一条的规定，"合同标的为交付商品并采用快递物流方式交付的，收货人签收时间为交付时间。"第五十二条要求，"快递物流服务提供者为电子商务提供快递物流服务，应当遵守法律、行政法规，并应当符合承诺的服务规范和时限。快递物流服务提供者在交付商品时，应当提示收货人当面查验；交由他人代收的，应当经收货人同意。"

网站经营者委托电子商务物流企业作为承运人交付标的物的，承运人在根据运单指令将货物运送到指定收货地点时，经收货人或其授权人签字确认的或以其他方式表明收货人签收的，即视为履行完交付义务。

实物产品交付，特别是网络零售产品的交付，常常引起客户与网站经营者和承运人之间的矛盾。解决这些矛盾的方法，需要明确网站经营者、承运人和客户之间的责任与义务。

案例：网购裤子 12 天后才收到货，卖家构成违约

### （五）环保要求

《电子商务法》第五十二条要求，"快递物流服务提供者应当按照规定使用环保包装材料，实现包装材料的减量化和再利用。"

为落实《电子商务法》的要求，国家邮政局会同国家发展改革委等 8 部门共同印发《关于加快推进快递包装绿色转型的意见》（简称《意见》）。《意见》要求完善快递包装法律法规和标准体系，推动电子商务、邮政快递等行业管理法律法规与固体废物污染环境防治法有效衔接，快速形成有利于完善快递包装治理的法律法规体系，细化快递包装生产、使用、回收、处置各环节管理要求，进一步健全快递包装治理的监管手段和具体措施。

各地邮政管理局应推动地方政府落实邮政业污染治理属地责任，联合生态环境等部门开展环保自评，通过出台文件、争取地方财政环境污染治理专项经费、开展试点示范等方法强化政策支持，推动快递企业完善内部规章制度。

## 三、快递服务规范

### （一）快递服务的概念

根据交通运输部《快递市场管理办法》第三条，快递是指在承诺的时限内快速完成的寄递活动。寄递是指将信件、包裹、印刷品等物品按照封装上的名址递送给特定个人或者单位的活动，包括收寄、分拣、运输、投递等环节。

快递是电子商务物流的一个分支。在 B2C、C2C 产业链中，快递配送是实现网络购物交易的关键组成环节，是信息流、商流和资金流最终实现的根本保证。只有通过快递网络配送，将商品或服务真正转移到消费者手中，商务活动才能结束，快递实际上是以商流的后续者和服务者的姿态出现的。2021 年，我国快递年业务量首次突破 1 000 亿件大关，已连续 8 年稳居世界第一，对世界快递业增长贡献率超 50%，成为体量最大、最具活力的快递市场。

按照《邮政法》第五十一条的规定，经营快递业务，应当依照本法规定取得快递业务经营许可；未经许可，任何单位和个人不得经营快递业务。外商不得投资经营信件的国内快递业务。

图 7-3 是电商网络交易平台快递业务的流程。

### （二）快递运作规定

为进一步规范快递行业的发展，2018 年 2 月 7 日国务院常务会议通过《快递暂行条例》。

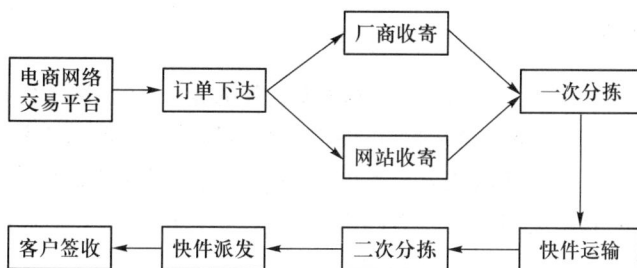

图 7-3　电商网络交易平台快递业务的流程示意图

《快递暂行条例》规定了一系列运作制度，包括寄件人交寄快件和企业收寄快件应当遵守禁止寄递和限制寄递物品的规定；要贯彻落实法律规定的实名收寄制度，执行收寄验视制度；经营快递业务的企业可以自行或者委托第三方企业对快件进行安全检查等。

《快递暂行条例》第二十一条规定，经营快递业务的企业在寄件人填写快递运单前，应当提醒其阅读快递服务合同条款、遵守禁止寄递和限制寄递物品的有关规定，告知相关保价规则和保险服务项目。

《快递暂行条例》第二十七条规定，快件延误、丢失、损毁或者内件短少的，对保价的快件，应当按照经营快递业务的企业与寄件人约定的保价规则确定赔偿责任；对未保价的快件，依照民事法律的有关规定确定赔偿责任。

《电子商务法》第五十二条规定，快递物流服务提供者为电子商务提供快递物流服务，应当遵守法律、行政法规，并应当符合承诺的服务规范和时限。快递物流服务提供者在交付产品时，应当提示收货人当面查验；交由他人代收的，应当经收货人同意。

### （三）用户权益保护

（1）防止采用加盟模式的企业在用户索赔问题上推诿。《快递暂行条例》针对快递网络化服务的特点，规定用户可以向商标、字号、快递运单的所属企业要求赔偿，也可以向实际提供服务的企业要求赔偿。

（2）要求企业提供统一的投诉处理服务。《快递暂行条例》第二十八条规定，经营快递业务的企业应当实行快件寄递全程信息化管理，公布联系方式，保证与用户的联络畅通，向用户提供业务咨询、快件查询等服务。用户对快递服务质量不满意的，可以向经营快递业务的企业投诉，经营快递业务的企业应当自接到投诉之日起 7 日内予以处理并告知用户。

（3）引入快件损失赔偿商业保险。《快递暂行条例》第二十七条规定，国家鼓励保险公司开发相关责任险种，鼓励经营快递业务的企业投保。

（4）节假日服务。《快递暂行条例》第二十三条规定，国家鼓励经营快递业务的企业在节假日期间根据业务量变化实际情况，为用户提供正常的快递服务。

（5）快递"入柜"需经收件人同意。交通运输部《智能快件箱寄递服务管理办法》第二十二条提出，智能快件箱使用企业使用智能快件箱投递快件，应当征得收件人同意；收件人不同意使用智能快件箱投递快件的，智能快件箱使用企业应当按照快递服务合同约定的名址提供投递服务。寄件人交寄物品时指定智能快件箱作为投递地址的除外。

### （四）快递安全规范

《快递暂行条例》第三十四条规定，经营快递业务的企业应当建立快递运单及电子数据管理制度，妥善保管用户信息等电子数据，定期销毁快递运单，采取有效技术手段保证用户信息安全。经营快递业务的企业及其从业人员不得出售、泄露或者非法提供快递服务过程中知悉的用户信息。发生或者可能发生用户信息泄露的，经营快递业务的企业应当立即采取补救措施，并向所在地邮政管理部门报告。

《快递暂行条例》第三十五条规定，经营快递业务的企业应当依法建立健全安全生产责任制，确保快递服务安全。经营快递业务的企业应当依法制定突发事件应急预案，定期开展突发事件应急演练；发生突发事件的，应当按照应急预案及时、妥善处理，并立即向所在地邮政管理部门报告。

《快递暂行条例》第二十二条规定，经营快递业务的企业收寄快件，应当对寄件人身份进行查验，并登记身份信息，但不得在快递运单上记录除姓名（名称）、地址、联系电话以外的用户身份信息。寄件人拒绝提供身份信息或者提供身份信息不实的，经营快递业务的企业不得收寄。

## 四、损失赔偿

寄件人可以根据物品的重要性，自主选择经营者网站上保价或不保价递送服务品种。

未保价快递件丢失、毁损的，托运方对寄递物品的实际价值负有举证责任。根据《民法典》第八百三十三条规定："货物毁损、灭失的赔偿额，当事人有约定的，按照其约定；没有约定或者约定不明确，依据本法第五百一十条的规定仍不能确定的，按照交付或者应当交付时货物到达地的市场价格计算。法律、行政法规对赔偿额的计算方法和赔偿限额另有规定的，依照其规定"。因此，保价与否，并非认定赔偿标准的依据。而保价与非保价的差别，仅体现在计算方式和举证责任上。

《快递暂行条例》第十九条规定：用户的合法权益因快件延误、丢失、损毁或者内件短少而受到损害的，用户可以要求该商标、字号或者快递运单所属企业赔偿，也可以要求实际提供快递服务的企业赔偿。

电子商务交易中，在网上发布商品或服务信息并与用户达成合同关系的经营者，与在线下实际向用户提供商品或服务的经营者不一致的，由两者共同承担连带责任，另有约定的除外。

# 第三节　信息产品交付

## 一、信息产品交付方式

信息产品是电子商务交易中的一种特殊产品，其交付的条件和收到的条件都没有明确的法律规定，因此，需要明确经营者履行交付义务的条件和用户收到信息产品的条件。

最高人民法院《关于审理买卖合同纠纷案件适用法律问题的解释》（简称《解释》）首度规定了电子信息产品的交付方式：一是交付权利凭证，二是以在线网络传输的方式接收或者下载该信息产品。

### （一）交付权利凭证

对于这一方式而言，买卖双方交付的并非电子信息产品本身，而是仅交付电子信息产品的权利凭证，比如访问或使用特定信息产品的密码。在此情形下，买受人取得权利凭证后，即可自由决定取得、使用该电子信息产品的时间。因此，不宜以买受人收到该电子信息产品为标准来确定交付是否完成，买受人收到该电子信息产品权利凭证的，即应认定出卖人已完成交付义务。

无实物载体的电子信息产品具有显著区别于传统买卖合同标的物的特征，例如不以实物承载为必要、使用后无损耗、其本身易于复制并可迅速传播等。因此，对于标的物是无实物载体的信息产品买卖合同而言，其法律规则具有一定的特殊性。比如《民法典》"合同编"中有关买卖合同交付方式的规定均以有体物的交付为原型，但信息产品已经逐步脱离了实物载体的束缚，更多的是以电子化的方式传送，以在线接收或者网络下载的方式实现交付，买卖双方都不接触实物载体，这与传统的买卖合同中出卖人向买受人转移对标的物的占有，并转移标的物所有权的交付方式有较大差异。

### （二）以在线网络传输的方式接收或者下载该信息产品

对于这一交付方式而言，买卖双方以电子数据在线传输方式实现电子信息产品的交付。信息产品的传输过程包括出卖人发出信息产品和买受人接收信息产品两个不同阶段。由于技术、网络、计算机系统的原因，出卖人发出电子信息产品并不必然引起买受人收到信息产品的后果。因此，如果以出卖人发出电子信息产品为交付标准，有可能产生买受人虽未能实际接收到该电子信息产品，仍须承担给付价款的合同义务的法律后果，难免有失公允。考虑到电子信息产品的出卖人在电子信息产品的制作及传输方式选择方面有更明显的优势地位，《解释》规定，以买受人收到约定的电子信息产品为完成交付的标准。买受人以在线网络传输的方式接收或者下载这种信息产品，也即是收到约定的电子信息产品。

## 二、信息产品交付规范

《最高人民法院关于审理买卖合同纠纷案件适用法律问题的解释》第二条规定，标的物为无须以有形载体交付的电子信息产品，当事人对交付方式约定不明确，且依照《民法典》"第三编合同"第五百一十条的规定①仍不能确定的，买受人收到约定的电子信息产品或者权利凭证即为交付。

---

① 《民法典》第五百一十条的规定："合同生效后，当事人就质量、价款或者报酬、履行地点等内容没有约定或者约定不明确的，可以协议补充；不能达成补充协议的，按照合同相关条款或者交易习惯确定。"

这里，买受人获得电子信息产品的密码，即属于得到了交付权利凭证；买受人以在线网络传输的方式接收或者下载这种信息产品，也即是收到约定的电子信息产品。

接收信息产品的用户应当通过安装、试用或浏览该信息以确定所接收的信息产品是否为所订购产品和是否符合合同约定。未在接收之时起合理期间提出异议的，即视为用户收到合同约定的信息产品，用户确有证据证明该信息产品不符合合同约定的除外。

根据《电子商务法》第五十一条的规定，"合同标的为采用在线传输方式交付的，合同标的进入对方当事人指定的特定系统并且能够检索识别的时间为交付时间。"销售信息产品的经营者提供安全下载的通道，或将账号与密码安全交付给用户，即视为履行了交付义务。

# 第四节　服务产品交付

## 一、服务产品的概念

服务产品是指不具有实体，而以各种劳务形式表现出来的无形产品，如旅游业、信息咨询、法律服务、金融服务等。

在实体社会中，服务产品可以区分为以设备为基础的服务产品和以人为基础的服务产品两部分。服务提供者通过由人力、物力和环境所组成的结构系统来销售和交付能被消费者购买和实际接收及消费的"功能和作用"。

在互联网环境下，服务产品的形成又分成两个阶段。第一阶段，通过网络浏览、网络订购、网络下单、网络支付形成服务产品的订单信息；第二阶段，通过实体社会服务系统实际完成服务产品的交付。

经济学中的服务通常有两种含义。其一，是指第三产业中的服务劳动，它与非物质生产劳动大致相同，但有交叉；其二，是指服务产品，即以非实物形态存在的劳动成果，主要包括第三产业部门中一切不表现为实物形态的劳动成果（由于经济过程的复杂性，现实中第一二产业部门中也混杂着少量服务产品）。如果在劳动意义上使用服务概念，就称为"服务劳动"，若在产品意义上使用它，就称为"服务产品"。

随着科学技术的进步和社会经济的发展，服务产品在社会总产品中的比重不断增大，人们对物质财富的观念也在逐渐改变，承认服务产品的物质性的人越来越多。

电子商务服务产品运作流程如图7-4所示。

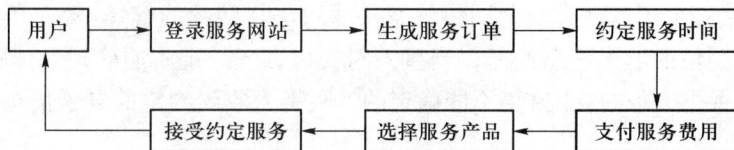

图7-4　电子商务服务产品运作流程

## 二、实物产品与服务产品的区别

创造任何服务产品都要耗费一定的物质资料和活劳动，无论其耗费结果的形态如何，只要具有一定的使用价值，能满足社会一定的需要，就是客观存在。在物质性上，服务产品同实物产品是完全一样的，其区别在于物质形态不同。实物产品是有形的，所以又称有形产品。服务产品则一般是无形的，所以又称无形产品。这种区别是由于生产过程的特点造成的。

实物产品的生产过程中，劳动者、劳动资料、劳动对象是统一的，是由生产者独立进行的；产品生产出来之后，再经过时间和空间运动，最后到达消费者手中。因此实物产品的生产、流通和消费，一般在时间和空间上是分离的。服务产品的生产过程则不同。劳动者和劳动资料作为提供服务劳动的前提，是事先准备好的，而劳动对象往往要等消费者到来之后才能确定。例如，旅店、照相、理发、修理、咨询等行业，如果消费者不来购买服务产品，人员和设备都会闲置在那里；等到消费者到来，提供或指示了劳动对象，生产过程才能开始。许多服务业，如运输、邮电、饮食、园林等，其服务产品还具有边生产边消费的特点，生产过程不能独立于消费之外，而与消费过程结合进行。

在实体市场中，服务产品当作商品同其他商品相交换，也遵循商品交换中的一般规律，接受市场的调节。服务业经营者接受服务产品信息后，通过部分设备、原材料、工具等生产手段的储备，等到消费者到来后，完成服务产品的实物提供。

## 三、信息服务产品交付规范

对于经营者利用网络向消费者提供服务的交易，消费者接受经营者提供服务后，生成电子或实物凭证，即视为经营者已经履行了交付义务。

根据《电子商务法》第五十一条的规定，"合同标的为提供服务的，生成的电子凭证或者实物凭证中载明的时间为交付时间；前述凭证没有载明时间或者载明时间与实际提供服务时间不一致的，实际提供服务的时间为交付时间。"

所以，经营者或第三方交易平台利用网络征得消费者服务意愿后，经营者应根据消费者的需求意愿提供信息服务，并生成电子凭证，表示已经履行了交付义务。

在网络市场中，信息服务产品的交付还有自己特定的含义。以云计算服务为例，包括了计算即服务（CompaaS）、数据存储即服务（DSaaS）、基础设施即服务（IaaS）、网络即服务（NaaS）、平台即服务（PaaS）和软件即服务（SaaS）等数种典型的云服务模式。下面主要阐述一下 IaaS、PaaS 和 SaaS 的交付。

（1）IaaS 的交付。IaaS 的交付围绕着虚拟机、存储、网络等比较通用的基本资源，提供弹性、高可用性的互联网服务的各种组件。服务提供商需要保障这些服务的服务级别协议（Service Level Agreement，SLA），并根据资源的实际使用进行计费，而用户则根据需要，进行成本、可用性、性能等方面的权衡选择。

（2）PaaS 的交付。PaaS 为用户提供一个可以部署并执行代码的环境、一些可以调用的 API 以及一些可用服务。PaaS 让开发者可以直接打造出富有弹性的服务而无须任何运维工作，可以说它是比 IaaS 更高层次的云服务。PaaS 交付的内容是可以执行代码的运行时间环境（Runtime Environment），常用的环境是 Web 开发中比较常用的平台或框架的语言解释器，如 Java、NetFramework 等，并配合一些受到限制的库或 API。交付内容一般还包括消息队列、数据存储、数据库、缓存等附加服务。

（3）SaaS 的交付。SaaS 交付的内容形式很多，通常是通过 Web 的交付，展现在桌面、手机、平板等不同终端上。商业化的 SaaS 以面向企业的服务为主，面向制造业、贸易公司、专业批发、零售、社会服务业等行业客户提供不同的云应用服务，如企业内部的管理应用服务，涉及财务、进销存、CRM 等软件及服务；电子商务应用服务，涉及企业建站、网络营销、电商交易等软件及服务；工具类应用服务，涉及远程服务、知识管理、报表服务、发票真伪查询等软件及服务等。在 SaaS 的交付过程中，服务平台将指定服务分发到指定的销售渠道，如服务提供商自己的应用商店、应用中心及第三方合作渠道销售网站等；用户在各个渠道中可以查看到指定的 SaaS，并了解 SaaS 相关介绍信息，如服务级别、服务功能、服务费用等。然后，用户可以选择适合自己的 SaaS，并以"时长+用户数"等方式进行试用、购买服务，用户购买服务后，可以在指定的系统中查看和使用自己开通的服务。

### 四、网络环境下实体服务产品交付规范

网络环境下实物服务产品交付规范也是电子商务遇到的一个新问题。电子商务网站提供了诸如旅游、餐饮、租车等服务信息，而这些产品的最终交付是旅游、餐饮、租车实体企业提供的实体服务。网站经营者与用户之间的服务，不仅有信息的交换，也有实体服务交付的质量要求。对于转型电商的旅游、餐饮等服务业，已经有了较为成熟的法律管理规定。但对于主要依赖互联网络的网约车、共享单车等服务交付，则需要执行新的法律管理规定。

#### （一）网约车规范

1. 网约车的运作流程

网约车是网络预约出租汽车的简称。按照交通部等 7 部委颁布的《网络预约出租汽车经营服务管理暂行办法》（简称《暂行办法》）[①] 的定义，网约车经营服务是指以互联网技术为依托构建服务平台，整合供需信息，使用符合条件的车辆和驾驶员，提供非巡游的预约出租汽车服务的经营活动。网约车平台公司是指构建网络服务平台，从事网约车经营服务的企业法人。图 7-5 为滴滴出行的基本功能流程图。

2. 相关管理规范

（1）网约车平台公司。申请从事网约车经营的企业，应当具有企业法人资格，获得相应出租汽车行政主管部门批准，具备开展网约车经营的互联网平台和与拟开展业务相适应的信息数据交互及处理能力，具备供交通、通信、公安、税务、网信等相关监管部门依法调取查询相关网络数据信息的条件，有符合规定的网络安全管理制度和安全保护技术措施；与银行、非银

---

① 交通运输部，工业和信息化部，公安部，商务部，工商总局，质检总局，国家网信办. 网络预约出租汽车经营服务管理暂行办法（2019 年修改）[EB/OL]（2019-12-28）[2022-11-20]. 交通运输部网站.

```
          乘客                              司机
         ┌──────                          ┌──────
          开始                              开始
           │                                │
           ▼                                ▼
    ┌──────────┐    ┌────────┐         ┌──────────┐
    │ 选择服务类型 │───▶│ 估计费用 │         │ 申请成为司机 │
    └──────────┘    └────────┘         └──────────┘
           │                                │
           ▼                                ▼
    ┌──────────┐                        ┌──────┐
    │ 设置出发地  │◀───────────────       │  审核  │
    │   目的地   │                        └──────┘
    └──────────┘                            │
           │                                ▼
           ▼                            ◇────────◇
    ┌──────────┐                        ◇ 审核通过 ◇──────┐
    │   预约    │                        ◇────────◇      │
    └──────────┘                            │ 是         │
           │                                ▼           │
           ▼                            ┌──────┐        │
    ┌──────────┐                        │  出车  │        │
    │   乘车    │──────────┐            └──────┘        │
    └──────────┘          │                │           │
           │              │                ▼           │
           ▼              │            ┌────────┐       │
    ┌──────────┐          │            │  选择模式 │      否
    │   支付    │          │            └────────┘       │
    └──────────┘          │       ┌────────┴────────┐   │
           │              │       ▼                 ▼   │
           ▼              │   ┌──────┐          ┌──────┐│
          结束             │   │  实时  │          │  预约  ││
                          │   └──────┘          └──────┘│
                          │       │                 │   │
                          │       ▼                 ▼   │
                          │   ┌──────┐          ┌──────┐│
                          │   │  派单  │          │  抢单  ││
                          │   └──────┘          └──────┘│
                          │       └────────┬────────┘   │
                          │                ▼            │
                          │           ┌────────┐        │
                          └──────────▶│  开始计费 │       │
                                      └────────┘        │
                                           │ 到达目的地    │
                                           ▼            │
                                      ┌────────┐        │
                                      │  结束计费 │       │
                                      └────────┘        │
                                           │            │
                                           ▼            │
                                          结束◀──────────┘
```

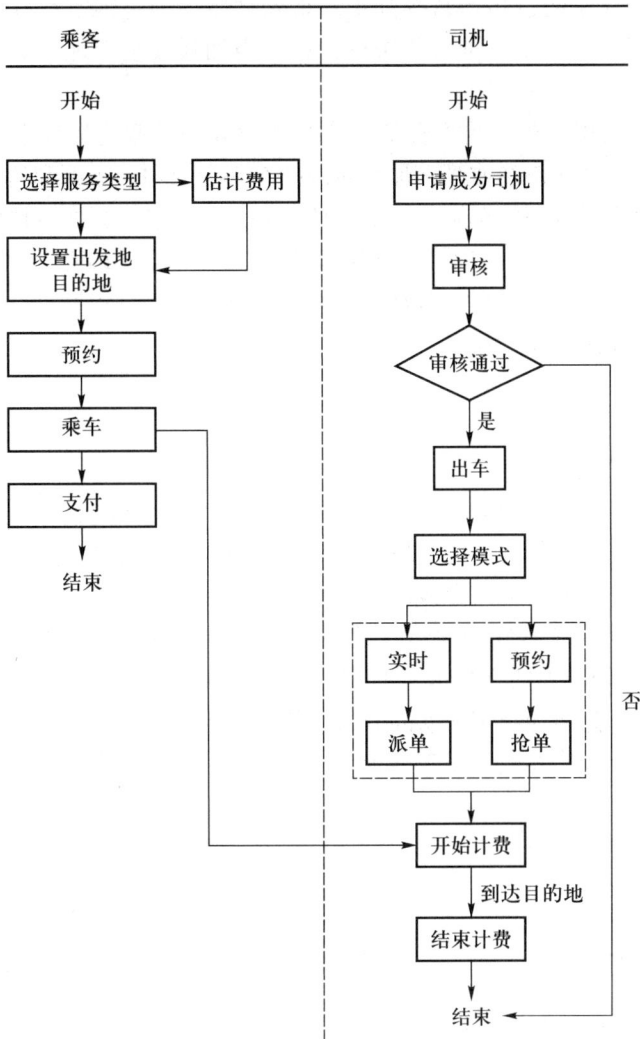

图 7-5　滴滴出行的基本功能流程图

行支付机构签订提供支付结算服务的协议；有健全的经营管理制度、安全生产管理制度和服务质量保障制度；在服务所在地有相应服务机构及服务能力。

（2）网约车车辆。拟从事网约车经营的车辆应是 7 座及以下乘用车，安装具有行驶记录功能的车辆卫星定位装置、应急报警装置，车辆技术性能符合运营安全相关标准要求。

（3）网约车驾驶员。从事网约车服务的驾驶员应取得相应准驾车型机动车驾驶证并具有 3 年以上驾驶经历；无交通肇事犯罪、危险驾驶犯罪记录，无吸毒记录，无饮酒后驾驶记录，最近连续 3 个记分周期内没有记满 12 分记录，无暴力犯罪记录。

（4）网约车经营行为。网约车平台公司承担承运人责任，应当保证运营安全，保障乘客合法权益；应当保证提供服务的驾驶员具有合法从业资格，与驾驶员签订多种形式的劳动合同或者协议，明确双方的权利和义务；应当公布确定符合国家有关规定的计程计价方式，明确服务项目和质量承诺，建立服务评价体系和乘客投诉处理制度；不得有为排挤竞争对手或者独占市场，以低于成本的价格运营扰乱正常市场秩序，损害国家利益或者其他经营者合法权益等不正当价格行为，不得有价格违法行为；应当加强安全管理，落实运营、网络等安全防范措施。

（5）监督检查。出租汽车行政主管部门应当建设和完善政府监管平台，实现与网约车平台信息共享；加强对网约车市场监管，加强对网约车平台公司、车辆和驾驶员的资质审查与证件核发管理；定期组织开展网约车服务质量测评，并及时向社会公布本地区网约车平台公司基本信息、服务质量测评结果、乘客投诉处理情况等信息；建立网约车平台公司和驾驶员信用记录，并纳入全国信用信息共享平台；监督检查网络安全管理制度和安全保护技术措施的落实情况，防范、查处有关违法犯罪活动。

### （二）共享单车规范

#### 1. 共享单车的运作流程

互联网租赁自行车（俗称"共享单车"）一般是指企业或政府在地铁站点、公交站点、居民区、商业区、校园等人口密集或人流量较高的公共区域提供的可供客户分时使用的自行车。共享单车的服务模式是一种典型的共享经济模式。

共享单车是"互联网+"经济的产物，其更准确的定义应当为"移动互联网分时租赁自行车"，即基于移动互联网与大数据技术，通过手机 App 完成用车需求与单车供给的精准匹配，实现即时用车并以用车时间为结算依据的分时租赁型自行车。

共享单车的运作流程拓扑图如图 7-6 所示，运作流程图如图 7-7 所示（以美团免押金单车为例）。

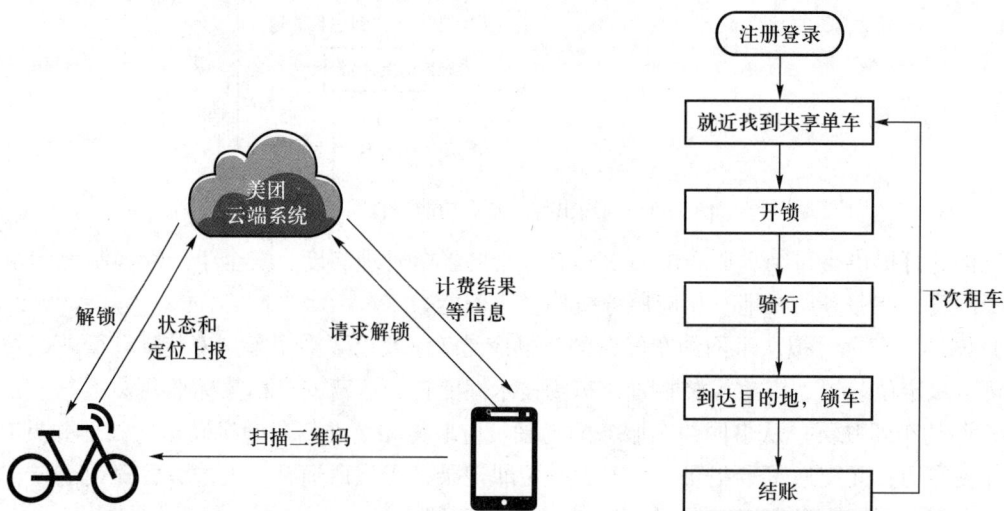

图 7-6 共享单车的运作流程拓扑图

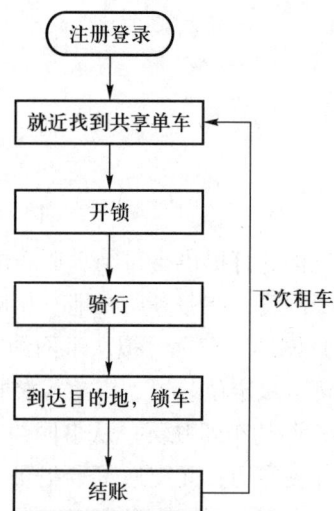

图 7-7 共享单车的运作流程图

#### 2. 相关管理规范

从实践来看，共享单车为城市治理带来的辅助优势是显而易见的。面对雾霾的困扰、城市交通的拥堵，这种使用快捷、以短程骑行为主和注重用户体验的互联网新型业态，对于解决城市公共交通问题，特别是城市交通"最后一公里"问题，解决城市大气污染问题，构建绿色低碳交通体系发挥了巨大的积极作用。但同时也引发了车辆乱停乱放、车辆运营维护不到位、企业竞争无序、企业主体责任不落实、用户资金和信息安全风险等亟待规范的问题。2017年8月，交通运输部等10部门联合出台《关于鼓励和规范互联网租赁自行车发展的指导意见》（简称《指导意见》）。《指导意见》在充分肯定共享单车发展方向的基础上，提出了"服务为本、改革创新、规范有序、属地管理、多方共治"的管理原则，从实施鼓励发展政策、规范运营服务行为、保障用户资金和网络信息安全、营造良好发展环境4个方面，鼓励和规范互联网租赁自行车发展，进一步提高服务水平，更好地满足人民群众的出行需求。

（1）鼓励新业态创新。《指导意见》在充分肯定共享单车的积极作用的基础上，明确了发展定位，提出了鼓励新技术推广应用、引导有序投放车辆、完善自行车交通网络、推进自行车停车点位设置和建设等鼓励发展政策。

（2）规范车辆停放。《指导意见》规定，各城市可根据城市特点、公众出行需求和互联网租赁自行车发展定位，研究建立与城市空间承载能力、停放设施资源、公众出行需求等相适应的车辆投放机制，引导运营企业合理有序投放车辆，保障行业健康有序发展和安全稳定运行。

（3）多方共治乱停乱放。互联网租赁自行车乱停乱放问题引发社会关注，反映也较为强烈。《指导意见》提出坚持多方共治原则，发挥好政府、企业、社会组织和社会公众的合力，共同治理。一是城市政府要完善自行车交通网络建设，规范自行车停车点位设施，加强对违法违规行为的监督执法；二是落实运营企业车辆停放管理的责任，推广运用电子围栏等技术，综合采取经济奖惩、记入信用记录等措施，引导用户规范停放；三是加强对用户使用规范和安全文明骑行的宣传教育，引导用户增强诚信和文明意识，遵守交通规则，遵守社会公德。

（4）不鼓励发展租赁电动自行车。《指导意见》提出，"不鼓励发展互联网租赁电动自行车"，主要出于5个方面的考虑。一是车辆普遍超标；二是容易发生交通事故；三是火灾安全隐患突出；四是车辆运行安全风险高；五是电池污染问题严重。

（5）用户实名制注册使用。《指导意见》规定，"互联网租赁自行车实行用户实名制注册和使用"。目前，各主要运营企业在现实操作中均采取了用户实名制，从信用体系建设角度看，企业和用户需要严格实施实名制。同时，根据《道路交通安全法实施条例》第七十二条的规定，驾驶自行车必须年满12周岁。据此，《指导意见》规定"禁止向未满12岁的儿童提供服务"。

（6）鼓励免押金提供服务。用户资金安全是"守住安全底线"中的底线之一，《指导意见》提出了4项措施。一是鼓励采取免押金方式提供租赁服务，有助于从源头解决用户资金安全问题。一些运营企业目前正在探索采取信用积分等免押金方式提供服务，这为约束用户行为提供了新的路径。二是鉴于当前通过收取押金来约束用户行为具有一定的现实需要，《指导意见》对用户押金、预付资金专用账户设立及专款专用、接受监管等内容做出了原则性要求。三是加快实现"即租即押、即退即还"等模式，尽可能减少押金资金规模，防止形成资金池。四是要求运营企业涉及的资金结算业务，必须通过银行或者非银行支付机构来提供。

（7）做好企业退市保障工作。为有效保障消费者权益，《指导意见》规定，"互联网租赁自行车运营企业实施收购、兼并、重组或退出市场经营的，必须制订合理方案，确保用户合法权益和资金安全"。个别互联网租赁自行车运营企业根据企业自身发展情况决定退出市场，并公告了后续用户资金退还等措施。各地各部门要按照此精神指导有关方面建立完善制度，认真落实好用户资金安全监管等要求，密切关注行业发展情况，在企业退市时防止企业因规避经营风险而拖欠用户押金、预付资金等行为，保障用户合法权益。

案例：未履行审查义务丰城一网络快餐配送站被罚 4 万元

## 思 考 题

1. 简述电子商务产品交付的定义与基本要求。
2. 简述电子商务物流的定义与物流系统的构成。
3. 试论述电子商务物流的法律规范。
4. 简述信息产品的定义与交付方式。
5. 简述服务产品的定义与交付方式。
6. 以网约车为例，说明网络环境下实体服务产品交付的法律规范。

## 参 考 文 献

［1］国家邮政局.年度快递市场监管报告［R/OL］（2021-08-27）［2022-09-02］.国家邮政局网站.

［2］国家邮政局.《快递暂行条例》解读［EB/OL］（2018-03-27）［2022-09-02］.国家邮政局网站.

［3］中国物流与采购联合会，中国物流学会.中国物流发展报告（2017—2018 年）［M］.北京：中国财富出版社，2018.

［4］小保罗·墨菲，迈克尔·克内梅耶.物流学［M］.12 版.杨依依译.北京：中国人民大学出版社，2019.

# 第八章 跨境电子商务法律规范与监管制度

跨境电子商务是电子商务发展的一个新领域。在国际经贸形势不振和新冠肺炎疫情肆虐双重因素影响下，为扭转传统外贸下滑的态势，促进跨境电子商务的发展，我国采取了一系列的改革和监管措施。本章介绍了跨境电子商务的基本概念和分类，重点阐述了国内外跨境电子商务的主要法律规范和监管制度。

## 第一节 跨境电子商务概述

### 一、跨境电子商务的概念与分类

跨境电子商务（简称跨境电商）是指分属不同关境交易主体进行的或交易标的跨越关境的电子商务活动。具体而言，跨境电子商务是分属不同关境的交易主体，通过电子商务平台达成交易、进行支付结算，并通过跨境物流送达商品、完成交易的商品交易、服务交易及相关服务。

跨境电子商务的主要研究范围包括虚拟产品（服务）市场中的国际市场部分和实体产品（服务）市场中的国际市场采用电子商务交易手段的部分（参见第一章图1-5）。

跨境电子商务的实施从某种意义上是围绕着企业销售领域的应用展开的。这种应用涉及国际贸易链上的多个领域，如成交、货物交付、支付、行政审批、货物通关等环节。其应用模式可以划分为以下几种：

（1）从交易内容看，应用模式可以划分为以货物买卖为主的应用模式和以服务贸易为主的应用模式。前者侧重货物所有权转让的交易情况，其无纸贸易的应用涉及传统贸易链上的各个环节。后者则侧重以服务为主要内容的应用。与传统的货物买卖不同，服务主导的应用模式更多偏重服务的提供。

（2）从技术实现角度看，应用模式可以划分为专网应用模式、开放互联网应用模式及移动商务模式。专网应用模式是无纸贸易最早的应用模式，其商业数据传输的实现主要依靠封闭型的 EDI 技术。后来发展起来的开放互联网应用模式则摆脱了原来的封闭孤岛型的信息交换体系，而移动商务模式则是在开放模式的基础上向微型化、方便化发展的新方向。

（3）从应用领域看，应用模式可以被划分为行政应用模式、海关通关模式及跨境交易模式等。有些经济体的无纸贸易偏向于行政应用模式，如新加坡和韩国；有些经济体的无纸贸易应用偏向于海关通关模式。另外，许多经济体（包括中国等）都在探讨跨境交易模式。因为无纸贸易的发展最终要建立起全球跨境的交易体系和交易平台，无缝地实现商业单证和商业信息在跨境范围内的有效传输。

### 二、跨境电子商务相关方关系分析

跨境电子商务涉及多个交易、服务和监管主体。其相关方分为三类：

（1）跨境电商交易主体：即直接参与交易的相关方，主要包括买方、卖方和电子商务平台服务方。

（2）跨境电商支撑服务提供者：即为电子商务提供支撑的相关方，主要包括支付服务提供商、物流服务提供商、报关代理、网络提供商、IT基础设施服务提供商（如云平台运营商）、身份认证服务提供商、征信服务提供商及信息安全服务运营商等。

（3）跨境电商监管机构：即对跨境电子商务活动进行监管的相关机构，主要包括商务部、海关总署、中国人民银行、国家市场监督管理总局、工业和信息化部等。

跨境电子商务所规范的对象可以定义如下：

（1）跨境电子商务是指应用现代信息技术进行的各类交易活动，包括货物贸易、服务贸易和知识产权贸易。

（2）跨境电子商务交易信息指电子商务过程中所涉及的数字化信息。电子交易信息具有合同和证据两方面的法律效力。

### 三、跨境电子商务的主要环节

以跨境电子商务买方为主要视角，可以把一般跨境电子商务过程分为：注册/登录环节、契约/交易环节、支付环节、通关环节、物流环节、评价/结算环节。不同类型的跨境电子商务的交易过程有所区别，可能不需要完整包含全部的环节，可能跳过某些环节直接进入关键环节，各个环节之间也可灵活组合（见图 8-1）。

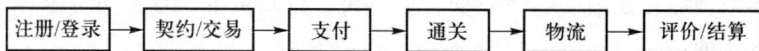

注册/登录 → 契约/交易 → 支付 → 通关 → 物流 → 评价/结算

图 8-1 跨境电子商务主要环节

## 第二节 跨境电商经营活动的法律规范

2015 年 6 月，国务院发布了《关于促进跨境电子商务健康快速发展的指导意见》（简称《意见》），提出了跨境电商五个方面的支持措施，包括优化海关监管、完善检验检疫监管政策、明确规范进出口税收政策、完善电子商务支付结算管理、提供财政金融支持。为落实《意见》的相关精神，税务总局、原质检总局、海关总署、外管局等多个部委亦相继出台了相应的政策和规定来规范和促进跨境电商的发展，从而初步搭建起了我国跨境电商的法规和制度体系。

## 一、跨境电商第三方交易平台的特别义务

### （一）用户协议

第三方跨境电商平台经营者应当完整、准确地显示其用户协议。用户协议应当用两种或两种以上的语言表述，正确表达用户注册、交易规则、隐私及商业秘密保护等内容。

第三方跨境电商平台经营者与当事人签订的用户协议中，应当合理提示在国际市场上开展跨境电商的风险；不得加重用户责任，排除用户的法定权利，损害用户的合法权益。

### （二）平台交易规则

跨境电商第三方交易平台经营者(简称跨境平台经营者)应建立和完善与服务有关的各项规章制度，包括用户注册制度、信息审核与披露制度、隐私权与商业秘密保护制度、消费者权益保护制度、广告发布审核制度、交易安全保障与数据备份制度、争议解决机制、不良信息及垃圾邮件举报处理机制等。

跨境平台经营者应以合理方式向用户公示各项规章制度和其他重要信息，告知客户详细的跨境交易流程、提示跨境交易的商业风险和法律风险，积极与当事人进行沟通或协助安排翻译，提供专业的咨询服务。

跨境平台服务经营者修改交易规则，应当按照《电子商务法》的要求，在合理期限内提前公告。修改后的规则增加用户义务或责任且不被用户认可的，用户有权选择退出，跨境平台服务经营者应当妥善处理用户退出事宜。

### （三）在线合同订立、数据存储与查询

第三方跨境电商平台经营者应当建立和完善在线合同订立、数据存储与查询制度：

（1）为交易当事人提供电子合同双语在线订立系统，便于交易当事人通过该系统达成交易，保障交易信息的安全、完整和真实。

（2）妥善保存在平台上发布的交易及服务的全部信息，采取相应的技术手段保证上述资料的完整性、准确性和安全性。站内经营者和交易相对人的身份信息的保存时间自其最后一次登录之日起不少于四年；交易信息保存时间自发生之日起不少于四年[①]。

（3）站内经营者应有权在保存期限内自助查询、下载或打印自己的交易信息；鼓励通过独立的数据服务机构对其在第三方跨境电商平台的信息进行异地备份及提供查询、下载或打印服务。

---

① 《民法典》第五百九十四条规定：因国际货物买卖合同和技术进出口合同争议提起诉讼或者申请仲裁的时效期间为四年。

### （四）出口管制制度

为了维护国家安全和利益，履行防扩散等国际义务，国家对两用物项、军品、核以及其他与维护国家安全和利益、履行防扩散等国际义务相关的货物、技术、服务等物项实施出口管制。根据《中华人民共和国出口管制法》第二十条的规定，任何组织和个人（包括第三方跨境电商平台经营者）不得为出口经营者从事出口管制违法行为提供代理、货运、寄递、报关、第三方电子商务交易平台和金融等服务。在这一方面，第三方跨境电商平台经营者必须认真负起相关责任。

### （五）信用管理制度

为进一步提升海关企业信用管理的法治化、规范化水平，规范海关信用管理，促进贸易安全与便利，2021年9月，海关总署发布了《中华人民共和国海关注册登记和备案企业信用管理办法》（简称《办法》）。《办法》提出了进出口企业的认证标准和程序，将进出口企业分为三大类，并提出了有针对性的监管措施。

（1）认证为高级认证企业（AEO）①的，对其实施便利的管理措施；包括进出口货物平均查验率低于实施常规管理措施企业平均查验率的20%，出口货物原产地调查平均抽查比例在企业平均抽查比例的20%以下，优先办理进出口货物通关手续及相关业务手续，可以向海关申请免除担保等。

（2）认定为失信企业的，对其实施严格的管理措施；包括进出口货物查验率80%以上，经营加工贸易业务的，全额提供担保，提高对企业稽查、核查频次等。

（3）对高级认证企业和失信企业之外的其他企业实施常规的管理措施。

## 二、跨境支付的法律规范

### （一）《人民币跨境支付系统业务规则》简介

为规范人民币跨境支付系统（Cross-Border Interbank Payment System，简称CIPS）业务行为，2018年，中国人民银行印发了《人民币跨境支付系统业务规则》（简称《业务规则》）。《业务规则》以国际通用业务术语为基准，便于CIPS国际业务推广；重点关注流动性风险管理要求，审慎防范结算风险；规定了境外直接参与者准入标准和金融市场业务处理要求；明确了混合结算机制的实现方式和清算纪律。

自2018年5月2日起，CIPS系统的运行时间实现对全球各时区金融市场的全覆盖。CIPS在国内法定工作日全天候运行，在国际上周末及法定节假日后第一个工作日的日间场次运行时

---

① AEO（Authorized Economic Operator），原意为经认证的经营者，在世界海关组织（WCO）制定的《全球贸易安全与便利标准框架》中被定义为："以任何一种方式参与货物国际流通，并被海关当局认定符合世界海关组织或相应供应链安全标准的一方，包括生产商、进口商、出口商、报关行、承运商、理货人、中间商、口岸和机场、货站经营者、综合经营者、仓储业经营者和分销商"。

间提前为当日 4：30；夜间场次的运行时间为当日 17：00 至下一自然日 8：30。①

CIPS 在参与者分级管理框架基础上，进一步细化了参与者管理相关要求，加强事前、事中和事后全流程管理，规范参与者业务行为，及时识别并防范相关风险。一是基于"同类业务，同样标准"、中外资一视同仁等原则，按照参与者类型、所在司法辖区、业务特点和风险特征等，分别明确准入要求。二是建立动态评估机制，强化参与者日常管理，强调纪律约束要求。三是建立参与者事后管理机制，规范争议解决方式。

CIPS 将参与者分为直接参与者和间接参与者。直接参与者具有 CIPS 行号和账户，可以直接通过 CIPS 办理跨境支付结算业务。间接参与者没有 CIPS 账号，但有 CIPS 行号，只能委托直接参与者办理人民币跨境支付结算业务。

CIPS 支持直接参与者通过大额支付系统利用注资（预注资）、调增和调减等方式从本机构（或资金托管行）在大额支付系统的账户获得流动性。

### （二）我国对支付机构外汇业务的监管制度

2019 年，国家外汇管理局发布《支付机构外汇业务管理办法》（简称《管理办法》）。《管理办法》在进一步支持跨境产业发展的同时，加强了监管力度，提出更多要求：

（1）开展跨境业务支付机构至少要具备 5 名熟悉外汇业务的人员（其中 1 名为外汇业务负责人）；

（2）支付机构应根据外汇业务规模等因素，原则上选择不超过 2 家银行开展合作；

（3）银行要审慎选择合作支付机构，未进行合理审核导致违规的，将依法承担连带责任；

（4）支付机构、银行均需审核外汇业务真实性、合规性，违规者严格按照外汇管理条例处罚。

（5）支付机构应建立有效风控制度和系统，健全主体管理，加强交易真实性、合规性审核；银行应对合作支付机构的相关外汇业务加强审核监督。

### （三）跨境电子支付参与主体的权利义务

（1）跨境电子支付账户开设。跨境电商企业或者经营机构在银行或者支付机构开设支付账户，必须提交真实的开户信息。银行或者支付机构应当核验申请人身份以及申请资料的真实性，告知用户的权利义务和风险事项，并以书面或者电子方式与申请人签订协议。

（2）指令执行。用户授权的电子支付指令是有效指令。支付指令按业务规则发出后，用户不得要求撤回或者撤销指令，但双方另有约定的除外。跨境电子支付服务提供者在受理电子支付指令时对指令信息进行验证。

---

① 目前全球主要经济体国家已经形成多层次支付清算体系，包括商业银行之间代收代付的资金清算、一定区域内银行之间的支付清算、连接各区域之间的全国性支付清算，以及连接全球的支付清算网络。美国拥有两大成熟的清算系统。一是全球最大私营支付清算系统纽约清算所银行同业支付系统（CHIPS），主要进行跨境美元交易清算，通过 CHIPS 处理的美元交易额约占全球美元总交易额的 95%。二是美联储转移大额付款的系统（Fedwire），实时处理美国国内大额资金划拨，它归美联储所有。Fedwire 将全美划分为 12 个联邦储备区、25 个分行和 11 个专门的支付处理中心，将美国联储总部、所有的联储银行、美国财政部及其他联邦政府机构连接在一起，提供实时全额结算服务。个人和非金融机构可以通过金融机构间接使用 Fedwire。

（3）支付完成。跨境电子支付服务提供者完成电子支付后，应当及时准确地向用户提供支付结果信息或者符合约定方式的交易回单。

（4）电子错误。用户发现支付指令错误时，应当及时告知跨境电子支付服务提供者，跨境电子支付服务提供者在查明原因后将处理结果通知用户。跨境电子支付服务提供者在收到用户通知后未及时采取措施导致用户损失的，应当赔偿用户的直接损失。

（5）非授权交易。非授权交易，指因用户的电子支付工具被盗、丢失等原因而发生的未经用户确认的交易。在非授权交易中，电子支付账户的实际使用人不是用户本人或未得到用户的授权，且用户没有因非授权交易而获得收益。《电子商务法》第五十七条规定，用户应当妥善保管交易密码、电子签名数据等安全工具。用户发现安全工具遗失、被盗用或者未经授权的支付的，应当及时通知电子支付服务提供者。跨境电子支付服务提供者发现支付指令未经授权，或者收到用户支付指令未经授权的通知时，应当立即采取措施防止损失扩大。跨境电子支付服务提供者未及时采取措施导致损失扩大的，对损失扩大部分承担责任。

（6）风险教育。跨境电子支付服务提供者应当制定合理的教育方案，采取多种方式开展国际支付风险教育活动，帮助用户提高风险意识和防控能力。

（7）防范金融犯罪。跨境电子支付服务提供者应当针对电子支付中的各类欺诈行为，制定反欺诈预案，采取技术措施和其他必要措施，加强对电子支付账户的管理，消除支付漏洞，防范网络洗钱等金融犯罪行为；加强跨境电子支付服务提供者相互之间以及与电子支付业务监管机构、犯罪侦查机构的合作和信息沟通。

### 三、跨境物流规范

跨境物流服务提供者可以接受当事人的委托提供一站式服务。境内物流服务商需要将境外物流转委托给其他人的，委托方仍应对货物承运承担法律责任。

跨境物流服务提供者应当符合两个方面的要求：第一，应当提供"门到门"的一站式服务；第二，如果将境外物流转委托给其他人的，委托方仍应对货物承运承担全部法律责任。因为委托方有义务对被委托方的资质、服务水平做认真的调查，以避免在物流过程中发生差错。

物流服务商应当允许收货人在签字收货之前查验货物，在发现货物损坏或其他意外情况时，应当及时告知发货人或前手承运人及保险公司，协助收货人或交易买方办理相关证明等事宜。

货物通关服务提供者在接受委托前应了解货物情况告知委托人通关流程和基本规则，对于限制通关或禁止通关的货物应及时告知委托人。

### 四、跨境电子商务税收政策

#### （一）跨境电商零售出口税收政策

2018 年 9 月财政部等 4 部门发布《财政部 税务总局 商务部 海关总署关于跨境电子商务综

合试验区零售出口货物税收政策的通知》，要求对跨境电子商务综合试验区（简称"综试区"）电子商务出口企业出口未取得有效进货凭证的货物，同时符合相关条件的，试行增值税、消费税免税政策。

（1）电子商务出口企业在综试区注册，并在注册地跨境电子商务线上综合服务平台登记出口日期、货物名称、计量单位、数量、单价、金额；

（2）出口货物通过综试区所在地海关办理电子商务出口申报手续；

（3）出口货物不属于财政部和税务总局根据国务院决定明确取消出口退（免）税的货物。

根据 2019 年 10 月国家税务总局《关于跨境电子商务综合试验区零售出口企业所得税核定征收有关问题的公告》，综试区内的跨境电子商务零售出口企业（简称"跨境电商企业"）同时符合下列条件的，试行核定征收企业所得税办法：

（1）在综试区注册，并在注册地跨境电子商务线上综合服务平台登记出口货物日期、名称、计量单位、数量、单价、金额的；

（2）出口货物通过综试区所在地海关办理电子商务出口申报手续的；

（3）出口货物未取得有效进货凭证，其增值税、消费税享受免税政策的。

综试区内核定征收的跨境电商企业应准确核算收入总额，并采用应税所得率方式核定征收企业所得税。应税所得率统一按照 4% 确定。

综试区内实行核定征收的跨境电商企业符合小型微利企业优惠政策条件的，可享受小型微利企业所得税优惠政策；其取得的收入属于《中华人民共和国企业所得税法》第二十六条规定的免税收入的，可享受免税收入优惠政策。

**（二）跨境电商零售进口税收政策**

2018 年，财政部、海关总署和税务总局继 2013 年和 2016 年之后，再次发布《财政部 海关总署 税务总局关于完善跨境电子商务零售进口税收政策的通知》，对跨境电子商务零售进口税收政策进一步调整。

（1）将跨境电商零售进口商品的单次交易限值由人民币 2 000 元提高至 5 000 元，年度交易限值由人民币 20 000 元提高至 26 000 元。

（2）完税价格超过 5 000 元单次交易限值但低于 26 000 元年度交易限值，且订单下仅一件商品时，可以自跨境电商零售渠道进口，按照货物税率全额征收关税和进口环节增值税、消费税，交易额计入年度交易总额，但年度交易总额超过年度交易限值的，应按一般贸易管理。

（3）已经购买的跨境电商进口商品属于消费者个人使用的最终商品，不得进入国内市场再次销售；原则上不允许网购保税进口商品在海关特殊监管区域外开展"网购保税+线下自提"模式。

2019 年 4 月《国务院关税税则委员会关于调整进境物品进口税有关问题的通知》决定对进境物品进口税进行调整，将进境物品进口税税目 1、2 的税率分别调降为 13%、20%。

2021 年 3 月，我国已将跨境电商零售进口试点扩大至所有自贸试验区、跨境电商综试区、综合保税区、进口贸易促进创新示范区、保税物流中心（B 型）所在城市（及区域）。上述城市和区域均可开展网购保税进口(海关监管方式代码1210)业务。[①]

为避免工业原材料等商品通过跨境电子商务零售进口渠道进境,扰乱正常贸易秩序,同时便于日常征管操作,跨境电子商务零售进口税收政策实施清单管理。2016年4月6日和4月15日,财政部分别公布了《跨境电子商务零售进口商品清单》(第一批)和(第二批)。第一批清单共包括1 142个8位税号商品,涵盖了部分食品饮料、服装鞋帽、家用电器以及部分化妆品、纸尿裤、儿童玩具、保温杯等。第二批清单共包括151个8位税号商品。2022年1月28日,第三批《跨境电子商务零售进口商品清单》进一步增加了滑雪用具、番茄汁、高尔夫球用具等29个商品税目,删除刀剑1个商品税目。三批清单是根据国家有关法律法规,从支持跨境电商新业态发展、有利于电商企业平稳过渡的角度研究制定的。三批清单涵盖了跨境贸易电子商务服务进口试点期间实际进口的绝大部分商品,可满足国内大部分消费者的需求,有利于跨境电子商务在前期试点基础上继续发展。

## 第三节　电子通关的法律规范

### 一、电子通关的概念

电子通关是通过采用网络信息技术,将检验检疫机构签发的出入境通关单的电子数据传输到海关计算机业务系统,海关将报检报关数据比对确认相符合,予以放行的过程。

利用电子通关,口岸各部门、单位、企业等,采取有效的手段,使口岸物流、单证流、资金流、信息流高效、顺畅地运转,同时实现口岸管理部门有效监管和高效服务相结合。电子通关是一个涉及海关、外经贸主管部门、运输、仓储、海事、银行、保险等多个国家执法机关和商业机构的系统。实施电子通关,最直接的目的就是提高效率,减少审批程序和办事环节,口岸各方建立快捷有效的协调机制,实现资源共享,以提高口岸通关效率。

### 二、电子通关的基本程序

进出口通关一般需要经过9个基本步骤(见图8-2)。

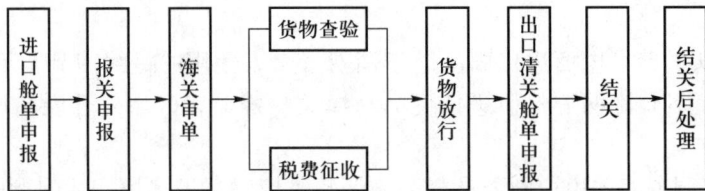

图8-2　进出口通关的基本步骤

---

[①] 商务部,发展改革委,财政部,海关总署,税务总局,市场监管总局.关于扩大跨境电商零售进口试点、严格落实监管要求的通知[EB/OL](2021-03-18)[2022-11-20].商务部网站.

在电子通关环境下，进出口9个基本步骤的操作发生了很大变化。

（1）进口舱单申报。进口舱单由船公司录入申报。舱单（Manifest）是船公司或其船代按照货港逐票罗列全船载运货物的汇总清单。其主要内容包括装卸港、提单号、船名、托运人和收货人姓名、标记号码等货物详细情况，此单作为船舶运载所列货物的证明。船方发送舱单电子数据给海关，说明进境货物配载情况。舱单数据的不准确将影响企业的正常通关。

（2）报关申报。报关申报是指进口货物的收货人、出口货物的发货人或他们的代理人以书面或电子数据交换（电子口岸）方式向海关报告其进出口货物情况，申请海关审查、放行，并对所报内容的真实准确性承担法律责任的行为。报关申报流程如图8-3所示。

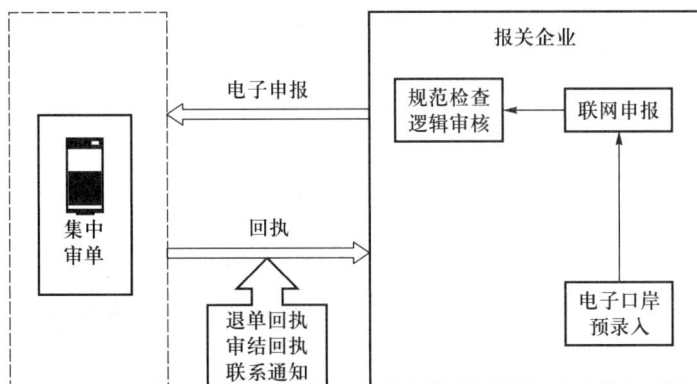

图8-3 报关申报流程

（3）海关审单。海关审单是指当企业将报送数据传送至海关后，海关进行规范检查、逻辑审核，并做出是否受理申报或现场海关验放指令的过程。海关审单的基本流程如图8-4所示。

（4）货物查验。为方便企业，提高检验检疫报检工作效率，我国近年来大力推行电子报检制度。电子报检是指报检人使用电子报检软件通过检验检疫电子业务服务平台将报检数据以电子方式传输给检验检疫机构，经CIQ 2000业务管理系统和检务人员处理后，将受理报检信息反馈报检人，实现远程办理出入境检验。电子报检流程如图8-5所示。

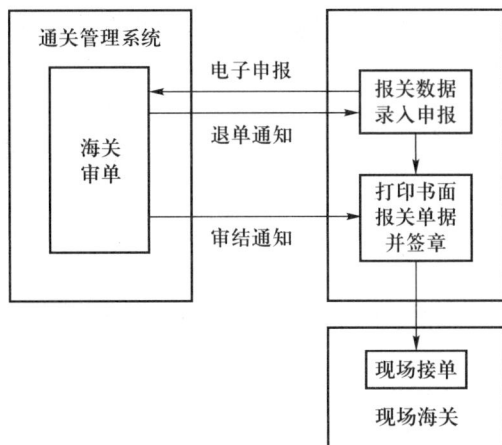

图8-4 海关审单的基本流程

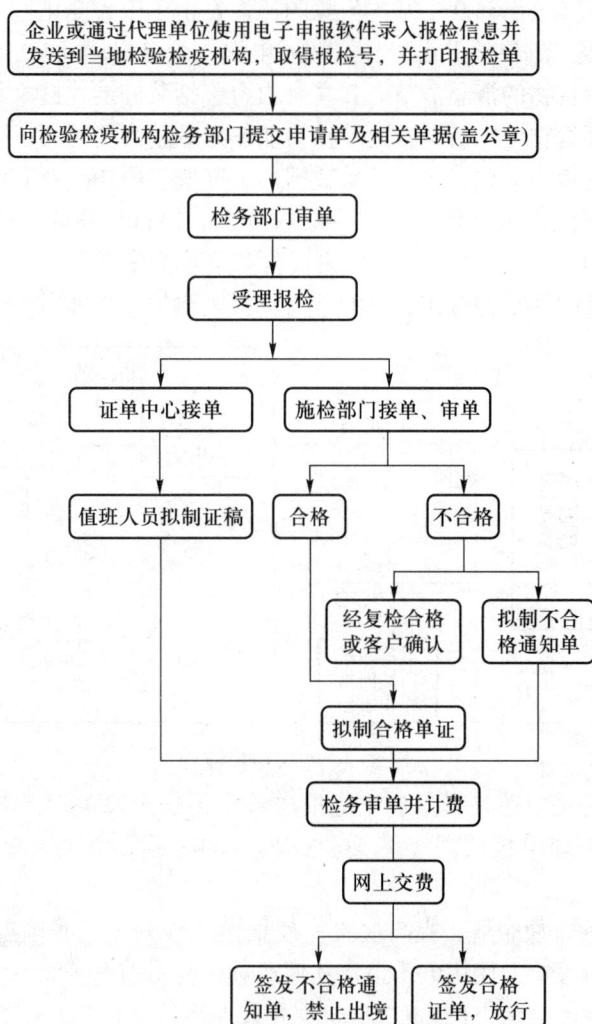

图 8-5　电子报检流程

（5）税费征收。海关税费的电子支付是从网上支付税费业务开始的。2012 年 2 月 29 日起在全国推广税费电子支付系统。该系统由海关业务系统、中国电子口岸系统、商业银行业务系统和第三方支付系统四部分组成。进出口企业通过电子支付系统可以缴纳进出口关税、反倾销税、反补贴税、进口环节代征税、缓税利息、滞纳金、保证金和滞报金。中国海关税费电子支付流程如图 8-6 所示。

（6）货物放行。海关在接受进出口货物的申报，经过审核报关单据、查验货物、依法征收税费后，对进出口货物做出结束海关现场监管决定的行为。

（7）出口清洁舱单申报。出口清洁舱单由船公司向海关申报。舱单数据申报的准确与否，直接影响着企业报关单的正常结关。

（8）结关。经口岸放行后仍需实施后续管理的货物，海关在规定的期限内进行核查，对需补证、补税货物做出处理直至完全结束海关监管的行为。报关单数据与清洁舱单数据需完成对拼。结关操作流程如图 8-7 所示。

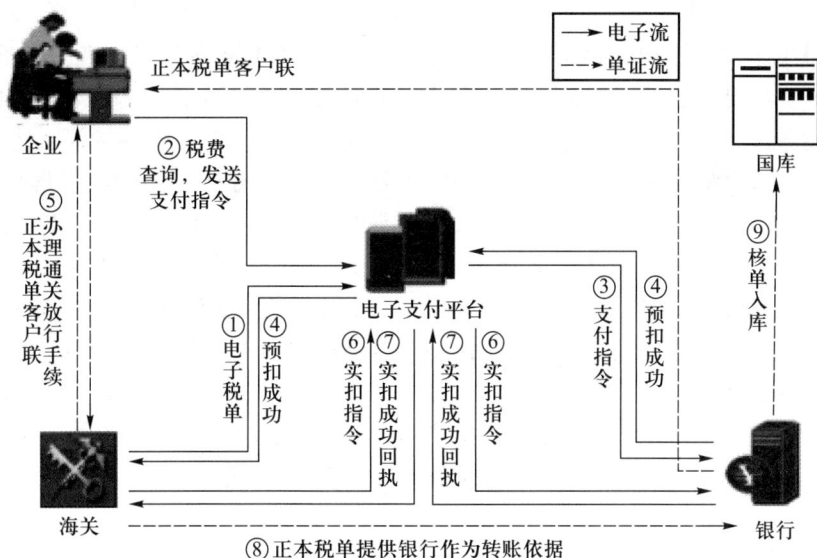

图 8-6 中国海关税费电子支付流程

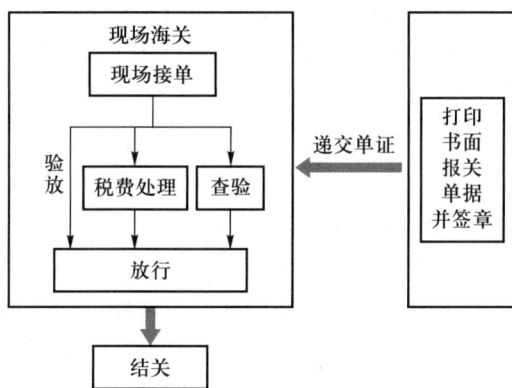

图 8-7 结关操作流程

（9）结关后处理。结关后的处理工作包括打印证明联（核销单、退税单、付汇单），使用电子口岸传送有关数据（核销单、报关单交单），结关数据上报，前往外汇、国税等部门办理相关手续等。

## 三、跨境电子商务海关监管制度

### （一）电子通关监管

1. 海关监管

（1）同时满足以下 3 个条件的纳入调整范围：① 主体上，主要包括境内通过互联网进行跨境交易的消费者、开展跨境贸易电子商务业务的境内企业、为交易提供服务的跨境贸易电子商务第三方平台；② 渠道上，仅指通过已与海关联网的电子商务平台进行的交易；③ 性质上，应为跨境交易。

（2）跨境电子商务平台、物流、支付企业等参与跨境电商零售进口业务的企业，应当依据海关报关单位注册登记管理相关规定，向所在地海关办理注册登记；境外跨境电子商务企业应委托境内代理人（以下称跨境电商企业境内代理人）向该代理人所在地海关办理注册登记。物流企业应获得国家邮政管理部门颁发的《快递业务经营许可证》。直购进口模式下，物流企业应为邮政企业或者已向海关办理代理报关登记手续的进出境快件运营人。支付企业为银行机构的，应具备银保监会或者原银监会颁发的《金融许可证》；支付企业为非银行支付机构的，应具备中国人民银行颁发的《支付业务许可证》，支付业务范围应当包括"互联网支付"。

（3）存放电子商务进出境货物、物品的海关监管场所的经营人，应向海关办理开展电子商务业务的备案手续，并接受海关监管。未办理备案手续的，不得开展电子商务业务。

（4）电子商务企业或个人、支付企业、海关监管场所经营人、物流企业等，应按照规定通过电子商务通关服务平台适时向电子商务通关管理平台传送交易、支付、仓储和物流等数据。

2. 跨境电商进出境货物、物品通关管理

（1）跨境电商企业或个人、支付企业、物流企业应在电子商务进出境货物、物品申报前，分别向海关提交订单、支付、物流等信息。

（2）跨境电商企业或其代理人应在运载电子商务进境货物的运输工具申报进境之日起14日内，电子商务出境货物运抵海关监管场所后、装货24小时前，按照已向海关发送的订单、支付、物流等信息，如实填制《货物清单》，逐票办理货物通关手续。个人进出境物品，应由本人或其代理人如实填制《物品清单》，逐票办理物品通关手续。

（3）开展跨境电商业务的海关监管场所经营人应建立完善的电子仓储管理系统，将电子仓储管理系统的底账数据通过跨境电商通关服务平台与海关联网对接；跨境电商平台应将平台交易电子底账数据、跨境电商进出境货物、物品交易原始数据等通过跨境电商通关服务平台与海关联网对接。除特殊情况外，《货物清单》《物品清单》《进出口货物报关单》应采取通关无纸化作业方式进行申报。

（4）跨境电商企业或其代理人未能按规定将《货物清单》汇总形成《进出口货物报关单》向海关申报的，海关将不再接受相关企业以"清单核放、汇总申报"方式办理跨境电商进出境货物报关手续，直至其完成相应汇总申报工作。

（5）跨境电商企业不得进出口涉及危害公共卫生安全、生物安全、进出口食品和商品安全、侵犯知识产权的商品以及其他禁限商品，同时应当建立健全商品溯源机制并承担质量安全主体责任。鼓励跨境电商平台企业建立并完善进出口商品安全自律监管体系。

（6）网购保税进口商品可在海关特殊监管区域或保税物流中心（B型）间流转，按有关规定办理流转手续。以"网购保税进口"（监管方式代码1210）海关监管方式进境的商品，不得转入适用"网购保税进口A"（监管方式代码1239）的城市继续开展跨境电子商务零售进口业务。网购保税进口商品可在同一区域（中心）内的企业间进行流转。

3. 跨境电商进出境货物、物品物流监控

（1）跨境电商进出境货物、物品的查验、放行均应在海关监管场所内完成。

（2）海关监管场所经营人应通过已建立的电子仓储管理系统，对跨境电商进出境货物、物品进行管理，向海关传送上月进出海关监管场所的电子商务货物、物品总单和明细单等数据。

（3）海关按规定对跨境电商进出境货物、物品进行风险布控和查验。海关实施查验时，电子商务企业、个人、海关监管场所经营人应按照现行海关进出口货物查验等有关规定提供便利，跨境电商企业或个人应到场或委托他人到场配合海关查验。

（4）跨境电商进出境货物、物品需转至其他海关监管场所验放的，应按照现行海关关于转关货物有关管理规定办理手续。

4. 跨境电商物品申报

2015 年 3 月，原国家质量监督检验检疫总局发布《中国（杭州）跨境电子商务综合试验区检验检疫申报与放行业务流程管理规程》，对跨境电子商务物品申报和物品放行做出规定。

（1）属于网购保税模式的入境物品，应由电子商务经营企业提前 7 个工作日向检验检疫机构进行申报。

（2）属于直邮模式的入境物品，应由电子商务经营企业提前 3 个工作日向检验检疫机构申报。

（3）电子商务经营企业在申报时应明确物品名称、入境数量、输入国别或地区、销售者名称等。

（4）出境物品提前申报，按照"先出后报，集中办理"的原则，电子商务经营企业根据需要每月集中向检验检疫机构办理相关手续。

### （二）进出口商品检验

根据《中华人民共和国进出口商品检验法》（2018 年 12 月第四次修正），国务院设立进出口商品检验部门（简称国家商检部门），依法对进出口商品实施检验。2021 年，《中华人民共和国进出口商品检验法》第五次修正通过并施行。2022 年，国务院发布了《中华人民共和国进出口商品检验法实施条例（2022 年修订）》。

1. 进口商品的检验

（1）必须经商检机构检验的进口商品的收货人或者其代理人，应当向报关地的商检机构报检。

（2）必须经商检机构检验的进口商品的收货人或者其代理人，应当在商检机构规定的地点和期限内，接受商检机构对进口商品的检验。商检机构应当在国家商检部门统一规定的期限内检验完毕，并出具检验证单。

（3）必须经商检机构检验的进口商品以外的进口商品的收货人，发现进口商品质量不合格或者残损短缺，需要由商检机构出证索赔的，应当向商检机构申请检验出证。

（4）对重要的进口商品和大型的成套设备，收货人应当依据对外贸易合同约定在出口国装运前进行预检验、监造或者监装，主管部门应当加强监督；商检机构根据需要可以派出检验人员参加。

2. 出口商品的检验

（1）必须经商检机构检验的出口商品的发货人或者其代理人，应当在商检机构规定的地点和期限内，向商检机构报检。商检机构应当在国家商检部门统一规定的期限内检验完毕，并出具检验证单。

（2）经商检机构检验合格发给检验证单的出口商品，应当在商检机构规定的期限内报关出口；超过期限的，应当重新报检。

（3）为出口危险货物生产包装容器的企业，必须申请商检机构进行包装容器的性能鉴定。生产出口危险货物的企业，必须申请商检机构进行包装容器的使用鉴定。使用未经鉴定合格的包装容器的危险货物，不准出口。

（4）对装运出口易腐烂变质食品的船舱和集装箱，承运人或者装箱单位必须在装货前申请检验。未经检验合格的，不准装运。

3. 跨境电商物品申报与检验检疫

以下商品禁止以跨境电子商务形式进境。

（1）《中华人民共和国进出境动植物检疫法》规定的禁止进境物。

（2）未获得检验检疫准入的动植物商品及动植物源性食品。

（3）列入《危险化学品目录》《危险货物品名表》《〈联合国关于危险货物运输建议书规章范本〉附录三〈危险货物一览表〉》《易制毒化学品的分类和品种目录》《中国严格限制进出口的有毒化学品目录》的物品。

（4）特殊物品（取得进口药品注册证书的生物制品除外）。

（5）含可能危及公共安全的核生化有害因子的商品。

（6）废旧物品。

（7）法律法规禁止进境的其他商品和国家质检总局公告禁止进境的商品。

凡是符合检验检疫监督管理要求的跨境电子商务物品予以放行。对检疫不合格的物品，检验检疫机构可以进行检疫处理后放行。经检疫处理后仍未能满足检疫要求的，予以退运或者销毁。现场核查不符合要求的物品责成由电子商务相关企业进行整改，整改合格后予以放行。无法进行整改的，予以退运或者销毁。

**（三）跨境电商零售进口的监管方式**

1. 零售进口参与主体登记

根据商务部等6部委《关于完善跨境电子商务零售进口监管有关工作的通知》[①]，跨境电商零售进口主要包括以下参与主体：

（1）跨境电商零售进口经营者（简称跨境电商企业）：自境外向境内消费者销售跨境电商零售进口商品的境外注册企业，为商品的货权所有人。

（2）跨境电商第三方平台经营者（简称跨境电商平台）：在境内办理工商登记，为交易双方（消费者和跨境电商企业）提供网页空间、虚拟经营场所、交易规则、交易撮合、信息发布等服务，设立供交易双方独立开展交易活动的信息网络系统的经营者。

（3）境内服务商：在境内办理工商登记，接受跨境电商企业委托为其提供申报、支付、物流、仓储等服务，具有相应运营资质，直接向海关提供有关支付、物流和仓储信息，接受海

---

① 商务部等6部委. 商务部 发展改革委 财政部 海关总署 税务总局 市场监管总局关于完善跨境电子商务零售进口监管有关工作的通知[EB/OL]（2018-11-30）[2022-11-20]. 中国政府网.

关、市场监管等部门后续监管，承担相应责任的主体。

（4）消费者：跨境电商零售进口商品的境内购买人。对于跨境电商零售进口经营者的登记，根据《关于完善跨境电子商务零售进口监管有关工作的通知》第四条第一款的规定，从事跨境电商进口的跨境电商企业应委托一家在境内办理工商登记的企业，由其在海关办理注册登记，承担如实申报责任，依法接受相关部门监管，并承担民事连带责任。也就是说，如果是企业或个人从事跨境电商代购业务，销售主体必须是商品的货权所有人，即境外注册企业。所以，从事跨境电商要求境外和境内都有一个主体，这两个主体必须是背靠背的委托关系，收款人也必须是境外的公司。但可以不是同一个法人，只要双方具有委托关系即可。

2. 零售进口参与主体的行为规范

按照"政府部门、跨境电商企业、跨境电商平台、境内服务商、消费者各负其责"的原则，《关于完善跨境电子商务零售进口监管有关工作的通知》明确了各方责任，以便实施有效监管。

（1）跨境电商企业应承担商品质量安全的主体责任、承担消费者权益保障责任、履行对消费者的提醒告知义务。

（2）跨境电商平台应在境内办理企业登记，并按相关规定在海关办理注册登记；向海关实时传输施加电子签名的跨境电商零售进口交易电子数据；建立平台内交易规则、交易安全保障、消费者权益保护、不良信息处理等管理制度；建立消费纠纷处理和消费维权自律制度；建立商品质量安全风险防控机制，建立防止跨境电商零售进口商品虚假交易及二次销售的风险控制体系；对平台内在售商品进行有效管理。

（3）境内服务商应向海关提交相关资质证书并办理注册登记；支付、物流企业应如实向监管部门实时传输施加电子签名的跨境电商零售进口支付、物流电子信息，并对数据真实性承担相应责任；报关企业接受跨境电商企业委托向海关申报清单；物流企业应向海关开放物流实时跟踪信息共享接口，严格按照交易环节所制发的物流信息开展跨境电商零售进口商品的国内派送业务。

（4）跨境消费者是为跨境电商零售进口商品税款的纳税义务人；应结合自身风险承担能力做出判断后方可下单购买；对于已购买的跨境电商零售进口商品，不得再次销售。

（5）政府部门应对跨境电商零售进口商品实施质量安全风险监测；原则上不允许网购保税进口商品在海关特殊监管区域外开展"网购保税+线下自提"模式；海关对违反规定参与制造或传输虚假"三单（支付、运单、订单）"信息、为二次销售提供便利、未尽责审核订购人身份信息真实性等，导致出现个人身份信息或年度购买额度被盗用、进行二次销售及其他违反海关监管规定情况的企业依法进行处罚；对涉嫌走私或违规的，由海关依法处理；构成犯罪的，依法追究刑事责任。

### （四）跨境电商出口的监管方式

跨境电商出口监管方式是以国际贸易中进出口货物的交易方式为基础，结合海关对进出口货物的征税、统计及监管条件综合设定的海关对进出口货物的管理方式。目前我国实行的有三种跨境电商出口监管方式：9610、9710、9810。跨境电商出口监管方式的代码由 4 位数字构成，前两位是按照海关监管要求和计算机管理需要划分的分类代码，后两位是参照国际标准编制的贸易方式代码。实际应用中，进出口单位根据对外贸易情况按海关规定的《监管方式代码表》选择填报相应的监管方式简称及代码。一份报关单只允许填报一种监管方式。

1. 9610

海关监管代码 9610 全称"跨境贸易电子商务",也就是 B2C 直接出口,是指企业直接面向境外消费者开展在线销售产品和服务,适用于跨境电商货物的出口。

符合条件的电子商务企业或平台与海关联网,个人跨境网购后,电子商务企业或平台将电子订单、支付凭证、电子运单等传输给海关,电子商务企业或其代理人向海关提交申报清单,商品出境(通过海关特殊监管区域或保税监管场所一线的电子商务零售进出口商品除外)。

9610 通关管理主要包括:

(1)信息或注册登记。跨境电子商务企业、物流企业等参与跨境电子商务零售出口业务的企业,应当向所在地海关办理信息登记;如需办理报关业务,向所在地海关办理注册登记。

(2)数据传输。跨境电子商务零售出口商品申报前,跨境电子商务企业或其代理人、物流企业应当分别通过国际贸易"单一窗口"或跨境电子商务通关服务平台向海关传输交易、收款、物流等电子信息,并对数据真实性承担相应法律责任。

(3)报关手续。跨境电子商务零售商品出口时,跨境电子商务企业或其代理人应提交《申报清单》,采取"清单核放、汇总申报"方式办理报关手续;跨境电子商务综合试验区内符合条件的跨境电子商务零售商品出口,可采取"清单核放、汇总统计"方式办理报关手续。

(4)清单核放,汇总申报。跨境电子商务零售商品出口后,跨境电子商务企业或其代理人应当于每月 15 日前(当月 15 日是法定节假日或者法定休息日的,顺延至其后的第一个工作日),将上月结关的《申报清单》依据清单表头"8 个同一"规则进行归并,汇总形成《中华人民共和国海关出口货物报关单》向海关申报。

(5)8 个同一。同一收发货人、同一运输方式、同一生产销售单位、同一运抵国、同一出境关别,以及清单表体同一最终目的国、同一 10 位海关商品编码、同一币制的规则进行归并。

(6)清单核放、汇总统计。允许以"清单核放、汇总统计"方式办理报关手续的,不再汇总形成《中华人民共和国海关出口货物报关单》。

(7)适用汇总统计的商品。不涉及出口征税、出口退税、许可证件管理,且单票价值在人民币 5 000 元以内的跨境电子商务 B2C 出口商品。

2. 9710

海关监管代码 9710 全称"跨境电商 B2B 直接出口",适用于 B2B 直接出口的货物。跨境电商 B2B 直接出口模式是指国内企业通过跨境电商平台开展线上商品、企业信息展示并与国外企业建立联系,在线上或线下完成沟通、下单、支付、履约流程,实现货物出口的模式。

选择 9710 的企业申报前需上传交易平台生成的在线订单截图等交易电子信息,并填写收货人名称、货物名称、件数、毛重等在线订单内的关键信息。提供物流服务的企业应上传物流电子信息。代理报关企业应填报货物对应的委托企业工商信息。在交易平台内完成在线支付的订单可选择加传其收款信息。

9710 有利于降低中小企业参与国际贸易门槛,改变了过去"工厂—外贸企业—国外商贸企业—国外零售企业—消费者"的贸易链条,使国内出口企业能够直接对话海外消费者和小企业这两大新客群,获取新的市场空间。同时,在新的贸易链条中,国外采购商的需求已经从单一的产品采购衍生出品牌策划、产品设计、营销推广、物流服务在内的综合服务需求,为国内工厂、贸易企业拓展了新的利润提升空间。

3. 9810

海关监管代码9810全称"跨境电商出口海外仓"。9810模式是指国内企业通过跨境物流将货物以一般贸易方式批量出至海外仓，经跨境电商平台完成线上交易后，货物再由海外仓送至境外消费者的一种货物出口模式，即跨境电商B2B2C出口，适用于跨境电商出口海外仓的货物。

选择跨境电商出口海外仓(9810)的企业申报前需上传海外仓委托服务合同等海外仓订仓单电子信息，并填写海外仓地址、委托服务期限等关键信息。出口货物入仓后需上传入仓电子信息，并填写入仓商品名称、入仓时间等关键信息。代理报关企业应填报货物对应的委托企业工商信息。

### （五）跨境电子商务出口与一般贸易出口监管类型比较

表8-1显示了9610、9710、9810跨境电商出口与一般贸易出口监管类型比较。

表8-1　9610、9710、9810跨境电商出口与一般贸易出口监管类型比较

| 项目 | 跨境电商B2B出口<br>（9710、9810） | 跨境电商B2C出口<br>（9610） | 一般贸易出口<br>（0110） |
|---|---|---|---|
| 企业要求 | 参与企业均办理注册登记<br>出口海外仓企业备案 | 企业注册登记 | 电商、物流企业办理信息登记<br>办理报关业务的办理注册登记 |
| 随附单证 | 9710：订单、物流单（低值）<br>9810：定仓单、物流单（低值）<br>（报关时委托书首次提供即可） | 订单、物流单、收款信息 | 报关委托书、合同、发票、提单、装箱单等 |
| 通关 | "H2018通关管理系统"<br>"跨境电商出口统一版"<br>（单票在5 000元人民币以内且不涉证不涉税不涉检） | "跨境电商出口统一版" | "H2018通关管理系统" |
| 简化申报 | 在综试区所在地海关通过"跨境电商出口统一版"申报，符合条件的清单可申请按6位HS编码简化申报 | 在综试区所在地海关通过"跨境电商出口统一版"申报，符合条件的清单，可申请按4位HS编码简化申报 | — |
| 物流 | 转关<br>直接口岸出口<br>全国通关一体化（通过"H2018通关管理系统"申报） | 转关<br>直接口岸出口 | 直接口岸出口<br>全国通关一体化 |
| 查验 | 可优先安排查验 | — | — |

# 第四节　跨境电商争议解决制度

跨境电子商务争议解决是一个非常复杂的问题。联合国和各国政府都在积极探索和建立网上争议解决(ODR)机制,明确处理流程和规则,保护消费者合法权益,维护经营者合法权益。

2016年12月13日,联合国大会通过了《联合国国际贸易法委员会关于网上争议解决的技术指引》(简称《网上争议解决的技术指引》《技术指引》)。中国代表团应用流程分析立法方法提出的提案获得大多数国家的支持,成为《网上争议解决的技术指引》的立法基础。这是中国代表团在参加联合国国际贸易法委员会(网上争议解决)六年后取得的最重要成果,也是中国电子商务在联合国国际经贸立法活动中第一次取得的重大突破。

## 一、联合国《网上争议解决的技术指引》

### (一)联合国《网上争议解决的技术指引》起草情况

从2011年开始,联合国国际贸易法委员会第三工作组(网上争议)开始了讨论有关跨境电商交易争议问题。以美国为代表的部分国家坚持仲裁为最后的解决方法(一轨道),而以欧盟为代表的部分地区和国家坚持认为必须给予消费者二次解决方案选择的机会(二轨道)。针对网上争议不同解决思路的激烈争论,2014年10月,中国代表团提出了"关于ODR一轨道和二轨道融合的设想——中国代表团的提案"。[①] 针对一轨道与二轨道的冲突,该提案提出三阶段处理方法,即买卖双方网上交易发生争议,首先在网站上解决(第一阶段);解决失败,通过中立人或调解机构调解(第二阶段);调解失败,进入第三阶段,由争议双方在中立人协助下选择最终解决办法,包括仲裁、中立人建议、诉讼等。该提案应用"流程分析立法方法"[②] 对网上争议解决的全流程进行了建模,按照网上争议解决的流程节点加以规范,思路清晰,简单明了,受到大部分参会国家的认同。

2015年6月,联合国A/70/17号文件明确:"会议商定,今后任何案文都应利用在第三提案和其他提案上取得的进展。"2016年12月13日,联合国大会通过的《网上争议解决的技术指引》采用了中国代表团提出的基本框架,将网上争议解决分为三个阶段加以规范,修改了网上争议解决第一阶段和第二阶段的表述,将第三阶段单独列章;采用了中国和以色列代表团撰写的"导言";将"安全"和"保密"要求引入文件;中文文件标题也按照中文习惯方式将"Technical Notes"翻译为"技术指引"。网上争议解决(Online Dispute Resolution,ODR)成为联合国着力推广的跨境电商消费争议解决的新模式。

---

① 联合国国际贸易法委员会. 第三工作组(网上争议解决)工作报告[R/OL]. (2015-06-29)[2022-09-23]. 联合国贸法会网站.

② 流程分析立法法的原理与方法参见本书第一章第三节。

## （二）《技术指引》起草的目的与原则

1. 起草的目的

（1）《技术指引》应当是一种方便快捷的、成本效益好的纠纷解决程序，以解决价格低、数量大的电子商务交易纠纷。

（2）《技术指引》应当能够造就一个安全的、可以预测的法律交易环境，以保证交易者对网络市场的交易充满信心。

（3）《技术指引》应当能够推动中小微企业通过电子商务和移动电子商务手段进入国际市场，发挥电子商务在整个经济发展中的作用。

2. 起草的原则

（1）《技术指引》的起草应当从互联网思维的角度出发，弄清楚传统交易纠纷与网络交易纠纷解决思路的区别，提出符合互联网环境下的网上交易纠纷的解决机制。

（2）《技术指引》的起草应当充分考虑现行的电子商务纠纷解决的实践操作，充分考虑ODR 程序的可执行性，避免《技术指引》的设计脱离电子商务交易的实际状况。

（3）《技术指引》的设计应当考虑不同国家法律体系的差异，最大限度地减少 ODR 机制与法律体系的不协调，以使《技术指引》能够在最广泛的法域使用。

## （三）一轨道与二轨道优劣势的比较分析

中国代表团在起草第三提案时，对美国代表团的一轨道提案和欧盟代表团的二轨道提案做了认真的比较，得到表 8-2。

表 8-2 联合国《网上争议解决的技术指引》的一轨道提案与二轨道提案比较

| 项目 | 一轨道（美国提案） | 二轨道（欧盟提案） |
|---|---|---|
| 有无约束力 | 有约束力 | 无约束力 |
| 适用群体 | 受到消费者保护规则的限制 | 不受消费者保护规则的限制 |
| 解决争议的程度 | 完全解决 | 调解不成功，形成没有约束力的建议 |
| 争议解决的成本和时间 | 需要一定的成本和时间 | 如果调解不成功，成本和时间无法估计，目前情况看，费用和时间一般高于仲裁 |

## （四）基于流程分析的网上争议解决思路

在比较美国提案和欧盟提案的基础上，中国代表团对中国提案进行了深入的讨论，认真分析了跨境电子商务网上争议解决流程的细节，绘制了融合两种轨道的争议解决新流程（参见图8-8）。

在图 8-8 中，中国代表团将网上争议解决分为三个阶段：网上解决阶段、协助解决阶段、指导选择阶段。通俗描述为：买卖双方在网上交易中发生争端，首先应当通过交易网站加以解决。若不能解决，启动 ODR（Online Dispute Resolution）程序，在消费者保护组织的协助下通过谈判解决。若还不能解决，由中立人指导买卖双方选择适合双方的解决方法，包括仲裁、中立人建议、诉讼等。

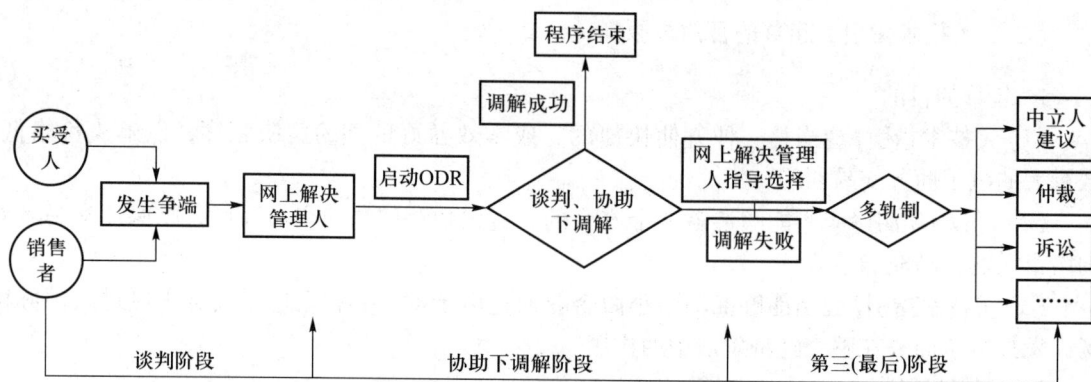

图 8-8　基于流程分析立法的网上争议解决流程图

在 ODR 的每个阶段，不同的参与人有不同的利益诉求。ODR 需要设定不同的解决目标，有针对性地提出规制的方法和措施。第三阶段解决思路的提出是中国代表团的一项创新，不仅很好地解决了美国代表团和欧盟代表团之间的矛盾，也为网上争议解决提供了很好的思路。

中国代表团法律文件起草中所利用的流程分析方法和图示法在联合国国际贸易法委员会的立法文件起草中还是第一次，清晰的图示和明确的解决思路引起与会各国代表和专家的广泛认同。

**（五）《技术指引》的主要条款**

1. 网上解决程序的启动

为开始网上解决程序，由申请人向网上解决管理人发送一份载有下列内容的通知。

（1）申请人和受权代表申请人行事的申请人代表（如果有的话）的名称和电子地址；

（2）申请人所了解的被申请人以及被申请人代表（如果有的话）的名称和电子地址；

（3）提出申请的依据；

（4）为解决争议提出的任何办法；

（5）申请人首选的程序语文；

（6）申请人和（或）申请人代表的签名或其他身份识别和认证手段。

申请人将通知发送给网上解决管理人后，网上解决管理人通知各方当事人可在网上解决平台检索该通知之时，可视为网上解决程序启动的时间。

被申请人在被通知可在网上解决平台检索申请人通知的合理时限内向网上解决管理人发送其答复，并且该答复包括下述内容。

（1）被申请人和受权代表被申请人行事的被申请人代表（如果有的话）的名称和电子地址；

（2）对提出申请的依据的答复；

（3）为解决争议提出的任何办法；

（4）被申请人和（或）被申请人代表的签名和（或）其他身份识别和认证手段；

（5）载明反请求所依据的理由的任何反请求通知。

2. 谈判

第一阶段可以是当事人之间经由网上解决平台进行谈判。

程序第一阶段的启动时间可以是在被申请人的答复发至网上解决平台之后，并且：

（1）该答复的通知已发给申请人，或者

（2）不做答复的，通知发给被申请人后的一段合理时间内。

谈判未在合理时限内达成和解的，程序进入下一阶段。

3. 协助下调解

网上解决程序第二阶段可以是协助下调解，在这一阶段指定一位中立人，由其与各方当事人沟通，设法达成和解。

如果经由平台的谈判由于任何原因（包括未参加或者未在某一合理时限内达成和解）未果，或者争议一方或双方请求直接进入程序下一阶段，这一阶段即可启动。

程序的协助下调解阶段启动时，可取的做法是，由网上解决管理人指定一位中立人，通知各方当事人该指定事宜，并提供关于中立人身份的某些具体情况。

在协助下调解阶段，中立人与各方当事人沟通，设法达成和解。未能在合理时限内实现协助下和解的，程序可以进入最后阶段。

4. 最后阶段

中立人协助调解未成功的，可取的做法是，网上解决管理人或中立人向当事人告知最后阶段的性质以及这一阶段可采取的形式。

## 二、部分国家或地区 ODR 的制度建设与推广

### （一）欧盟

2016 年在全欧盟境内施行的《消费者 ODR 条例》（简称《条例》）是专门针对欧盟范围内经营者与消费者之间因在线商品销售合同和服务合同交易所导致的争议解决所做的规范。第二章（第 5—10 条）专门对"ODR"做了规范。《条例》第 5—10 条对 ODR 平台的建立和测试、ODR 联络处的网络、投诉的提交、传递与处理，争议的解决做出了明确的规定。

欧盟关于消费纠纷网上解决的第 524/2013 号条例适用于欧盟消费者与经营者之间因网上交易（含跨境交易）所致争议的网上法庭外解决。根据该条例建设的欧盟一站式的 ODR 平台把所有成员国的 ADR[①] 机构联接起来，并以欧盟全部官方语言作为工作语言。该条例明确不排斥各成员国现有的争议解决机构的在线运行，也不禁止争议解决机构继续处理其直接受理的网上争议。

在线调解发展的突出代表是比利时政府于 2011 年 4 月创建的 Belmed 调解（Belgian Mediation）平台。当在线调申请提交后，平台会自动将纠纷转至有执业资质的调解组织，以节省当事人寻求适宜的调解组织的时间与费用。现已有 30 家各类调解服务组织与 Belmed 平台签订合作协议。比利时政府纠纷解决网站带动民间调解组织共同解决争议的做法，有利于调动市场的积

---

① ADR：Alternative Dispute Resolution，非诉讼纠纷解决程序。

极性，有利于利用市场化的力量化解各类争议。这种做法值得借鉴。

目前，欧盟通过建立 ODR 平台，试图以非诉讼的方式为欧盟范围内经营者与消费者之间的电子商务纠纷争议提供解决的渠道。但是该平台并不是直接的纠纷解决机构，而只是充当当事人与 ADR 机构之间的信息传递的功能。如果双方当事人都接受 ADR 的解决方案，则 ADR 做出的结果就对双方均具有约束力。

### （二）美国

美国的商事调解机构主要是以公司形式出现，尤其以美国的司法仲裁调解服务股份有限公司（JAMS）为代表，其总部设在美国，在全球有 26 个纠纷解决中心，在册的"中立第三人"有 360 名。其宗旨就是为当事人提供高效的争议解决服务，通过包括调解、仲裁、中立分析评估等方式为当事人来提供个性化的争议解决服务。

美国实行调解员制度，即调解员职业化制度。一般的调解员的管理是以认证制为主，美国的纠纷解决专家协会（Society of Professionals in Dispute Resolution, SPIDR）下设的资格委员会，专门来审查调解员和仲裁员资格的组织，专门进行认证，在学历、培训等方面对调解员都是有一定的要求，在法律诊所教育中日益重视对学生的调解技能的培训。

美国在利用 ODR 解决电子商务纠纷一直处于领先地位。如"模块化网上争议解决执行援助"（Modria）采用软件作为第四方，绝大多数案子只需要通过诊断、谈判这前两个模块就解决了，而不需经过调解和仲裁后两个模块。Modria 每年解决 6 000 万个电子商务案件。Modria 公司现已经合并于泰勒技术公司（Tyler Technologies, Inc.）。此外，美国大力推动 ODR 国际化，美国国家技术与争端解决中心（the National Center for Technology and Dispute Resolution，简称 NCTDR）每年都召开国际会议研讨 ODR 前沿问题。美国国家技术与争端解决中心研究人员正在与国际在线争议解决理事会（ICODR）合作制定 ODR 标准，旨在利用标准和伦理原则降低成本、刺激创新和保护消费者。

### （三）新加坡

2017 年，新加坡制定了《新加坡调解法案》。这个法案制定的主要目的是促进鼓励并且协助通过调解方式来解决争议。法案的具体内容主要包括：第一，和解协议具有强制执行力；第二，如果是调解协议当事人违反协议规定到法院提起诉讼的话，法院应当终止法院的诉讼程序；第三，规定了保密性和无损害性原则；第四，外国调解员不受法律职业法案对于新加坡律师资格的限制；第五，把控调解程序的质量。

初级纠纷解决中心是新加坡的司法体系的前置机构。该中心以"节省时间、费用和维系社会关系"为宗旨，充分运用公共资源寻求解决纠纷的最佳方案，使得替代性纠纷解决机制开始制度化，降低了化解冲突的费用。该中心的调解事务由调解法官负责。案件由中心直接安排调解法官。在解决纠纷过程中，调解法官和当事人可以公开坦诚地探讨案件的实体问题，协助当事人了解案件进入审判阶段后可能产生的后果，从而促使其采纳更合适的和解方案。

新加坡初级法院自 2000 年开始采用电子调解。争议类型包括消费者争议、合同争议、知识产权争议等。当事人无须当面协商，所有因电子商务发生的争议均可在专业人士协助下，进行网上调解。电子调解的适用前提是双方同意采用电子调解方式解决争议。申请人需向网上协调人提交调解申请书，列明索赔和建议解决的方案。如被申请人同意电子调解，协调人通知被申请人在答辩期限提交答辩书，答辩期通常为 1 至 4 周。协调人接到双方的资料后，将争议转交适宜的调解员。若有必要，调解员可安排当事人面谈，或者提交书面文件及证据。调解达成协议并通过电子方式送达双方当事人后，该调解协议即发生法律效力。

### （四）日本

2015 年 4 月，日本经济产业省发布《电子商务和信息产权有关法律解释性指南》[①]。其中，第四部分专门涉及有关电子商务交易中消费者之间的审判管辖业务实体和适用法律。

2000 年前后，日本政府曾进行过多个 ODR 实证项目，如"互联网纷争相谈室""Shirogane Cyberhall"等，在 ODR 方面积累了不少经验。"越境消费者中心（CCJ）"因能与海外多国的消费者保护机构相提携并提供翻译服务，在处理跨国纠纷方面具有相对的优势。同时大多数的律师事务所也提供在线商谈，利用自己的专业知识，为当事人提供解决纠纷的最优途径。

2019 年 2 月，日本法务省颁布了《ADR 促进法实施指导》的最新版本。该文件对非诉讼纠纷解决程序进行了详细的规定，明确民间 ADR 机构不法行为的规范、监督与处分，进一步规定了关于民间 ADR 机构的资质标准及其所解决纠纷的具体标准。该文件还明确规定了 ADR 机构的一些具体义务，例如说明义务、程序记录保存义务、劝告义务等。

### 三、我国跨境电商的消费争议解决

从国家层面上看，已颁布的多部法律法规都适用于跨境电商消费争议解决。跨境电商消费争议解决属于境内的电子商务活动，必须遵守《电子商务法》的规定，《消费者权益保护法》也覆盖了跨境电商消费争议的解决。

2018 年 11 月商务部等六部委发布的《关于完善跨境电子商务零售进口监管有关工作的通知》强调，按照"政府部门、跨境电商企业、跨境电商平台、境内服务商、消费者各负其责"的原则，明确各方责任，实施有效监管。

海关总署全面推广跨境电商出口商品退货监管措施，基本解决了跨境电商出口商品"退货难"的问题。海关总署 2020 年 3 月又发布《关于跨境电子商务零售进口商品退货有关监管事宜的公告》，对于退货日期、关税征收、个人年度交易额等做了原则规定。但跨境电商零售进口商品退货手续更为复杂，目前全国还只有极少数海关走通了全部流程。

中国消费者协会组织畅通投诉渠道，有效解决了大量消费者的投诉问题。2021 年全国消协组织共受理消费者投诉 1 044 861 件，解决 836 072 件，投诉解决率 80.02%，为消费者挽回经济损失 151 592 万元。其中，跨境网购问题较多，主要包括售后服务、质量、假冒、虚假宣

---

① Ministry of Economy, Trade and Industry, Japan. Interpretative Guidelines on Electronic Commerce and Information Property Trading[EB/OL]（2015-04-15）[2022-11-20]. 日本经济产业省网站.

传、计量、物流周期长、免税店小程序等问题。[①]

全国 12315 平台全力推进在线消费纠纷解决(ODR)机制建设,2020 年共发展 ODR 企业 2.55 万家,主动与消费者在线协商纠纷 19.22 万件,ODR 企业发展量同比增长 4.68 倍,直接与消费者协商解决纠纷同比增长 2.15 倍。与传统调解方式相比,ODR 和解成功率提高 6.21%,平均办理时长缩短 7.76 天,按时办结率和群众满意率也都较上线前有了明显提升[②]。

2020 年,全国海关在跨境电商渠道扣留侵权货物 7 097 批次,涉及侵权货物 157.38 万件;进口环节扣留侵权货物 120.57 万件;扣留的侵权货物主要涉及服装鞋帽、电子电器等类别。

上海市高度重视跨境电商消费争议的解决。2020 年共解决跨境电商消费争议 531 件。2021 年 2 月,上海市公布《上海市促进多元化解矛盾纠纷条例》,第三十一条明确,发生消费者权益争议,消费者可以请求消费者权益保护委员会或者依法成立的其他调解组织调解。依法受理的,应当及时开展调解。

杭州市是跨境电商交易大市。2020 年共解决跨境电商消费争议投诉 5 000 余件,大部分集中在天猫国际、考拉海购平台,在义乌小商品市场也有部分投诉。

浙江省市场监督管理局将打击跨境电商领域侵权假冒伪劣行为列为每年"双打"主要工作任务,多次开展了对跨境电商进口消费品的监督抽查,抽查产品主要为成人服装、成人食品接触产品和儿童用品(儿童服装、玩具、婴儿纸尿裤、儿童湿巾、儿童食品接触产品),涉及的电商平台包括天猫国际、考拉海淘、京东国际、贝贝网、蜜芽、苏宁国际等。

案例:
网店销售冒牌电子商品案

浙江电子口岸建设了杭州综试区第一个专注于跨境进口商品维权的平台——"反馈建议平台"。通过该平台,消费者可以对可疑的跨境电商进口商品进行申诉,平台工作人员利用溯源系统调查和求证后将结果告知消费者,整个过程最快在 1 天内即可完成。

## 思 考 题

1. 简述跨境电子商务的概念和市场分布。
2. 试述跨境电子商务相关方的相互关系。
3. 试述跨境电商第三方交易平台的法律规范。
4. 试述跨境支付的法律规范。
5. 试述电子通关的主要法律规定。
6. 试述跨境电商的税收政策。

---

① 中国消费者协会. 2021 年全国消协组织受理投诉情况分析[EB/OL](2022-01-28)[2022-11-23]. 中国消费者协会网站.

② 央视新闻. 市场监管总局推进在线消费纠纷解决(ODR)机制建设[EB/OL](2021-03-22)[2022-11-23]. 央视新闻官方账号.

# 参 考 文 献

［1］王健．跨境电子商务［M］．北京：机械工业出版社，2020．

［2］陈岩，李飞．跨境电子商务［M］，北京：清华大学出版社，2019．

［3］杨立钒，万以娴．电子商务法与案例分析［M］．北京：人民邮电出版社，2020．

［4］刘益灯．跨境电子商务发展的法律问题及规范引导［J］．人民论坛，2020(9)：100-102．

［5］肖婷云．跨境电子商务的法律规制［J］．长沙大学学报，2015(3)：70-71，87．

［6］朱晓磊，杜继明，徐强珍．跨境电子商务法律问题及海关监管研究［J］．中国市场，2015(37)：75-76．

［7］李新立，吴欢欢，刘才．我国跨境电子商务的争议现状和解决方式探析［EB/OL］(2019-03-14)［2022-09-23］．搜狐网．

［8］刘晓红．《新加坡公约》背景下的商事调解制度构建［EB/OL］(2021-05-25)［2022-10-23］．光明网．

# 第九章 特殊形态电子商务的法律规范

微商、网络直播营销、网络广告、网络拍卖等在现实生活中都属于较为特殊的商业形式，这几种新型的商业活动自然带来了如何对其规范和调整的问题。本章分别对这些特殊的网络商业形式的法律规制做一些介绍。

## 第一节　网络直播营销的法律规制

### 一、网络直播营销的概念

网络直播营销(简称直播营销)是指网络销售者或网络达人通过视频直播平台或使用直播技术宣传产品的功能和购买价值，吸引消费者参与和互动，同时现场销售产品的一种营销方法。其营销成功的关键，一是对营销内容的全新组织，实现"内容+电商"的完美结合；二是建立主播与粉丝之间的密切关系，强化"人、货、场"的关联度；三是充分利用网络互动性的优势，通过观看与参与，调动购买者的购买欲望。

目前，直播营销主要有两种模式：一种是站外社交媒体的直播模式，如 Facebook、好视通，其主要参与者包括直播营销平台、直播间运营者和直播营销人员；另一种则是站内店播模式，如亚马逊、淘宝等，其主要参与者包括直播间运营者和直播营销人员。

据统计，2022 年商务部重点监测的电商平台累计直播场次超过 1.2 亿场，累计观看人次超过 1.1 万亿人次，直播产品超过 9 500 万个，活跃主播数超过 110 万人。[①] 大量中小微企业因直播带货方式激发出了活力，直接带来的成交额达千亿元。2021 年 7 月，人社部、市场监管总局、国家统计局等三部门联合发布了 9 个新职业，"直播销售员"成为正式职业新工种。[②]图 9-1 反映了 2018—2023 年中国直播电商的市场渗透率。

---

① 商务部. 商务部电子商务司负责人介绍 2022 年网络零售市场发展情况[EB/OL]. (2023-02-01)[2023-08-19]. 商务部网站.

② 人社部. 人力资源社会保障部、市场监管总局、国家统计局联合发布区块链工程技术人员等 9 个新职业[EB/OL]. (2020-07-07)[2022-09-23]. 人社部网站.

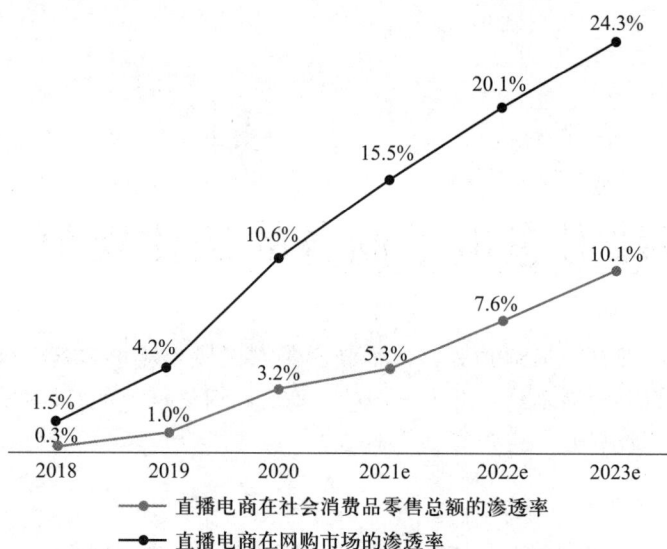

图 9-1　2018—2023 年中国直播电商市场渗透率

数据来源：艾瑞咨询．2021 年中国直播电商行业研究报告［R/OL］（2021-09-10）［2022-09-29］．艾瑞网．

## 二、直播营销发展中面临的主要问题

### （一）夸大或虚假宣传，商品和服务存在严重质量问题

在直播过程中，进行产品或服务的夸大宣传和销售假冒伪劣产品的情况并不少见。为了追求利润最大化，一些带货主播对商品作不实描述，故意夸大产品的优势，隐瞒产品的缺点，误导消费者购物，扰乱了网上交易的正常经营秩序。例如，在头部大咖中，李××在直播中不粘锅煳锅的"翻车"事件；薇×在直播中售卖滞销水果掺杂腐烂果子的消费反馈；罗××在"520"营销节点开卖的鲜花出现打蔫或腐烂的情况。一些明星主播本身具有一定的知名度，粉丝因对其喜爱而信任其推介的产品或服务，但他们本身并不了解该商品或者服务，因此很难保证产品或服务的质量。甚至一些主播毫无道德底线，大肆代言一些从未使用的产品或以"水货""次货"冒充"好货""名品"推介，欺骗消费者，直接削弱了直播带货的整体声誉。

中国消费者协会发布的《2021 年网络消费领域消费者权益保护报告》披露，伴随着网络消费新业态的发展，特别是网络直播营销的发展，不法网络交易经营者虚假宣传的表现更加多样化：第一，商品、服务的真实品质与经营者的宣传承诺不一致。第二，利用"水军"刷单炒信造流量。第三，造假炒作，利用各种套路欺骗和误导消费者。

### （二）造假数据，滥用低价倾销手段

随着直播营销越发火爆，带货主播的直播观看量、粉丝数、评论数以及销售额等数据成为行业竞争的基本要素，"刷单""买粉""刷评论"等成为行业潜规则。为了制造某种产品畅销

的假象，不少主播恶意刷订单，制造虚假购买数据。有的服务机构甚至提供数据造假一条龙式服务，从观看人数到配合互动，明码标价不同的服务。一些直播平台还与商家合作进行饥饿营销①。这些都直接破坏了直播行业的健康发展，败坏了行业风气，危害性极大。

此外，为了提高销售量数据，很多直播带货的主播都打着"全网最低价"的宣传语推销产品，或者以低于成本的价格倾销商品。或者通过赠送产品的方式招揽消费者，以达到吸引流量，排挤竞争对手或独占市场的目的。这些都是严重扰乱破坏直播行业健康发展的行为。

### （三）直播营销平台主体责任履行不力，主播素质参差不齐

"直播营销"是主播利用新媒体平台将特定商品或服务推荐给消费者的电子商务行为，近似于广告行为。虽然《中华人民共和国广告法》（简称《广告法》）《消费者权益保护法》《电子商务法》等法律法规都对相关行为做出规定，但由于直播带货中采取不同的推销模式，带货主播可能同时兼有商品销售者、直播间运营者或广告代言人等多个身份，直播营销平台难以进行全方位监管。在主播身份审查、直播内容监管、销售手段合规等方面常常出现主体责任不到位的情况。

在直播营销过程中，主播通常扮演的是具有一定声誉和信任度的"意见领袖"角色，通过特定的称谓和互动方式，将消费者从被赋权的主体变为自己或者品牌的"粉丝"。因而，主播的素质要求很高。而目前的主播，大都没有经过正规培训，素质参差不齐的情况严重，在直播过程中主播言行失范的情况时有发生。有些主播使用不文明的手段引诱消费者充值打赏，或钻法律空子逃税漏税。直播行业经过不断的试错与发展，行业准入门槛与上播门槛同时在提高，表达力、法律素养等成为必备质素。专业化的培训已经成为直播平台亟待补缺的环节。

### （四）售后服务得不到有效保障

在直播营销中，消费者权益得不到保障是常见的问题。在传统的电子商务交易中，如果产品或服务与规定的质量不符，那么消费者可以进行七天无理由退款或更换，投诉也相对简单。而在直播营销平台上则有所不同，网络主播推介产品时，消费者直接通过微信或支付宝转账的交易记录进行购买，其交易具有一定的隐蔽性。由于网络直播的实时性，购买者难以保存相关证据，在证据不够充分的情况下，消费者很难进行相应的维权救济。而购买商品或服务发现质量问题时，消费者在直播营销平台、直播间运营者和直播营销人员，甚至生产厂商处都得不到答复，相互推卸责任。有的消费者在直播间留言区的留言则被删除。一些直播营销平台不执行"七日无理由退货"规定、不履行"三包"义务。作为一种集"零距离"展示、咨询、导购于一体的新型商品销售服务方式，直播带货在发挥低成本、强互动等先天优势的同时，急需通过构建完善消费者权益保护制度等强化消费者售后话语权，形成直播销售、售后服务与市场监督的完整闭环。

---

① 饥饿营销指通过调节供求两端的量来影响终端的售价，达到加价的目的。表面上，饥饿营销的操作很简单，定个叫好叫座的惊喜价，把潜在消费者吸引过来，然后限制供货量，造成供不应求的热销假象，从而提高售价，赚取利润。

### 三、直播营销规范

2021 年 4 月，国家互联网信息办公室、公安部、商务部、文化和旅游部、国家税务总局、国家市场监督管理总局、国家广播电视总局七部门联合发布《网络直播营销管理办法（试行）》，对直播营销平台、直播间运营者和直播营销人员提出了具体的规范要求。

#### （一）对直播营销平台的规范

（1）直播营销平台应当依法依规履行备案手续，并按照有关规定开展安全评估。

（2）直播营销平台应制定并公开网络直播营销管理规则、平台公约。

（3）直播营销平台应当与直播营销人员服务机构、直播间运营者签订协议，要求其规范直播营销人员招募、培训、管理流程，履行对直播营销内容、商品和服务的真实性、合法性审核义务。

（4）直播营销平台应当制定直播营销商品和服务负面清单，列明法律法规规定的禁止生产销售、禁止网络交易、禁止商业推销宣传以及不适宜以直播形式营销的商品和服务类别。

（5）直播营销平台应当对直播间运营者、直播营销人员进行基于身份证件信息、统一社会信用代码等真实身份信息认证，建立直播营销人员真实身份动态核验机制，并依法依规向税务机关报送身份信息和其他涉税信息。直播营销平台应当采取必要措施保障处理的个人信息安全。

（6）直播营销平台应当加强网络直播营销信息内容监督和管理，开展信息发布审核和实时巡查，发现违法和不良信息，应当立即采取处置措施，保存有关记录，并向有关主管部门报告。

（7）直播营销平台应当建立健全风险识别模型，对涉嫌违法违规的高风险营销行为采取弹窗提示、违规警示、限制流量、暂停直播等措施。直播营销平台应当以显著方式警示用户平台外私下交易等行为的风险。

（8）直播营销平台提供付费导流等服务，对网络直播营销进行宣传、推广，构成商业广告的，应当履行广告发布者或者广告经营者的责任和义务。直播营销平台不得为直播间运营者、直播营销人员虚假或者引人误解的商业宣传提供帮助和便利条件。

（9）直播营销平台应当建立健全未成年人保护机制，注重保护未成年人身心健康。网络直播营销中包含可能影响未成年人身心健康内容的，直播营销平台应当在信息展示前以显著方式作出提示。

（10）直播营销平台应当对违反法律法规和服务协议的直播间运营者账号，视情采取警示提醒、限制功能、暂停发布、注销账号、禁止重新注册等处置措施，保存记录并向有关主管部门报告。

（11）直播营销平台应当建立健全投诉、举报机制，明确处理流程和反馈期限，及时处理公众对于违法违规信息内容、营销行为投诉举报。

（12）直播营销平台应当提示直播间运营者依法办理市场主体登记或税务登记，如实申报收入，依法履行纳税义务，并依法享受税收优惠。直播营销平台及直播营销人员服务机构应当依法履行代扣代缴义务。

#### （二）对直播间运营者和直播营销人员的规范

（1）直播营销人员或者直播间运营者为自然人的，应当年满十六周岁；十六周岁以上的未成年人申请成为直播营销人员或者直播间运营者的，应当经监护人同意。

（2）直播间运营者、直播营销人员从事网络直播营销活动，应当遵守法律法规和国家有关规定，遵循社会公序良俗，真实、准确、全面地发布商品或服务信息，不得违反《网络信息内容生态治理规定》和相关法律的规定。

（3）直播间运营者、直播营销人员发布的直播内容构成商业广告的，应当履行广告发布者、广告经营者或者广告代言人的责任和义务。

（4）直播营销人员不得在涉及国家安全、公共安全、影响他人及社会正常生产生活秩序的场所从事网络直播营销活动。

（5）直播间运营者、直播营销人员应当加强直播间管理，对于直播间运营者名称、头像、简介，直播间标题、封面，直播间布景、道具、商品展示，直播营销人员着装、形象的设置，应当符合法律法规和国家有关规定，不得含有违法和不良信息，不得以暗示等方式误导用户。

（6）直播间运营者、直播营销人员应当依据平台服务协议做好语音和视频连线、评论、弹幕等互动内容的实时管理，不得以删除、屏蔽相关不利评价等方式欺骗、误导用户。

（7）直播间运营者应当对商品和服务供应商的身份、地址、联系方式、行政许可、信用情况等信息进行核验，并留存相关记录备查。

（8）直播间运营者、直播营销人员应当依法依规履行消费者权益保护责任和义务，不得故意拖延或者无正当理由拒绝消费者提出的合法合理要求。

（9）直播间运营者、直播营销人员使用其他人肖像作为虚拟形象从事网络直播营销活动的，应当征得肖像权人同意，不得利用信息技术手段伪造等方式侵害他人的肖像权。

# 第二节　微商的法律规制

## 一、微商的概念与分类

微商是基于人际关系网络，以移动智能终端为硬件基础，以互联网社交工具（如微信、QQ、微博、抖音等）为载体，以社交平台为纽带开展网络销售活动的一种新型商业模式。一般来说，微商是具有社交属性的电子商务，基于移动社交平台进行销售和营销行为的商户都可以称为微商，而这些商户、移动社交平台和从业人员等共同构建了微商市场。

在微商最早进入大众视野的时候，更多表现为用户个人借助微信平台进行卖货的行为（微商1.0阶段）；而随着社交生态媒体的影响力越来越大，开始逐渐涌现出一批依托社交生态平台成长起来的自主微商品牌（微商2.0阶段）；在行业愈加规范后，传统品牌和综合电商也纷纷加入社交生态平台的营销与销售布局中，微商成为一种新兴且在不断成熟的销售渠道与生态（微商 3.0 阶段）。

微商经营的产品主要是一些利润较高的快消品，如化妆品、小食品、母婴用品等，主要营销模式有以下 4 种。

（1）微商城：主要是借助微信公众号、微信朋友圈和微博等媒介推送微店和微商城的产品。交易均通过微店和微商城进行。属于比较有保障的模式。

（2）微分销：主要是一些比较纯粹的单品或者简捷实用的商品，拥有自主品牌，具备快消品属性。该类微商主要以招募代理实现层级铺货，进行分销。多为美容护理方面产品采用。

（3）微连锁：属于 O2O 模式，线上线下结合，以实体店加盟的形式参与微营销。

（4）微代购：与电商代购基本流程一致。

近年来，中国微商市场交易规模持续攀升，2018 年达到 14 410 亿元，2019 年市场交易规模超过两万亿，达到 24 643 亿元，增长 71.1%。①② 随着"消费升级"逐步成为我国社会的发展方向，消费已经成为中国 GDP 增长的主要动力之一，而消费场景的数字化产业也将继续保持较好的发展态势，包括微商模式在内的新兴数字化消费场景将迎来更大的发展机会。

## 二、微商发展中出现的问题

### （一）准入门槛低

在微商行业发展过程中，大多数的微商是通过产品代理、微信、跨境代购等多种方式来开展相应的经营活动的。与实体店和传统电商购物网站（如淘宝、亚马逊）相比，在微商经营活动开展过程中，行业限制相对较少，只需要借助微信朋友圈分享产品信息，就能够达成相应的交易，经营模式较简单，可以满足大多数自主创业者的意愿，因而有很多人都愿意进入微商行业。正是由于微商行业的准入门槛相对较低，卖家的身份基本未进行实名信息审核，导致对违法主体追责难，售后服务和消费维权难。

### （二）产品品质没有保障

在微商活动开展过程中，主要是借助微信朋友圈来进行营销，通过发送相应的图片和文字，利用移动互联网加强产品信息宣传。有很多产品没有质量检测报告。买家在购买完产品之后，无法进行微商产品的实物检验。再加上微商商户的素质参差不齐，存在虚假宣传的现象，把自己的产品包装得高大上，但实际的产品质量得不到有效保证。一旦出现质量问题，客户只能利用微信来进行沟通。大部分的经营者都是个人经营，信誉度不高，难以有效保障客户的合法权益。

---

① 统计数据涵盖所有基于社交生态的微商销售模式带来的交易额，包括个人、小微企业以及大型品牌方通过微商销售模式进行的交易行为。

② 华经产业研究院. 2021 年微商市场发展前景分析［EB/OL］（2021-06-25）［2022-09-23］. 网易网.

## （三）缺乏有效监管

在微商交易中，相应的客户维护、渠道管理、支付安全和信用保障等多方面还不完善，缺乏统一的标准和规范，难以全面实施行业行为的约束。移动社交平台认为，微信只是提供了一个社交和通信渠道，使用者利用微信发布商品信息、销售商品，由此产生的法律责任与平台无关。但从我国《电子商务法》对平台经营者监管的角度看，无论是微信还是微博，只要社交平台经营者为平台上的卖家提供了服务，平台就应该承担相应的责任和义务。但《电子商务法》只是抽象地把微商等电子商务经营者概括为通过"其他网络服务销售商品或者提供服务的电子商务经营者"，缺乏明确而有针对性的定义，对微商产生的直接作用较小。国家市场监督管理总局出台的《网络交易监督管理办法》只是对网络社交服务提出了规范要求，也没有直接针对利用社交网络开展营销活动的微商进行规范。这方面的缺口应尽快补上。

## （四）税收征收困难

微商的准入门槛低，吸引了大批大学生、自由职业者、兼职人员等人群利用微信进行创业，从业人员呈现多样化。从业人数虽多，但办理市场主体登记的微商个人经营者寥寥无几，因此无法开具电子或纸质的发票，税务机关也不能使用传统的单据查验手段核查微商个人经营者的应税所得额。又因为基于互联网的交易没有地域限制，税务机关对从业人员的管理以及纳税地点的确定难度加大。

## 三、微商的法律规范

### （一）微商的市场主体登记

微商主体资格的界定可以从目的和行为两方面判断。从目的来看，微商主体是以盈利为目的的主体；从行为特征上看，其行为是有偿的并具备经常性，即经常进行相关经营活动。自然人卖家只要符合营利性和经常性两个条件，就应当被认定为是商事主体。

《电子商务法》在第九条中已将微商纳入了电子商务经营者的范畴之内，即"通过自建网站、其他网络服务销售商品或者提供服务的电子商务经营者"。微商就是通过其他网络服务销售商品或者提供服务的典型，他们也需要像其他电子商务经营者一样依法办理市场主体登记。对于无须登记的个体微商，多是以个人销售自制产品为主，年交易额累计不超过 10 万元[①]，交易对象主要为在微信上熟悉的好友或宣传推广之后达成交易合意的客户，范围比较固定，交易方式主要是承揽、代理等民事行为。而对于需要登记的微商，一般情况下是企业、品牌方或个体商户，他们具有营利性和职业性，拥有商事权利能力和行为能力，需要根据法律的规定办理主体登记。

《电子商务法》第九条规定中，通过"其他网络服务"将这些新形态和涉及主体纳入其中，明确利用微信朋友圈、网络直播等方式从事商品、服务经营活动的也是电子商务经营者。这样

---

① 参见《网络交易监督管理办法》第八条的规定。

有利于加强对相关领域的监管，有利于更好解决此类消费纠纷。

### （二）微商的市场规范

《电子商务法》第二章对于电子商务经营者的行为规范做了详细的规定。微商既然属于电子商务经营者，就应当受到《电子商务法》及相关法律法规的规范，承担由法律法规规定的各项权利和义务。有关规制的具体要求可以参考本书第三章的内容。但微商运营的移动社交平台与电子商务平台有一定差异，需要对移动社交平台的规范做专门的讨论。

### （三）移动社交平台的法律规范

1. 微商活动依赖的移动社交平台与电子商务平台的异同

移动社交平台是微商生存的基础。《电子商务法》对于电子商务平台的规制并不能完全适用于移动社交平台。因此，需要明确微商活动依赖的社交平台与电子商务平台的区别。

（1）移动社交平台大都属于网络服务平台，提供的服务不具有商事活动的性质。而且，这些平台与像淘宝这样的传统电商平台相比，无法做到对经营资质的把控、交易过程的监管、售后服务的配套。因此，简单地将移动社交平台与电商平台纳入同样的调整范围是不可行的。

（2）将移动社交平台经营者定义成《电子商务法》中的电子商务平台经营者也会过于宽泛。目前市场的移动社交平台繁多，新兴社交平台，如抖音、快手也大量涌现。如果将这类平台都纳入《电子商务法》的管辖，不但不符合互联网的发展趋势，也不具备操作的可能。

（3）微商主要依赖朋友圈进行营销，以微信好友为基础，因此，卖家与买家的关系不单是买卖关系，还存在一定的人情关系。

（4）虽然提供微商交易的移动社交平台不是专门的电子商务交易平台，但该平台本身拥有款项转账、信息发布、产品性能展示等功能，为买卖双方达成交易提供了基础。从这个角度看，移动社交平台与电商平台又有较高的相似性，所以也应当主动承担一定的职责，包括加强账号规范管理、履行内容监管义务、制定和完善移动社交平台的微商社区规则、加强重点功能管理、健全受理处置反馈机制等。

2. 加强账号规范管理

开展微商业务的移动社交平台应加强账号注册管理，严格落实真实身份信息登记相关要求，强化名称、头像等账号信息合规审核，强化公众账号主体资质核验，确保公众账号名称和运营主体业务相匹配。移动社交平台应制定微商经营者账号规范管理实施细则，加强账号运行监管，有效规制账号行为。严格分类分级，实现精准管理、重点管理、动态管理。对于违法违规账号，移动社交平台应加大账号处置力度，建立黑名单账号数据库，严防违法违规账号"转世"。全面清理"僵尸号""空壳号"，确保整个微商交易规范有序。

3. 履行内容监管义务

微商在移动社交平台上展示自己的产品、推销自己的商品，这种模式打破了微商原有的熟人经济，信任基础变成了对移动社交平台提供的内容的信任。这就要求移动社交平台必须履行内容监管的义务。

国家互联网信息办公室发布的《移动互联网应用程序信息服务管理规定》①第七条规定，移动互联网应用程序提供者应当建立健全信息内容审核管理机制，对发布违法违规信息内容的，视情采取警示、限制功能、暂停更新、关闭账号等处置措施，保存记录并向有关主管部门报告。国家互联网信息办公室发布的《关于进一步压实网站平台信息内容管理主体责任的意见》②，从把握主体责任内涵、完善平台社区规则、加强账号规范管理、健全内容审核机制等。10个方面对网站平台履行主体责任提出具体要求。

移动社交平台是一种无偿提供公开性、共享性信息的服务平台，但同时作为交易平台时，移动社交平台的运营者——移动互联网应用程序信息服务提供者不仅需要承担审核用户发布的内容的主体责任，健全内容审核机制，完善审核流程，确保审核质量，还需要对产品或服务信息内容呈现结果负责，严防违反《中华人民共和国产品质量法》（简称《产品质量法》）《消费者权益保护法》信息的生产和传播，确保信息内容安全，切实维护消费者权益和社会公共利益。

### 4. 制定和完善移动社交平台的微商社区规则

开展微商业务的移动社交平台应当制定和完善微商社区规则。微商社区规则应当参照《电子商务法》对电子商务第三方交易平台的要求，结合移动社交平台特点，充分体现相关法律法规要求，体现商业行业管理要求，明确社交平台在微商运营中的权利、责任和义务，完善微商经营者行为准则，细化处理微商经营者违规行为的措施、权限、程序，明晰处置原则和操作标准。移动社交平台应建立微商经营者信用记录和评价制度，增强微商经营者管理的针对性和有效性，建立并留存处置微商经营者违规行为记录，要求微商经营者严格执行社区规则，不得选择性操作，不得差别化对待，不得超范围处置。

### 5. 加强重点功能管理

微商经营者为了提高整体营销效果，普遍采用最先进，且应用领域广、使用频度高的网络营销技术。移动社交平台应积极监管重点功能的使用，包括：

（1）规范热点排行，健全榜单规则，合理确定构成要素和权重；

（2）优化算法推荐，细化推荐标准和评估推荐效果；

（3）强化弹窗管理，准确把握推送环节，严格控制推送频次，加强推送内容审核把关；

（4）规范搜索呈现，完善搜索运行规则，建立权威信息内容库，重点领域优先展示权威来源信息，确保搜索结果客观准确；

（5）加强群组运行管理，明确群组负责人权利义务，设定群组人员数量标准，规范群组用户行为。

### 6. 建立健全移动社交平台消费者投诉和举报机制

由于微商交易是熟人经济，卖家多是朋友、熟人，消费者在选择购买和交易时往往会轻信商家的单方面宣传，放松警戒。而发生纠纷时又往往因为数额较小或碍于情面而放弃追究卖家的相关责任。因此，应督促移动社交平台建立健全消费者投诉和举报机制，在整个微商运营过

---

① 国家互联网信息办公室. 移动互联网应用程序信息服务管理规定［EB/OL］（2016-06-28）［2022-11-23］. 国家互联网信息办公室网站.

② 国家互联网信息办公室. 关于进一步压实网站平台信息内容管理主体责任的意见［EB/OL］（2021-09-15）［2022-11-23］. 国家互联网信息办公室网站.

程中，鼓励社会公众参与违法和不良信息举报，畅通投诉举报渠道，一旦发生法律纠纷，及时受理并处置，帮助消费者维护自己的合法权益。

## 第三节　网络广告的法律规制

### 一、网络广告的概念及发展

#### （一）网络广告的概念

广告是为了某种特定的需要，通过一定形式的媒体，公开而广泛地向公众传递信息的宣传手段。广义广告包括非经济广告和经济广告，狭义广告仅指经济广告。非经济广告是指不以营利为目的的广告，又称效应广告，如政府行政部门、社会事业单位乃至个人的各种公告、启事、声明等；经济广告又称商业广告，是指商品经营者或者服务提供者承担费用，通过一定媒介和形式直接或者间接地介绍自己所推销的商品或服务的宣传形式。

网络广告，即互联网广告，按照原国家工商行政管理总局《互联网广告管理暂行办法》第三条的定义，是指通过网站、网页、互联网应用程序等互联网媒介，以文字、图片、音频、视频或者其他形式，直接或者间接地推销商品或者服务的商业广告。包括推销商品或者服务的含有链接的文字、图片或者视频等形式的广告，推销商品或者服务的电子邮件广告，推销商品或者服务的付费搜索广告，推销商品或者服务的商业性展示中的广告，其他通过互联网媒介推销商品或者服务的商业广告。

网络被誉为第四媒体，具有区别于传统媒体的独特性。网络作为信息的传播媒体，它不仅覆盖面广，不受时间和地域限制，而且反应快、使用便利、成本低廉，再加上其互动性，使广告发布商与消费者有了相互沟通和更亲密的接触。因此，网络广告不仅成为广告产业的一次重要变革，而且成为现代企业营销的主要手段，也成为网站经营者重要的营利手段。

从发布途径看，网络广告可以有以下4种：

（1）通过自设的网站发布广告。普通的企业及其网络公司均可以通过自己的网站发布有关其自身产品或服务的广告。

（2）通过电子邮件发布广告。即通过电子邮件将广告发送到一定数量的网络使用者的电子信箱中。

（3）通过各类综合性网站(如新浪、搜狐等网站)或商务网站(如阿里巴巴网站)发布广告。

（4）通过网络广告渠道代理商(如好耶、华扬联众＆传立、电通等广告渠道代理商)发布广告。

从网络广告的发布主体来看，网络广告可以区分为：

（1）电子商务经营者为宣传自己网站或其经营的网上业务而做的广告；

（2）电子商务经营者接受他人委托为他人的产品或服务所做的广告。

电子商务经营者在上述两种广告中的法律地位和所起的作用是不一样的。在前一种情形下，电子商务经营者集广告主、广告经营者、广告发布者为一身，而在后一种情形下，电子商务经营者则为广告发布者和(或)广告经营者。所有这些角色的重合，无疑给适用传统广告法提出了难题。

### （二）中国网络广告的发展

2020 年，中国网络广告市场规模达到 7 666 亿元，同比增长 18.6%。[①] 图 9-2 显示了中国网络广告市场规模高速增长的情况。

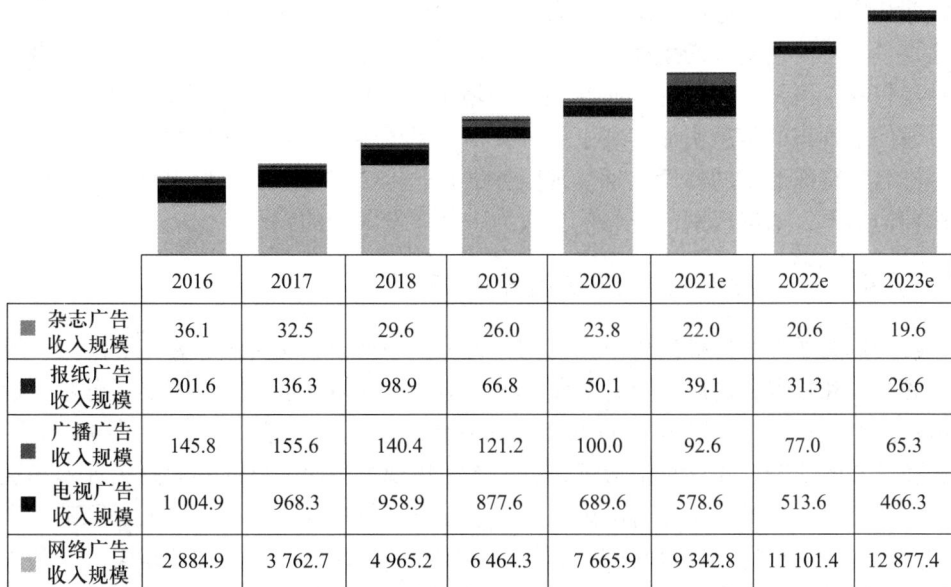

| | 2016 | 2017 | 2018 | 2019 | 2020 | 2021e | 2022e | 2023e |
|---|---|---|---|---|---|---|---|---|
| 杂志广告收入规模 | 36.1 | 32.5 | 29.6 | 26.0 | 23.8 | 22.0 | 20.6 | 19.6 |
| 报纸广告收入规模 | 201.6 | 136.3 | 98.9 | 66.8 | 50.1 | 39.1 | 31.3 | 26.6 |
| 广播广告收入规模 | 145.8 | 155.6 | 140.4 | 121.2 | 100.0 | 92.6 | 77.0 | 65.3 |
| 电视广告收入规模 | 1 004.9 | 968.3 | 958.9 | 877.6 | 689.6 | 578.6 | 513.6 | 466.3 |
| 网络广告收入规模 | 2 884.9 | 3 762.7 | 4 965.2 | 6 464.3 | 7 665.9 | 9 342.8 | 11 101.4 | 12 877.4 |

图 9-2 2016—2023 年中国五大媒体广告收入规模及预测(单位:亿元)
注：中国网络广告市场规模包含品牌网络广告、搜索引擎广告、固定文字链广告、分类广告、
视频及富媒体广告和其他形式网络广告，不包括渠道代理商收入。

新冠疫情下，越来越多的广告主将目光投向数据资产化和私域流量[②]管理。在营销新技术应用类型的选择上，人工智能、消费者画像、个人标签等成为首选；在应用场景上，更加关注客户关系管理，通过对客户数据的挖掘，输出有效的营销洞察，提升营销的精准度和全链路价值。

## 二、网络广告引发的法律问题

网络广告既不同于纸面媒体广告，也不同于电子媒体广告，它具有开放性、再现性、传播的快捷性和广泛性、互动性等特征。这些特征决定了对网络广告监管的难度。

---

① 艾瑞咨询 . 2021 年中国网络广告年度洞察报告—产业篇[R/OL](2021-09-14)[2022-09-29]. 艾瑞网 .
② 私域流量是指不依赖渠道，可以自由利用的流量。例如，通过公众号、微信群、小程序沉淀下来，企业可以自己掌握的流量。私域流量的特点是可以反复利用，无须付费，又能随时触达，相对于头条、抖音等自媒体渠道的流量以及淘宝、京东、百度、携程这些公域流量平台，它属于商家的"私有资产"。

### （一）信息广告化与广告信息化使监管范围不清

对于"广告"，我国《广告法》没有给出清晰的定义。在现实生活中，区分广告与信息、宣传、事实、表扬文章等本身就存在着难度，加上网上传播方式的多样性，网上交易信息往往又与广告信息混合或并行，在信息中可以混杂或隐含广告的成分，清晰地区分信息传播与广告具有很大难度。这种非广告形式或手段但包含广告内容的宣传也称隐性广告。《广告法》第十四条规定："广告应当具有可识别性，能够使消费者辨明其为广告""大众传播媒介不得以新闻报道形式变相发布广告。通过大众传播媒介发布的广告应当显著标明'广告'，与其他非广告信息相区别，不得使消费者产生误解"。在传统媒体上也存在隐性广告，但相对于网络媒体而言，还是比较易于识别和管理的。而在网络环境下，隐性广告则很难识别。特别是网络新闻、网络即时通信上发布的信息明显起到了广告效果，但很难说它具备广告性质。此外，关键词搜索、竞价排名等特殊形式的有偿信息呈现服务虽并非传统广告形式，但也具备广告的效果和特点。在这种情形下，如何区别广告与信息成为一个非常困难的问题。

### （二）网络广告传播主体的多元化使监管对象不明

广告监管机关通过对传统广告市场三大行为主体的划分，明确了广告主、广告经营者、广告发布者的职责和权限，使广告监管对象清晰。但是在网络环境下，三者的区分日益模糊，经营网络运营的 ISP 和提供信息服务的 ICP 既拥有传统媒体的传播平台，同时也汇集了广告代理、制作和发布的功能。在这种情形下，我们无法用现行法律的概念和规则去理解和规范网络环境下的三种角色。另外，企业自由设立主页或站点进行自我宣传，任何人登录某一个站点发布广告或类似宣传信息的管理也是广告监管机关面临的新课题。最典型的是第三人利用电子邮件直接向他人散发广告或发送含有广告内容的信件。在这种情形下，是否需要管制或如何管制呢？

### （三）网络广告存在发布渠道复杂多样、发布地域无边界等特点使管理困难

传统广告由于制作和发布广告的主体有限，发布的空间或地域有限，无论是对广告内容的管制，还是对许可或登记管理均可以实现。而对网络广告而言，互联网的迅猛发展极大地变革了既有的媒体格局，视频网站、社交软件和移动 App 等新媒体传播平台所能聚焦的受众注意力越来越多。这些互联网平台的广告信息承载量巨大，也能对信息进行即时跟进与互动，使其拥有了传统主流广告媒体所无法企及的可接近性。此外，互联网平台的交互性特点，也使广告主可以自主开拓和掌控一些拥有强大广告传播力的互联网传播渠道——诸如微信公众号、App、微博、电商销售平台等。

网络广告领域不仅存在难以计数的发布主体和渠道，而且不分地域国界限制，这使得对网络广告的管理在某种程度上难以完全实现。基于网络的超地域性，它还导致法律适用和行政管理权的冲突。传统广告由于受国界的限制，一般由国内法管辖，即使发布跨国广告，也是由本国或由他国法律管辖，一般不会发生法律适用冲突问题。而网络广告则不同。从客观上看，由于网络广告可能涉及多个国家，无法将其分割为几个部分，无法确定哪部分所在地与网络更为密切。鉴于各国立法的差异，当碰到这类问题时，各国广告法几乎都束手无策。有的广告主、

广告发布者故意利用各国的差异，利用网络的超地域性，规避一国法律，想办法发布某些网络广告。对于这种行为，各国颇为头痛，但又无能为力。这种状况还需要国际社会采取合作，共同制定规范加以解决。

### （四）网络广告异常流量问题严重

通常说网站流量（traffic）是指网站的访问量，用来描述访问一个网站的用户数量以及用户所浏览的页面数量。扩展到数字营销领域，流量主要指广告展示、点击以及广告产生的效果，包括应用下载、安装、激活和付费等与广告收益结算相关操作的统计数据；在社会化营销领域，流量主要指粉丝量、阅读量、评论量、收藏量、点赞量、转发量、下载量、曝光量等统计数据。异常流量也常被称作"无效流量""虚假流量"。在我国网络广告飞速发展的同时，也伴随产生了侵蚀产业链条和各方利益的无效和作弊流量，对整个数字营销生态的健康发展造成了不可忽视的影响。

从互联网广告异常流量分布来看，2021 年互联网广告异常流量占比 10.1%。从分媒体异常类型的分布来看，广告联盟为异常曝光重灾区，门户资讯和垂直媒体的异常占比也比较高（见图 9-2）。[①]

真实的用户和信息是互联网经济健康持续发展的基石。异常流量影响了信息数据的真实性，导致数据指标失真，破坏了网络生态的诚信基础。广告欺诈、虚假流量、营销数据造假、广告作弊黑灰产业、用户数据滥用和隐私信息泄露等系列问题出现，对电子商务生态和社会经济秩序产生了很大的危害，也造成了社会资源的浪费和财产损失。对于广告主而言，异常流量增加了获客成本，损害了企业的品牌形象，直接造成经济损失；对消费者而言，虚假宣传影响了消费者的真实选择，无效流量所增加的获客成本最终都将转嫁到消费者身上。

案例：全国首例"暗刷流量"案

### （五）网络广告的无序与网络广告管理的空白造成恶性循环

《广告法》仅有第四十四条、第四十五条是专门针对网络广告管理的，《互联网广告管理暂行办法》在一定程度上弥补了《广告法》的空白，但针对多种网络广告新形式，如关键词搜索广告、竞价排名广告、网络直播广告、软文推送广告等，相应的网络广告管理细则、规范和标准仍需要尽快完善。

对于网络广告行为规制的法律较为分散，缺乏整合性。这一行为规制主要集中于《广告法》和《反不正当竞争法》中，除此之外，《产品质量法》《商标法》《电子商务法》等都有所涉及，比较零散。不同的法律分别从自身的角度对网络广告行为进行规制，反而给网络广告行为人提供了钻法律漏洞的机会，同时也给执法者和司法者在适用法律对网络广告行为人给予法律上的否定评价时造成了一定的难度。

此外，网络广告无序的规制最终还是要落实到责任的承担和对行为的处罚上。违法成本过低是网络虚假广告、网络刷单炒信等行为泛滥的主要原因之一。

---

[①]　中国信通院，中国互联网协会，中国广告协会.数字营销异常流量研究报告（2022 年）[EB/OL]（2022-03-14）[2022-04-20].中国信通院网站.

### 三、网络广告内容规制

#### （一）对网络广告内容的一般性规定

《广告法》第三条规定，广告应当真实、合法，以健康的表现形式表达广告内容，符合社会主义精神文明建设和弘扬中华民族优秀传统文化的要求。第四条规定，广告不得含有虚假或者引人误解的内容，不得欺骗、误导消费者。

网络广告与传统媒体上的广告相比，只是载体的改变，因此，网络广告仍然要遵守传统法律框架下对广告内容的管理。《电子商务法》第十七条规定，电子商务经营者应当全面、真实、准确、及时地披露商品或者服务信息，保障消费者的知情权和选择权。

网络广告中对商品的性能、功能、产地、用途、质量、成分、价格、生产者、有效期限、允诺等或者对服务的内容、提供者、形式、质量、价格、允诺等有表示的，应当准确、清楚、明白。网络广告主应当对广告内容的真实性负责，广告不得有下列情形：

（1）使用或者变相使用中华人民共和国的国旗、国歌、国徽，军旗、军歌、军徽；

（2）使用或者变相使用国家机关、国家机关工作人员的名义或者形象；

（3）使用"国家级""最高级""最佳"等用语；

（4）损害国家的尊严或者利益，泄露国家秘密；

（5）妨碍社会安定，损害社会公共利益；

（6）危害人身、财产安全，泄露个人隐私；

（7）妨碍社会公共秩序或者违背社会良好风尚；

（8）含有淫秽、色情、赌博、迷信、恐怖、暴力的内容；

（9）含有民族、种族、宗教、性别歧视的内容；

（10）妨碍环境、自然资源或者文化遗产保护；

（11）法律、行政法规规定禁止的其他情形。

#### （二）对虚假网络广告的规制

《广告法》第二十八条明确规定，广告以虚假或者引人误解的内容欺骗、误导消费者的，构成虚假广告。《电子商务法》第十七条规定："电子商务经营者不得以虚构交易、编造用户评价等方式进行虚假宣传或者引人误解的商业宣传，欺骗、误导消费者。"

虚假广告主要形式如下：

（1）商品或者服务不存在的；

（2）商品的性能、功能、产地、用途、质量、规格、成分、价格、生产者、有效期限、销售状况、曾获荣誉等信息，或者服务的内容、提供者、形式、质量、价格、销售状况、曾获荣誉等信息，以及与商品或者服务有关的允诺等信息与实际情况不符，对购买行为有实质性影响的；

（3）使用虚构、伪造或者无法验证的科研成果、统计资料、调查结果、文摘、引用语等信息作证明材料的；

（4）虚构使用商品或者接受服务的效果的；

（5）以虚假或者引人误解的内容欺骗、误导消费者的其他情形；

（6）通过"刷单""刷量"等技术手段或人工手段实施各类流量造假，利用异常流量误导消费者。

虚假事实包含与事实不符和夸大事实两个方面。虚假事实可能是所宣传的商品或服务本身的性能、质量、技术标准等，也可能是政府批文、权威机构的检验证明、荣誉证书、统计资料等，还可能是"竞价排名"或不能兑现的允诺。

根据《广告法》第六十八条，广告主、广告经营者、广告发布者违反本法规定，有下列侵权行为之一的，依法承担民事责任：

（1）在广告中损害未成年人或者残疾人的身心健康的；

（2）假冒他人专利的；

（3）贬低其他生产经营者的商品、服务的；

（4）在广告中未经同意使用他人名义或者形象的；

（5）其他侵犯他人合法民事权益的。

## 四、网络广告发布规制

### （一）对网络广告发布的一般性规定

（1）为广告主或者广告经营者推送或者展示互联网广告，并能够核对广告内容、决定广告发布的自然人、法人或者其他组织，是互联网广告的发布者。

（2）广告主发布互联网广告需具备的主体身份、行政许可、引证内容等证明文件，应当真实、合法、有效。

（3）互联网广告发布者、广告经营者应当按照国家有关规定建立、健全互联网广告业务的承接登记、审核、档案管理制度；审核查验并登记广告主的名称、地址和有效联系方式等主体身份信息，建立登记档案并定期核实更新；对内容不符或者证明文件不全的广告，不得设计、制作、代理、发布。

（4）媒介方平台经营者、广告信息交换平台经营者以及媒介方平台成员，对其明知或者应知的违法广告，应当采取删除、屏蔽、断开链接等技术措施和管理措施，予以制止。

（5）互联网广告活动中不得提供或者利用应用程序、硬件等对他人正当经营的广告采取拦截、过滤、覆盖、快进等限制措施；不得利用网络通路、网络设备、应用程序等破坏正常广告数据传输，篡改或者遮挡他人正当经营的广告，擅自加载广告；不得影响用户正常使用网络，以弹出等形式发布的广告，应当显著标明关闭标志，确保一键关闭；不得利用虚假的统计数据、传播效果或者互联网媒介价值，诱导错误报价，谋取不正当利益或者损害他人利益；

（6）在网络广告发布过程中，网络广告的经营者和发布者，不管是发布自己的广告，还是受托发布他人的广告，对于违反法律法规强制性规定，特别是禁止性规定的，网站将承担直接行政责任或刑事责任。

### （二）通过电子邮件发布广告的规定

根据工业和信息化部颁布的《互联网电子邮件服务管理办法》，通过电子邮件发布网络广告的，任何组织或者个人不得有下列行为：

（1）未经授权利用他人的计算机系统发送互联网电子邮件；

（2）将采用在线自动收集、字母或者数字任意组合等手段获得的他人的互联网电子邮件地址用于出售、共享、交换或者向通过上述方式获得的电子邮件地址发送互联网电子邮件；

（3）故意隐匿或者伪造互联网电子邮件信封信息；

（4）未经互联网电子邮件接收者明确同意，向其发送包含商业广告内容的互联网电子邮件；

（5）发送包含商业广告内容的互联网电子邮件时，未在互联网电子邮件标题信息前部注明"广告"或者"AD"字样。

### （三）网络广告发布者的责任

根据《广告法》第五十六条，发布虚假广告，欺骗、误导消费者，使购买商品或者接受服务的消费者的合法权益受到损害的，由广告主依法承担民事责任。广告经营者、广告发布者不能提供广告主的真实名称、地址和有效联系方式的，消费者可以要求广告经营者、广告发布者先行赔偿。因此，作为广告经营者和发布者，网站必须严格地依照法律和规则制作和发布广告，并尽职尽责地审查广告发布内容的真实性，否则一旦被认定明知或应知虚假而发布虚假广告，网站即得承担连带责任。而且网络公司还必须注意公示广告主的真实身份、地址等信息，免得在广告主销声匿迹后，自己承担全部的责任。当然，这里网络公司的这种审查义务应当理解为形式审查，即广告发布者应当要求广告主提供合法、有效的证明文件和证书，并尽一定的合理注意义务，以确保所发布的广告信息的合法、真实、有效。

《广告法》将广告法律关系的当事人分为三种：广告主、广告经营者和广告发布者。在网络环境下，广告法律关系的这三种角色却不易区分。正如前面提到的，在网站经营者把自己的产品或服务在自己的网上进行广告宣传情形下，网站经营者集广告主、广告经营者、广告发布者于一身，而在为他人发布广告的情形下，网站经营者既可能为广告发布者，也可能同时兼广告经营者。应当说，在前一种情形下，虚假广告和广告引起的侵权责任的责任承担变得简单，均由网站经营者自己来承担。现在最有争议的是，网络广告经营者在网络广告中扮演什么角色。

根据《互联网广告管理暂行办法》，网络广告经营者应当建立健全互联网广告的承接登记、审核、档案管理制度；配备熟悉广告法规的广告审查人员；有条件的还应当设立专门机构，负责互联网广告的审查。网络广告经营者、发布者应当依据法律、行政法规查验有关证明文件，核对广告内容。对内容不符或者证明文件不全的广告，广告经营者不得提供设计、制作、代理服务，广告发布者不得发布。互联网信息服务提供者对于使用其互联网媒介资源的广告主、广告经营者、广告发布者，应当查验其营业执照以及与其商品或者服务相关的法律、行政法规规定的行政许可等经营资格证明文件，签订书面合同(含电子合同)，并存档备查；对于在该互联网媒介资源直接显示的广告内容以及其他存储于本网站的广告信息，还应当履行本条前两款规定的互联网广告发布者的义务。

## 五、网络广告与不正当竞争

我国《反不正当竞争法》第八条规定：经营者不得对其商品的性能、功能、质量、销售状况、用户评价、曾获荣誉等作虚假或者引人误解的商业宣传，欺骗、误导消费者。经营者不得通过组织虚假交易等方式，帮助其他经营者进行虚假或者引人误解的商业宣传。这意味着对自己产品或服务的虚假宣传，也是一种不正当竞争行为。

通过贬低他人，抬高或宣传自己的产品或服务的行为，同样为我国《广告法》所禁止。《广告法》第十三条规定：广告不得贬低其他生产经营者的商品或者服务。这种含有贬低内容的广告是指寻求市场竞争中的一个或一组产品或者服务做比较，采取令人误解、诋毁、在含义或事实上是错误的方法，给予不公正的评价的广告。此类广告行为直接侵害竞争对手商业信誉以及产品或服务的声誉，是一种旨在损害竞争对手合法权益的不正当竞争行为。

利用网络广告进行不正当竞争，除了具有上述条文所列举的行为外，还有一些自己独特的行为：

（1）利用超链接（Hyperlink）技术进行不正当竞争。利用超链接可以跳过他人站点的主页，直接访问站点的重要内容，或者将他人页面的内容作为自己页面的一部分，用户也就因而不能接触他人站点主页上的广告，从而造成他人的经济损失，这样还可以引诱用户阅读自己主页上的广告。

（2）通过抄袭、剽窃进行不正当竞争。这主要指抄袭、剽窃他人网站的设计思想、主页的排版布局、网页内容。这类抄袭固然有原封不动的照搬，但更常见的是类似于近似商标的行为，仅做小的修改，使浏览者误以为此网站为彼网站，以提高点击率，进行不正当竞争。

案例：
搜狗诉360
不正当竞争
案

（3）利用关键字技术进行不正当竞争。投机者以关键字的方式把他人的驰名商标写入自己的网页。当浏览者利用搜索引擎搜索该关键词所属的网站时，投机者的网站和该驰名商标的网站便能一同显现。投机者以此来搭便车，提高点击率。

上述行为本身不是制作、发布网络广告的行为，不同于传统意义上的利用广告进行不正当竞争的行为，但它们却能够在事实上起到提高网络点击率的效果。所以应将这些新的不正当竞争行为归入利用网络进行不正当竞争的范围，利用反不正当竞争法加以解决。

## 六、网络广告监管

### （一）网络广告的监管重点

根据原国家工商总局等十部门发布的《严肃查处虚假违法广告维护良好广告市场秩序工作方案》[①]，现阶段我国将持续加强互联网广告监管：

---

① 工商总局，中央宣传部，中央网信办，公安部，工业和信息化部，国家卫生计生委，新闻出版广电总局，食品药品监管总局，国家中医药局，银监会. 严肃查处虚假违法广告维护良好广告市场秩序工作方案［EB/OL］（2017-08-21）［2022-10-20］. 国家市场监管总局网站.

（1）加大对互联网药品、医疗器械、保健食品、食品、医疗、投资理财、收藏品等领域广告的监测监管力度。

（2）加快推进"依法管网""以网管网""信用管网"和"协同管网"，加快推进线上线下一体化监管工作机制。

（3）持续开展互联网金融广告的专项整治，维护金融市场秩序。

（4）切实督促广告发布者履行广告审查责任。狠抓广告发布前审查责任的落实。督促广告经营者、发布者健全管理制度，严格履行广告发布前的审查义务和审查责任。

（5）加大对违法广告责任主体的惩戒力度，建立重点案件协调指挥机制，强化挂牌督办力度，对重点导向性案件和重大违法广告案件实行统一调度督办。集中曝光严重虚假违法广告，震慑虚假违法广告行为。

### （二）特殊广告发布前的审查管制

我国对一些种类的广告实行审查制度。《广告法》第四十六条规定：发布医疗、药品、医疗器械、农药、兽药和保健食品广告，以及法律、行政法规规定应当进行审查的其他广告，应当在发布前由有关部门对广告内容进行审查；未经审查，不得发布。

由于网络已成为新型的大众化的媒体，在网络上发布需要审查的广告亦应当进行审查，即"利用互联网从事广告活动，适用本法的各项规定"（《广告法》第四十四条）。同时，互联网广告应当严格按照广告审查核准内容发布，不得进行剪辑、拼接、修改。

特殊商品网络广告发布主体有两类：一是特殊商品的生产者；二是特殊商品的销售者。对于生产者而言，不可能出现在线生产，因此它总是在现实中有特定的营业场所或住所。对于销售者而言，可能存在两种情况，一种是现实的商品销售商委托他人发布网上广告；另一种是现实中不存在实体企业，仅在网上设立专卖店或设立专门销售特殊产品的销售平台。对于前一种情形，与生产商情形没有什么两样，可以以他们的住所地和经营地确定审查机关。而对于后者，则可以以设立网上商店的企业的住所地或网站经营者住所地判断广告主的位置，并以此确定审查管辖机关。

因此，特殊商品网络广告发布前确定审查机关的原则为：商品的生产者作为审查申请人时，以特殊商品的生产者的住所地或经营地确定；当审查申请人不是特殊商品的生产者时，以申请人的住所地或经营地确定；住所地或经营地无法确定时，以提供网络连线服务的服务商的服务器所在地视为住所地或经营地。

### （三）网络广告的监测机制

截至 2022 年 6 月，中国网站数量为 398 万个，其中，".cn"下网站数为 222 万个；[①] 在全国范围内有较大影响并有广告业务的网站约占 1%。大规模的网络广告投放，没有现代化的技术手段，根本不可能实现对网络广告样件的截图、保存、结果的分析处理等一系列工作，也就不可能实现有效监管。

---

① 中国互联网络信息中心．第 50 次中国互联网络发展状况统计报告［R/OL］（2022-08-31）［2022-10-23］．中国互联网络信息中心网站．

我国已经建立了全国互联网广告监测中心，对互联网广告媒介实施精准监测，建立集扫描监测发现、实时巡查发现、投诉举报发现于一体的违法广告全面发现机制。加大广告监测设备、设施投入，强化智慧监管；加大人工智能、云计算、大数据等新技术在广告监管方面的应用，完善互联网监管体系，增强广告日常监管科技智慧支撑能力。

全面监测机制主要是利用"字词库"和"图样样本"的方法进行实时监控，通过先进的图像和语音识别技术，实现广告与非广告的自动识别、自动检测等功能。除此之外，一个高效的网络全面监测机制还必须实现以下 3 个方面的转变：

（1）在违法广告的发现方面，实现从被动地接收群众举报、投诉向主动通过监测发现问题转变。目前，由于广告执法人员较少，又不具备现代化的信息监管手段，因而不能主动发现网络广告违法行为。即使在每季度的广告集中监测中，也无法实现对网络广告的有效监测。通过对高科技网络广告监测系统的完善，可以实现网站的全面监测，实现网络广告从"被动监管"到"主动监管"。

（2）在监管的范围方面，实现从对个别违法广告的处理向全部种类、全方位监管转变。高科技手段的利用，可以实现对网站全部广告进行监管。而且，全面监测机制拓宽了监管范围，还可以有效地防止明令禁止的药品、医疗器械、丰胸、减肥等电视购物广告向网络上转移。

案例：2021 年吉林省公布的虚假违法网络广告典型案例

（3）在监管的手段方面，需要实现从网页主页内容监管向多层级链接内容监管的转变。首先要监管网站主页的文字、图像及其第一层链接的内容，同时要求网站运作企业对自己网页上的文字、图像承担广告审查责任。其次，要对多层次的链接内容进行监管，因为广告经营网站不但卖其网页上的文字、图像，实际上也卖链接，这是网络广告的重要特征。

# 第四节　网上拍卖的法律规制

在"互联网+"行动计划的推动下，公共资源拍卖平台和互联网拍卖平台脱颖而出，拍卖行业走出了一条符合市场需求、具有行业特色的网络创新发展之路。

2006 年，我国已经形成淘宝、易趣、拍拍网为骨干的网上拍卖网站群。2014 年，淘宝拍卖网业务成交额达到 121 亿元。截至 2021 年 5 月，阿里拍卖的服务对象覆盖了全国 500 个地方城市及机构，包括 3 000 多家法院和 2 000 多家银行；过去 3 年每年服务 3 亿多投资人，出价 5 亿多次；每年帮助国家各类资产参与方处置 8 000 多亿元资产，节省 100 多亿元的处置成本。[1] 2019 年，我国网上拍卖市场规模继续扩大，按上拍标的起拍+价计，网络拍卖市场规模已超过 3 万亿元（含流拍及重复上拍），较 2018 年增长约 30%；上拍标的数量约 130 万件，参与竞买用户超过 300 万人次；拍卖企业运用互联网的意识有明显提升，上拍标的数量较 2018 年增长了 77%。[2]

---

① 阿里研究院. 资产交易服务数字化转型的价值研究——以阿里拍卖为例［EB/OL］（2022-05-25）［2022-10-31］. 阿里研究院网站.

② 商务部. 2019 中国拍卖行业发展报告［R/OL］（2020-12-17）［2022-10-23］. 商务部网站.

## 一、网上拍卖的概念与模式

### （一）拍卖与网上拍卖的概念

根据《中华人民共和国拍卖法》（简称《拍卖法》），拍卖是指以公开竞价的形式，将特定物品或者财产权利转让给最高应价者的买卖方式。拍卖成交只是竞卖时一瞬间的事情，但作为拍卖活动却很复杂，从拍卖委托人发出要约、签订委托拍卖合同、拍卖的组织和策划、拍卖公告到现场拍卖以及标的交付和权利移转，有一系列的活动和法律行为。

网上拍卖（Auction Online）是指通过互联网实施的价格谈判交易活动，即利用互联网在网站上公开发布将要招标的物品或者服务的信息，通过竞争投标的方式将它出售给出价最高或最低的投标者。

### （二）网上拍卖的基本模式

网上拍卖有三种典型类型。

（1）个人竞价。例如某人在网站的拍卖区上卖二手手机，供网友自由出价，卖方可以选择最佳的买主成交。

（2）集体议价。集体议价又可分为普通竞价方式和逢低买进方式。当运用普通竞价方式时，页面标明某一商品的现在价格，允许消费者加入集体议价，当加入的人数达到规定的数目时，消费者就可以商家事先设定的低价买进，当加入的人数未达到规定数目时，消费者只能以现在的价格买进。例如，现在页面标明一台计算机售价 8 000 元，当购买的人数达到 10 人时价格为 7 500 元，如果竞买者有 10 人时，就以 7 500 元成交，人数未达到时就以 8 000 元成交。当运用逢低买进方式时，页面标明某一商品的现在价格，允许消费者加入集体议价，当加入的人数达到规定的数目时，网站以低价通知买家付款取货，如果未达到规定的数目则不成交。

（3）网站接受当事人的委托并主持拍卖。例如网站接受当事人的委托拍卖一幅字画，在规定时间内出价最高者可以成交，买受人可以选择支付方式并付款，同时应给付网站一定比例的佣金。

## 二、网上拍卖的法律分析

我国《拍卖法》规定拍卖是指以公开竞价的形式，将特定物品或者财产权利转让给最高应价者的买卖方式。同时对拍卖主体、标的、拍卖环节均有严格的规定。从理论上看，拍卖是一种法定的商事活动，具有委托合同、中介合同及经纪合同的部分特点。从拍卖人和委托人来看，具有委托合同的特点；拍卖人对于竞买人具有经纪性，拍卖人与委托人、买受人之间又有中介性。拍卖活动应具备三个实质条件：第一，拍卖人是营利性法人，可以向委托人、买受人收取佣金。第二，拍卖人组织整个拍卖活动。这里的组织不单纯是主持物品的拍卖，还包括拍卖前的准备活动如与委托人订立合同，进行拍卖公告，拍卖结束后保存相关资料等工作。第三，拍卖人直接介入拍卖活动，拍卖标的的成交由拍卖人决定。凡不符合上述条件的拍卖则不是拍卖或者不是符合《拍卖法》的拍卖。

据此，我们对于网上拍卖的三种模式进行分析。第一种所谓个人竞价并非是拍卖合同。这里，个人对商品的报价仅仅是对价格的协商，是否成交、成交的价格由买卖双方确定，网站只是提供开放性的交易平台，不向交易双方收取佣金。从理论上看，网站与交易人之间不构成中介合同关系，网站不向交易双方提供信息，所有信息均由网友自己提供，网站也无法控制这些信息源，所以网站对于交易不应承担法律责任。

第二种集体议价看上去是一个较难判断的问题。难在网站组织了交易活动，但未收取佣金，买方可以免费登记上网竞价，最后标的的成交由系统确认。实际上，集体议价也非法律意义上的拍卖。这是因为：

（1）拍卖网站仍然只是交易平台，凡经过登记的商家和个人均可上网交易，而且这种登记的作用是保证信息的真实性，便于联系。拍卖网站对拍卖活动的组织主要表现在为交易服务，如登记、向当事人发通知等，并未参与交易本身。

（2）标的的成交由商家和买方共同决定，并非由网站决定。网站所采用的系统能够自动确认交易的价格和买受人，但这是商家和买方意思一致的结果，系统没有改变当事人的意思，也未生成自己的意思，最终是否购买仍要买方确定。

（3）拍卖网站在交易活动中未收取佣金。

第三种拍卖是具备了法律内涵的拍卖。它在模式上与法律上的拍卖已无大异，但又有自己的特殊之处：没有拍卖师主持拍卖现场；拍卖成交无法以"落槌"的形式确定；买受人与拍卖人无法签订成交确认书，等等。

在上述三种基本模式中，第一种仍然是传统的买卖合同，它与传统买卖合同的不同之处是将价格的协商从现实社会转移到虚拟的网络中。第二种是依托网络发展起来的全新的交易模式，它充分利用互联网的特性，将零散的消费者及其购买需求聚合起来，形成类似集团采购的庞大订单，从而与供应商讨价还价，争取最优惠的折扣。改变了传统商业中固定价格出售和一对一讨价还价的定价模式，也有别于拍卖这种价格自低而高的竞价方式，使得大范围内的多对多和多对一的讨价还价成为可能。这两种模式虽然提出了新的法律问题但仍属于一般买卖合同的范畴。只有第三种拍卖是具有法律意义的拍卖，它的特殊性需要《拍卖法》作出相应调整，它的无序性需要《拍卖法》来规范。

## 三、网上拍卖中的要约与承诺

### （一）集体议价的要约与承诺分析

个人竞价与前文所述的一般电子合同无异，其要约与承诺无须赘述。

集体议价则主要有以下两种方式。

集体议价方式之一：普通议价式。它的特点是：

（1）买方加入集体议价行列就表明买方获得购得商品的资格，只要该商品仍在竞价状态；

（2）买方在竞买者达到规定的人数时能以低价购进，未达此人数则需以现价购进；

（3）买方有是否购买的最终决定权，在其获得购买资格后有权放弃。

在这个模式中，卖方承诺只要买方加入卖方同意售卖，由此可得判断页面信息已构成要约。买方加入的行为是承诺，虽然此时价格尚未最后确定，但价格条款是一个开放式条款，只要定价的方式已确定即可，这不影响合同的成立。等到人数达到规定的要求时网站对有权购买的消费者通知确认，买方未在规定的时间内确认的，视为放弃。该通知同样不会影响合同的成立，在没有约定的情况下，买卖合同自承诺生效时成立，通知只是观念通知。买方放弃购买的行为应是单方解除合同的行为。

集体议价方式之二：逢低买进式。它的特点是：

（1）买方加入竞买时应设定比现价低的一个价位；

（2）当标的的价格由现价降为买方设定的低价时，系统予以确认并向买方发出订单确认通知；

（3）买方有是否购买的最终决定权，在其获得购买资格后有权放弃。

逢低买进式与普通议价式的显著不同在于，消费者加入竞买时尚未取得购买资格，能否取得购买资格也是不确定的。

由此可知，页面上的商品信息是要约邀请。消费者加入的行为是要约。当价格达到买方的报价时，自动交易系统对此予以接受就构成了承诺。根据自动交易的理论，该系统的行为就是商家的行为，换言之，是商家的承诺行为。

上述两种议价的不同在于：普通议价方式所陈列的商品是要约，消费者加入即是承诺；逢低买进方式所陈列的商品是要约邀请。但是它们都属于普通的买卖合同，只是在定价方式上采用了新方法，体现了买卖合同在网络环境下的新变化。

### （二）具有法律意义的网上拍卖

第三种竞拍方式是法律意义上的拍卖。在网上拍卖与现实拍卖存在以下不同：

（1）拍卖形式不同。现实拍卖有拍卖师主持拍卖现场，竞买者举牌报价，同一时间只能有一个竞买者报价，而网上拍卖没有拍卖师，同一时间可以有无数竞买人同时报价，该报价即是要约。

（2）成交方式不同。现实拍卖由拍卖师落槌成交，网上拍卖竞买人一旦报价就进入自动交易系统，系统自动公开谁是报价最高者，拍卖方在拍卖规定时间内所公开的最高有效报价即是承诺。

（3）确认方式不同。现实拍卖成交后，拍卖人必须和买受人签订成交确认书，网上拍卖不存在签订成交确认书这一环节，拍卖网站一般会向最高竞买人发出成交通知。现实拍卖中的要约是竞买人举牌报价的行为，承诺是拍卖师的落槌或其他公开表示卖定的行为。

成交确认书是对拍卖合同的法定证明，有利于买受人办理标的的证照转移手续，它本身不是拍卖合同，签订与否不应影响拍卖的成交。《拍卖法》第二十四条规定，拍卖成交后，拍卖人应当按照约定向委托人交付拍卖标的的价款，并按照约定将拍卖标的移交给买受人。

网上拍卖中，网站公布标的的信息是要约邀请，竞买人的出价即是要约行为，网站将竞买人的出价自动公开，每当有新的报价出现时，原出价自动失效，在有效拍卖期内的最高报价，即是买定价。而网站的自动交易系统本身是开放的，随时对符合要求的价格作出承诺。因此，它对在规定拍卖时期内的最高出价予以公开确认的行为即承诺行为。

网站拍卖中是否应签订成交确认书？有人认为，网上拍卖注重高效快捷，签订成交确认书没有必要，在技术上也不可行。成交确认书的作用在于证明拍卖的存在，也是办理权利转移的法定文件，这对于维护当事人的利益是有重要作用的。成交确认书应当如何签订？我们认为，成交确认书的概念不应局限在纸面上，从目前的技术水平来看，完全可以通过电子签字技术在线签订确认书。对于电子商务尚未普及的机构，需要纸面成交确认书办理权利转移手续的，当事人应当签订纸面的文本。但是，不论签订与否，不影响拍卖成交的事实。我们也可以设想用其他确认成交的方式取代签订成交确认书，例如，采用在线公证的方法，拍卖成交后，由公证机构发放证明文书，并以此办理拍卖标的权利转移的手续。

## 四、网上拍卖的基本规则

网络环境下，拍卖是否严格按照《拍卖法》的规则实施，是一个值得探讨的问题。因为网络手段的利用必然形成区别于现实中拍卖的规则或者需要一些特殊规则。

（1）从事网上拍卖企业的要求。开展网上拍卖的网站必须按照《拍卖法》第十二条的规定条件设立，取得公安机关颁发的特种行业许可证，经过负责管理拍卖业的部门审核许可并领取拍卖营业执照。

（2）拍卖标的物的监控问题。根据《拍卖法》，拍卖标的应当是依法可以转让的且委托人享有所有权或者处分权的物品或者财产权利；依照法律或者按照国务院规定，需经审批才能转让的物品或者财产权利，在拍卖前，应当依法办理审批手续；委托拍卖的文物，在拍卖前，应当经拍卖人住所地的文物行政管理部门依法鉴定、许可；国家行政司法罚没的物品等按照国务院规定应当委托拍卖的，由财产所在地政府或法院指定的拍卖人进行拍卖。这些监管措施无疑也要适用于网上拍卖。因此，从事网上拍卖的企业必须严格遵守《拍卖法》的规定，切不可因网络环境改变而忽略拍卖物品合法性条件。

（3）拍卖人说明义务的履行。《拍卖法》第十八条规定，拍卖人有权要求委托人说明拍卖标的的来源和瑕疵。同时，该法第二十七条又规定，委托人应当向拍卖人说明拍卖标的的来源和瑕疵。但是在网络拍卖中，委托人对竞买人难以直接说明有关情况。因此，在网络拍卖中，拍卖人应当在网页适当位置将有关情况告知于竞买人，以弥补竞买人难以行使权利的缺陷。

（4）竞买人的控制问题。根据《拍卖法》，竞买人身份有两类限制。一是第二十二条规定，"拍卖人及其工作人员不得以竞买人的身份参与自己组织的拍卖活动，并不得委托他人代为竞买"；二是第三十条规定，禁止委托人参与竞买或委托他人代为竞买。由于网络环境具有虚拟性和开放性，如何控制拍卖人内部人员或委托人竞买，如何控制只有具备法律规定条件（针对特定物品）的竞买人竞买，如何监督、发现和控制恶意串通行为，都成为网络拍卖活动中难以解决的问题。

（5）拍卖程序及其实施问题。网上拍卖是通过网络实施的，原先由拍卖师所做的一些工作可以通过计算机程序实现，拍卖师落槌也不再存在，拍卖师主要起到控制网上拍卖进展和监督的作用。在这方面，网站应当按照《拍卖法》要求做好一些规则、有无保留价等的公示或说明，并有明确的竞买或拍卖成交确认程序。另外，主持拍卖者或拍卖师应当保存整个拍卖过程，并加以备份或安全保管，以备今后查阅或作为证据。

（6）佣金问题。《拍卖法》第五十六条规定，在没有事先约定的情况下，拍卖人可以向委托人、买受人各收取不超过拍卖成交价百分之五的佣金。这一规定意味着因竞买而成为购买人的，也要支付佣金。由于网上拍卖很难要求竞买人事先就佣金做出约定，因此，对于是否向将来购买人收取佣金，收取多少最好是在公告时事先告知，否则事后再向购买人收取佣金将是件很麻烦的事情。

（7）成交及其确认问题。在网上拍卖中，所有拍卖记录均以电子的方式自动或人工生成，拍卖的成交也只能以远距离方式显示出来且在时间上有一定间隔性。因此，网上拍卖的成交方式、成交时间、成交证明等均需要相应的规范，特别是因技术原因导致拍卖程序在规定时间开始前启动或在规定时间截止后拍卖程序依然运转等情况出现时，拍卖效力如何确定要有明确规范。

另外，在拍卖成交后，买受人价款的支付、拍卖人标的物的交付等，在网络环境下也会发生一些特殊情况，需要网上拍卖经营者根据具体情况进行安排和解决。

案例：
网上拍卖纠
纷案

## 五、网上竞价买卖的法律调整

既然网上竞价买卖实质上是借拍卖之名，行网上销售之实，那么网上竞价买卖是否适用《拍卖法》呢？

有许多讨论网上拍卖的论著将网上所有的竞买（卖）活动笼统地称为网上拍卖，在肯定适用《拍卖法》前提下，论及网上"拍卖"的特殊性，因而主张适用特殊的规则。但是，我们认为，网上许多"拍卖"并不属于拍卖，而属于一种特殊的商品销售或转让方式，因而也就没有必要适用《拍卖法》要求进行竞买销售的网站均具有拍卖企业的主体资质，并要求竞买过程完全符合《拍卖法》规定的程序。

那种不分青红皂白，均适用《拍卖法》的做法会使《拍卖法》适用范围无限扩大，因而失去规范拍卖活动的本意，而且不利于网上销售中利用网络技术，采用公开竞价机制进行网上销售活动。因此，我们主张对于非严格按照拍卖规则运作的网上"拍卖"仅仅作为网络交易的特殊形式来对待，对于其中需要强制规范的地方，不妨制定相应的单行法调整之。

相对于其他网络交易，网上公开竞价销售的特殊性主要在于它采取的是公开竞价机制确定其产品销售的价格，而且进行规范的必要性主要集中于公开竞价。公开竞价是一套自动处理系统，由销售人设置竞价成交的参数，依赖不特定参与竞价，在达到系统目标或设置价位时即"成交"。在网上竞卖物品非唯一、成交人也非唯一的情形下，这种"成交"的效力如何，是否当然地或必须缔结并履行这一合同需要法律加以规范。例如，在现实操作过程中，凡是进入成交范围的竞购人，是否有义务订立合同，如果竞标人反悔怎么办？是否可以适用七天无理由退货的规定？另外，网上公开竞价毕竟不同于现实交易场所的公开竞价，如何增加网上竞价交易的透明度，避免设置竞价交易系统的经营者诱骗、欺诈也是一个需要法律规范的领域。

作为一种特殊形态的网络交易形式，对其规范的目的主要是保护交易安全，保护第三人合法权益，以增加人们对这种竞价交易的信任，并使受损害当事人得到实际的法律救济。

如何规范网上拍卖这一新鲜事物，是摆在我们面前的一个比较迫切的任务。而解决这一问题的关键是区分网上拍卖和网上竞价买卖，然后再针对各自的基本特点，在能够适用现行规范的前提下，制定相应特殊规范，以使网上拍卖和网上竞价买卖各得其所，保障其健康、稳步、有序发展。

## 思 考 题

1. 试分析直播营销发展中出现的主要问题。
2. 试述直播营销规范。
3. 试述微商活动中社交平台的法律责任。
4. 试述网络广告的内容规制。
5. 试述网络广告的发布规制。
6. 网上拍卖企业在拍卖活动中应当注意哪些问题？

## 参 考 文 献

[1] 李欢. 重思网络社交平台的内容监管责任[J]. 新闻界，2021(3)：63-72.
[2] 纪增玥. 微商行政监管法律问题研究[D]. 呼和浩特：内蒙古大学，2021.
[3] 李书饴. C2C 微商模式下的消费者权益保护研究[D]. 重庆：重庆工商大学，2021.
[4] 黄楚新，吴梦瑶. 我国直播带货的发展状况、存在问题及优化路径[J]. 传媒，2020(09)：11-19.
[5] 肖红. 电商时代网红直播带货的法律规制[J]. 老字号品牌营销，2021(09)：55-56.
[6] 中国电子信息产业发展研究院. 直播带货行业发展面临的三大突出问题[EB/OL](2020-07-16)[2022-09-23]. 中国电子信息产业发展研究院网站.
[7] 冯田田. 论我国网络虚假宣传行为的法律规制[D]. 西宁：青海大学，2021.
[8] 张文红. 网上拍卖存在的问题及解决方案探讨[J]. 当代经济，2016(12)：94-95.

# 第十章 网上商业数据保护

> 随着电子商务的发展，网上商业数据保护逐渐成为人们关注的热点。相对于传统商业数据，网上商业数据的安全性更难保证，侵权影响范围更广，而且侵权形式更复杂。互联网的发展给网上商业数据保护带来了极为严峻的挑战，我国原本薄弱的商业数据保护体系，已经远远不能满足互联网时代的需要。本章从完善网上商业数据保护法律体系的角度出发，探讨网上商业数据保护的思路与方法。

## 第一节 网上商业数据保护的重要性

### 一、商业数据规模持续快速增长

随着电子商务与信息化的快速发展，一方面，企业在参与电子商务活动过程中产生了大量的网络商业数据，它们以各种形态存在于网络空间；另一方面，大量的企业商业数据同时在不断地数字化、网络化，转变成为网络商业数据。网上商业数据正以前所未有的速度在不断地增长和累积。其增长速度远远超出摩尔定律增长速度。

据 Statista 的统计和预测[1]，2018 年全球数据总量达到 33ZB，2025 年预计达到 175ZB [2]；我国数据储量约占全球总数据量的 23%。云计算、大数据、物联网等技术的大面积普及，推动数据储量持续增长。社交、搜索、电商、移动 App 等领域都在不断产生流量。以文字为主的形式正在逐渐被视频影音取代，这也是促成流量快速增长的一大原因。

大量商业数据在网络中数字化以后，在四通八达的互联网空间被不断地以各种方式为各种主体所利用，被融合进电子商务、企业信息化、电子支付、电子政务、电子社区，进而形成新的信息形式或权利形态。众多新兴大数据应用和服务企业的出现，使得大数据管理的重要性日益凸显。

---

① Statista. Digital Economy Compass 2020[R/OL]（2020-11-17）[2022-09-23]. Statista 网站.

② 1 ZB = 1024 EB，1 EB = 1024 PB，1 PB = 1024 TB，1 TB=1024 GB，1 GB = 1024 MB。

## 二、网络环境下商业数据保护面临的主要问题

计算机和网络技术为人们获取、传递、复制信息提供了方便，但网络的开放性和互动性又给商业数据的保护带来麻烦。在线消费（购物或接受信息服务）均需要将个人资料传送给银行和商家，而对这些信息的再利用成为网络时代普遍现象。如何规范银行和商家的利用行为，保护商业数据和消费者的隐私权成为一个新的棘手问题。此外，商业信息跨境传输时涉及的保护问题也不可忽视。

我国在网上商业数据的采集、生成、整理、传输、使用、交换、修改和处理等方面缺乏基本的规范和标准，因此产生的违约和侵权纠纷日益增多，这种状况十分不利于网络商业活动的正常进行。

网上商业数据保护面临的问题集中表现在以下几个方面：

（1）利用网络不正当或非法采集和整理商业数据，以便在产品销售中占据有利地位。例如，在企业间的竞争中，有的公司通过网络获取其他公司的信息，掌握其他公司在某一地区的销售情况；在顾客发展活动中，不正当的收集顾客的个人信息。

（2）不正当地使用网上商业数据，缺乏对权利人应有的保护。虚拟市场的形成，消费者在网上交易、电子支付等日常活动中所填写的客户信息很容易被企业所掌握。这些信息经过数据挖掘，成为具有商业价值的数据。一些企业在使用这些信息时不注意保密，以致这些信息通过各种渠道被披露，出售消费者的个人信息而导致隐私权被侵犯的现象发生。

（3）大数据的发展使个人商业数据储存者面临更多数据保护责任。电子商务的发展使大数据分析成为创新的前沿。一方面，领先的电商企业正在争抢布局大数据的分析业务，如腾讯、阿里巴巴、百度已成为国内大数据应用的头部企业；另一方面，大数据拥有者频频遭受黑客袭击，如2021年5月，一个黑客组织入侵了美国最大的燃油管道运营商科洛尼尔公司的燃油运输系统，窃取了该石油公司大约100GB的数据，事件波及全美5 000万人燃油需求。[①]

（4）云计算方式使传统法律管辖权面临挑战。在中国境内实施商业行为的相关外资和合资企业，其服务器的地址不公开。很多服务器地址不在中国境内，难以接受中国法律的管辖。

（5）算法滥用，影响正常传播秩序。近年来，互联网信息服务算法（简称"算法"）在加速互联网信息传播、繁荣数字经济、促进社会发展等方面发挥了重要作用。与此同时，算法不合理应用也影响了正常的传播秩序、市场秩序和社会秩序，给维护意识形态安全、社会公平公正和网民合法权益带来挑战。

（6）侵犯网上商业数据权利人的利益，尤以侵犯顾客信息、商业秘密、著作权为突出。顾客信息的商业价值在于它能吸引顾客群，没有顾客，企业就无法生存。权利主体一旦泄露顾客信息便可能导致自己的顾客群流失；而合法转让则可能为受让者创造新的顾客群，因此，顾客信息成为企业网络营销竞争的重要客体。侵犯商业秘密则表现为利用黑客手段窃取企业情报；游戏外挂则是侵犯网络著作权最典型的案件。

---

① 艾瑞咨询 . 中国数据安全与挑战［EB/OL］（2021-09-10）［2022-10-20］. 艾瑞网 .

（7）缺乏对网上商业数据有效的安全保障措施。网络营销的运行必须依靠互联网，但网上传递的信息很容易成为众多黑客截获与攻击的目标。根据国家互联网应急中心的调查，2022 年 7 月，国内信息系统安全漏洞 2 066 个。其中，高危漏洞 730 个，可被利用来实施远程攻击的漏洞 1 613 个。① 这些数据说明，目前我国网络安全保障措施仍然比较脆弱。

## 三、网上商业数据保护的重要性

商业数据的大量增加，引起了各方面的高度关注。2012 年 1 月，在达沃斯世界经济论坛上，商业数据的应用成为主题。该次会议发布的大数据报告探讨新的数据产生方式下，如何更好地利用数据来产生良好的社会效益②。2019 年 12 月，美国《联邦数据战略与 2020 年行动计划》③强调，保护数据的完整性、真实性、安全性，探索有效使用数据的方案。欧盟 2020 年发布的《欧洲数据治理法案》④提出，在数据市场公平性、数据互操作性、数据治理、数据的个人控制权和网络安全等方面构建完善的法律体系框架，以建构"单一数据市场"，将欧盟打造成全球数据赋能社会的典范和领导者。我国于 2021 年 9 月 1 日起正式施行的《数据安全法》对数据安全保护的义务和相应法律责任进行了规定。《数据安全法》第十四条明确："国家实施大数据战略，推进数据基础设施建设，鼓励和支持数据在各行业、各领域的创新应用"；同时，第二十七条强调："开展数据处理活动应当依照法律、法规的规定，建立健全全流程数据安全管理制度，组织开展数据安全教育培训，采取相应的技术措施和其他必要措施，保障数据安全。利用互联网等信息网络开展数据处理活动，应当在网络安全等级保护制度的基础上，履行上述数据安全保护义务。"

网上商业数据是网上商业行为的基础与核心，是企业权益在网络中表现的基本元素，也是目前国际法律保护的前沿领域和空白地带。在我国，通过立法保护网络商业数据不仅有利于切实在网络上保护企业的各项权利，有助于电子商务、企业信息化、电子支付、电子政务、电子社区的发展，也是电子签名法确认数据电文的基本法律地位后数据电文在商务领域保护的自然延伸，是未来进行电子交易行为规范的基础之一。

网上商业数据保护的立法与政务信息公开与利用、个人数据保护等立法相呼应，可以形成信息社会对于信息基本权益立法保护的完整体系。这是信息社会发展对法制建设的必然要求，也是推动电子商务立法逐渐深入的必然趋势：从电子签名立法向信息安全立法、商业数据保护方面推进。唯其如此，才能从根本上保护各个主体在网络空间的各项基本权益，规范各类交易和行为，促进网络经济和信息化社会的发展。

---

① 国家互联网应急中心(CNCERT). CNCERT 互联网安全威胁报告(第 139 期)[EB/OL](2022-08-19)[2022-11-10]. 国家互联网应急中心网站.

② World Economic Forum. Big Data, Big Impact：New Possibilities for International Development[R/OL](2012-01-02)[2022-10-20]. 达沃斯世界经济论坛网站.

③ President's Management Agenda Program. Federal Data Strategy 2020 Action Plan[EB/OL](2020-05-14)[2022-10-20]. 美国联邦数字战略网站.

④ Eropean Conmmission. European Data Governance Act[EB/OL](2020-11-25)[2022-10-20]. 欧盟网站.

# 第二节　网上商业数据与网上商业数据保护

## 一、基本概念

### （一）数据与网上商业数据的概念

1. 数据和网络数据

数据（Data）是对信息的符号表示，是用于表示客观事物的未经加工的原始素材，如图形符号、数字、字母等。在计算机科学中，数据是指所有能输入到计算机并被计算机程序处理的符号的总称。在法律上，数据是指任何以电子或者其他方式对信息的记录[①]。

网络数据，是指通过网络收集、存储、传输、处理和产生的各种电子数据。

数据作为新型生产要素，是数字化、网络化、智能化的基础，已快速融入生产、分配、流通、消费和社会服务管理等各环节，深刻改变着生产方式、生活方式和社会治理方式。

2. 网上商业数据的概念

网上商业数据是指自然人、法人或者其他组织收集、整理的，能够带来商业利益，并可通过信息网络传输、储存的各类与商业活动有关的数据，包括但不限于各类交易数据、产品研发数据、产品与服务数据、市场数据、对外宣传数据、财务数据等。

### （二）网上商业数据的范围

网上商业数据产生的条件是电子商务活动，其存在的形式是数字格式，其存在的环境是互联网。

网上商业数据主要通过数据库、电子邮件、网站、搜索引擎、网络广告、电子商务、博客、微信等载体在网上传播。

从法律属性上，可以把商业数据区分为商业秘密、技术秘密、专有技术、一般商业数据。从用途上看，可以把商业数据区分为如企业财务和经营决策信息、客户个人信息、市场竞争信息、交易记录等。

网上商业数据保护应当涵盖网上商业数据的收集、储存、整理、传输、使用、维护和销毁等活动。但国家机关或者具有公共管理职能的机构行使公共管理职能收集的数据，不是商业数据，不在网上商业数据保护范围之内。

### （三）网上商业数据保护的原则

网上商业数据保护须遵循以下原则：

（1）网上商业数据的收集、整理、传输、使用和存储应遵守事前提示、合理使用、安全谨慎的原则。

---

① 参见《数据安全法》第三条。

（2）利用商业数据开展营销活动，应当遵守法律、法规，尊重社会公德和伦理，遵守商业道德和职业道德，诚实守信，履行数据安全保护义务，承担社会责任，不得危害国家安全、公共利益，不得损害个人、组织的合法权益。

（3）依法生成或者收集的网上商业数据受法律保护，违法数据以及有悖于社会公共道德的不良信息不受法律保护。

（4）商业数据中含有个人隐私、商业秘密等信息或者含有金融安全、国家安全等内容的，还应当符合其他相关法律法规的规定。

## 二、对网上商业数据法律保护的总体认识

网上商业数据保护法律保护的对象是网上商业数据。网络商业数据具有两个特征，一是网络化，这一特性决定了它特殊的存在方式：网络存储、在线维护；二是具有生灭的规律，这一特性决定了它的基本运作环节：收集（生成）、使用、存储、维护和销毁，数据的生灭规律要求调整各环节的法律关系，规范特殊的使用、存储、维护行为。

把网上商业数据做作法律的客体，既有理论基础也有立法案例遵循。如《反不正当竞争法》对商业秘密信息的保护，《著作权法》对知识产权的保护等。

数据与数据库是两个独立的法律概念，应当分别调整。数据库已经由专门立法来规范了，在商业数据的保护中可以不作过多的强调。

网上商业数据保护相关规定的特殊性体现：

（1）明确数据是财产，应当作为法律的调控对象。

（2）以数据为中心，以其流转进程为主线，各环节为切入点，分析和分解各环节法律关系，把握网上商业数据的特点，规范各自权利义务，有针对性地做好特别的规范。

（3）规范了网络商业数据的基本要素，有利于网络运营秩序的维护，有利于网上商业活动的开展。

## 三、网上商业数据的法律保护

网上商业数据的使用过程一般包括三个阶段：数据收集和整理阶段、数据使用阶段、数据存储与维护阶段。网上商业数据保护基本上是围绕这三个阶段展开的。

### （一）数据收集和整理阶段的保护

在数据收集和整理阶段，数据收集人可以收集与自身商业活动相关的数据。数据收集人在收集数据时应告知被收集人收集数据的目的和用途，被收集人有权决定是否提供数据以及数据提供的范围。

被收集人有正当理由的，有权要求数据收集人修改、删除已提供的数据。该数据被修改、删除后，数据收集者不得再使用被收集人提供的原数据。数据收集人应当允许注册用户能够按照注册时原途径或更为便捷的途径注销账户数据，当事人另有约定的除外。

数据收集人不得以盗窃、欺诈、胁迫、非法访问或其他不正当手段获取商业数据。

数据收集人在整理数据时不得恶意修改被收集者的数据。数据收集人通过对非商业机构的数据库进行复制，整理生成商业数据的，应当取得该机构的同意。对违法或可能侵害他人权益的，有关部门可以禁止利用此类数据。

### （二）数据使用阶段的保护

在数据使用阶段，数据收集人应按照被收集人同意的使用目的、范围和用途使用商业数据。未经被收集人同意，数据收集人不得将被收集人的数据公开或转让。

当数据收集人向数据使用人提供或转让数据时，双方可以另行约定合法的使用目的和范围。数据使用人向他人再行转让时，需要重新约定使用目的和范围。

国家鼓励对网上商业数据进行数据挖掘并在商业活动中使用。数据收集人和使用人经过数据挖掘而形成的数据受法律保护。

商业数据使用中禁止下列行为：

（1）未经数据所有人允许使用、修改、删除商业数据；

（2）数据收集者将收集到的数据用于被收集者同意以外的用途；

（3）数据使用过程中违反约定，对外披露和传播。

因科学研究或个人学习目的可以无偿使用公开的商业数据，但应当注明出处。但国家机关及其授权组织非因执行公务使用商业数据例外。

网上商业数据符合企业商业秘密条件的，企业可以根据相关法律法规进行保护，并要求接触该商业数据的相关工作人员履行保密义务。

### （三）数据存储与维护阶段的保护

在数据存储与维护阶段，从事网上交易的企业应根据商业数据的重要性，对商业数据进行有效备份。提供网络物理接入的企业和提供网络数据服务的企业，应当按照信息产业部门的规定或者行业惯例，设置数据备份，建立存储制度，确保数据运行安全。

提供信息技术服务的专业机构有义务提示或协助服务对象进行数据备份，因未提示或协助而造成数据丢失的，应当依法承担责任。

提供数据备份、数据处理服务的企业，应当建立数据保护制度，并采取技术手段，确保非经权利人许可的个人或组织无法接触数据内容。鼓励电子商务企业和行业协会建立数据备份和处理中心。鼓励跨国电商企业在中华人民共和国境内建立数据处理中心。重要数据的处理者应当明确数据安全负责人和管理机构，落实数据安全保护责任，按照规定对其数据处理活动定期开展风险评估，并向有关主管部门报送风险评估报告。[①]

网上商业数据服务提供者应在服务协议中明确告知用户允许账户休眠的期限。未告知的，服务商对休眠不满两年的账户不得注销。

提供网络数据服务的企业应当制定数据销毁制度。对于敏感数据、保密数据或没有使用价值的数据，数据收集人或使用人应按规定程序销毁。

---

① 参见《数据安全法》第二十七条、第三十条。

**（四）数据保护职责**

电子商务平台、电子商务交易者及使用网上商业数据的个人、法人和其他组织应当履行下列数据保护职责：

（1）按照国家大数据服务安全能力要求建设网上商业数据服务系统[1]，遵循安全性、隐私性、适用性原则，实现数据库和数据库之间的有效对接。

（2）加强网上商业数据的安全管理，建立健全数据保护管理措施；保障本网络的运行安全和数据安全。

（3）在进行设备维修等系统维护时，应及时备份数据。

电子商务平台、电子商务交易者及使用者不得实施下列破坏网上商业数据的非法行为：

（1）窃取信息：窃听、截取网上商业数据。

（2）篡改信息：入侵者通过各种技术手段和方法，将网络上商业数据修改，然后再发向目的地。

（3）假冒信息：攻击者冒充合法用户发送假冒的信息而使远端用户难以分辨。

（4）恶意破坏信息：攻击者对网上商业数据进行修改，掌握网上的机要信息，甚至潜入网络内部。

（5）制作或者故意传播计算机病毒以及其他破坏性程序，导致数据主体利益受损。

（6）法律、行政法规禁止的其他行为。

# 第三节　国内外商业数据保护相关规定

## 一、隐私权保护

### （一）隐私权及其法律渊源

隐私权的概念始于19世纪的美国。到20世纪60年代，隐私权才在美国各州取得宪法和司法上的地位，世界各国的宪法和法律制度逐步把隐私权作为一项公民的基本权利和民事权利确定下来并纳入多个国际公约。隐私权的客体是隐私。所谓隐私一般是指仅与特定人的利益或者人身发生联系且权利人不愿为他人知晓的私人生活和私人信息。本质上，隐私是法律承认个人有自主支配自己生活、处理私事的权利形成的，其表面内容表现为一些有关个人的事实和信息等，必然意味着同时排斥他人的非法干涉。

隐私权可以说是公民私生活上的权利，因此它首先是一个私法上的权利，但隐私权又不纯是一个私法上的权利。这是因为隐私权的保护涉及公法，特别是宪法。即使是在一些尚未承认

---

[1]　参见国家标准《信息安全技术　大数据服务安全能力要求（GB/T 35274—2017）》和地方标准《商务数据资源技术规范》。

隐私权作为一种独立民事权利的国家，公民的隐私也在名誉权或者其他相关民事权利的名义之下受到不同程度的保护。尤其是在国际上，隐私权被放入人权中加以讨论，作为一种基本人权，已经得到《世界人权宣言》《公民权利和政治权利国际公约》等主要国际人权文件的确认与保护，隐私权已经成为一种为国际社会和各国法律广泛承认与保护的公民的基本权利。

在我国，从法律渊源上，我国的隐私权保护也来源于公法和私法两类规范。《中华人民共和国宪法》(简称《宪法》) 第三十八条规定公民的人格尊严不受侵犯，第三十九条规定公民的住宅不受侵犯，第四十条规定公民的通信自由和通信秘密受法律的保护，这三条规定是我国隐私权的宪法渊源。我国《民法典》第四编对人格权的规制，包括了隐私权①。隐私是自然人的私人生活安宁和不愿为他人知晓的私密空间、私密活动、私密信息。第一千零三十二条规定："自然人享有隐私权。任何组织或者个人不得以刺探、侵扰、泄露、公开等方式侵害他人的隐私权。"

### (二) 隐私权保护的内容

按照《民法典》的表述，隐私可以分为两个部分，一是私人生活安宁，二是不愿为他人知晓的私密空间、私密活动、私密信息。私人生活安宁是指狭义的私人生活安宁，即自然人个人的生活不受他人非法侵扰的状态。而不愿为他人知晓的私密空间、私密活动、私密信息，三者之间有交叉和重叠。因为私密空间往往就是进行私密活动或存储私密信息的场所，如个人笔记本电脑或软件程序中存储的私人日记等。但也不完全重叠，因为公共空间中也有私密活动、私密信息。例如，在微信群中几个朋友的聊天也是私密活动，不能被他人窃听或将谈话内容公开。《民法典》第一千零三十三条第二项列举了实体环境中的"住宅、宾馆房间"等私密空间，但在虚拟环境中，电子邮箱、微信群、钉钉群等，也属于私密空间。

从电子商务的角度，主要规制下列侵犯隐私权的行为：

(1) 以电话、短信、微信、电子邮件、网络广告等方式侵扰他人的私人生活安宁，通过微信、电子邮件、网络广告滥发广告是电子商务营销活动中的主要侵权方式；

(2) 以不正当手段进入网民的虚拟空间，拍摄、窥视、窃听、公开他人的私密活动，如运用黑客技术进入个人邮箱盗窃私人信件，侵入他人的朋友圈获取信息，远程窥窃他人私生活等；

(3) 未获得明确同意处理他人私密消息，私自收集、使用、加工、公开他人信息。

《民法典》第一千零三十三条规定："除法律另有规定或者权利人明确同意外，任何组织或者个人不得实施下列行为：

(1) 以电话、短信、即时通讯工具、电子邮件、传单等方式侵扰他人的私人生活安宁；

(2) 进入、拍摄、窥视他人的住宅、宾馆房间等私密空间；

(3) 拍摄、窥视、窃听、公开他人的私密活动；

(4) 拍摄、窥视他人身体的私密部位；

(5) 处理他人的私密信息；

(6) 以其他方式侵害他人的隐私权。"

案例：北京百度网讯科技公司与朱烨隐私权纠纷案

---

① 《民法典》第九百九十条定义，人格权是民事主体享有的生命权、身体权、健康权、姓名权、名称权、肖像权、名誉权、荣誉权、隐私权等权利。

## （三）部分国家和国际机构隐私权保护规定

### 1. 美国的隐私权保护

美国对电子商务商业数据的法律保护采取特别立法保护的模式。隐私保护方面，在采取特别立法模式下，美国针对具体的行业和服务等做出了信息保护相关规定：

美国国会于 1970 年通过了《隐私法》（*Privacy Act*），该法主要用来规范美国联邦政府机构收集和使用个人资料的权限范围和应当遵守的义务。1980 年通过了《隐私保护法》（*Privacy Protection Act*，简称"PPA"），限制执法机构搜查或扣押记者和出版者的设备和文件材料；1986 年又出台了《电子通信隐私权法》（*Electronic Communications Privacy Act*，简称 ECPA），用于规范有线和电子通信拦截及口头通信窃听。

1996 年美国制定了《信息自由法》，主要目的是要求政府机构公开每个机构的规则、观点、裁定、记录和程序，保护公众的知情权或信息权（Right to Information），自 1996 年开放电子获取政府机构记录方式。

针对滥用电子邮件的行为，美国出台了《1997 年电子邮箱保护法》，之后通过《2001 年未经请求的商业电子邮件法》，虽然该法并没有完全禁止传输未经请求的商业性电子邮件，但做出了具体要求：

（1）在商业电子邮件中包含回复地址；

（2）在遭反对后，禁止传输未经请求的商业电子邮件；

（3）在未经请求的商业电子邮件中包括标识和退出键（OPT-OUT）。

美国国会在 1998 年和 2000 年分别通过了《儿童在线隐私保护法》（COPPA）和《儿童在线隐私保护规则》，要求网站和提供在线服务的组织收集 13 岁以下儿童个人资料时应当遵守这两部法律和规章。

1999 年 11 月 12 日，克林顿总统签署了《格莱梅-里奇-布利雷法》（*The Gramm-Leach-Bliley Act*）。该法试图通过规范金融机构的责任来保护网络环境下的个人财信隐私信息。此外，在商业秘密的保护方面，美国于 1996 年 10 月通过了《经济间谍法》，对商业数据保护做出了规定。

### 2. 德国的隐私权保护

1997 年，德国颁布了两项几乎平行的法律：《联邦政府信息与通信服务法》和《州内媒体服务法》，其中一部分规定了电子支付中的隐私权保护问题。在电子现金的传递过程中，个人数据的存储是不可避免的，所以相应地就有数据保护问题。在德国，有些系统已经开始尝试使用匿名机制，但是问题要得到彻底解决，显然还需要专门的《银行隐私法》。目前则只能采用已有法律，如《银行机密法》。当然，传统的数据保护法所作的约束仍然有效。二者一定要结合起来应用，原因有两个：

（1）因为《银行机密法》只在受保护的数据被网络银行传递给第三方时才起作用，而对银行内部存储和使用数据问题不做限制。

（2）数据一般是经过收款人的许可后被存储的，收款人本人不一定会遵守银行的保密机制。为了实现个人数据的存储与使用的最小化，将这两种法律结合应用是目前的最佳抉择。

### 3. APEC 的数据隐私保护

APEC 对数据隐私在信息系统中培育信任和信心的重要性认识较早。为使贸易信息能够无障碍地自由流动，最大限度地挖掘进行电子商务活动的好处，APEC 在将电子商务和数据隐私问题列入国际议程方面走在了世界的前列。

1998 年，APEC 通过了《电子商务行动蓝图》明确表示"APEC 要开发和利用相关技术、制定并实施相关政策，以建立对安全、可靠的通信、信息和传输系统的信任和信心；并解决诸如隐私、认证以及消费者保护等问题"。

APEC 下的电子商务指导组下设两个分组：成立于 2003 年的数据隐私分组(DPS)，以及成立于 2004 年的无纸贸易分组(PTS)。

DPS 的工作是通过制定 APEC 隐私框架(2004 年已由部长级会议通过)建立起 APEC 数据隐私保护的通用模式。APEC 隐私框架倡导在 APEC 各经济体间实行信息隐私保护的一致模式，同时避免造成对信息流动的不必要的障碍。APEC 隐私框架规定了信息隐私九大原则，包括预防伤害原则、通知原则、收集限制原则、个人信息的使用原则、选择原则、个人信息的完整性原则、安全保障原则、可及性和纠正原则、负责性原则。

DPS 重点关注隐私框架在国内和国际两个层面的实施，同时特别强调确保 DPS 的工作要包括为 APEC 各成员提供能力建设活动。为推动 APEC 隐私框架在国际层面的实施，2007 年，通过了"APEC 数据隐私探路者倡议"，该倡议中包含的共同承诺最终促成了"APEC 跨境隐私规则体系"的制定，该体系在 APEC 信息隐私原则的指导下将使得数据进行的跨境流动具有可追责性。

"APEC 数据隐私探路者倡议"旨在支持商业需求，减少合规成本，为消费者提供有效的救济措施，使得监管机构高效运作，以最大化地减轻监管压力。探路者倡议的主要目标如下：

(1) 倡导一种隐私原则的概念架构，以阐释跨境隐私规则如何在 APEC 各经济体间实施；

(2) 制定并支持监管机构、主管部门、立法机构、行业、第三方方案提供商、消费者以及隐私问题代表间的协商过程；

(3) 制定实际可用的支撑跨境隐私规则的文档和程序，如自评表格，审核标准，认定/接受程序，以及争端解决机制；

(4) 探索各种文档和程序在实际实施中的方式；

(5) 针对可追责的 CBPR 体系的运作方式，进行推广和宣传。

《APEC 跨境隐私执法协议》(CPEA)是探路者倡议的另一成果，该协议聚焦推动国际、国内两个层面的努力以促进信息隐私保护的实施。该多边协议在 APEC 地区为隐私执法机构(PEA)就跨境数据隐私执法活动提供了共享信息和提供援助的第一个机制。

2009 年，CPEA 获得 APEC 部长级会议通过，2010 年 7 月，CPEA 开始正式实施。目前，有八个经济体参加了 CPEA——澳大利亚、加拿大、中国香港、新西兰、日本、韩国、墨西哥和美国。CPEA 表明对加强 APEC 地区个人信息跨境流动保护的现有承诺，同时也是有效实施 APEC 隐私框架的重要步骤。

## 二、网络个人商业数据保护

### (一) 网络个人商业数据的概念

1. 个人数据

个人的信息似乎是一个非常广义的概念。比如一个人鲜为人知的私生活(事实)也可以说是一种信息，将其公之于众，也是对个人隐私权的侵犯。但是，这种生活信息披露或公开属于传统意义上的侵犯隐私权，适用于私法或民法规范即可以解决。而在网络环境下所讨论的个人数据或资料主要是指标识某人个人身份或特征的信息，与一般个人信息有一些细小的差别。

个人数据强调的是信息的私人性质，而不是一个人不愿公开的私生活信息或生活秘密。从理论上讲，具有识别性的个人身份和特性的信息即属于个人数据。所谓个人数据的可识别性是指通过资料中所反映的各种信息加上人们的判断就可以确定这些数据是有关某个人的，或者说通过数据中的信息可以识别数据主体。这里的识别包括直接识别和间接识别。所谓直接识别就是直接通过数据中所反映出的数据主体的直观特征加以识别，如数据主体的名字、照片、身份证号等往往无须加以检查或复杂的判别，就可以确定为某个人信息；所谓间接识别，就是必须通过分析、检查、比较有关数据主体的身体的、生理的、智力的、经济的、文化的或社会身份的多项信息后才能判断出数据主体。

个人数据的范围一般包括姓名、职业、履历、病历、婚姻、健康状况、住址、电话号码、银行账户、保险情况、特殊爱好、宗教信仰等。这些个人数据有些也属于隐私的范畴。世界上对于个人数据还没有统一的标准。英国1984年的《数据保护法》对个人数据界定为："个人数据是由有关一个活着的人的信息组成的数据，可以通过该信息（或者通过数据用户拥有的该信息的其他信息）识别出来该个人，该信息包括对有关该个人的评价，但不包括对该个人数据用户表示的意图。"

从主体上看，这里的个人仅指自然人，不包括法人，法人不在"个人信息保护法"保护之列，这一点世界各国基本上是相同的。这主要是因为个人数据是基于保障个人的隐私权而来，一般不提法人的隐私权。另外，个人数据指尚生存自然人的足以识别该个人的资料，不包括已经死亡的个人数据。

2. 网络个人商业数据

一般地，网络个人商业数据指因个人从事网络商务活动而相关联的、反映其个体特征的、具有可识别性的符号，包括个人的基本信息，也包括因从事网络交易活动而产生的相关信息和资料，如网络购物的种类和数量、使用网上支付而产生的相关数据。

电子商务交易中的网络个人商业数据主要涉及4类：个人特征数据、个人记录数据、个人行为数据、功能型个人数据。个人特征数据包括个人生物特征数据，主要反映了个人特征，与个人数据的范围基本相同；个人记录数据是由消费者本人创造的数据，整体上是偏向于知识产权的，比如反映商品特征的照片、短视频，网络广告软文等；个人行为数据是指用户在进行网上交易的习惯、偏好等具有某些商业价值的数据；功能型个人数据也就是我们为交易的安全所设置的密码、电子签名等，这类数据的存在是为了实现某种特定的功能。

个人基本商业数据也涉及个人隐私问题，因为从这些数据中可以识别个体的消费习惯以及商业价值。因此，网络个人商业数据既是隐私，也是财产，这也是信息经济时代的普遍特征。

网络个人商业数据本质特征是能够识别某个人主体身份、交易偏好、交易地址、购买能力等的信息。一般来说，凡是"能够识别该个人购买倾向的资料"都可以构成个人商业数据。例如，电子邮件地址，因在"@"之前半段为个人所使用的名称，后半段为邮递主机的名称，就构成了"能够识别"个人身份的资料，因此属于网上个人商业数据；但IP地址的目的是辨识计算机在网络上的位置，不属于个人商业数据。客户注册的使用者名称（Username）与密码

（Password）也属于网上个人商业数据。利用 Cookies 技术记录客户在网站停留的时间、所浏览的网页、向电子商家索取的商品资料，以及从事的交易消费行为等，都属于网上个人商业数据，因为从这些数据中，商家可以解析出个人的生活格调、消费偏好、使用消费品种类及服务等细节，并可以描绘出个人或家庭的消费模式。

个人商业数据主体指的是个人信息被作为数据被数据用户加以收集的自然人。数据用户是指合法收集、有限控制、使用有关数据的个人或组织。在电子商务活动中，消费者同意经营者（数据用户）搜集并适当处理自己的个人数据，但该数据的权利主体仍然是消费者而不是经营者，即个人商业数据为生成该数据的主体所拥有。明确个人商业数据主体是生成该数据的自然人是保护个人商业数据的必然前提。这是因为，数据用户对个人商业数据的控制权、使用权仅限于合同约定的范围内；个人商业数据为数据用户控制使用时，并不因为这个主体而放弃该数据的所有权。

个人商业数据又可以按照不同标准分为单一数据与组合数据、显性数据与潜在数据、静态数据与动态数据等。在多数情况下，单一数据难以对个人消费行为加以识别。但是，若干个单一数据的组合就足以对个人消费行为进行识别。尤其是由若干要素组合成的数据串对个人消费行为具有极强的识别功能，因此需要实施有效保护，不能允许数据用户任意泄露或超权限使用。

## （二）网络个人商业数据的特征

网络个人商业数据的基本特性可以概括为：生成的附随性、应用的复杂性、功能的多样性。

### 1. 生成的附随性

所谓附随，是指网络个人商业数据大都是伴随着某种商务活动而产生的，比如我们的商品交易数据、网约车或共享单车数据、医疗数据、健身数据等。消费者从事这些商务活动，目的不是为了获得这些如影随形的数据，而是为了满足某种方面的消费需求。数据的生成只是这些活动中一种附随性的副产品。

在生活中，最敏感的数据是我们的姓名、微信名和头像等，但在网络交易中，我们的脸型、身份证号码、银行账号是录入到系统的；交易记录虽然是我们贡献的，但也是基于系统设定生成的；驾驶记录、信用记录等则也是通过系统的积累而汇集的。

在网络知识产权权利归属领域，数据的生成却是另一种情形。比如一本张三写的李四的传记作品，虽然编写和上网公开都需要经过李四的认可，但著作权权利归属肯定是张三而不是李四的。这可能成为我们确定网络商业数据权利归属的参考机制之一。

既然逻辑是这样，那就不能喧宾夺主。我们很可能愿意为了得到更好更快的交易、出行、医疗和健身的服务而让渡使用和分析我们数据的权利，这个要尊重个人的意愿和选择，而不可以因为有高大上的法律在上而本末倒置，这样的本末倒置只会让我们的数字经济和服务倒退。

### 2. 应用的复杂性

应用的复杂性是指商业数据在应用中会面临多种复杂的情况。

数据是信息的最小单元，就像物理世界里的原子一样，不管是"1、2、3"这样的最简单的阿拉伯数字。还是"0、1"这样的二进制代码，都是所有信息里最基础和最简单的元素。数据是细碎的，信息是由若干数据集合而形成的。因而，对于一般的数据或信息，我们对它们的保护水平不可能太高，至少不应该高于由大量数据元素组成的知识产权。因为如果我们对数据或信息的保护水平高于知识产权，就会影响知识产权的申请和保护。

网络商业数据还有交易的问题。在现有的法律环境下，交易原始数据的法律风险极高，正规的电子商务网站不应当去做这种事情，也不愿意去做这种事情。网络商业数据的交易一般都是衍生数据或分析数据的交易。一旦网络商业数据进行了脱敏处理，衍生数据演变成匿名化数据，生成的新数据就脱离了我国《个人信息保护法》治理的范畴。

随着《网络安全法》《数据安全法》《个人信息保护法》的出台和实施，我国对网络商业数据保护的水平已经达到很高的水平。这些法律都要求数据收集、加工、处理、转移和超范围使用等独立地告知用户且获得用户同意。但这样可能会带来一个新的问题，网络用户会被电商厂家的电子商务交易系统反复询问是否同意处理。机器可以不厌其烦，但对用户反而成了一种新的骚扰。权益的保护是好事，但好事也有度，法律追求的应该是恰当的、平衡的、最低成本的保护，而不是极致的保护。极致的保护只会适得其反。这种情况的另一种表现是，在那些以前上过的网页再次填写输入过的数据时，以前自动显示曾经输入的内容变得少了，用户不得不重复输入。信息被记录的次数少了，安全性可能是提高了，但便捷性却大幅下降了。

所以，在电子商务的运营中，我们不仅要考虑各种权益的保护问题，更要从更高、更全面的角度研究保护与保护之间可能的各种冲突，这样才可能建立真正有效且多赢的制度机制。

3. 功能的多样性

功能的多样性是指网络商业数据的使用是多样的。前述的 4 类网络个人商业数据，每一类数据其中蕴含的权利、权利的归属、使用的功能和保护的模式均有所不同。

就个人特征数据而言，消费者拥有了这些数据并不等于拥有了法律上对这些数据完全的所有权，包括修改、删除的权利。法律之所以对这类数据有详细的规定，有的是出于保护其他权益的需要，有的是出于公平合理的需要，有的是出于社会管理的需要，但目的只有一个，即发挥这些数据的验证功能。

个人记录数据里如果有知识产权保护价值的，如短视频作品等，则与知识产权等权利形成一种竞合，这时的数据就具有了知识产权赋予的功能。如果不能构成知识产权保护价值，则仅仅是作为个人数据处理和保护。

个人行为数据通过不同的交易行为反映一个人的生活习惯。对这类数据处理能够很方便地找出个体的消费需求，如 Target 超市依靠购买维生素的记录判断女性是否怀孕，Uber 根据行车路线判断人们之间的私密关系，从而使个性化营销成为可能。而群体性数据的处理，又能反映整个社会的消费倾向，使生产企业的生产有的放矢，新产品的开发方向明确。所以，这类信息的功能是综合性的。

就数据本身而言，功能型个人数据是没有意义的，它仅仅是为了网络的安全或交易的安全所设置。但利用这类数据可以实现某种特定的功能，使整个交易活动更流畅。

不同类型的个人数据，保护的侧重点也不一样。对于个人特征数据，个人并没有什么修改权，法律也不支持这种修改，除非存在错误，保护的重点是不被非法收集和滥用。而个人记录数据则完全不同，个人拥有此类数据完全的修改权，就像在微信上发了一则广告，在一定时间里还可以撤回来。对于个人行为数据，有一个合理使用和保护的问题。而对于功能性个人数据，法律明确保护的重点是不被披露、盗用和关联，属于强制保护之列。

大数据时代已经到来，数据权利已经成为必须面对的问题。但不管是什么样的权利，简单地谈保护往往是没有意义的，关键点和难点在于权利和义务之间的平衡、权利和权利之间的平衡，特别是对于存在于虚拟市场中的网上商业数据。在这一方面还需要进行更深入的研究。

### （三）网络个人商业数据所有者的权利

#### 1. 知情权

知情权是网络个人商业数据被收集者的基本权利，是指被收集个人商业数据的网络用户不仅有权知道在使用网络服务者提供的服务时被收集了哪些信息（也可能是主动提供的），是什么网站收集的，存放在什么地方，以及这些资料信息的内容是什么，而且被收集者还有权知道这些信息将用于什么目的，被收集的信息将在什么情况下被他人获知、取得，如果要更改个人商业数据信息，可以通过什么方式进行，如果终止使用服务，是否可以删除个人商业数据信息。当网络服务提供者收集的是用户的个人信息资料时，用户有权知道以上所列情况，否则这种知情权是不完整和不充分的，也就无法正确地行使其他权利。

#### 2. 选择权

选择权可以概括为选择使用服务和选择退出服务、终止的权利。用户的选择权主要体现在用户个人在充分地享有知情权的基础上自愿地选择终止服务或使用服务，从而结束或者继续网络服务提供者对于个人信息资料的收集和使用。但是值得注意的是，选择权往往被使用网站功能的限制相联系，这里有其合理的一面，因为确保网络服务的真实性和可靠性，在得到某些网络服务功能时，提供详细的个人商业数据不仅对网络服务提供者重要，对不特定的相对方和公众来说也是必要的。

#### 3. 安全请求权

网络个人商业数据的被收集者有权要求收集者采取必要合理的措施，保护其个人商业数据信息的安全。一是可以要求网站对收集的资料采取一定的技术手段和政策进行保管；二是可以要求其个人数据不得被传输或披露给任意第三方；三是在网络服务群内部，也须注意相关信息的披露，例如某个用户名购买了某件具有隐私性质的物品，如果此信息能被所有用户看到，那么可能带来隐私权的问题，他人可能从此个人信息上判断出此用户的一些个人隐私。

#### 4. 财产权

财产权是网络个人商业数据所有者的权利，也是网络个人商业数据收集者的一项权利。在录入个人商业数据时，某些信息可能直接为他人带来某种商业利益，那么其就具有财产权的属性。另外，作为网络个人商业数据的收集者，如果其通过收集大量的资料，并加以商业性质的分析，对那些不具有个人识别性质的数据集合得出某种结果或判断，那么其财产的属性是显而易见的。

### （四）网络个人商业数据的法律保护

#### 1. 欧盟对个人数据保护的立法

1995 年 10 月欧盟颁布《个人数据处理和自由流动有关的个人保护指令》（简称《个人数据保护指令》），确立了因个人信息被他人收集而产生的基本权利。按照欧盟该指令，信息收集者对于所收集的信息只有管理权，欧盟指令称之为"资料控制者"；控制者有合法处理收集个人信息义务、安全保管或保存义务、对信息利用的告知义务。另一方面，信息提供者享有查询的权利，更正、删除或封存个人信息权利和拒绝的权利。

2015年12月15日，欧盟执委会（European Commission）通过了《一般数据保护条例》（*General Data Protection Regulation*，简称GDPR），以欧盟法规的形式确定了对个人数据的保护原则和监管方式。GDPR有几个显著的特点：①

（1）从地域/国家划分转向基于数据内容划分。传统的立法管辖权通常是按照国家/地域进行划分的。但在GDPR中，数据保护约束同样适用于向欧盟居民提供产品或者服务，甚至只是收集或监控相关数据的非欧盟企业和组织，而与这些企业和组织所在位置无关。所以，虽然GDPR是欧盟的数据保护条例，但却有可能应用到全球任何企业身上。

（2）进一步严格的内控和监管。企业和组织在对个人数据进行操作时，必须记录所有的操作流程和步骤。对于个人数据被广泛使用的情况下，例如个人数据被公共机构或团体使用、被超过250名雇员的企业使用，或者个人数据在特定目的下被持续和系统地收集监控，那么进行数据处理或控制的企业或组织应该任命有专门数据保护知识的数据保护专员（Data Protection Officer，DPO）。当发生严重的数据泄露时，GDPR要求公司及组织第一时间通知相关国家监管机构，并把数据泄露的数量、方式、渠道以及可能的影响范围上报。如果数据泄露会对数据所有者（用户）产生负面影响，公司及组织也必须毫不延误地通知数据所有者（用户）以便其采取必要的措施消除影响。

（3）数据保护的前瞻性要求最简化原则和数据操作的告知权。GDPR把数据保护作为基本要求，强制企业在业务设计初期就必须考虑。这包含了两方面的要求：第一，在设计新的业务系统、业务流程和服务时，处理个人数据的环节就必须按照遵从条例要求的方式进行构造。企业还必须提供相关信息证明自己满足了上述要求。第二，当系统、流程和服务包含了个人数据被共享的多个不同级别时，默认的选项必须是共享内容最小的选项——不共享任何内容，这就是数据保护的最简化原则。

（4）数据所有者（用户）的个人数据删除权。数据所有者的个人数据删除权，有时也被称为"数据被遗忘权"（"Right to be Forgotten"）也在GDPR中明确提出。当数据所有者（用户）撤回自己向企业或组织授予的个人数据使用权时，相关企业或组织必须立即无条件删除所有的个人数据。换句话说，当一个欧盟居民要求删除自己的新浪微博账号和相关内容时，新浪微博必须无条件删除微博账号内的所有信息并不得保留其备份。但数据删除权并不像大众想象的那样清晰且易于执行。对于一个大型企业来说，用户信息往往分布在营销、销售、客服乃至财务和供应链等多个系统中，甚至还会存在于一些Excel文件中。一旦需要把某个用户的数据完全删除，就要依靠一套数据同步机制确保删除没有遗漏，这是非常困难且成本高昂的操作。

（5）巨额的惩罚上限。GDPR中最吸引眼球的就是巨额的惩罚上限。尽管GDPR中规定违法的惩罚金额由成员国自行确定，但惩罚上限却是处于欧盟立法中相当高的水准：对于不太严重的违法，罚款上限是1 000万欧元或前一年全球营业收入的2%（两值中取大者）；对于严重的违法，罚款上限是2 000万欧元或前一年全球营业收入的4%（两值中取大者）。如果是对Google或者Facebook这样的公司，按照全球营业收入罚款，那就是几亿甚至几十亿美元的

① 李军. 欧盟数据保护新法意义重大[EB/OL]（2016-01-11）[2021-11-20]. 财经网.

罚单。

2. 我国对个人信息保护的立法

2021 年 11 月 1 日，我国正式施行《个人信息保护法》，这标志着我国个人信息保护进入了一个新阶段。个人信息保护构成了数字社会治理与数字经济发展的基本法，牵动着万千公众的切身利益，也给电商企业对于个人信息的合理利用和合规处理提供了操作指引。

按照我国《个人信息保护法》第四条的定义，"个人信息是以电子或者其他方式记录的与已识别或者可识别的自然人有关的各种信息，不包括匿名化处理后的信息。"个人信息涵盖了网络个人商业数据，其处理方式与网络个人数据的基本环节相同，都包括信息或数据的收集、存储、使用、加工、传输、提供、公开、删除等。

《个人信息保护法》第五条到第九条确立了个人信息处理活动应当遵循的基本原则，包括合法、正当、必要、诚信、目的限制、最小必要、质量、责任等。这些原则的根本目的就是要规范个人信息处理者的处理活动，保护个人信息权益。

《个人信息保护法》构建了完整的个人信息保护框架，对个人信息处理规则、个人信息跨境传输、个人信息处理活动的权利、信息处理者的义务、监管部门职责以及罚则等作出了全面的规定。

3. 网络个人商业数据收集的规制

数据收集第一种模式是数据主体应经营者要求自主提供。目前的申请开通网上支付服务一般都会遵循这种模式：在支付服务商的网页上注册一个账号，填写一系列表格以确定浏览者的身份，在这些表格中往往包含很多个人信息，比如姓名、生日、性别、信用卡号、住址、电话号码、Email 地址、个人爱好、职业等。如果经营者是本着对消费者负责的态度，为开展售后服务或者其他合法目的，也有其合理之处。但所收集的个人数据是不是已经超过了需要的范围，收集的目的是什么，对收集到的个人数据采用何种安全保障，都是消费者难以知悉和控制的。这种貌似合理的诱使消费者主动透露个人数据的行为背后往往隐藏着经营者的其他目的。

数据收集第二种模式是使用大数据采集技术，一般通过大数据系统平台或软件完成。常用的电子商务数据包括用户数据、访问数据、订单数据、商品数据、支付数据、渠道数据、物流数据等；常用的方法包括网络爬虫技术、蜘蛛软件、图像识别技术、数据挖掘技术等。

网络个人商业数据采集中也存在违法行为。例如，过度收集个人商业数据就是很多电子商务网站普遍存在的问题，或滥用信息挖掘技术。一些电商经营者通过线下门店滥用人脸识别技术，使用"无感式"人脸识别技术在未经同意的情况下擅自采集消费者人脸信息，分析消费者的性别、年龄、心情等，进而采取不同营销策略。所以，《个人信息保护法》第六条规定："收集个人信息，应当限于实现处理目的的最小范围，不得过度收集个人信息。"同时，《个人信息保护法》也明确了除取得个人同意外，进行个人信息处理的多元合法性基础：

（1）为订立、履行合同所必需，或者依法依约实施人力资源管理所必需；

（2）为履行法定职责或者法定义务所必需；

（3）为应对突发公共卫生事件，或者紧急情况下为保护自然人的生命健康和财产安全所必需；

（4）为公共利益在合理的范围内处理个人信息；

（5）在合理的范围内处理已经合法公开的个人信息；

（6）法律、行政法规规定的其他情形。

网络个人商业数据收集前必须严格遵守履行告知义务，征得被收集人的同意。《个人信息保护法》第十七条要求，个人信息处理者在收集个人信息前，应当以显著方式、清晰易懂的语言真实、准确、完整地向个人告知法律规定的事项，除非法律、行政法规规定应当保密或者不需要告知，或者告知将妨碍国家机关履行法定职责。而且，个人的同意必须是个人在充分知情的前提下自愿、明确地作出，电子商务经营者不得以消费者不同意处理其个人信息或者撤回同意为由，拒绝提供产品或者服务。

《最高人民法院关于审理使用人脸识别技术处理个人信息相关民事案件适用法律若干问题的规定》也规定："信息处理者利用网络服务处理人脸信息侵害自然人人格权益的，适用民法典第一千一百九十五条、第一千一百九十六条、第一千一百九十七条等规定。"①

4. 网络个人商业数据的合法使用

电子商务经营者处理网络个人商业数据应当遵循公开、透明原则，公开数据处理规则，明示处理的目的、方式和范围。② 电子商务经营者在要求用户提供个人数据的时候一般都会同时说明这些数据的使用方式和目的，这些目的包括为消费者提供完善的售后服务、改进服务方式、保证账户安全、防止欺诈交易等。

例如《支付宝服务协议》约定会用注册信息来获得会员的统计资料，给会员分类，如年龄、行业和国籍，以便有针对性地向会员提供新的服务和机会。对于银行账户信息，支付宝将其目的表述为"提供的实名认证、提现业务以及将来其他服务将可能需要合理获取用户银行账户信息"，并按照银行账户信息保管相关法规保证客户资料的安全。此外，支付宝明确规定可能记录和保存客户登录和使用支付宝网站的相关信息，但承诺不将此类信息提供给任何第三方（法律法规另有规定的除外）。

对于社会普遍关注的网络营销中的"大数据杀熟""人脸识别"等问题，《个人信息保护法》第二十四条要求："个人信息处理者利用个人信息进行自动化决策，应当保证决策的透明度和结果公平、公正，不得对个人在交易价格等交易条件上实行不合理的差别待遇。"如果通过自动化决策方式向个人进行信息推送，对个人购买行为产生重大影响，个人有权要求电子商务经营者予以说明，并有权拒绝电子商务经营者仅通过自动化决策的方式作出决定。因此，电子商务经营者利用大数据手段进行商业营销时，应当同时向该消费者提供不针对其个人特征的选项，尊重和平等保护消费者合法权益。

大型的电子商务平台应承担特别的个人商业数据保护义务，包括：按照国家规定建立健全个人商业数据合规制度体系，成立主要由外部成员组成的独立机构对个人商业数据保护情况进行监督；遵循公开、公平、公正的原则，制定平台规则；对严重违法处理个人商业数据的平台内产品或者服务提供者，停止提供服务；定期发布个人商业数据保护社会责任报告，接受社会监督。

---

① 最高人民法院. 最高人民法院关于审理使用人脸识别技术处理个人信息相关民事案件适用法律若干问题的规定［EB/OL］（2021-07-28）［2022-10-20］. 最高人民法院网.

② 参见《个人信息保护法》第七条。

### 5. 网络个人商业数据跨境流动规制

跨境电子商务的快速发展，大大加快了个人商业数据的跨境流动。由于地理距离遥远以及不同国家法律制度、保护水平之间的差异，个人商业数据跨境流动风险难以控制。为此，欧盟2016年通过的新的个人数据保护法——《通用数据保护条例》确定了其境外适用效力，即《通用数据保护条例》对向欧盟公民提供服务或在欧盟市场内经营的公司都有管辖权。同时，该条例还增加了个人数据跨境流动的其他规制条件，并重申了充分保护原则。

我国《个人信息保护法》也构建了一套清晰、系统的个人信息跨境流动规则，满足了跨境电子商务在国际交易中保障个人信息权益和安全的客观需要。

（1）境外电子商务经营者以向境内自然人提供产品或者服务为目的，或者分析、评估境内自然人的行为等，应在中国境内设立专门机构或者指定代表，负责个人商业数据保护相关事务。

案例：关于下架"滴滴企业版"等25款App的通报

（2）向境外提供个人商业数据的电子商务经营者，应通过国家网信部门组织的安全评估，经专业机构认证，按照国家网信部门制定的标准合同与境外接收方订立合同，约定双方的权利和义务。

（3）电子商务经营者向中华人民共和国境外提供个人商业数据的，应当向个人告知境外接收方的名称或者姓名、联系方式、处理目的、处理方式、个人信息的种类以及个人向境外接收方行使本法规定权利的方式和程序等事项，并取得个人的单独同意。同时，应采取必要措施保障境外接收方的处理活动达到我国法律的保护标准。

## 三、商业秘密保护

### （一）商业秘密的定义

商业秘密（Trade Secret），又称为营业秘密，在世界贸易组织《与贸易有关的知识产权协定》（*Agreement on Trade-Related Aspects of Intellectual Property Rights*，以下简称《TRIPs 协定》）中被称为"未披露过的信息"。

按照我国《反不正当竞争法》第九条的规定：商业秘密"是指不为公众所知悉、具有商业价值并经权利人采取相应保密措施的技术信息、经营信息等商业信息。"

一般来说，商业秘密概括了技术秘密与营业秘密两个部分，而两者又都属于《TRIPs 协定》中定义的"未披露的信息"。因而，商业秘密作为知识产权法保护的对象，不会在国际、国内知识产权法律界产生概念的歧义，也不会因此造成对其保护水平的显著差异。经营信息包括管理方法、产销策略、客户名单、货源情报等信息；技术信息包括生产配方、工艺流程、技术诀窍、设计图纸等信息。

随着电子商务的大面积普及，通过网络侵入并获取商业秘密的行为也从无到有，从简单到复杂，商业秘密被窃取的风险也进一步加大。数据价值化赋予数字经济发展的动力，但也对商业秘密保护提出了更大挑战。

### （二）商业秘密的特点

（1）非公开性。商业秘密的前提是不为公众所知悉，而其他知识产权都是公开的，对专利权甚至有公开到相当程度的要求。

（2）非排他性。商业秘密是一项相对的权利。商业秘密的专有性不是绝对的，不具有排他性。如果其他人以合法方式取得了同一内容的商业秘密，他们就和第一个人有着同样的地位。商业秘密的拥有者既不能阻止在他之前已经开发掌握该信息的人使用、转让该信息，也不能阻止在他之后开发掌握该信息的人使用、转让该信息。

（3）利益相关。商业秘密能使经营者获得利益，获得竞争优势，或具有潜在的商业利益。

（4）期限保护。商业秘密的保护期不是法定的，取决于权利人的保密措施和其他人对此项秘密的公开。一项技术秘密可能由于权利人保密措施得力和技术本身的应用价值而延续很长时间，远远超过专利技术受保护的期限。

### （三）商业秘密的构成要件

商业秘密可以分为四种：技术秘密、交易秘密、经营秘密和管理秘密。按照《TRIPs 协定》对商业秘密的规格作出的规定，商业秘密有如下构成要件：

（1）受保护的信息作为整体或作为其中内容的确切组合，不是该信息领域人员普遍了解或容易获得的。

（2）因构成秘密而具有商业价值。

（3）权利人为保密采取了合理措施。同时，权利人所防止的是任何人未经许可以违背诚实商业行为的方式，披露、获得或使用其控制下的商业秘密。

在我国司法实践中，判断一项信息是否具有秘密性应当注意：

（1）该项信息的公开程度。对于完全没有公开过的信息，应当确定其具有秘密性。如商家筹划开展在营业时间中的某一特定时间内，将商品折价出售。这是属于经营策略中的营销策略。在企业筹划期间，这一经营策略信息属于该企业的商业秘密。该企业采用这一营销手段之后，经营效益明显提高，其他企业纷纷效仿。这时，由于该营销手段为公众，包括消费者和其他经营者所知悉，该项经营信息被企业自己完全公开，不再成为商业秘密。

（2）该项信息公开的范围。对于一项完整的信息，如果仅仅被部分公开，则未公开的部分仍然属于商业秘密。如权利人申请了专利，有关的申请文件被中国专利局公开；但是，权利人保留了部分技术诀窍，使其产品质量高于其他同类产品。这些技术诀窍，仍然具有秘密性。当权利人主张保护其商业秘密时，人民法院应当就这部分技术诀窍是否已经公开进行审查。需要审查确定该项信息的公开范围。公开的范围如何，是确定公众是否知悉的重要因素。

（3）该项信息具有商业利益性。判断一项信息是否具有经济价值，不能简单化，应当确定该项信息与经营者经济利益的内在联系，判断其是否有利用价值，与其他信息有什么关系，丧失该信息的秘密性对经营者有没有影响等。

（4）该项信息具有实用性。所谓具有实用性，是指该信息能够被权利人实际使用于生产或者经营。如果该项信息是纯粹理论，是不能实现的错误构思，则不能作为商业秘密保护，是否受其他法律保护，应当根据其他法律处理。

（5）权利人采取了保密措施。如果权利人对一项信息没有采取保护措施，对该项信息采取放任其公开的态度，则说明他自己就不认为这是一项商业秘密，或者其并不要求保护，那么，法律也就不会给予保护。

### （四）侵犯商业秘密的行为

我国《反不正当竞争法》规定，商业秘密的侵犯主体包括经营者，以及经营者以外的其他自然人、法人和非法人组织，其实施的侵犯商业秘密的行为可以分为4类：

（1）以盗窃、贿赂、欺诈、胁迫、电子侵入或者其他不正当手段获取权利人的商业秘密；

（2）披露、使用或者允许他人使用以前项手段获取的权利人的商业秘密；

（3）违反保密义务或者违反权利人有关保守商业秘密的要求，披露、使用或者允许他人使用其所掌握的商业秘密；

（4）教唆、引诱、帮助他人违反保密义务或者违反权利人有关保守商业秘密的要求，获取、披露、使用或者允许他人使用权利人的商业秘密。

需要注意的是，2019年4月修订的《反不正当竞争法》将电子侵入行为与盗窃、贿赂、欺诈、胁迫行为并列，以适应互联网环境下打击针对计算机信息系统、电子商务网站、邮箱、云盘等存储的商业秘密的窃取行为。对照《刑法》第二百八十五条"非法侵入计算机信息系统罪"中的"侵入"，是指未取得有关部门依法授权或批准，通过计算机终端侵入计算机信息系统非法获取数据的行为。《反不正当竞争法》中的"电子侵入"可以参照《刑法》关于"侵入"的理解：此种侵入应当是未获授权或者超出入侵者权限，其行为方式是"不正当"的。但如果权利人未对进入计算机信息系统或电子商务网站的人员身份、权限作明确要求和限制，那么行为人进入该系统的行为将不构成《反不正当竞争法》规定的电子侵入，系统中的信息也很可能因为未采取保密措施而不构成商业秘密。

### （五）权利人的保密措施

保密措施是认定商业秘密受保护的一项重要因素。

所谓保密措施，应当是指合理的措施。一般情况下，合理的保护措施包括：

（1）电子商务经营者建立了保密制度，将有关商业信息，如销售对象、销售渠道、财务数据明确列为保密事项。

（2）电子商务经营者在保存某些数据时使用了加密、电子签名、时间戳、水印等密码技术。

（3）电子商务经营者在向他人披露信息时，在有关的合同或者其他文件中明确要求予以保密。

（4）电子商务经营者与他人合作开发或者委托开发电子商务新软件、新功能，在开发合同或者委托合同中，明确要求对开发的技术进行保密。《反不正当竞争法》第三十二条规定了侵权行为的举证规则：一是有证据表明涉嫌侵权人有渠道或者机会获取商业秘密，且其使用的信息与该商业秘密实质上相同；二是有证据表明商业秘密已经被涉嫌侵权人披露、使用或者有被披露、使用的风险；三是有其他证据表明商业秘密被涉嫌侵权人侵犯。

# 第四节　网上商业数据保护立法研究

为加强网上商业数据的保护与管理，规范商业数据的收集、整理和使用，促进电子商务的健康发展，需要起草《网上商业数据保护办法》(简称《办法》)。本节从数据流转的角度探讨该办法起草的基本思路和方法。[①]

## 一、起草目的

本办法起草的目的是规范网上商业数据的收集、存储、整理、使用和维护行为，提高保护网上商业数据的意识，保护相关利益方(包括数据提供人、数据收集人等)的合法权益，促进电子商务与电子政务健康发展。

## 二、起草难点

(1) 主体复杂多样。除数据所有者外，网上商业数据的流转和使用还涉及交易各方、交易服务提供者(如电子交易平台、电子支付平台等)、用户和认证机构等。

(2) 法律关系复杂。网上商业数据发生流转和使用时，多种主体的存在和多种交易方式的存在，导致法律关系也呈现复杂多样性。由此需要综合考虑立法调整的权利义务的各自的特点。如商业秘密、著作权、商标权、专利权和与公平竞争有关的权益等。这些权利客体在网络上表现为商业数据，在对其进行调整时，就不得不分析数据背后的权利及法律关系。

(3) 存在明显的法律空白。网上商业数据在没有构成商业秘密、著作权、商标权、专利权等现有法律已明确规定予以保护的权利时，其所有者对商业数据本身享有的什么样的基本权利，目前完全属于法律的空白领域，尤其在网络上，尽快明确这样的权利非常必要。这样也就意味着，相关立法工作如先在部门规章等层面展开，就存在缺乏上位法支持的难题或风险。

## 三、保护重点

保障网上商业数据安全，需要着重考虑四个方面的问题：

(1) 数据传输安全保护。确保网上商业数据的传输安全，通过信息安全技术保证数据不被非法盗取、篡改或泄露。

(2) 商业秘密保护。确保网上商业秘密的安全，通过合同、制度、商用密码的使用和加密技术等实现。

(3) 基本权益保护。保护网上商业数据拥有者的基本权益。一方面，对于构成商业秘密、著作权、商标权、专利权与公平竞争有关的权益的网上商业数据，依照我国现有的《反不正当

---

[①]　本节参考商务部研究项目《网上商业数据保护问题研究》，2013 年。

竞争法》《著作权法》《专利法》等予以保护，将这些法律对商业数据的保护延伸到网络空间；另一方面，对于一般的网上商业数据，明确所有者对商业数据本身享有的基本权利，指导对网上商业数据的合法采集、生成、整理、传输、使用、交换、修改和处理。

（4）相关权益保护。网上商业数据可能会涉及一些与国家安全和个人信息安全有关的数据，在保护网上商业数据时，还要注意保护国家利益和个人隐私。在网上商业数据的权利与国家利益、个人利益冲突时，优先保护国家利益，平衡企业利益与个人利益的冲突。

## 四、基本起草思路

在起草《办法》时，根据网上商业数据整个流转过程构思管理和保护的思路，按照数据收集和整理、数据的使用和维护两个阶段形成网上商业数据保护的具体措施。通过对数据流转过程中保护的内容、方式等行为进行规范，达到管理、保护网上商业数据的目的。应用流程分析立法方法形成本《办法》，可以指导网上商业数据流转中的各个环节，筛选管理的关键点和难点，提出行之有效的解决办法。《办法》设计的流程如图 10-1 所示。

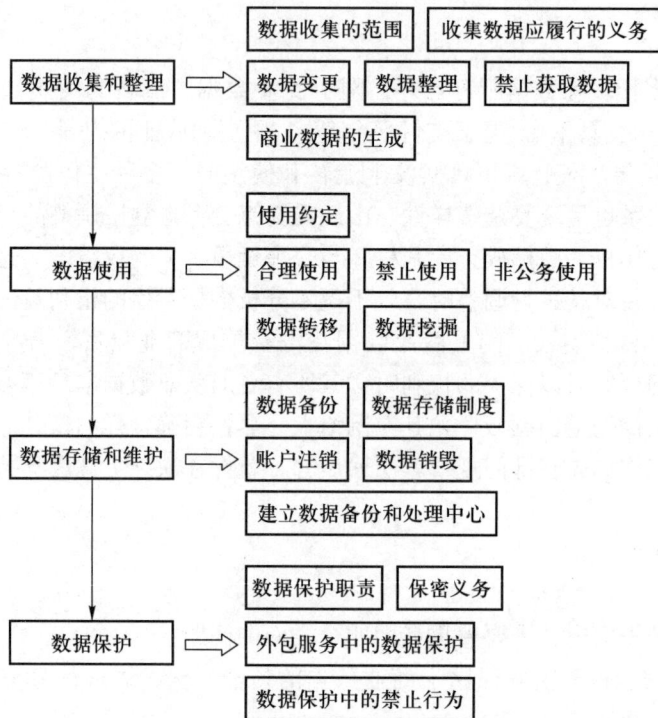

图 10-1　网上商业数据保护流程

根据上述思路，《办法》分为七个章节。

第一章：对网上商业数据的定义作出阐释，就办法适用范围作出说明，并提出涉及网上商业数据使用和维护的相关原则。

第二章：对网上商业数据的收集、整理进行规范。

第三章：对网上商业数据的使用进行规范。

第四章：对网上商业数据的存储和维护进行规范。

第五章：对网上商业数据的保护进行规范。

第六章：就违反《办法》的行为的法律责任进行规定。

第七章：附则。

## 思 考 题

1. 简述网上商业数据保护的重要性。
2. 简述网上商业数据的概念与范围。
3. 试述网上商业数据法律保护的方法。
4. 什么是隐私权？隐私权的保护应注意哪些方面？
5. 什么是网络个人商业数据？怎样保护网络个人商业数据？
6. 简述商业秘密的构成要件。

## 参 考 文 献

[1] 贺晓丽. 美国联邦大数据研发战略计划述评[J]. 行政管理改革，2019(2)：85-92.

[2] 任喜涛，王健. 基于大数据采集分析技术的企业营销创新研究[J]. 中国市场，2020(31)：116-120.

[3] 程啸. 我国民法典对隐私权和个人信息的保护[EB/OL](2020-07-30)[2022-11-23]. 中国法院网.

[4] 李安. 商业秘密：从旧法维新走向新法革命——兼评《中华人民共和国反不正当竞争法》2019年修正案[J]. 南海法学，2020(3)：14-26.

[5] 中国市场监管报. 逐条解析修改后的《反不正当竞争法》[EB/OL](2020-07-30)[2022-11-23]. 中国市场监管报网站.

[6] 吴开宝，余建川. 个人信息跨境流动规制的国际比较及我国因应[J]. 法制与社会，2021(3)：9-11.

[7] 丁晓东. 个人信息保护法：为数字社会治理与数字经济发展构建基本法[EB/OL](2021-08-25)[2022-10-23]. 国家互联网信息办公室网站.

# 第十一章 电子商务知识产权保护

《电子商务法》在总则中要求所有电子商务经营者均应履行保护知识产权的义务。《电子商务法》第四十一条至第四十五条专门规定了电子商务平台经营者的知识产权保护制度，引导电子商务经营者和消费者了解知识产权，提升知识产权保护意识，对于保护电子商务中的商标、品牌、著作权、专利、地理标志等具有非常重要的意义。本章重点讨论电子商务中的商标权和著作权保护。

## 第一节 电子商务经营者知识产权保护的责任与义务

### 一、建立网络知识产权保护规则

《电子商务法》第四十一条规定，电子商务平台经营者应当建立知识产权保护规则，与知识产权权利人加强合作，依法保护知识产权。

作为一种新商业模式，电子商务对现有市场环境和法律体系也带来了巨大的冲击和挑战，在知识产权保护领域尤为突出。电子商务平台作为重要的电子商务知识产权保护主体，需要在电子商务平台体系内，以法定义务为责任边界，搭建一套有效的、符合电商平台运营规律和效率的内在治理体系，同时注重自身的社会责任，不断为社会和谐与发展做出积极贡献。

电子商务平台经营者需要以契约精神为根本，以平台规则为基础，厘清网规与法律法规的边界、范畴以及相互间关系，制订并执行各类平台规则，约束和规范平台各类市场经营行为，构建电商平台知识产权的保护体系，建立以事前预防侵权、事中解决纠纷、事后有效惩处为方向的知识产权保护机制。

在规则制定和执行过程中，电子商务平台经营者应充分尊重政府、消费者、平台内经营者、合作伙伴等各方意见，力求民主公开、审慎透明。例如，阿里巴巴基于社会责任及维护平台秩序的需要，对平台上的各类知识产权问题进行了系统梳理，形成一套以"出售假冒商品认定和处罚规则"为核心的完整的规则体系，并于 2015 年率先成立了平台治理部，推进电子商务知识产权保护的综合治理。由此，阿里巴巴建立了一套覆盖用户行为、商品、物流、交易、服务等全链路的主动防控体系，用模型算法拦截疑似侵权行为；专门开发了全新的投诉处理模型，大幅提升投诉处理的自动化水平，快速处理明显的知识产权侵权行为，确保"知产快车道"用户快速通行。

国家标准《电子商务平台知识产权保护管理》(GB/T 39550-2020)要求电子商务平台经营者应建立知识产权管理制度，包括：

（1）投诉举报机制，畅通投诉举报渠道，及时处理相关知识产权投诉与举报；

（2）纠纷解决机制，通过多种渠道解决知识产权纠纷；

（3）信用评价机制，加强信用监督管理，对知识产权权利人、电子商务平台内经营者进行信用评价。

## 二、及时处理知识产权侵权案件

《电子商务法》第四十二条规定，知识产权权利人认为其知识产权受到侵害的，有权通知电子商务平台经营者采取删除、屏蔽、断开链接、终止交易和服务等必要措施。通知应当包括构成侵权的初步证据。

电子商务平台经营者接到通知后，应当及时采取必要措施，并将该通知转送平台内经营者；未及时采取必要措施的，对损害的扩大部分与平台内经营者承担连带责任。

因通知错误造成平台内经营者损害的，依法承担民事责任。恶意发出错误通知，造成平台内经营者损失的，加倍承担赔偿责任。

《电子商务法》第四十三条规定，平台内经营者接到转送的通知后，可以向电子商务平台经营者提交不存在侵权行为的声明。声明应当包括不存在侵权行为的初步证据。

电子商务平台经营者接到声明后，应当将该声明转送发出通知的知识产权权利人，并告知其可以向有关主管部门投诉或者向人民法院起诉。电子商务平台经营者在转送声明到达知识产权权利人后十五日内，未收到权利人已经投诉或者起诉通知的，应当及时终止所采取的措施。

《电子商务法》在确立的知识产权的保护规则的基础上，进一步做了补充：如在十五日内，未收到权利人的投诉或起诉通知的，平台可以终止必要措施。在实际操作中，电商平台作为一个中介方确实在很多时候难以判断知识产权侵权的事实，因此本条的设计在符合一定条件下，减轻了平台的责任。

## 三、避风港和红旗原则在电商知识产权保护中的应用

避风港原则最早来自美国1998年的《数字千年版权法案》。美国当时规定避风港原则主要是为了互联网行业的发展。考虑到有些类型的网络服务提供者没有能力事先对他人上传的作品进行审查，而且事前也不知道并且不应该知道侵权事实的存在，在著作权人通知的情况下，对侵权内容进行移除的规则，即"通知+移除"。避风港原则的适用减少了网络空间提供型、搜索链接型等类型互联网企业的经营成本，从而刺激了这些互联网企业的发展壮大。

我国2013年修订的《信息网络传播权保护条例》第二十条规定，网络服务提供者根据服务对象的指令提供网络自动接入服务，或者对服务对象提供的作品、表演、录音录像制品提供自

动传输服务，并具备下列条件的，不承担赔偿责任：① 未选择并且未改变所传输的作品、表演、录音录像制品；② 向指定的服务对象提供该作品、表演、录音录像制品，并防止指定的服务对象以外的其他人获得。第二十一条至第二十三条具体规定了网络服务提供者在提供自动接入服务、自动传输服务、自动存储、提供信息网络空间、提供搜索与链接服务时不承担赔偿责任的情形，这些条款属于对避风港原则的明确规定与细化。

红旗原则是指如果侵犯信息网络传播权的事实是显而易见的，就像是红旗一样飘扬，网络服务商就不能装作看不见，或以不知道侵权的理由来推脱责任。

《电子商务法》应用了红旗原则，第四十五条规定，电子商务平台经营者知道或者应当知道平台内经营者侵犯知识产权的，应当采取删除、屏蔽、断开链接、终止交易和服务等必要措施；未采取必要措施的，与侵权人承担连带责任。

## 四、电子商务知识产权主要侵权形式

电子商务领域知识产权侵权的形式主要有 4 种。

（1）商标侵权。商标侵权（Trademark Infringement）是指行为人未经商标权人许可，在相同或类似商品上使用与其注册商标相同或近似的商标，或者其他干涉、妨碍商标权人使用其注册商标，损害商标权人合法权益的其他行为。商标侵权是电子商务领域知识产权侵权的主要形式，包括未经商标注册人的许可，在同一种商品或者类似商品上使用与其注册商标相同或者相近似的商标的；销售侵犯注册商标专用权的商品的；伪造、擅自制造他人注册商标标志或者销售伪造、擅自制造的注册商标标志的；未经商标注册人同意，更换其注册商标并将该更换商标的商品又投入市场的。

（2）品牌侵权。品牌是给拥有者带来溢价、产生增值的一种无形的资产，它的载体是用于和其他竞争者的产品或劳务相区分的名称、术语、象征、记号或者设计及其组合，增值的源泉来自消费者心智中形成的关于其载体的印象。品牌侵权突出表现在仿冒、损害品牌形象等方面。2017 年 5 月，我国 13 省（区、市）打击侵权假冒区域联动机制依托电子商务平台的网络交易大数据，破获了一大批品牌侵权案件，涉及苹果、香奈儿、强生、索尼、拜尔和南孚、洋河等一批中外品牌权利人的合法权益。

（3）著作权侵权。著作权侵权是指一切违反著作权法侵害著作权人享有的著作人身权、著作财产权的行为。如未经著作权人同意，擅自以发行、复制、出租、展览、广播、表演等形式利用版权人的作品或传播作品，或者使用作品而不支付版权费等。在电子商务中，著作权侵权的表现有多种形式。例如，未经许可将他人作品上传到互联网上，供互联网用户下载或浏览；冒用作者姓名或篡改作品许可使用的条件；擅自使用未经许可授权的广告图片和广告语；通过电子商务平台销售盗版图书；为互联网上非法复制、发行作品提供辅助性服务的行为。还有非法破解技术措施的解密行为，使得保护版权的技术屏障失去作用。企业从不同商务网站间的链接标志、链接行为、链接内容中获取经济利益也是版权侵权行为，会使相关企业受到经济损失。

案例：
5 起商标网络侵权典型案例

（4）专利侵权。专利权是专利人利用其发明创造的独占权利，专利侵权是指未经专利权人许可，以生产经营为目的，实施了依法受保护的有效专利的违法行

为。在电子商务中突出表现为企业未经权利人准许或授权，以电子商务方式销售其他企业的实用新型、外观设计产品，销售冒充专利技术、专利设计的产品。

# 第二节　商标权的法律保护

## 一、政府推动商标权保护

随着电子商务的普及，商标权的保护问题频发，不仅造成了大量纠纷，也给电子商务企业的发展带来了极大的困扰。近年来，我国政府加大了商标权的保护力度和打击侵权假冒行为力度，受到社会的广泛好评。

2019 年 6 月，国务院办公厅印发了《2019 年全国打击侵犯知识产权和制售假冒伪劣商品工作要点》（简称《工作要点》），特别强调了在互联网领域打击侵犯知识产权和制售假冒伪劣商品工作。

（1）推进互联网领域侵权假冒治理。加强网络市场监管，严厉打击在线销售侵权假冒商品、虚假广告等违法行为，查办产品质量违法案件。打击网络侵权盗版，组织开展"剑网 2019"专项行动，加大网络影视、音乐等领域版权监管。强化对大型网站的版权重点监管。深入开展电子商务领域专利执法维权。强化互联网企业监管，加强基础管理，完善违法违规网站处置流程，严格网络零售第三方平台交易规则备案管理。落实互联网企业主体责任，加快网络信息内容执法体系建设。

（2）统筹进出口环节侵权假冒治理。实施"清风"行动，严厉打击跨境违法犯罪行为。加强陆路运输进出口商品和跨境电子商务商品监管，强化高风险货物和重点航线监控。加强对生产企业以及重要商品集散地和大型专业市场监管，强化国际展会、交易会的知识产权服务和保护。加强知识产权海关保护，开展专项执法行动。

（3）完善外商投资企业知识产权保护。着力解决侵犯商业秘密、商标恶意抢注和商业标识混淆不正当竞争、专利侵权假冒、网络盗版侵权等问题，加大惩治力度。

《工作要点》要求，一是突出问题导向，深化重点领域治理。二是坚持依法行政，加大执法监管力度。三是强化司法保护，严惩侵权假冒犯罪。四是实行打建结合，推动长效机制建设。五是动员各方力量，构建社会共治格局。六是服务开放大局，深化对外交流合作。

## 二、电子商务中商标侵权的表现形式

商标的使用是指将商标用于商品、商品包装或者容器以及商品交易文书上，或者将商标用于广告宣传、展览以及其他商业活动中，用于识别商品来源的行为。

在电子商务交易中，以下行为均属侵犯注册商标专用权：

（1）未经商标注册人的许可，在同一种商品上使用与其注册商标相同的商标的；

（2）未经商标注册人的许可，在同一种商品上使用与其注册商标近似的商标，或者在类似商品上使用与其注册商标相同或者近似的商标，容易导致混淆的；

（3）销售侵犯注册商标专用权的商品的；

（4）伪造、擅自制造他人注册商标标识或者销售伪造、擅自制造的注册商标标识的；

（5）未经商标注册人同意，更换其注册商标并将该更换商标的商品又投入市场的；

（6）故意为侵犯他人商标专用权行为提供便利条件，帮助他人实施侵犯商标专用权行为的；

（7）给他人的注册商标专用权造成其他损害的。

案例：
人工智能下的版权保护新问题

# 第三节　网络著作权的法律保护

我国《著作权法》增加了著作权人享有信息网络传播权，即以有线或者无线方式向公众提供，使公众可以在其选定的时间和地点获得作品的权利。互联网极大地促进了信息资源的传播与发展，并由此衍生出的网络文学、网络视频、网络音乐、网络游戏等多种资源。网络信息资源存在着数量多、隐蔽性强、流动性大、监管难度高等特点，因此，其著作权也存在较大的侵权风险。

信息网络技术在给人们带来巨大利益的同时，也挑战了传统的著作权保护制度。我国2010年2月修正并发布《中华人民共和国著作权法》（简称《著作权法》），将上网作品和网上作品传播纳入了其调整范围。

## 一、受著作权保护的网络作品

一般来说，网络空间中主要存在两类作品，即上网作品和网上作品。

上网作品，即作品的数字化，是指依靠计算机技术把一定的文字、数值、图像、声音等形式表现的信息输入计算机系统并转换为二进制数字编码，并以这种数字形式存储或者在网络上传播。

网上作品，即直接以数字化形式表现并在网络上传播的作品。根据内容和表现形式的不同，网上作品亦可分为单一的网上数字作品与多媒体作品两类，如常见的各种网络短文、评论、图片、网页等。

受著作权法保护的作品，是指文学、艺术和科学领域内具有独创性并能以某种有形形式复制的智力成果。这里有两个基本的判断标准：一是独创性；二是能否以某种有形形式复制。对于"复制"，传统意义上的理解是以印刷、复印、临摹、拓印、录音、录像、翻拍等方式将作品制作一份或多份的行为。网络作品的复制有所不同。当网络作品上传到互联网上时，必须输入到服务器的硬盘驱动器内，即以数字化形式固定在计算机的硬盘上，这种固定的结果，能够被他人使用联网主机所阅读，下载到其主机的硬盘上，或用软盘拷贝或直接打印到纸张上，虽然不具有"有形的形式"，但这个过程仍是著作权法意义上的复制。所以，2010年修改后的

《著作权法》基于上述认识，在第十条列举著作权所包括的人身权和财产权时，明确将"以有线或者无线方式向公众提供作品，使公众可以在其个人选定的时间和地点获得作品的权利"列为信息网络传播权，从而扩大了著作权的保护范围。

## 二、网络环境中著作权保护的主要内容

### （一）网络著作权保护

网上作品和上网作品的著作权都属于原作者，其区别仅仅在于首次形成是否即以数字形式存在。所以作品只要具有"独创性"，那么其著作权就属于其网络上的原创作者。

最高人民法院《关于审理涉及计算机网络著作权纠纷案件适用法律若干问题的解释》（简称《解释》）第二条规定：受著作权法保护的作品，包括著作权法第三条规定的各类作品的数字化形式。在网络环境下无法归于著作权法第三条列举的作品范围，但在文学、艺术和科学领域内具有独创性并能以某种有形形式复制的其他智力创作成果，人民法院应当予以保护。

根据这一司法解释，网络著作权是著作权人在网络环境中对其文学、艺术、科学作品依法享有的一种民事权利，包括发表权、署名权、修改权、保护作品完整权、复制权、发行权、出租权、展览权、表演权、放映权、广播权、信息网络传播权、摄制权、改编权、翻译权、汇编权和其他权利。

从国内外实践中已发生的情况看，网络上常见的著作权侵权行为表现为以下几种形式。

（1）网络使用者或网络服务商在自己设立的网页、电子布告栏等论坛区非法复制、传播、转贴他人享有著作权的作品。

（2）将在网络上传输的他人作品下载并复制成光盘，如将在学术网络上的电子布告栏中发表的文章，下载并拷贝到随书附赠的光盘中，同杂志一并出卖，获取利润。

（3）行为人将他人享有著作权的文件上载到网络或从网络上下载进行非法使用；超越授权范围的使用共享软件，使用期满不进行注册而继续使用等。

（4）未经许可将他人作品的原件或复制品提供到网络上进行公众交易或传播，或者明知是侵害权利人著作权的复制品，仍然将其在网上散布。

（5）侵害网络作品著作人身权的行为，包括侵害作者的发表权、署名权和保护作品完整权等；整理编辑网络信息时，删除作者签名档案或在他人作品上签署自己的姓名；在网络上使用他人作品时，擅自进行修改、删节，侵害作者的修改权。

（6）擅自破解著作权人对作品所采取的技术措施，如对作品进行解密、对电子水印进行破坏，或专门生产和提供破解设备、技术以方便他人侵权等。

为有效保护网络著作权，该《解释》规定如下。

（1）网络服务提供者通过网络参与他人侵犯著作权行为，或者通过网络教唆、帮助他人实施侵犯著作权行为的，人民法院应当追究其与其他行为人或者直接实施侵权行为人的共同侵权责任。

（2）提供内容服务的网络服务提供者，明知网络用户通过网络实施侵犯他人著作权的行为，或者经著作权人提出确有证据的警告，但仍不采取移除侵权内容等措施以消除侵权后果

的，人民法院应当追究其与该网络用户的共同侵权责任。

（3）提供内容服务的网络服务提供者，对著作权人要求其提供侵权行为人在其网络的注册资料以追究行为人的侵权责任，无正当理由拒绝提供的，人民法院应当追究其相应的侵权责任。

（4）网络服务提供者明知专门用于故意避开或者破坏他人著作权技术保护措施的方法、设备或者材料，而上载、传播、提供的，人民法院应当追究网络服务提供者的民事侵权责任。

（5）著作权人发现侵权信息向网络服务提供者提出警告或者索要侵权行为人网络注册资料时，不能出示身份证明、著作权权属证明及侵权情况证明的，视为未提出警告或者未提出索要请求。但著作权人出示上述证明后网络服务提供者仍不采取措施的，著作权人可以依照著作权法的规定在诉前申请人民法院做出停止有关行为和财产保全、证据保全的裁定，也可以在提起诉讼时申请人民法院先行裁定停止侵害、排除妨碍、消除影响，人民法院应予准许。

（6）网络服务提供者经著作权人提出确有证据的警告而采取移除被控侵权内容等措施，被控侵权人要求网络服务提供者承担违约责任的，人民法院不予支持。

根据《民法典》第一千一百九十五条的规定："网络用户利用网络服务实施侵权行为的，权利人有权通知网络服务提供者采取删除、屏蔽、断开链接等必要措施。""网络服务提供者接到通知后未及时采取必要措施的，对损害的扩大部分与该网络用户承担连带责任。

### （二）信息网络传播权保护

我国《著作权法》增加了著作权人享有信息网络传播权，这就明确了作品上网是著作权人享有的法定权利，任何人不得随意侵犯。之所以将网络传播权单独作为一项著作权人专有的权利，是因为传统的著作权体系已经无法涵盖网络传播这种新技术衍生的新权利。

案例：全国首例网络电影著作权侵权案一审宣判 网络电影改编受《著作权法》保护

国务院《信息网络传播权保护条例》（简称《条例》）规定了信息网络传播权的具体保护措施。

（1）权利人享有的信息网络传播权受著作权法和本条例保护。除法律、行政法规另有规定的外，任何组织或者个人将他人的作品、表演、录音录像制品通过信息网络向公众提供，应当取得权利人许可，并支付报酬。

（2）为了保护信息网络传播权，权利人可以采取技术措施。

（3）未经权利人许可，任何组织或者个人不得故意删除或者改变通过信息网络向公众提供的作品、表演、录音录像制品的权利管理电子信息；不得通过信息网络向公众提供明知或者应知未经权利人许可被删除或者改变权利管理电子信息的作品、表演、录音录像制品。

（4）著作权行政管理部门为了查处侵犯信息网络传播权的行为，可以要求网络服务提供者提供涉嫌侵权的服务对象的姓名（名称）、联系方式、网络地址等资料。

（5）建立处理侵权纠纷的"通知与删除"简便程序。

## 三、电子商务中商标权的法律保护

现阶段，我国法律领域针对商标侵权问题所制定的法律法规主要包含《中华人民共和国商标法》（简称《商标法》）和《中华人民共和国商标法实施条例》（简称《商标法实施条例》）。

《商标法》第六十七条规定，未经商标注册人许可，在同一种商品上使用与其注册商标相同的商标，构成犯罪的，除赔偿被侵权人的损失外，依法追究刑事责任。但第六十四条同时规定，销售不知道是侵犯注册商标专用权的商品，能证明该商品是自己合法取得并说明提供者的，不承担赔偿责任。

《商标法实施条例》第八十条进一步规定，销售不知道是侵犯注册商标专用权的商品，能证明该商品是自己合法取得并说明提供者的，由工商行政管理部门责令停止销售，并将案件情况通报侵权商品提供者所在地工商行政管理部门。

此外，结合网络用户在商业活动中实际销售假冒商品的行为，根据《商标法》的实际规定，对商标侵权商品的销售应该纳入侵犯商标权的范畴中，所以从这一角度进行解读，网络商标侵权和现实商标侵权行为具有一定的同质性，仅在表现形式方面存在一定的差异。行为人在侵权过程中只是选择通过现实渠道还是网络渠道将侵权行为展现出来，因此在判断网络服务商在商标侵权中是否也构成侵权，是否应该承担法律责任问题的研究过程中，应该针对这一问题进行具体分析，并做出明确的限定，为商标侵权行为的判定和商标权的维护创造良好的条件。

## 思　考　题

1. 试述网络知识产权保护规则的建立。
2. 试论述避风港原则和红旗原则在电商知识产权保护中的应用。
3. 简述电子商务知识产权主要侵权形式。
4. 简述电子商务中商标侵权的表现形式。
5. 试述电子商务中商标权的法律保护的主要方法。
6. 试论述网络著作权的保护。

## 参 考 文 献

[1] 吴汉东. 知识产权法[M]. 北京：法律出版社，2021.
[2] 张呈玥，陈泽欣，王淇. 2020 年中国电子商务知识产权发展回顾及政策建议[J]. 科技中国，2021(5)：33-35.
[3] 林俊毅. "互联网+"时代下电子商务知识产权保护的影响因素及策略分析[J]. 中国市场，2021(2)：182-183.
[4] 徐丽. 商标侵权中网络交易平台提供者帮助侵权的表现及责任认定[J]. 法制博览，2021(10)：175-176.
[5] 周伟萌. "避风港"何以避风？——我国网络交易平台商标侵权案件适用避风港规则的具体路径[J]. 社会科学家，2021(7)：115-120.
[6] 赵立韬. 对网络著作权有效保护问题的思考[J]. 传播与版权，2021(12)：110-112.
[7] 蔡勇. 侵犯网络著作权犯罪的认定及辩护要点[J].《上海法学研究》集刊，2021，7：134-139.

# 第十二章 电子商务消费者权益保护

电子商务市场是建立在消费者信赖和认可的基础上的，因而消费者权益保护在电子商务发展中具有重要地位。在网络环境下消费者权益保护涉及两个主要问题，一个是消费者在接受在线商业服务、在线购物过程中哪些权益应当受到保护；另一个是如何通过网络在线的方式使交易纠纷或争端得到合理、快捷的解决。

## 第一节 消费者权益保护概述

### 一、网络环境下的消费者保护：消费者信任问题

消费者是指除厂商或经营者以外的购买商品或接受服务的人，消费者权益保护法是调整在保护公民消费权益过程中所产生的社会关系的法律规范的总称。在企业经营中，往往视消费者为上帝，因为消费者是企业生存的基础，赢得消费者就会赢得市场，也就有了好的经营业绩的基础。商家要生存、发展，必须开发消费者喜好的产品，满足消费者的正当要求，维护消费者的权益。因此，消费者权益的保护在企业发展中占有重要的地位。

一般而言，竞争性的市场有利于消费者的权益。但是，在市场交易中，存在着信息不对称等因素，消费者往往处于劣势，相对于经营者属于弱者，因此，法律对消费者往往进行特殊保护。这种特殊保护规范便是消费者权益保护法，在产品质量法等法律中也充分体现了对消费者的保护。消费者保护法构成市场经济法律体系中不可缺少的部分。

同样，对于在线 B2C 交易而言，消费者保护同样具有重要的地位。这种重要性不仅在于传统意义上的消费者因交易中的劣势需要保护，更重要的在于网络交易是在虚拟环境下完成的，因此，需要一套取得消费者信任的制度保障。在网络环境下，消费者的保护问题更主要地表现为赢得消费者信任这种新的交易保护方式。

国际社会对于保护消费者权益、赢得消费者的信赖在发展电子商务中的作用有着清楚的认识。在 1998 年经合组织的渥太华会议上[①]，与会者一致认为，为促进全球电子商务的发展，需要考虑 4 个方面的问题：

---

[①] 经济合作与发展组织（简称 OECD）于 1998 年 10 月，在加拿大渥太华召开了第一次以电子商务为主题的部长级会议，会议名称为"一个无国界的世界，发挥全球电子商务的潜力"。

（1）建立用户和消费者的信任；

（2）建立数字化市场的基本规则；

（3）加强电子商务的信息基础结构；

（4）充分受益。

在这4个问题中，最为重要的便是消费者信任问题。会议通过了4份文件①，其中两份与消费者权益保护有直接关系。这两份文件是：

（1）《在全球网络上保护个人隐私宣言》。根据宣言的条款，同意经合组织应当为根据各国的经验与案例实施经合组织有关保护个人隐私的指导方针提供实用指导。

（2）《关于在电子商务条件下保护消费者的宣言》。该宣言认为各国政府、工商界、消费者及其代表必须继续共同合作以确保消费者能获得透明而有效的保护。

这里的消费者信任包含两个方面的内容，一个是传统消费者权益保护法意义上消费者保护内容，另一个是网上交易安全的内容，即使消费者相信网络交易的真实性、可靠性。这两个方面的共同目的是使消费者信赖网络交易这种交易方式，使消费者在网络环境下发生的交易同样受到与普通交易一样的保护。这一点可以从经合组织渥太华会议《建立用户和消费者的信任全球行动计划》涉及的4个方面看出。这4个方面是：保护个人信息；消费者授权、市场营销和广告道德；保密和信息合法访问的有关问题；数字签名和认证机构。因此，消费者信任是一个大于消费者保护的新概念，是网络环境下消费者保护的特殊问题。

## 二、电子商务消费者权益保护的原则

（1）坚持以人民为中心，加大对消费者权益保护力度。网络消费问题关系到千家万户，关系人民群众的切身利益。在电子商务消费者权益保护的过程中，始终坚持将人民群众的利益放在首位，努力解决人民群众普遍关切的问题，努力使互联网发展成果惠及最广大人民群众，切实增强人民群众的安全感、获得感和幸福感。

（2）贯彻落实新发展理念，促进网络经济健康持续发展。当前，数字经济已经成为我国经济高质量发展的重要支撑。推动网络消费经济健康持续发展，对于巩固脱贫攻坚成果、推进乡村振兴战略、构建以国内大循环为主体、国内国际双循环相互促进的新发展格局、不断实现人民群众对美好生活的向往均具有重要意义。因此，在《规定》制定过程中，注意平衡保护，妥善处理好消费者、电商平台、平台内经营者等各方利益关系，为网络经济健康持续发展提供有力司法服务和保障。

（3）遵循网络消费特点，科学合理制定规则。网络消费具有参与交易主体多样化、交易环境虚拟化、交易空间跨地域性、合同格式化等特点，在电子商务消费者权益保护过程中，需要注重把握规律，制定符合网络消费特点的法律规则。

（4）立足现状，预留未来创新空间。对于解决电子商务消费争议，必须坚持问题导向，对于实践中迫切需要解决的问题作出明确，统一裁判尺度，回应审判实践需要。同时，网络经

---

① 这四份文件是：《在全球网络上保护个人隐私宣言》《关于在电子商务条件下保护消费者的宣言》《关于电子商务身份认证的宣言》和《电子商务：税务政策框架条件》。

济领域的发展日新月异，新模式、新样态不断衍生，争议的解决既要注重立足现状，解决现实问题，也要注意为市场未来创新留出空间。

### 三、我国电子商务消费者权益争议的主要类型

伴随着我国电子商务的普及，电商消费争议问题也越来越突出。引起这些消费争议的原因主要表现在以下 7 个方面。

1. 商品质量争议

根据中国消费者协会 2018 年 12 月的调查，质量不合格是消费者跨境电商消费投诉中最突出问题，52.4% 的受访者遇到假货较多或真假混卖的问题。[①]

根据上海市市场监督管理局的跨境电商处理数据，进口商品质量问题主要集中于化妆品、奢侈品、母婴用品、3C 产品等方面。这些问题与产品本身的特点有关系。

2. 商品退换货争议

电子商务平台普遍实行了七天无理由退货，但有些网商要求销售出去的商品必须在未拆封的前提下才准予退货。消费者对此很无奈。对于化妆品、服装等商品，完好即意味着不得拆封。但不试用不知道化妆品好坏，不试穿不知道是否合身，在此类情况下，销售网商拒绝退货的情况比较多。

在跨境电子商务交易中，鉴于跨境销售商品退换货涉及海关、保税区、国际物流等诸多环节，一般网商和交易平台对此都非常谨慎。拒绝退换货、退换货周期长等问题一直困扰着中国消费者。

3. 物流配送争议

在电子商务交易纠纷中，物流配送成为网络购物消费者投诉的高发地。特别是包装破损、收费不合理、商品拖延到货日期等，是消费者反映较多的问题。在中国消费者协会的调查中，有 40.9% 的受访者遇到跨境电商物流配送时间较长的问题。

网络信息收集的数据显示，物流问题是消费争议最突出的问题之一。调查显示，京东平台的发货问题占第一位，达到 16.6%；天猫平台的发货问题占第三位，达到 14.3%。由此可见，对于电子商务来说，物流配送问题仍然是一个较大的问题。

4. 商品广告与虚假宣传争议

根据中国消费者协会的调查，在电子商务商品广告宣传中借助夸张的推销辞令、非实拍图片、虚构的交易记录或交易评价等问题比较突出。很多广告都宣传自己的商品是原装进口，保税仓发货，但广告宣传与实物差距大，遮盖商品或服务的缺点，夸大商品性能和功效，甚至标注虚假价格，承诺虚假服务等情况时有发生。也存在一些商品的实际生产日期与广告宣传的商品生产日期不符的情况。

5. 售后维修服务争议

网络购物涉及全球范围，消费者遍及世界各地。购买商品出现质量问题后，消费者往往只

---

①　中国消费者协会.《电子商务法》消费者认知情况调查报告［EB/OL］(2018-12-25)［2022-11-20］.中国消费者协会网站.

能通过中间商联系生产厂家解决。部分国外跨境电商企业尽管设有售后服务部门或人员,但其对于消费者的正当诉求常常不予积极回应,采取拖延、推脱战术。而很多跨境电商企业在中国就没有维修点,消费者寻求售后服务就更困难。在中国消费者协会的调查中,有 42.9%的受访者遇到跨境电商售后服务困难的问题。

6. 知识产权侵权争议

伴随着网络购物的发展,侵犯知识产权和消费者买到假冒商品的情况时有发生。大到国际名牌,小到地方特色品牌,网络商标侵权现象均有不同程度的存在。在 2019 年上海市消保委的投诉统计中,商品标识违反国家规定的占到 4.26%,位列第 6 位。这种情况说明,跨境电商交易中商标的保护和规范使用问题需要引起重视。

7. 消费者个人信息保护争议

在网络消费中,大量的个人信息和相关的数据等被各种信息服务系统收集、储存、传输和使用,消费者的隐私权不可避免地受到威胁,一些商户为了扩大销售额,将以前消费者的信息建立数据库,根据其经济状况、上网习惯等不停轰炸消费者的邮箱以推销自己的商品;更有甚者,为了眼前的经济利益将消费者的信息卖给他人。特别是使用 SDK[①] 的 App 应用到地图、支付、广告中,极易泄露设备信息和用户个人信息,从而对跨境消费者产生非常不利的影响。

## 四、我国电子商务消费者权益保护中的工作难点

1. 电子商务消费者权益保护缺乏有针对性的制度设计

我国目前缺乏电子商务消费者权益保护的顶层设计,电子商务消费争议调解解决的法律法规和标准规范仍不明确,也没有相应的措施调动行业和企业在电子商务中发挥保护消费者权益的积极性。联合国《网上争议解决的技术指引》已经颁布,这是以我国提案为基础的第一个被联合国通过的国际贸易法的提案。但提案颁布至今,我国可以用于实施操作的规范文件仍没有出台。2022 年 3 月,最高人民法院发布《最高人民法院关于审理网络消费纠纷案件适用法律若干问题的规定(一)》(简称《规定》),该《规定》为正确审理网络消费纠纷案件,依法保护消费者合法权益,促进网络经济健康持续发展做出了积极探索。鉴于电子商务的发展态势,应进一步加大这方面的工作力度,形成针对性强调电子商务消费者权益保护制度体系。

2. 监管责任落实困难

电子商务消费者权益争议的有效解决,关键在于明确争议解决的监管责任。但就目前我国的情况看,依然存在监管责任边界不清的问题。电子商务监管部门涉及市场监督管理总局、商务部、司法部,跨境电商还涉及海关总署。虽然原国家工商总局等 27 部门提出"建立'谁生产谁负责、谁销售谁负责、谁提供服务谁负责'的责任制"[②],但不同部门在电商消费争议解

---

① SDK, Software Development Kit, 软件开发包。
② 原工商总局等 27 部门. 工商总局等 27 部门关于开展放心消费创建活动营造安全放心消费环境的指导意见[EB/OL]. (2018-01-15)[2021-06-20]. 国家市场监管总局网站.

决中的不同责任仍然很难厘清。

从实践中发现，异地市场监管部门之间在网络消费者权益保护方面还存在较多问题。例如，杭州市向各地行政执法部门发出案件线索移送函，有的积极查处并及时回复，有的格式回复网店找不到，有的原封不动退回，还有回复没空调查。这些情况反映出异地协作机制仍不顺畅，因而也导致消费者维权之路比较漫长。

**3. 退换货数量大，企业处理困难**

对于退换货返回商品，电子商务企业基本上采用两种处理方法，一是直接销毁，二是作为福利发放给员工。由于退换货数量巨大，企业赔付压力不断增加，如跨境电商企业网易考拉就是缺乏足够资金赔付，后被阿里巴巴收购。

**4. 知识产权争议频出**

伴随着网络购物的发展，侵犯知识产权的情况在电子商务交易中经常发生。大到国际名牌，小到地方特色品牌，网络商标侵权现象均有不同程度的存在；而假冒伪劣商品一直是网络交易中难以根除的痼疾。根据 2017 年北京市西城区人民法院的案由统计，著作权权属、侵权纠纷占全部案件总数的 75.1%，大多数为网售商品侵犯他人著作权；侵害商标权纠纷占全部案件总数的 17.8%，多为网售商品与他人注册商标相同或者近似；网售商品涉嫌攀附知名商标，搭知名品牌便车的占全部案件总数的 5.6%。[①]

电子商务打破了现实中的地理区域界限，大大方便了不同国家和地区对各类知识产品的获取和使用，但由于电子商务本身的不确定性和复杂性，给界定、惩罚知识产权侵权行为造成了困难。从另一方面讲，由于网络监控技术的局限性，很多情况下使得人们很难及时发现电子商务知识产权侵权行为，且受限于地域、环境、时间差等因素，很难及时取证；而维权流程的复杂，保护制度的缺失，也给创作者维权造成了较大困难，导致知识产权法律救济难以取得良好实效。

**5. 调解渠道单一，调解力量薄弱**

电子商务消费争议发生后，除平台或 B2C 网站自行调解外，主要是依靠市场监管部门或消保机构。但市场监管部门的人力物力都难以支撑快速增长的消费争议解决。2020 年上海市市场监管局消保处接到投诉达 150 万件；杭州市市场监管局消保处接到投诉达 70 万件，迫切需要调动社会调解力量，解决调解渠道拓展的难题。

从调解人员自身素质考察，存在配置不合理、素质参差不齐的问题，从而影响到争议处理的实际效果。以第三方调解平台为例，由于经费完全靠自筹，大部分调解员没有经过系统的专业培训，对跨境电商的相关流程、政策、法律法规了解不透，调解方法停留在说教和情感影响，难以应对重大疑难消费争议及疫情时期出现的新型争议。

**6. 商品质量鉴定工作程序复杂**

根据中国消费者协会 2018 年 12 月的调查，质量不合格是消费者跨境电商消费投诉中最突出问题，52.4% 的受访者遇到假货较多或真假混卖的问题。[②]而据中国司法大数据研究院的统

---

① 吴献雅，赵克南. 关于涉电商平台知识产权侵权案件的调研报告[J]. 法律适用（司法案例），2017(12)：98-103.

② 中国消费者协会.《电子商务法》消费者认知情况调查报告[EB/OL]（2018-12-25）[2022-11-23]. 中国消费者协会网站.

计，在网络购物纠纷案件中，30.78%的争议涉及食品安全问题。[①]

消费者对于购买的商品质量不认可、真伪有怀疑时，需要通过商品鉴定予以证实。商品鉴定是推行有效解决消费争议的重要手段。目前跨境电商网站大都使用"感官鉴定法"，借助实践经验来鉴定评价商品质量，识别商品外形、结构、包装、种类、规格、性能等状况。"感官鉴定法"在消费争议解决中有着广泛的应用，但也存在着主观性。因此，有时提出的争议解决办法没有被消费者所接受。在这种情况下，需要借助于科学鉴定法，即利用各种仪器、设备和试剂，运用物理、化学的方法来鉴定评价商品质量。一旦出现这种情况，商品的鉴定过程就会变得很长。

## 五、我国电子商务消费争议解决模式

### 1. 企业/平台调解模式

（1）自主协商模式。自主协商和解模式是一种电商企业（即平台内销售商户）与消费者直接协商解决的模式。天猫国际平台上大多跨境电商企业都是国外厂商。为保证国内消费者权益，该平台实行 7 天无理由退货。对于消费者的投诉，只要诉求合理，跨境电商企业尽可能实施协商和解，接受消费者退货。采用此种方法，天猫国际的消费者争议解决率达到 85% 以上。剩下少量争议案件，基本上由平台调解或移交杭州市消费者保护协会予以解决。但该模式的缺点在于消费者退回的商品处理困难。由于消费者要求退货的商品几乎全部收回，但单品返回生产厂商的运输费用非常高，而且商品重新通关手续烦琐，很难退到境外去。特别是所销售的商品有很大一部分价值不高，但重量不轻，退货运费难以分摊。为此，平台的损失损耗估计在商品总值的 5% 左右。

（2）平台协商模式。平台协商模式是一种电商平台与平台内商家沟通、协商解决的模式。平台调解员在争议解决过程中处于主导地位。自主协商模式不能解决的消费争议在调解员的干预下，又化解了很大一部分。例如，主要经营服装、高档奢侈品的发发奇平台规定，在销售商户入驻该平台时，商家需要接受平台无理由退货的要求，平台则在严格审查销售商户的资质和退换货的保证后准许商户入驻平台。在争议发生时，平台第一时间通知销售商户，商户按照平台的规定解决争议。

（3）平台内部裁决模式。平台内部裁决模式是在交易平台设立内部裁决机制，在协调不成功时通过内部裁决方法解决消费争议。小红书对于平台调解员调解不成功的案件，采用"平台内部裁决"的方法予以裁决。为此，小红书建立了裁决制度和裁决团队，消费者和商户双方都可以各自发起平台介入的要求。平台会根据双方的纠纷情况进行判断，形成了平台内的判责通道。虽然小红书的"平台内部裁决"决议在执行中没有遇到大的障碍，但其法律效力需要进一步明确。

### 2. 行政调解模式

行政调解模式是政府市场监管部门通过网络、移动通信、云平台直接介入跨境电商消费争

---

① 中国司法大数据研究院. 网络购物合同纠纷案件特点和趋势[EB/OL]. (2020-11-19)[2022-10-20]. 中国司法大数据网.

议的调解工作。经过多年的实践，政府市场监管部门调解已经形成了正规的调解程序。例如，2020 年 6 月，《广州市市场监督管理部门消费争议调解程序规定》发布，该规定对处理程序，如调解通知、提交材料、参加人员、调解工作人员行为、当事人的义务、调解顺序、时间规定等都做了详尽的规定。由于其政府消费者权益保护部门有政府背景，政策执行力强，消费争议的实际解决率比较高，深受消费者的信赖。

3. 第三方调解模式

（1）消费者协会调解模式。消费者协会调解是指消费者协会在受理消费者投诉以后，依法应当对投诉事项进行调查、调解的工作制度。这是《消费者权益保护法》第三十二条专门赋予消费者协会的法定调解职能。目前，我国消费者协会受理消费者投诉主要采用两种方式。一是电话投诉，这是消费者最常用的方法；二是网络投诉，即消费者协会设立投诉网站，接受消费者投诉。网站投诉一般需要填写商品/服务名称、消费途径、消费时间、纠纷发生时间、涉及金额、投诉问题描述等栏目。这方面典型案例有上海市消保委起诉韩国三星和 OPPO 手机预装软件案（2015 年），后以企业自行纠正撤诉。在该案中，上海市消保委认为消费者购买手机后就应当享有对手机以及手机虚拟空间占有、使用、收益和处分的权利。因此，上海市消保委根据《民事诉讼法》第五十五条、《消费者权益保护法》第四十七条、《上海市消费者权益保护条例》第五十一条之规定，分别向上海市一中院提起公益诉讼，要求手机厂商允许消费者自主卸载应用软件。这也是全国首例被法院受理的消费公益诉讼。

（2）第三方调解平台调解模式。第三方调解平台调解模式主要利用 ODR 平台开展在线调解。双方当事人可以利用平台提供的即时通信进行沟通，也可以通过加密聊天室进行洽谈，其典型代表是"浙江解纷码"。阿里巴巴的 ODR 模式也针对平台的购物流程进行了"量身定制"，消费纠纷解决也取得了良好的"结案"效果。

4. 仲裁模式

根据联合国《承认及执行外国仲裁裁决公约》（简称《纽约公约》）①，仲裁裁决已在目前世界上 168 个国家或地区获得承认与执行。根据中国广州仲裁委网上仲裁的实践，目前对于争议金额不大的纠纷，完全可以通过网上受理、书面审理、书面裁决，全程在网上进行，时间较短，费用不高，获得裁决后又有成熟的国际公约可以申请承认和执行，因而对于通过其他途径不能解决的争议，通过约定选择在线仲裁是一个值得推荐的最终有法律约束力的终局解决途径。

"调解+仲裁"是调解与仲裁有机结合，先进行调解，调解不成功再实施仲裁的模式。"调解+仲裁"可以发挥调解和仲裁的优势，更可以实施跨境执行。仲裁着重法理和行业习惯，设计上不大会考虑当事人的整体利益；而调解着重保障当事人的整体利益，当事人在充分了解自身和另一方的风险和需要后可以选择利益最大化的方式合作。所以两者的结合可能收到更好的效果。

2021 年 7 月，联合国贸法会通过了《贸易法委员会快速仲裁规则》（简称《快速规则》）。《快速规则》将纳入《贸易法委员会仲裁规则》，列作附录。《快速规则》为保证仲裁程序公正的情况下效率的提高做了合理的规定，包括程序的启动、仲裁庭的组成、进一步书面材料的提交等。这一规则的实施，也为数量大、金额小的跨境电商争议的解决提供了极大的方便，满足了

---

① 联合国国际贸易法委员会. 承认及执行外国仲裁裁决公约［EB/OL］（1959-06-07）［2022-09-23］. 联合国贸法会网站.

跨境电商各仲裁利益相关方的不同诉求和对国际仲裁程序快速与经济的要求。

5. 诉讼模式

诉讼模式是指消费者通过跨境电商企业或平台购买境外商品时，合法权益受到侵害，在法定期限内，依法向人民法院起诉，请求人民法院按照司法程序对消费争议案件进行审理的法律救济途径。

根据中国司法大数据研究院发布的研究报告《网络购物合同纠纷案件特点和趋势》[①]的数据，2017年1月1日至2020年6月30日，全国各级人民法院一审新收网络购物合同纠纷案件共计4.9万件。超两成涉卖家虚假宣传或欺诈。就纠纷类型来看，食品类纠纷占比接近半数，为45.65%。其他依次是数码电器、保健医药类、家具家装类、服饰鞋包类、美妆个护类等。案件争议标的金额普遍较小，67.16%的纠纷案件结案标的额在一万元及以下，平均结案标的额约为4.91万元。在网络购物合同纠纷案件中，40.15%的案件最终调解或撤诉，调撤率较高。以判决方式结案的网络购物合同纠纷案件中，44.66%的案件支持原告诉讼请求，30.56%的案件部分支持部分驳回，24.78%的案件驳回原告诉讼请求。

为了提高诉讼效率，充分利用协助调解、委托调解、调解确认等方式，延展多元化解服务面已经成为诉讼改革的一个方向。该模式设立专职调解员和特邀调解员；调解不成的，对接法官直接将案件转入审理程序。

## 第二节　我国关于电子商务消费者权益保护的专门规定

### 一、电子商务经营者的义务

（1）向消费者提供商品的附加说明义务。《电子商务法》第十七条规定："电子商务经营者应当全面、真实、准确、及时地披露商品或者服务信息，保障消费者的知情权和选择权。电子商务经营者不得以虚构交易、编造用户评价等方式进行虚假或者引人误解的商业宣传，欺骗、误导消费者。"[②] 电子商务经营者向消费者提供商品，应当附有载明其经营地址、联系方式、商品的数量和质量、价款或者费用、履行期限和方式、支付形式、退换货方式、安全注意事项和风险警示、售后服务、民事责任等信息的说明书；禁止虚构交易、误导性展示评价、虚构流量数据等新型不正当竞争行为，禁止各类网络消费侵权行为。

（2）提供搭售商品或服务的说明义务。《电子商务法》第十九条规定："电子商务经营者搭售商品或者服务，应当以显著方式提请消费者注意，不得将搭售商品或者服务作为默认同意的选项。"电子商务经营者提供商品，应当保证商品的完整性，不得随意搭售商品或服务，或将

---

①　中国司法大数据研究院. 网络购物合同纠纷案件特点和趋势［EB/OL］（2020-11-19）［2022-11-20］. 中国司法大数据网.

②　本条的"虚构交易"是指电子商务活动参与方本无真实交易之目的，经过事前串通，订立了双方并不需要真正履行的电子商务合同，经营者以此达到增加流量、提升排名和影响力等目的。"编造用户评价"是指没有交易事实或者违背事实作出用户评价，包括故意虚构事实、歪曲事实等作出的好评或者负面评价等不真实评价。

商品不合理拆分；不得将搭售商品等选项设定为消费者默认同意，不得将消费者以往交易中选择的选项设定为消费者默认选择；要求自动展期、自动续费服务的经营者应当在消费者接受服务前以及展期、续费前五日，以显著方式提请消费者注意，由消费者自主选择。

（3）确保营销宣传内容真实可信义务。平台内经营者开设网络直播间销售商品，其工作人员在网络直播中因虚假宣传等给消费者造成损害，消费者主张平台内经营者承担赔偿责任的，人民法院应予支持。电子商务经营者与他人签订的以虚构交易、虚构点击量、编造用户评价等方式进行虚假宣传的合同，依法认定无效。

（4）提供商品附加票据的义务。《电子商务法》第十四条规定："电子商务经营者销售商品或者提供服务应当依法出具纸质发票或者电子发票等购货凭证或者服务单据。电子发票与纸质发票具有同等法律效力。"电子商务经营者提供商品的，应当按照国家有关规定或者商业惯例向消费者出具购物凭证或者服务单据；消费者索要购物凭证或者服务单据的，经营者必须出具。

（5）退货说明的义务。《消费者权益保护法》第二十五条规定："经营者采用网络、电视、电话、邮购等方式销售商品，消费者有权自收到商品之日起七日内退货，且无需说明理由。"消费者因检查商品的必要对商品进行拆封查验且不影响商品完好，电子商务经营者不得以商品已拆封为由主张不适用七日无理由退货制度。对于根据商品性质不宜退货的商品，应当拟定不宜退货商品目录和不宜退货的理由，广泛征求消费者协会、行业组织和消费者等意见，并向社会公示。

（6）合法采用格式合同的义务。电子商务经营者在经营活动中使用合同格式条款的，应当按照公平原则确定交易双方的权利与义务，采用显著的方式提请消费者注意与消费者有重大利害关系的条款，并按照消费者的要求予以说明。电子商务经营者不得以合同格式条款等方式作出排除或者限制消费者权利、减轻或者免除经营者责任、加重消费者责任；电子商务经营者不得以格式条款等方式约定消费者支付价款后合同不成立。《最高人民法院关于审理网络消费纠纷案件适用法律若干问题的规定（一）》（简称《规定》）第一条明确，对于"签收商品即视为认可商品质量合格""经营者享有单方解释权或者最终解释权"等实践中常见的不公平不合理的格式条款进行了列举，并作兜底性规定，有上述内容的格式条款应当依法认定无效。

（7）保障消费者个人信息安全的义务。电子商务经营者在经营活动中收集、使用消费者个人信息，应当遵守《消费者权益保护法》第二十九条的规定，明示收集、使用信息的目的、方式和范围，并经消费者同意；收集的消费者个人信息不得用于出售、交换等营利性活动或者其他非法用途；对收集的消费者个人信息必须严格保密，不得泄露。

## 二、电子商务平台经营者的责任

（1）制定服务协议和商品服务保障规则。《电子商务法》第三十二条规定："电子商务平台经营者应当遵循公开、公平、公正的原则，制定平台服务协议和交易规则，明确进入和退出平台、商品和服务质量保障、消费者权益保护、个人信息保护等方面的权利和义务。"电子商务平台经营者修改其涉及消费者权益的协议、合同格式条款和商品服务保障规则，应以显著方式公示并征求意见。对反馈意见应当予以研究，不予采纳的，应当阐明理由，并予以保存。

（2）建立和实施商品或服务信息检控制度。国家市场监督管理总局《网络交易监督管理办法》第二十九条规定："网络交易平台经营者应当对平台内经营者及其发布的商品或者服务信息建立检查监控制度。网络交易平台经营者发现平台内的商品或者服务信息有违反市场监督管理法律、法规、规章，损害国家利益和社会公共利益，违背公序良俗的，应当依法采取必要的处置措施，保存有关记录，并向平台住所地县级以上市场监督管理部门报告。"电子商务平台经营者通过平台商品或服务检查监控制度，对平台内提供的商品进行抽样，交由具有法定资质的检验检测机构进行检测检验。对检测结果不符合国家标准或者规定的，应当告知被抽样的经营者复检，并以复检结果为最终结论。电子商务平台经营者应当将抽样结果予以公示；发现有违反法律、法规、规章的行为的，应当按照《网络交易监督管理办法》的要求及时采取处置措施，必要时可以停止对其提供网络交易平台服务。

（3）建立信用评价制度。《电子商务法》第三十九条要求："电子商务平台经营者应当建立健全信用评价制度，公示信用评价规则，为消费者提供对平台内销售的商品或者提供的服务进行评价的途径。电子商务平台经营者不得删除消费者对其平台内销售的商品或者提供的服务的评价。"信用评价制度的建立是保证电子商务健康发展的重要措施；明确禁止电商平台删除消费者评价的权利，是从消费者是弱势群体的思维出发维护消费者权益的措施。

（4）建立消费保证金。鼓励电子商务平台经营者设立消费者权益保证金。消费者权益保证金应当用于对消费者权益的保障，不得挪作他用，使用情况应当定期公开。电子商务平台经营者与平台内的经营者协议设立消费者权益保证金的，双方应当就消费者权益保证金提取数额、管理、使用和退还办法等作出明确约定。

（5）明确电商平台自营误导的法律后果。《规定》第四条明确，电子商务平台开展自营业务时，应当承担商品销售者或者服务提供者责任。即使电商平台不是实际开展自营业务，但其所作标识等足以误导消费者相信其系平台自营的，电商平台经营者也要承担商品销售者或者服务提供者责任。

（6）建立消费纠纷调解和消费维权自律制度。电子商务平台经营者应当建立消费纠纷调解和消费维权自律制度。消费者在平台内购买商品或者接受服务，发生消费纠纷或者其合法权益受到损害时，可以应消费者要求进行调解。根据调解达成的协议或者消费者权益保证金协议约定，平台内经营者拒不履行或者拖延履行约定的赔偿等费用的，网络交易平台可以从该经营者缴付的消费者保证金中予以支付。具备条件的网络交易平台经营者，可以建立消费纠纷调解机构，并接受平台所在地工商行政管理部门的指导。

（7）构建跨境电子商务交易保障体系。对于跨境电子商务交易平台，要进一步落实《国务院办公厅关于促进跨境电子商务健康快速发展的指导意见》，建立针对跨境电子商务交易的风险防范和预警机制，健全消费者权益保护和售后服务制度；引导跨境电子商务主体规范经营行为，承担质量安全主体责任，营造公平竞争的市场环境；加强执法监管，加大知识产权保护力度，坚决打击跨境电子商务中出现的各种违法侵权行为。通过有效措施，努力实现跨境电子商务在发展中逐步规范、在规范中健康发展。

## 三、电子商务消费者的权利

（1）电子商务消费者对进口商品甄别的特别权利。电子商务经营者声称其提供的商品为进口商品的，电子商务消费者有权要求其提供进口商品的合法来源凭证以及属于进口商品的证明。

（2）电子商务消费者自主选择权。《消费者权益保护法》第八条规定："消费者享有自主选择商品或者服务的权利。"电子商务消费者在自主选择商品时，对同一经营者提供的商品，可以要求经营者提供让其进行比较、鉴别和挑选商品范围的信息，包括商品品种、性能、规格、质量、产地、价格等信息。

（3）电子商务消费者对经营者促销的知情权利。《消费者权益保护法》第八条规定："消费者享有知悉其购买、使用的商品或者接受的服务的真实情况的权利。"电子商务经营者开展优惠促销等活动的，消费者有权要求该经营者对促销规则、促销优惠等事项予以具体说明。

（4）电子商务消费者受到侵害的特别索赔权利。《消费者权益保护法》第十一条规定："消费者因购买、使用商品或者接受服务受到人身、财产损害的，享有依法获得赔偿的权利。"电子商务消费者购买、使用电子商务经营者提供的商品，其合法权益受到损害的，可以向电子商务经营者索赔。电子商务经营者无法联系或者拒绝赔偿的，且商品质量本身存在缺陷的，也可以向生产者索赔。消费者通过网络交易平台购买商品，电子商务平台经营者不能提供销售者或者服务者的真实名称、地址和有效联系方式的，消费者也可以向电子商务平台经营者要求赔偿；电子商务平台经营者作出更有利于消费者的承诺的，应当履行承诺。

（5）消费者对交易规则等制定的参与权利。《消费者权益保护法》第十五条规定："消费者享有对商品和服务以及保护消费者权益工作进行监督的权利。"电子商务消费者有权参与保护消费者权益的立法工作，有权参与电子商务经营者制定网络交易规则、合同格式条款等涉及消费者自身权益的事项。

## 四、行政管理机构的职责

（1）管辖。《网络交易监督管理办法》第五条规定："国家市场监督管理总局负责组织指导全国网络交易监督管理工作。县级以上地方市场监督管理部门负责本行政区域内的网络交易监督管理工作。"电子商务平台经营者的违法行为、电子商务平台经营者与电子商务消费者发生权益争议的，由平台经营者住所所在地县级以上相关行政部门管辖。平台内电子商务经营者的违法行为、平台内电子商务经营者与电子商务消费者发生权益争议的，由电子商务经营者住所所在地县级以上相关行政部门管辖，需要调取交易记录、经营者注册信息等电子资料的，可要求平台经营者住所所在地县级以上相关行政部门提供协助。

（2）对行政部门实施商品抽检的特别规定。《消费者权益保护法》第三十三条规定："有关行政部门在各自的职责范围内，应当定期或者不定期对经营者提供的商品和服务进行抽查检验，并及时向社会公布抽查检验结果。"电子商务平台住所所在地行政部门，可以对进入该平台内交易的商品或者服务进行抽查检验，不受平台内经营者的地域限制。

（3）行政部门对严重危害消费者权益的商品采取召回等措施的规定。《消费者权益保护法》第十九条规定："经营者发现其提供的商品或者服务存在缺陷，有危及人身、财产安全危险的，应当立即向有关行政部门报告和告知消费者，并采取停止销售、警示、召回、无害化处理、销毁、停止生产或者服务等措施。采取召回措施的，经营者应当承担消费者因商品被召回支出的必要费用。"有关行政部门发现并认定电子商务经营者提供的商品或者服务也存在缺陷，有危及人身、财产安全危险的，也应采取同样的措施。

（4）行政部门取得的电子证据效力的特别规定。《网络交易监督管理办法》第三十五条规定："市场监督管理部门对网络交易违法行为的技术监测记录资料，可以作为实施行政处罚或者采取行政措施的电子数据证据。"最高人民法院《关于民事诉讼证据的若干规定》第十五条的规定："当事人以视听资料作为证据的，应当提供存储该视听资料的原始载体。当事人以电子数据①作为证据的，应当提供原件。电子数据的制作者制作的与原件一致的副本，或者直接来源于电子数据的打印件或其他可以显示、识别的输出介质，视为电子数据的原件。"电子商务消费者权益争议处理过程中，电子数据证据越来越多地被采用。

## 第三节　电子商务消费者权益保护的国际经验借鉴

### 一、联合国关于电子商务消费者权益保护的文件

2016 年 12 月 13 日，联合国通过的《网上争议解决的技术指引》指出，随着网上跨境交易迅猛增加，需要建立针对此类交易所产生的争议的解决机制。其中一种机制是网上争议解决（网上解决），网上解决可协助当事人以简单、快捷、灵活和安全的方式解决争议，而无需出席会议或听讯。网上解决包括多种办法和形式（包括但不限于监察员、投诉局、谈判、调解、调停、协助下调解、仲裁及其他），以及采用既含网上部分又含非网上部分的混合程序的可能性。②

2019 年 8 月，《联合国关于调解所产生的国际和解协议公约》（简称《新加坡调解公约》）在新加坡签署。包括中国、美国在内的 46 个国家和地区作为首批签约方签署了这一公约。《新加坡调解公约》是经联合国大会于 2018 年 12 月审议通过的，公约旨在解决国际商事调解达成的和解协议的跨境执行问题。调解是高效灵活的争议解决程序，在友好解决国际商事争议上具有独特价值，比起诉讼和仲裁等其他争议解决程序更具成本及时间优势。《新加坡调解公约》将允许在国际商业纠纷中执行和解协议的一方直接诉诸缔约国一方的法院，该法院届时必须根据该缔约国的程序规则以及公约规定的条件执行和解协议。这种规定极大地提高了跨境电商的行

---

① 根据最高人民法院《关于民事诉讼证据的若干规定》第十四条的规定，电子数据主要包括五方面，分别是：网页、博客、微博客等网络平台发布的信息；手机短信、电子邮件、即时通信、通讯群组等网络应用服务的通信信息；用户注册信息、身份认证信息、电子交易记录等信息；文档、图片、音频、视频等电子文件；其他以数字化形式存储、处理、传输的能够证明案件事实的信息。

② 有关联合国国际贸易法委员会《网上争议解决的技术指引》的详细内容请参见本书第八章第四节。

政调解以及第三方调解的可执行性。

## 二、经合组织消费者保护主要框架

1999 年 12 月，经合组织通过了《经合组织关于电子商务中消费者保护指南的建议》，从多个方面构筑了一个庞大的消费者保护体系。2016 年 3 月，经合组织理事会通过了《电商环境下消费者保护建议书》①（简称《建议书》），旨在取代前述准则。《建议书》结合电子商务的一些新发展，提出了新的电商环境下消费者保护的八大原则。

### （一）透明和有效的保护

消费者在参与电子商务活动过程中，应当获得透明、有效的消费者保护，并且所获得的保护水平不得低于其他非电子商务方式所提供的保护水平。

成员国政府和利益相关方应当通力合作、共同努力，确保消费者能够获得透明、有效的保护，并做出适当、必要的改革，以便应对电子商务的特殊消费人群，例如儿童和那些处于弱势或劣势的消费者以及有残疾的消费人群。

### （二）公平的商业、广告和营销

从事电子商务的企业应当充分考虑消费者的利益，并按照公平的商业、广告和营销的一般惯例以及诚信善意的一般原则从事商业活动。

（1）企业不得作出任何具有欺骗性、误导性、欺诈性或有失公平性的陈述、遗漏或者其他行为，尤其是那些默示性的虚假陈述。

（2）企业不得虚构或隐瞒可能影响消费者决定是否进行交易的条款和条件，不得使用不公平的合同条款。

（3）企业不得从事与收集和使用消费者个人数据相关的欺骗性活动，不得允许其他人以其名义从事欺骗性、误导性、欺诈性或有失公平的活动，同时应当主动采取措施防范此类行为发生。

（4）企业应当制定并实施有效、便利的商业流程，允许消费者能够选择是否希望通过电子邮件或其他电子方式接收未经请求发送的商业信息。

（5）企业应当特别注意针对儿童、弱势消费者、劣势消费者的广告和营销，以及那些不能完全理解其所获得广告或营销信息的消费群体。

（6）企业应当考虑电子商务的全球性，并考虑相关目标市场的各自监管特点，不得利用电子商务的特殊性而隐瞒其真实身份或真实地理位置，不得逃避履行保护消费者的义务，不得逃避保护消费者行政执法部门的监管。

### （三）在线信息披露

在线信息披露包括企业信息的在线披露、商品或服务信息的在线披露和交易信息的在线披

① OECD. Recommendation of the Council on Consumer Protection in E-commerce[EB/OL]（2016-03-24）[2022-11-20]. OECD 网站.

露。无论何种在线信息披露，都应遵守在线信息披露的一般原则。

（1）在线信息披露应当清晰、准确、易得和明晰，确保消费者能够拥有充分信息就交易做出"知情——决定"。

（2）在线信息披露应当采用简明易懂的语言，并且确保消费者能够完整、准确和持久地保留在线信息披露的记录。

（3）如果在线交易可以采用多种语言，从事电子商务的企业应当以多种语言形式向消费者提供就交易做出"知情——决定"所需的相同且全部信息。

（4）除非从上下文中可以显而易见地知悉所指货币种类，否则所有涉及费用的信息都应当明确其计量所用的种类货币。

（5）企业提供所有必要的信息时，应当考虑技术条件限制、电子商务所用设备或平台的专有特性等特定因素。

### （四）确认交易过程

网络交易不同于现实交易，《建议书》对网络交易过程作了特别的规范。

（1）除非消费者已经提供了明示的"知情——同意"条件下的交易确认，否则企业不应当处理相关交易。企业要求消费者确认交易的时间点，即在此之后必须进行付款或者应当受到合同约束，必须是明确、清晰的。

（2）在消费者确认交易之前，企业应当确保消费者有机会再次确认商品或服务的简要信息、交付信息和价格信息，应当确保消费者能够识别和纠正错误，能够修改本次交易或终止本次交易。

（3）对于整个交易过程的全部信息，企业应当确保消费者能够以与消费者用于完成交易的设备或平台相兼容的格式，保留完整、准确和持久的交易记录。

### （五）支付机制

从事电子商务的企业，应当为消费者提供便利的支付机制，并采取与支付机制相匹配的安全保障措施，以防止发生支付风险，例如未经授权访问或使用个人数据、欺诈和盗用身份等风险。

无论采用何种支付机制，成员国政府和利益相关方应当共同努力，为电子商务支付建立最低标准的消费者保护。同时，成员国政府还应当鼓励其他能够增强消费者对电子商务信任的支付方式，例如第三方托管服务。成员国政府和利益相关方应当积极探讨如何最大限度地协调统一不同司法管辖区域之间的支付保护规则，尤其需要考虑不同司法管辖区域支付保护水平存在差异时，如何才能最恰当地处理跨境交易及相关的支付保护问题。

### （六）争议解决和补偿

对消费者提供良好及时的争议解决方式也是确保消费者信任的重要措施。因此《建议书》提出以下要求。

（1）成员国政府应当为消费者提供公平、便利、透明和有效的争议解决机制，及时解决国内和跨境电子商务争议，确保消费者能够获得适当补偿，但不得因此产生不必要的费用或负担。

（2）争议解决机制不仅包括法庭内的诉讼解决机制，还应当包括庭外争议解决机制，例如企业内部投诉处理机制和替代性争议解决机制。

（3）企业销售的商品或提供的服务对消费者造成损害的，例如商品存在缺陷、不符合广告所描述的质量标准、商品运输或交付出现问题等，企业应当向消费者提供相应的补偿。同时，各成员国政府和利益相关方应当确保消费者保护执法机构和其他相关机构，例如消费者保护组织、行业自律组织等处理消费者投诉的机构，有权采取行动，直接为消费者提供补偿或协助消费者获得补偿，包括金钱补偿。

### （七）隐私保护与安全保障

企业应当确保其收集和使用消费者数据的行为合法、透明和公平，应当确保消费者能够有机会参与和选择电子商务，并为消费者的隐私提供合理的安全保障措施。企业应当加强数字安全风险管理并采取相应的安全保障措施，以减少或减轻消费者因参与电子商务而可能产生的不利影响。

### （八）教育、意识和数字化能力

成员国政府和利益相关方应当共同努力，向消费者、政府工作人员和企业宣传电子商务，应当努力提高企业和消费者对在线电子商务中有关消费者保护的法律认识和法律意识，包括国内层面和跨境层面的各种权利、义务和风险。通过教育和宣传不断提高消费者的数字能力，为消费者提供获取和使用数字技术、参与电子商务的相关知识和技能。

成员国政府和利益相关方应当利用一切有效手段，不断向消费者和企业提供有关电子商务发展的各种信息，包括全球网络的技术创新、技术发展和实际应用等等。

## 三、欧盟网上消费者保护的主要做法

欧盟在 2000 年 10 月 31 日起就实施了《消费者保护（远距离销售）规则》。2011 年 10 月，欧盟在此基础上又发布了《欧洲议会和欧盟理事会消费者权利指令》（第 2011/83/EC 号）（简称《消费者权利指令》）。

### （一）欧盟《消费者权利指令》的主要内容

《消费者权利指令》主要赋予了消费者两个权利：一是消费者在消费或订立消费合同的过程中对所要购买的商品或服务有充分的知情权。而且，这种知情权最终还必须以书面的形式予以告知。二是针对远程合同和在非营业场所订立的合同，消费者拥有 14 天的无条件合同解除权或退货权。而且，针对供销商迟延送达商品的情况，规定消费者享有单方解除合同的权利。相应的，供销商就必须承担一个利害攸关的义务：充分的信息告知义务。一是在消费者进行选购时或订立合同前，必须对商品或服务加以详细的说明；二是必须特别告知消费者拥有的 14 天无条件退货权。否则，因为消费者行使退货权而造成供销商遭受的一切损失，消费者无需负责。

《消费者权利指令》对合同进行了三种类型的区分：远程合同、在非营业场所订立的合同、其他合同。规制的重点是远程合同和在非营业场所订立的合同。因为科技在商业活动上的应用，市场上流行着各种各样的交易方式，尤其是网络交易；另外在统一的欧盟内部市场内跨域交易不断增加，所以远程合同和在非营业场所订立的合同成为交易成立的基本表现形式。这也是规定消费者拥有 14 天无条件的合同解除权或退货权的原因：在不可直接接触交易商品的情况下，同时又因为供销商采取的各种吸引人眼球的营销手段，消费者的权益必然会被置于极大的风险之中。

对于经营者，《消费者权利指令》要求经营者在合同完成之前必须告知一些核心信息，例如商品的主要特征和经营者的身份以及价格等。特别是在网络环境下，商品或服务的经营者必须向外透明其信息。例如，在签订合同之前，消费者有权清楚知晓经营者的相关信息：商号、注册地址、电话，以及传真和电子邮箱。经营者商品或服务的价格信息必须透明。经营者应注明其价格是否包括税费和运费，不能出现任何隐性的收费。对于消费者退货后产生的成本，如果需要消费者承担，经营者需事先清楚地通知消费者，否则由经营者自行承担。经营者提供的信息必须使用简单和易懂的语言，尤其是电子合同签订中，在消费者支付费用之前，经营者必须使用清晰和显著的方式告知上述一般信息。对于采用类似一键式订购方式的合同，经营者必须在其网站的支付按键旁边标注"一旦订购具有付费义务"等类似内容。否则，消费者的支付行为可能不受合同约束。

《消费者权利指令》还特别增加了数字内容消费的规定。这里所称的数字内容，专指以数字形式生产和供应的信息，具体表现为软件程序，应用程序，线上游戏，音乐，视频和文档等。消费者对数字内容的消费方式主要是从有形载体或其他任何形式下载或实时播放。数字内容经营者的义务主要在于告知数字内容的特征，包括功能性和兼容性。功能性是指使用数字内容的方式，经营者必须告知消费者其行为是否会被监控，数字内容中是否含有任何技术限制等。兼容性是指使用数字内容需要的操作系统、软件版本，特定硬件要求等，通常需注明软硬件的兼容性。明知或有合理理由应当知道存在不兼容的情形时，经营者须告知消费者。数字内容的消费者享有同样的后悔权。对于数字内容的销售，不管是供应部分内容还是整体内容，在不提供有形载体的情形下，消费者没有同意下载，或没有声明放弃后悔权，并且经营者也没有按要求确认的情形下，消费者不承担任何费用。

### （二）欧盟网上消费者保护机制的主要特点

（1）统一欧盟各国消费者保护规范。欧盟各成员国的消费者保护机制各式各样，消费者如要到另一成员国寻求权利救济，首先面临的是选择纠纷管辖机构的问题。鉴于成员国之间对纠纷管辖的不同法律规定，所以，在欧盟内部统一消费者保护立法是非常必要的。另外，消费者针对跨域在线交易纠纷寻求救济，需要面临诸如语言差异、成本高、不了解救济程序等困难，要为全欧盟的消费者提供平等的保护依赖于欧盟层面的统一立法。

（2）简易便捷的消费者权益救济方式。消费者积极寻求各种方法来维护自己的权益，为此，欧盟积极推进 ODR 纠纷解决机制，一方面鼓励消费者使用 ODR 纠纷解决机制，另一方面鼓励成员国创制并规范 ODR 纠纷解决机制。

（3）突出网络化特点。欧盟消费者保护机制以 ODR 纠纷解决机制为中心，辅以小额诉讼程序、禁令程序来扩大保护方式，并以民商事司法合作来实现一个统一的平等保护。在这个过程中，不同解决方式的应用主要是通过网络相互协调的。这种方式，大大增加了网上消费者争议解决的覆盖面，提高了解决的速度，也减轻了法院的负担。

（4）确保网上消费者寻求救济的权利。针对个人纠纷来说，网上消费者有权向 ODR 纠纷解决机制和法院寻求权利救济；针对有损网上消费者集体利益的侵权行为来说，相关消费者保护团体有权申请禁令以制止侵权行为。网上消费者在订立消费合同时，特别是应用自动销售系统订立合同时，应拥有充分的信息知情权以及一定条件下的无理由退货权。供销商要尽充分的信息告知义务、举证义务，乃至告知消费者向纠纷解决机构提起申诉寻求救济的义务。

### 四、RCEP 的线上消费者保护

《区域全面经济伙伴关系协定》（*Regional Comprehensive Economic Partnership*，RCEP）①第十二章②第七条"线上消费者保护"共有 4 个条款。

（1）缔约方认识到采取和维持透明及有效的电子商务消费者保护措施以及其他有利于发展消费者信心的措施的重要性。

（2）每一缔约方应当采取或维持法律或者法规，以保护使用电子商务的消费者免受欺诈和误导行为的损害或潜在损害。

（3）缔约方认识到各自负责消费者保护的主管部门间在电子商务相关活动中开展合作，以增强消费者保护的重要性。

（4）每一缔约方应当发布其向电子商务用户提供消费者保护的相关信息，包括：消费者如何寻求救济，以及企业如何遵守任何法律要求。

小知识：RCEP（区域全面经济伙伴关系协定）第十二章"电子商务"全文

## 第四节　电子商务争议解决的法律适用

### 一、法律适用与管辖权的关系

法律适用与管辖权是既有区别又有联系的两个概念。管辖权是指应该由哪一国家或地区法院审理案件，法律适用则是指应该适用哪一国或地区法律来审理案件。对于涉外民事案件，取

---

① RCEP 是世界上人口数量最多、成员结构最多元、发展潜力最大自由贸易协定，2012 年由东盟发起。2020 年 11 月 15 日，第四次区域全面经济伙伴关系协定（RCEP）领导人会议上，东盟 10 国和中国、日本、韩国、澳大利亚、新西兰共 15 个亚太国家正式签署了《区域全面经济伙伴关系协定》。根据 2018 年数据，RCEP15 个成员国人口达到了 22 亿，GDP 达到 29 万亿美元，出口额达到 5.6 万亿美元，吸引的外商投资流量达 3 700 亿美元，基本都占全球总量的 30% 左右。RCEP 全面生效后，将建成世界上最大的自由贸易区。

② RCEP 中的第十二章"电子商务"旨在促进缔约方之间电子商务的使用与合作，列出了鼓励缔约方通过电子方式改善贸易管理与程序的条款；要求缔约方为电子商务创造有利环境，保护电子商务用户的个人信息，为在线消费者提供保护，并针对非应邀商业电子信息加强监管和合作；对计算机设施位置、通过电子方式跨境传输信息提出相关措施方向，并设立了监管政策空间；每一缔约方应当维持其目前不对缔约方之间的电子传输征收关税的现行做法。

得管辖权的法院并不一定就适用本国或本地区的国内法来审理案件，它会根据本国的法律规定来确定应该适用的法律。这种被选择适用于审理涉外民事案件的法律在国际私法上叫做"准据法"，而用以确定准据法的法律规定叫做"冲突规范"。比如，我国《中华人民共和国涉外民事关系法律适用法》（简称《涉外民事关系法律适用法》）第三十六条规定："不动产物权，适用不动产所在地法律。"这就是一条冲突规范，不动产所在地法就是该冲突规范所确定的准据法。各国冲突规范的规定并不完全一致，因此不同管辖法院对准据法可能会有不同的选择，尤其是当冲突规范指向"法院地法"时，管辖地法院的国内实体法就成为审理案件的准据法了。可见，管辖权的确定会对法律适用产生相当大的影响。

## 二、法律适用的原则

在选择准据法时最重要的一个因素就是连结点。所谓"连结点"，是指将特定的民事关系和某国法律连结在一起的媒介或纽带。冲突规范中的本国（国籍）、物之所在地、法院地、住所、合同缔结地、债务履行地、侵权行为地、婚姻举行地、立遗嘱地等都属于连结点。在传统的国际私法中，连结点主要有三类：

（1）属地性连结点。这类连结点与一定的地理位置有关，如居所、住所、物之所在地、法院地、行为地等。

（2）属人性连结点。主要是指国籍。

（3）主观性连结点。主要是当事人的意思自治，即由当事人的合意决定。

一般的冲突规范中都有具体的连结点指向准据法，但是，也有一种特殊的法律选择方法并不规定具体的连结点，而是灵活地使用了"最密切联系原则"。如我国《涉外民事关系法律适用法》第十七条规定："当事人可以协议选择信托适用的法律。当事人没有选择的，适用信托财产所在地法律或者信托关系发生地法律。"此时，就需要法官根据具体案情，在众多连结点之间进行衡量，找出与合同有最密切联系的国家，这种法律选择方法赋予法官很大的自由裁量权。

## 三、电子商务对传统法律适用原则的挑战

从理论上说，电子商务纠纷与其他民商事纠纷一样，应该适用法院地国的冲突规范来确定准据法。但是，由于网络这一媒介的特殊性，传统的法律适用原则在面对电子商务纠纷时显得有些捉襟见肘。

与管辖权的确定一样，网络环境下确定准据法也有很多困难。网络的跨地域性使得侵权行为地、合同履行地等常用的连结点变得难以确定，国籍也因为网络的虚拟性而变得扑朔迷离。因为在很多情况下，用户在上网时并不被要求确认身份。意思自治是目前最适合网络环境的法律适用原则，但也并非万全之策。首先，并不是所有的当事人都会就法律选择达成一致。其次，即使当事人达成了一致，也可能因为违反强行法或者消费者保护等各种原因而导致该选择无效。更何况，大量的侵权行为引起的纠纷不适用意思自治原则。最密切联系原则可能会因为其巨大的灵活性而成为网络环境中法律适用的重要原则。但是，这一方法的缺点是随意性太大，再加上在网络环境中连结点的数量急剧增加，法官在衡量时很可能会无所适从，从而导致

选择结果的极大不一致性，甚至很可能成为法院适用本国法的一种借口或造成无法可依的局面。

从目前的情况看，真正的跨境电子商务民商事纠纷案件为数还不多，各国的司法实践也不一致，仍处于摸索阶段。法院一般会采用"旧瓶装新酒"的做法，即仍然适用传统的法律适用规则，在确定连结点时根据网络特性加以灵活诠释。各国政府也不急于制定新的冲突法规范，因为不成熟的立法反而会阻碍电子商务的发展，而且，在争议所涉及某些方面的立法可能还处于空白，例如，很多国家还没有关于数字货币的立法。因此，较好的方法是制定区域的（如 APEC）或联合国的统一实体法来解决电子商务的争议问题。我国在推动跨境电子商务争议解决问题时，也需要积极探索形成适合各国、各利益集团利益和价值取向的争议解决条款。

# 第五节　电子商务的网上争议解决方式

电子商务的法律纠纷仍然可以在原有法律体制下通过司法程序加以解决。但由于电子商务的特殊性，业内人士还积极地寻找适合电子商务或网络特点的新形式的纠纷解决方式——替代性争议解决方式。在这种背景下产生了在线争议解决方式。

## 一、替代性争议解决方式

### （一）产生背景

电子商务的发展提供了无限商机，它使商家可以轻松地把市场扩大到全世界，也使消费者足不出户就能在全球市场进行消费。然而这种网络上的商务活动与现实世界中的商务活动一样也会产生纠纷，甚至会因为网络技术的运用而产生更多的纠纷。如果这些纠纷无法及时得到解决，消费者就会对电子商务的可靠性产生怀疑，从而对参与电子商务缺乏信心。一旦全球消费者作为一个整体对电子商务的可靠性缺乏信心，电子商务将失去生命力。

对电子商务中产生的纠纷，仅靠各国法院通过司法程序解决是远远不够的。首先，电子商务纠纷的双方当事人很可能相隔万里，如果要在一方当事人所在地提起诉讼，成本是惊人的。第二，电子商务纠纷的管辖权和准据法如何确定，尚未有国际立法，各国的实践也不一致，因此选择有管辖权的法院以及执行判决都是难题。第三，即使上述两个问题都不存在，电子商务每天产生的大量纠纷对各国法院的人力物力来说都是沉重的负担。

因此，很多国家和国际组织都鼓励采用替代性争议解决方式（Alternative Dispute Resolution，ADR）来解决电子商务纠纷。例如，经济合作与发展组织 1999 年公布的《电子商务环境中消费者保护纲要》①就鼓励企业、消费者代表和政府一起努力，建立一种公平、高效的替代性争议

---

① OECD. Guidelines for Consumer Protection in the Context of Electronic Commerce[EB/OL].(1999-12-09)[2022-10-20]. OECD 网站.

解决方式；同时强调，在建立这种方式时，应运用信息技术。欧盟 2000 年发布的《电子商务指令》①第十七条第一款也规定："成员国应确保在信息组织服务提供商和服务接受者之间发生争议时，其立法不会阻碍使用根据国内立法可以使用的庭外解决方式来解决争议，包括采用适当的电子方式。"

### （二）替代性争议解决方式

1. 替代性争议解决方式的概念和优点

替代性争议解决方式又称选择性争议解决方式。现代意义上的替代性争议解决方式（ADR）是指司法诉讼和仲裁以外的解决争议方法的总称，主要包括传统的仲裁、法院附属仲裁、建议性仲裁、调解仲裁、调解、微型审判、简易陪审审判、中立专家认定事实等。

ADR 既可以单独适用，也可以适用于仲裁程序和司法程序之中。ADR 在单独适用的情况下，争议解决结果不具有法律上的最终强制执行力；而当 ADR 适用于仲裁程序和司法诉讼程序的情况下而取得的争议解决结果，则具有法院判决与仲裁裁决的强制执行力。以 ADR 方式解决争议主要具有以下优点：

（1）较诉讼程序而言，ADR 更加迅速、便宜。

（2）ADR 方式灵活多样，从在第三方协助下进行谈判到正式的仲裁，当事人可以根据争议的性质选择不同类型的 ADR，既体现了当事人的意思自治，又可以通过最适合的争议解决方式获得最佳结果。

（3）在专家中立者的帮助下，当事人更容易获得"双赢的解决办法"（Win-win Solutions）。

（4）维护个人或组织的声誉。特别是对有名誉、有地位的人或机构来说，与他人进行诉讼是有损形象的事情，因此发生争议后，他们更愿意私下解决，而不是公之于大众的监督下。

最常用的两种替代性争议解决方式是仲裁和调解。

2. 仲裁

仲裁是指双方当事人自愿把他们之间的争议交给第三者进行评判或裁决，并约定自觉履行该裁决的一种制度。仲裁必须有当事人的仲裁协议，可以是合同中的仲裁条款，也可以是单独的仲裁协议书。仲裁协议必须明确交付仲裁的争议事项，规定仲裁地点和仲裁机构，并明确仲裁裁决的效力。仲裁程序一般都适用仲裁组织的仲裁规则，但有的仲裁机构也允许当事人合意选择仲裁规则。一般而言，仲裁裁决是终局性的，而且具有强制执行力，一方当事人不自觉履行的，对方当事人可以申请法院强制执行，法院一般不对仲裁裁决进行实质性审查。1958 年联合国的《承认和执行外国仲裁裁决公约》②（又称《纽约公约》）则保证了外国仲裁裁决的强制执行力，从而促进了国际商事仲裁的发展，中国也是该公约的成员国。目前国际上影响较大的常设仲裁机构有：国际商会仲裁院、斯德哥尔摩商会仲裁院、伦敦国际仲裁院、美国仲裁协

---

① European Communities. DIRECTIVE 2000/31/EC OF THE EUROPEAN PARLIAMENT AND OF THE COUNCIL, of 8 June 2000, on certain legal aspects of information society services, in particular electronic commerce, in the Internal Market（Directive on electronic commerce）［EB/OL］（2000-06-08）［2022-10-20］. 欧盟网站 CELEX：32000L0031&from=EN.

② 联合国国际贸易法委员会. 承认及执行外国仲裁裁决公约［EB/OL］（1959-06-07）［2022-10-20］. 联合国贸法会网站.

会、香港国际仲裁中心、新加坡国际仲裁中心等，中国国际经济贸易仲裁委员会（CIETAC）在国际上也有较好的声誉，现设有上海和深圳两个分会。

3. 调解

根据《联合国关于调解所产生的国际和解协议公约》①（又称《新加坡调解公约》），"调解"不论使用何种称谓或者进行过程以何为依据，指由一名或者几名第三人（"调解员"）协助，在其无权对争议当事人强加解决办法的情况下，当事人设法友好解决其争议的过程。

《中华人民共和国人民调解法》（简称《人民调解法》）定义"人民调解"是指："人民调解委员会通过说服、疏导等方法，促使当事人在平等协商基础上自愿达成调解协议，解决民间纠纷的活动。"

就商事活动而言，适用于调解的争议有：

（1）有关消费者权益保护、租赁关系的民事争议。有很多企业设立的消费者投诉受理中心就适用调解程序。

（2）当事人相互依赖关系复杂，实力对等，而他们不希望破坏彼此之间良好或长期的合作关系，这种当事人之间的争议也适用于调解解决，主要是商业公司之间以及保险方面的争议。

（3）特定的较大争议，包括因商事活动而引起的环境争议。

调解与和解不是同一概念。和解是指当事人双方互相协商、妥协以解决争议的程序，其中并没有引入中立的第三者。在和解程序中主要是谈判，由双方当事人的意思决定，并没有确定的规则。调解虽然是非正式的争议解决方式，灵活性相当大，但是一般的调解机构也都有自己的调解规则，以确保调解程序的进行。

在这一寻求替代性争议解决方式过程中，也孕育出运用网络技术解决在线争议的方式，这便是在线争议解决方式。

长期以来，国际商事调解因为缺乏统一的国际公约，制度化进展非常缓慢。2019年8月7日开放签署的《新加坡调解公约》的生效填补了这一空白，并且在多个方面促进了国际商事调解的制度化。截至2021年6月，包括中国、美国、印度等55个国家和地区签署了这一公约。

《新加坡调解公约》的诞生推动了国际商事调解制度成为司法制度、商事仲裁制度之后又一国际社会普遍认可的国际商事纠纷解决方式，开辟了国际商事纠纷解决的崭新局面。中国签署《新加坡调解公约》充分表明中国政府坚持通过谈判协商解决国际争端的坚定理念，反映了中国政府推动形成全面开放新格局的坚定决心。加入《新加坡调解公约》有利于推动我国商事调解制度的建立，加快我国的国际商事调解立法及相关配套法律法规、司法解释出台；有利于中国商事调解市场的形成、商事调解机构的壮大和高水平商事调解员队伍的构建；也有利于推动"一带一路"建设的法治化体系构建，为"一带一路"营造更加良好的法律氛围。

---

① 联合国国际贸易法委员会. 联合国关于调解所产生的国际和解协议公约[EB/OL]. (2018-12-20)[2022-09-23]. 联合国贸法会网站.

## 二、网上争议解决方式

### （一）ODR 的基本概念

所谓网上争议解决方式（Online Dispute Resolution，ODR）是指运用计算机和网络技术，以替代性争议解决方式（ADR）的形式来解决争议。虽然在线争议解决方式基本上沿用了已有的替代性争议解决方式的形式，但是，由于其运用了网络这一特殊的技术手段而成为一种具有相对独立性的争议解决方式。

根据联合国《关于网上争议解决的技术指引》第 2 条，网上争议解决（ODR）是一种通过互联网解决争议的简单、快捷、灵活、安全的方法。其基本形式包括但不限于（消费）监察员（Ombudsmen）、投诉局（中心）（Complaints Boards）、谈判（Negotiation）、调解（Conciliation）、调停（Mediation）、协助下调解（Facilitated Settlement）、仲裁（Arbitration）及其他。这里所列办法或形式清单按正式程度顺延排列，反映了联合国国际贸易法委员会《私人融资基础设施项目立法指南》（2000 年）①所载争议解决通用办法说明中所采取的做法。而且，这些术语只是示例性的，不排除其他可能的办法和形式。

目前，在线争议解决方式主要有 4 种形式：在线仲裁、在线消费者投诉处理、在线调解、网络庭审。

### （二）在线仲裁

目前最主要的在线仲裁（Online Arbitration）提供者是加拿大的 eResolution，主要解决域名争议。互联网名址分配公司（ICANN）授权 eResolution 以在线方式解决域名争议，争议的解决以 ICANN 的《统一域名纠纷处理规则》为依据。解决域名争议的请求可以通过电子邮件提出，也可以通过填写安全网页上的申请表提交。

2009 年，中国国际经济贸易仲裁委员会就发布了《贸仲委网上仲裁规则》，为电子商务争议的解决，以及当事人约定适用该规则的其他类型普通争议的快速解决提出了快捷有效的程序管理方案。近年来我国仲裁网络化发展趋势越来越明显，网上申请、受理、送达、选定仲裁员、组成仲裁庭、开庭、调解等，日益成为常态。特别是在新冠疫情肆虐期间，网上仲裁为当事人提供了极大便利。2021 年 8 月，广州仲裁委员会与香港跨境电子商务协会签订了《合作备忘录》，并开通了 ODR 平台，标志着在线仲裁与电子商务结合进入到一个新的阶段。

### （三）在线消费者投诉处理

更佳商业局在线（BBBOnline）是美国中央更佳商业局（Central Better Business Bureau）的子公司，致力于发展以在线方式处理消费者投诉。美国中央更佳商业局下属有 132 个更佳商业局，最早的一家成立于 1912 年，其从事替代性争议解决方式已有 100 多年历史。通过 BBBOnline，

---

①　联合国国际贸易法委员会．私人融资基础设施项目立法指南［EB/OL］（2000-06-29）［2022-10-20］．联合国贸法会网站．

消费者可以以在线方式提交投诉，但是目前对投诉的处理还没有完全做到在线。一般情况下，在收到投诉后，BBBOnline首先会进行和解（Conciliation），即与公司内部的有关人员联系，这种方法常常能马上解决问题。如果和解不成，在多数情况下会利用电子邮件和电话进行简易的调解（Mediation）。如果这些非正式的、部分利用在线方式的努力都不成功，BBBOnline会提供更加正式的离线争议解决方式，包括面对面的调解和仲裁。

我国12315平台已经实现了消费者权益争议在线投诉和在线举报。消费者通过手机App、微信小程序、微信公众号等方式都可以提交投诉或举报。12315平台利用网络链接及时分转至相关城市及相关基层市场监管部门依法处理。

### （四）在线调解

在线调解（Online Mediation）与离线调解在程序上的区别主要是沟通方式的不同。在线调解使用经过加密的电子邮件或通过加密的聊天室进行沟通和调解。在某些情况下，还可以使用可视会议系统。通过使用密码，调解员可以和一方当事人单独在一间"房间"里谈话，而另一方当事人在另一间"房间"等候。目前，在线调解在技术上已经没有问题。在线调解的双方当事人都可以通过一台接入互联网的电脑进行沟通。调解的系统和文件都存储在特定的服务器上，只有经过授权的使用者才可以进入。这一系统一般都是由调解员或调解组织提供的。

在程序上，在线调解流程通常可以包括六个阶段：申请人提出申请、登记案件相关信息、选择调解员、在线调解、达成调解书和履行调解书。所有程序都通过在线的方式进行，双方当事人通过随机创设的在线调解室，以网上文字的形式进行事实陈述和证据出示（主要是相关证据的电子照片），并由调解员介绍相关的法律，提出调解方案，双方当事人如果接受这一方案，则达成调解协议。

### （五）网络庭审

网络庭审是以网络服务平台为依托，把诉讼的每一个环节都搬到网络，起诉、立案、举证、开庭、裁判都可在线上完成，使电子商务纠纷可以更加快捷地得到处理，提高审判效率，节约司法资源。电子商务网络庭审的诉讼流程严格按照民事诉讼法的有关规定进行，和传统线下诉讼并无大的差异。

2015年8月，杭州市中级人民法院首次提出杭州先行先试"互联网+审判"的改革举措。浙江省高级人民法院确立了杭州市三家基层法院和一家中院率先试点网上法庭。三家基层法院即滨江法院、西湖法院和余杭法院，一家中院为杭州市中级人民法院。这四家法院的分工有所不同，对应审判的分别是网上著作权纠纷（滨江法院）、网络支付纠纷（西湖法院）、网上金融交易纠纷（余杭法院），杭州中院则负责三家基层院的二审工作。

一般案件庭审结束后，需要当事人现场核对笔录并签字，而电子商务网上法庭的庭审结束后笔录不但线上同步确认，在庭审中还实时显示到各方当事人的计算机中。当事人可一边开庭一边核对笔录，待庭审结束后，双方当事人点击确认即完成签署。整个庭审过程全程录音录像，也确保了庭审过程的真实性。之后，法官还需出具调解书邮寄给双方当事人，待都签收后，该案即可结案。

案例：
小额借款合
同纠纷网络
庭审案

### 三、网上争议解决方式的利与弊

由于网上争议解决方式(ODR)的形式与现有的替代性争议解决方式(ADR)基本相同,网上争议解决方式(ODR)除了具有 ADR 所具有的优点外,由于使用了信息技术而具有更多的优点。首先,通过 ODR 程序解决争议的速度更快。无论是争议的提交,还是解决争议的过程,直至最后的和解或裁决,这一切都通过互联网进行,信息的交换几乎是即时的,完全可以克服地理上的距离所带来的障碍。这种速度是可以与电子商务的速度相匹配的,也是 ODR 方式的最大优点。其次,由于 ODR 程序中所有的文件都保存在特定的服务器上,因此有利于文件的管理。ODR 程序的参加者无须做任何书面记录,所有的信息都可以随时供查阅和调用。这不仅有利于提高效率,而且可以节约成本。所以,ODR 的最大优点就在于高效,也是能够适应电子商务发展的有效的争议解决方式之一。

当然,ODR 在发展过程中也遇到不少障碍。比如,对诉讼程序安全的挑战;网络技术如何应对黑客;怎样确定有关身份辨识、签名真伪等的真实性和当事人的唯一性;法官的审判能力能否适应网络庭审的要求等。国际消费者联盟组织(Consumers International)的一项调查表明,目前网上争议解决方式提供者的服务还不是完全令人满意的。

综合国内外电子商务网上调解的发展情况,存在的主要问题有:

(1)语言障碍。现阶段网上争议解决方式绝大部分是用英语进行的,而电子商务的参加者却来自世界的每一个角落,说各种不同的语言。如果语言不通,即使网上争议解决方式再完美,当事人也不会选择。

(2)缺乏明确的法律支持。我国现有的《人民调解法》仅仅规范了人民调解制度,但对商事调解,特别是网上调解等问题并没有涉及。随着我国网上争议解决机制的普及,目前仅有的非诉讼程序法远远不能满足社会的需求,而且,在社会治理格局中,单纯依靠一个部门或者一部法律很难从全局上、多层次地推进网上争议解决机制的发展。因此,我国亟须在《人民调解法》《中华人民共和国民事诉讼法》(简称《民事诉讼法》)等法律的后续修订中,明确其网上争议解决机制的法律地位和原则,界定各个职能部门和社会各界在网上争议解决机制中的职能分工;强化其运作程序的规范性,提供必要的公共财政和人力资源等的实际支持,保障其在法治框架下健康发展。

(3)争议解决费用的杠杆作用没有能够充分发挥。由于在 B2C 电子商务过程中,单笔交易的金额通常不会太大,如果争议解决费用与争议金额不成比例,消费者即使胜诉也是得不偿失,自然就不会选择这种争议解决方式。最高人民法院 2016 年颁布的《关于人民法院进一步深化多元化纠纷解决机制改革的意见》提出了建立发挥诉讼费的杠杆作用的建议。在实践中,需要进一步探索如何发挥争议调解费用的杠杆作用,吸引当事人主动选择调解方式,同时,对当事人非理性拒绝调解、不履行调解协议进行惩戒。

(4)缺乏强制力。由于没有国家强制力的保障,当事人对争议解决结果的遵守仍成问题。目前还没有特别有效的方法可以保证当事人遵守所达成的协议。

(5)调解前置程序需要进一步明确。在调解程序的启动方面,《民事诉讼法》第一百二十二条"先行调解"原则为司法实践中的"调解优先"做法提供了法律上的依据。但是,该条中的但书部分"但当事人拒绝调解的除外"又意味着调解程序的开启必须得到当事人的同意。当代很多国家逐步扩大强制调解（法定前置调解）程序的应用范围，尽管最初许多当事人和律师不理解，但结果是其满意度非常高。调解前置给当事人提供了更多的选择权，有利于当事人优先选择成本较低、对抗性较弱、利于修复关系的协商、和解和调解等非诉讼方式解决纠纷。

（6）缺乏透明度。由于 ODR 注重对当事人隐私权的保护，这同时也造成了争议解决结果的透明度不够。公众无法了解已有的先例，因此也不敢贸然尝试这种崭新的争议解决方式。此外，消费者认为，在 ODR 过程中帮助解决争议的官员的资格也不够透明，消费者无法详细了解该官员的背景。

小知识："云解纷"上海法院在线调解平台实用操作指南

## 思 考 题

1. 试述我国电子商务消费者权益争议的主要类型。
2. 试述电子商务平台经营者在消费者权益保护中的责任。
3. 试述电子商务消费者的权利。
4. 简述《经合组织关于电子商务中消费者保护指南的建议》提出的 8 个基本原则。
5. 简述替代性争议解决方式的概念和优点。
6. 试述网上争议解决的概念和主要方式。

## 参 考 文 献

[1] 宋建宝. 经合组织关于电商环境下消费者保护的八大原则［EB/OL］（2019-07-12）［2022-09-23］. 中国法院网.

[2] 胡庆乐. 欧盟消费者保护机制介评［J］. 东莞理工学院学报，2016（02）：23-31，77.

[3] 龙飞. 替代性纠纷解决机制立法的域外比较与借鉴［J］. 中国政法大学学报，2019（1）：81-95.208.

[4] 中国司法大数据研究院. 网络购物合同纠纷案件特点和趋势（2017.1-2020.6）［EB/OL］（2020-07-30）［2022-09-23］. 中国司法大数据网.

[5] 刘晓红.《新加坡公约》背景下的商事调解制度构建［EB/OL］（2021-05-25）［2022-10-23］. 360 快资讯网.

[6] 周慧敏. 电子商务环境下驰名商标与域名的冲突与破解——以"米其林公司与李道伟、森麒麟公司、森泰达公司侵害商标权纠纷案"为例［J］. 产业与科技论坛，2020（24）：28-29.

[7] 商务部.《区域全面经济伙伴关系协定》（RCEP）各章内容概览［EB/OL］（2020-11-17）［2022-10-23］. 商务部网站.

# 教学支持说明
## （教学课件）

　　建设立体化精品教材，向高校师生提供系列化教学解决方案和教学资源，是高等教育出版社"服务教育"的重要方式。为支持相应课程的教学，我们向采用本书作为教材的教师免费提供教学课件。

　　获取方式：烦请授课教师填写如下开课情况证明并发送至邮箱：

　　E-mail：zengfh@ hep. com. cn

　　电话：010-58581771/58581020

　　或请加入管理专业类 QQ 群：23490416

-------------------------------------------------------------------

# 证　　明

　　兹证明_____大学_____系/院第_____学年开设的_____课程，采用高等教育出版社出版的_____（书名和作者）作为本课程教材，授课教师为_____，学生_____个班共_____人。

　　授课教师需要与本书配套的教学课件。

　　联系人：_____

　　地址：_____邮编：_____

　　电话：_____

　　E-mail：_____

系/院主任：_____（签字）

（系/院办公室盖章）

___年___月___日

## 郑重声明

高等教育出版社依法对本书享有专有出版权。任何未经许可的复制、销售行为均违反《中华人民共和国著作权法》，其行为人将承担相应的民事责任和行政责任；构成犯罪的，将被依法追究刑事责任。为了维护市场秩序，保护读者的合法权益，避免读者误用盗版书造成不良后果，我社将配合行政执法部门和司法机关对违法犯罪的单位和个人进行严厉打击。社会各界人士如发现上述侵权行为，希望及时举报，我社将奖励举报有功人员。

反盗版举报电话　（010）58581999　58582371

反盗版举报邮箱　dd@ hep. com. cn

通信地址　北京市西城区德外大街 4 号　高等教育出版社法律事务部

邮政编码　100120

读者意见反馈

为收集对教材的意见建议，进一步完善教材编写并做好服务工作，读者可将对本教材的意见建议通过如下渠道反馈至我社。

咨询电话　400-810-0598

反馈邮箱　zengfh@ hep. com. cn

通信地址　北京市朝阳区惠新东街 4 号富盛大厦 1 座 21 层

邮政编码　100029